技能型紧缺人才培养培训教材
全国医药高等学校规划教材

供高专、高职护理、助产等相关专业使用

五官科护理学

（第二版）

主　编　冯桂玲
副主编　房民琴　谭　丽
编　者　（按姓氏汉语拼音排序）
代　晖（遵义医药高等专科学校）
房民琴（三峡大学第一临床医学院）
冯桂玲（唐山职业技术学院）
李　慧（淄博职业学院）
李玉环（唐山职业技术学院）
廖奇志（唐山市眼科医院）
刘彩双（承德护理职业学院）
谭　丽（乐山职业技术学院）
王　艳（河套大学医学院）
张永利（唐山市协和医院）

科学出版社
北　京

内 容 简 介

本书共分10章:第1、2、3、4章为眼科护理内容;第5、6、7章为耳鼻喉科护理内容;第8、9、10章为口腔科护理内容。重点突出了各科的常见护理技术操作和护理配合,较详细地阐述了各科常见疾病的护理,试图体现护理的专业性和独立性。为了便于学生通过护士执业资格考试,实现"零距离"就业,在文中标注了考点,在每章后均设有目标检测。书末还设置了教学大纲等内容。

本书可供高专、高职学校的护理、助产等专业的学生使用。

图书在版编目(CIP)数据

五官科护理学 / 冯桂玲主编.—2版.—北京:科学出版社,2012.6
技能型紧缺人才培养培训教材·全国医药高等学校规划教材
ISBN 978-7-03-034209-6
Ⅰ.五… Ⅱ.冯… Ⅲ.五官科学-护理学-高等职业教育-教材 Ⅳ.R473.76
中国版本图书馆CIP数据核字(2012)第132785号

责任编辑:袁 琦 / 责任校对:李 影
责任印制:赵 博 / 封面设计:范璧合

科学出版社出版
北京东黄城根北街16号
邮政编码:100717
http://www.sciencep.com
三河市骏杰印刷有限公司印刷

科学出版社发行 各地新华书店经销
*
2007年12月第 一 版 开本:850×1168 1/16
2012年6月第 二 版 印张:10
2018年5月第十七次印刷 字数:312 000

定价:26.00元

(如有印装质量问题,我社负责调换)

前　言

为了培养21世纪护理学专业人才，按照我国护理学专业人才培养的目标和要求，在科学出版社的认真策划和组织下，经过了反复的论证，编写了供高专、高职使用的《五官科护理学》(第二版)教材。

本书在编写过程中，遵循“够用、适用、实用”的指导思想，坚持“贴近学生、贴近社会、贴近岗位”的基本原则，在保证教材的科学性和思想性的同时，力求跟上学科的发展步伐，结合编者的实际工作经验，更新了部分知识点，尽量反映学科的新知识、新材料和新技术。使本书兼具教材、临床参考书、职业应试参考书和继续教育用书等几个方面的功能。本书共分10章：第1、2、3、4章为眼科护理内容；第5、6、7章为耳鼻咽喉科护理内容；第8、9、10章为口腔科护理内容。重点突出了各科的常见护理技术操作和护理配合，较详细地阐述了各科常见疾病的护理，试图体现护理的专业性和独立性。本书除了沿用案例教学外，还加入了考点提示；目标检测题的选择题型也做了相应的改革。案例教学具有高度的仿真性，富有能动性和创造性，是加强学生理论联系实际的有效教学方法之一，是将书本理论知识转化为现实工作能力的有效途径。考点提示突出了章节的重点掌握内容，同时也紧扣护士执业资格考试的内容，使学生在学习的过程中明确了所要掌握的知识。本书针对各个学科的常见多发病均安排有案例，并针对案例提出问题，读者可以通过进一步的学习，解决其中的问题。读者还可以通过每章节前的学习目标、章节后的目标检测，掌握教学的重点。

本书编写过程中，得到了参编单位遵义医药高等专科学校、唐山职业技术学院、三峡大学第一临床医学院、淄博职业学院、承德护理职业学院、乐山职业技术学院、河套大学医学院的大力支持。鉴于本书的体例和内容较以往五官科护理学教材有一些变化，加之编者水平有限，书中肯定存在疏漏、不足甚至谬误之处，恳请广大同行和读者提出批评和指正，以便再版时改进。

编　者

2012年1月

目　　录

第 1 章　眼的应用解剖生理

学习目标

1. 掌握眼球各部位置、组织结构及其生理功能
2. 掌握眼球附属器的解剖结构及其生理功能
3. 了解眼眶与鼻副窦、颅腔的密切关系

眼为视觉器官,包括眼球、视路和眼附属器三部分。

第 1 节　眼　　球

眼球并非几何球形。正常成人眼球前后径约为 24mm,垂直径约为 23mm,水平径 23.5mm。眼球大小可以通过 A 超进行测量。眼球周围骨性组织形成的空间称为眼眶,眼球位于眼眶前部,其后部和周围均有脂肪组织,起到保护和支撑眼球的作用,眼球分为眼球壁和眼球内容(图 1-1)。

一、眼　球　壁

球壁由三层膜组成,由外向内依次为纤维膜、色素膜、视网膜。

☞考点:眼球壁的分层

(一) 纤维膜

1. 角膜　位于眼球的最前端,约占纤维膜的 1/6,呈横椭圆形,略向前突,新生儿阶段,角膜直径约 9~10mm,3 岁以上的儿童角膜直径已接近成人,成人角膜横径约 11.5~12mm,垂直径 10.5~11mm。角膜中央薄约 0.52mm,周边厚约 1mm。

角膜从组织结构分五层(图 1-2)。

(1) 上皮细胞层:由 5~6 层无角化的鳞状上皮细胞组成,其再生能力强,损伤后修复较快,且不留瘢痕,表层覆盖泪膜,有湿润角膜作用。

(2) 前弹力层(bowman 膜):是一层均匀一致无细胞的胶原纤维膜,无再生能力,但对机械性损伤抵抗力较强。

(3) 基质层:占角膜厚度的 9/10,由与角膜表面平行的胶原纤维束薄板组成,具有相同屈光指数,损伤后不能再生而由不透明的瘢痕组织代替。

(4) 后弹力层:为一透明层,较坚韧,损伤后能再生。

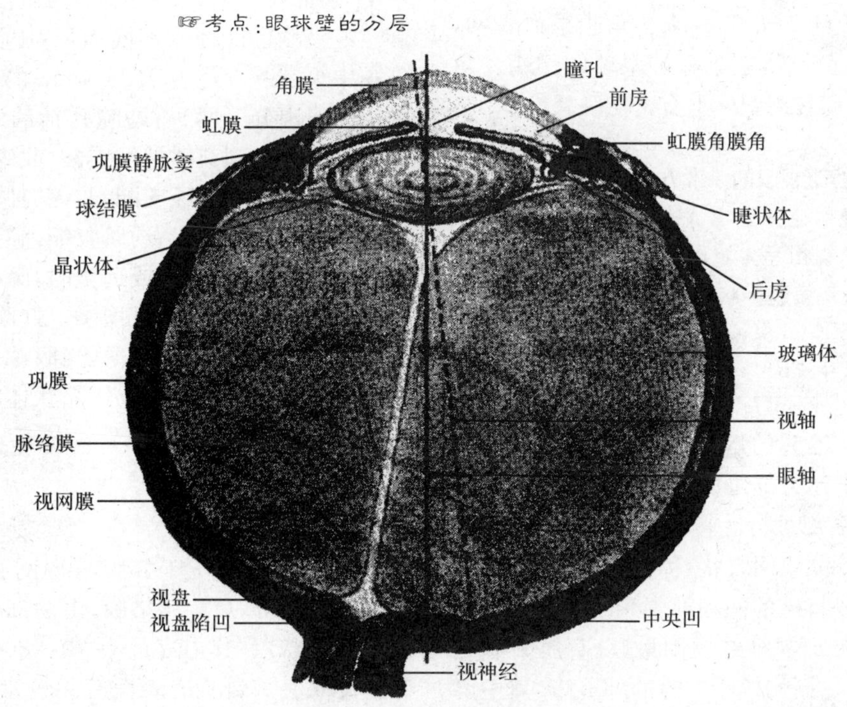

图 1-1　右眼水平切面图

(5) 内皮细胞层：为一层六角形扁平细胞，与虹膜表面内皮相连，具有房水-角膜屏障功能。正常情况下房水不能透过此层渗入角膜组织，损伤后常可引起基质层水肿，只能依靠邻近的内皮细胞的扩展和移行修补覆盖。

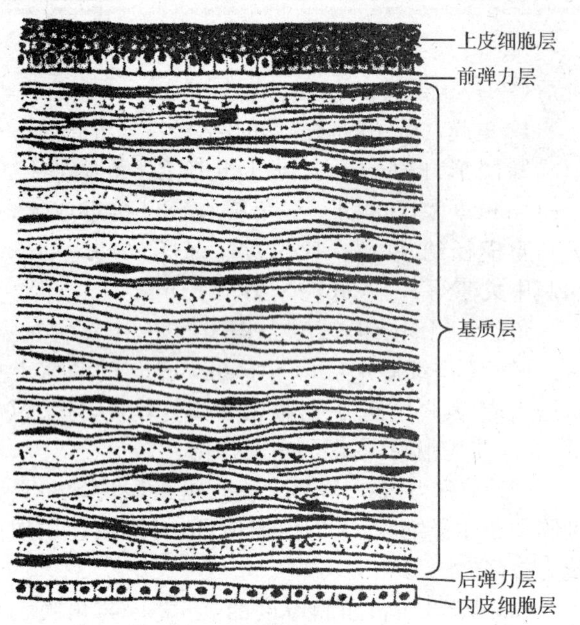

图 1-2 角膜横切面示意图

☞考点：角膜组织结构的分层

角膜无血管，透明，是重要的屈光间质（相当于43D的凸透镜），营养来自于角膜缘血管网和房水，代谢所需的氧80%来自空气，15%来自角膜缘血管网，5%来自房水。感觉敏锐，起到保护眼球的作用。角膜与结膜、巩膜、虹膜在组织学上有密切联系。

链 接 »»

治疗近视眼的手术方式

目前治疗近视眼临床上常见的两种手术方式准分子激光屈光角膜切削手术（PRK），术后缺乏前弹力层，少数人可出现角膜雾状混浊。准分子激光角膜原位磨镶术（LASIK），保留前弹力层，术后角膜混浊的发生率明显低于PRK。

2. 巩膜　为纤维膜的后5/6，由乳白色坚韧而致密的胶原纤维和弹力纤维交错构成、巩膜前接角膜，后至视盘。后极部处分为内外两层，外2/3移行于视神经髓鞘，内1/3呈网眼状，称巩膜筛板，此处最薄，青光眼患者形成特殊的凹陷即青光眼杯。巩膜的厚度各处不同，后极部视神经周围最厚，直肌附着处较薄。巩膜与角膜一同构成眼内容的外屏障，其主要功能为维持眼球外形，保护眼内组织以稳定视力。

3. 角膜缘　是角膜和巩膜的移行区，由于透明的角膜嵌入不透明的巩膜内，并逐渐过渡到巩膜，所以在眼球表面和组织学上没有一条明确的分界线，平均宽约1.0mm。上方角膜缘较宽，下方次之，两侧较窄，有小梁网和Schlemm（施勒姆）管。角膜缘解剖结构上是前房角及房水引流系统的所在部位，角膜缘是内眼手术的手术标志，组织学上还是角膜干细胞所在之处，因此十分重要（图1-3）。

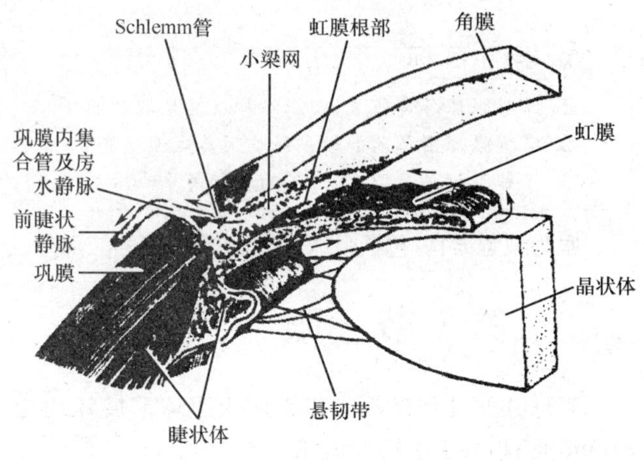

图 1-3 角膜缘结构示意图

（二）色素膜

又称葡萄膜、血管膜，位于视网膜和巩膜之间，自前向后分为虹膜、睫状体、脉络膜三部分。主要作用为遮光和提供营养。

1. 虹膜　呈圆盘状，自睫状体伸展到晶状体前面，将眼球前部腔隙分隔成前房和后房。虹膜悬在房水中，表面有辐射状凹凸不平的皱褶称虹膜纹理和隐窝。虹膜颜色因种族不同而异，中国人多呈棕褐色，虹膜中央有一直径为2.5～4mm的圆孔，称瞳孔。虹膜内的肌肉分为两种；即瞳孔括约肌和瞳孔开大肌。瞳孔括约肌受副交感神经支配，收缩时瞳孔缩小。瞳孔开大肌受交感神经支配，收缩时瞳孔开大。在强光下或视近物时，瞳孔括约肌收缩，瞳孔缩小，以减少光线的进入量；在弱光下或远望时，瞳孔开大肌收缩，瞳孔开大，使光线的进入量增多。虹膜周边与睫状体连接处为虹膜根部，此部很薄，当眼球受挫伤时，易从睫状体上离断。由于虹膜位于晶状体的前面，当晶状体脱位或手术摘除后，虹膜失去依托，在眼球转动时可发生虹膜震颤。

☞考点：虹膜内的两条肌肉

2. 睫状体　位于虹膜与视网膜的锯齿缘之间，前接虹膜根部，后连脉络膜，由两部分组成，前1/3肥厚处为睫状冠，其内表面有70～80个纵行放射状突起称睫状突。睫状突表面有无色素上皮和色素上皮细胞覆盖，具有分泌房水的功能，后2/3薄而扁平，为睫状体平坦部。晶状体悬韧带的纤维附着在睫状冠的睫状突间隙，睫状体内有睫状肌，当睫状肌收缩时，

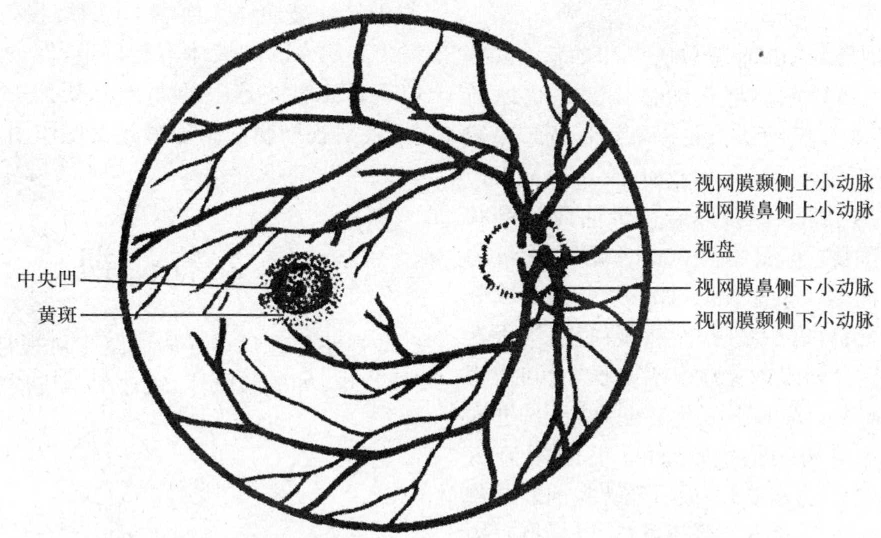

图 1-4 正常眼底示意图

悬韧带松弛，晶状体依靠自身的弹性回缩而变厚，产生眼的调节作用，且有维持眼压的功能。睫状肌是平滑肌，受副交感神经支配。睫状肌各个部分的协调收缩保证睫状体的调节功能。睫状体内有丰富血管及睫状神经，故炎症是以渗出反应为主并伴随剧烈疼痛。

3. 脉络膜 为葡萄膜的后部，前起锯齿缘，后止于视盘周围，介于视网膜与巩膜之间，有丰富的血管和黑色素细胞，组成小叶状结构。脉络膜血管多，血容量大，为视网膜外层和黄斑区提供血液，血液中病原体也容易经脉络膜扩散。脉络膜无感觉神经分布，脉络膜炎症时不引起疼痛。

脉络膜中的血液量为眼球总血液量的90%，其生理功能为营养视网膜、视神经和黄斑中心凹，此外脉络膜还有散热、遮光和暗房作用。

（三）视网膜

视网膜是一层透明的膜，前界为锯齿缘，后界为视神经乳头周围，外附脉络膜，内邻玻璃体。视网膜后极部有一直径约 2mm 的浅漏斗状凹陷区，称为黄斑(图 1-4)。其中央有一小凹，称为黄斑中心凹。中心凹处的视锥细胞密度最大，可达 38.5 万个/mm^2，视锥细胞感受强光和色觉，因此中心凹是视网膜视觉最敏锐的部位，临床视力检查指的就是黄斑中心凹的视力。在视网膜中心凹边缘开始出现视杆细胞，视杆细胞主要分布在周边部，感受弱光，即对微弱光感更为敏锐。距黄斑鼻侧约 3mm 处，有一直径约 1.5mm、边界清楚的淡红色圆盘状结构，称为视神经乳头（视盘），是视网膜神经纤维汇集穿过巩膜筛板的部位，此处无感光功能，视野表现为生理盲点。视神经乳头中央有一小凹区称为视杯或生理凹陷。视神经乳头有视网膜中央动、静脉通过，并于此处分布于视网膜。视网膜可分为两层，外层色素上皮层，内层神经感光层。神经感光层主要由三级神经元构成(图 1-5)。第一级神经元为视细胞，分为视锥细胞、视杆细胞两种。第二级神经元为双极细胞，起联络第一级和第三级神经元的作用。第三级神经元为神经节细胞，其轴突向视盘汇集，形成视神经，起传导神经冲动作用。

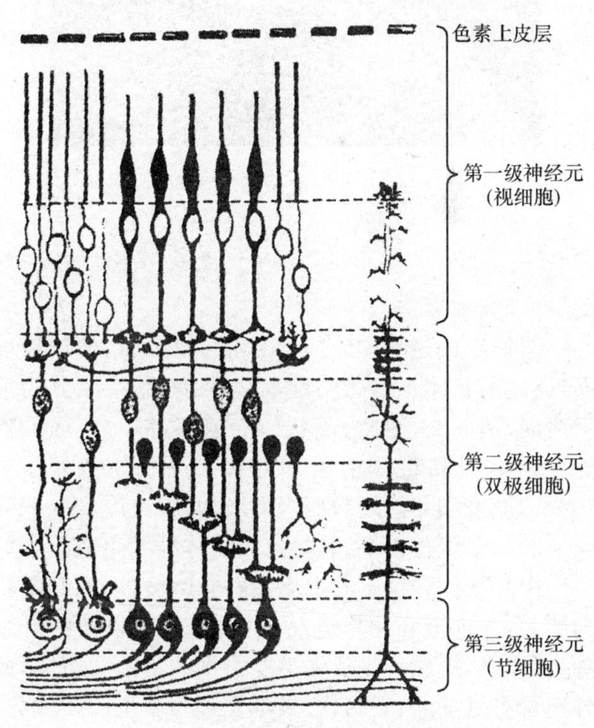

图 1-5 视网膜三级神经元

二、眼 内 容 物

眼内容物包括房水、晶状体和玻璃体，是眼球屈光系统的重要组成部分。

（一）房水

为眼内透明液体，充满前房与后房。前房（anterior chamber）指角膜后面与虹膜和瞳孔区晶状体前面之间的眼球内腔，容积约 0.2ml。前房中央部深约 2.5～3mm，周边部渐浅。后房（posterior chamber）为虹膜后面、睫状体内侧、晶状体悬韧带前面和晶状体前侧面的环形间隙，容积约 0.06ml。房水总量约占眼内容积的 4%，处于动态循环中。房水主要成分是水，占 98.75%；另含有少量氯化物、蛋白质、维生素 C、尿素及无机盐等。当眼内炎症手术或眼外伤时，房水内蛋白含量会增高。房水由睫状突上皮产生，进入后房，经瞳孔流入前房，再经前房角、小梁网流入 Schlemm 管、集液管和房水静脉，最后经睫状前静脉进入血液循环（图 1-6）。房水不断循环更新，以保持眼内压的稳定，并将眼内代谢产物运输到眼外。房水除有屈光作用外，还有营养角膜、晶状体和玻璃体的作用。

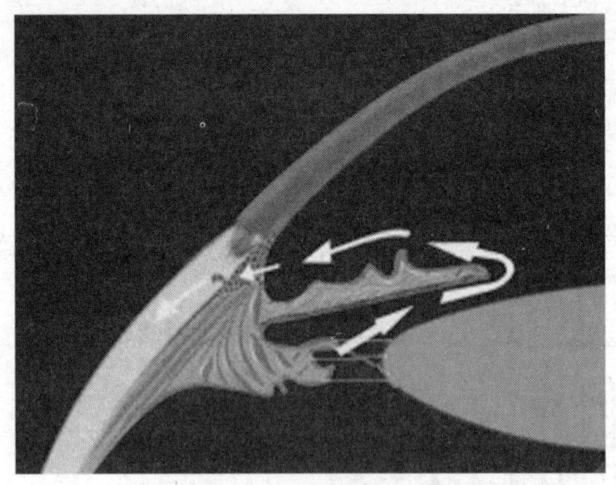

图 1-6　房水循环示意图

☞考点：房水的循环过程

（二）晶状体

形如双凸透镜，位于瞳孔和虹膜后面、玻璃体前面，通过晶状体悬韧带与睫状体连接，晶状体分为前后两面，两面交接处为晶状体赤道部，前后两面的顶点分别称为晶状体前极和后极。晶状体直径 9～10mm，厚度随年龄增长而缓慢增加，中央厚度一般为 4～5mm，晶状体由晶状体囊、晶状体纤维组成。人的一生中晶状体纤维不断生成，新的纤维将旧的纤维挤向中心，并逐渐硬化形成晶状体核，核外较新的纤维称为晶状体皮质。晶状体主要由水和蛋白质组成，此外还含有氨基酸、类脂物、微量元素等非蛋白质成分。晶状体本身无血管，其营养来自于房水。晶状体是眼屈光系统的重要组成部分，参与眼球的屈光作用、调节功能，同时，晶状体还能吸收部分紫外线，起到保护视网膜的作用。

（三）玻璃体

玻璃体为无色透明胶质体，其主要成分为水，约占 98%。玻璃体无血管，代谢缓慢，其营养来自于脉络膜和房水。玻璃体不能再生，失去后其空间由房水填充。玻璃体是眼的屈光介质之一，除有屈光功能外，还对视网膜和眼球壁起支持作用。

☞考点：眼内容的组成

第 2 节　视　路

视路是视觉传导的通路。从视神经开始，经视交叉、视束、外侧膝状体、视放射至皮质视中枢（图 1-7）。

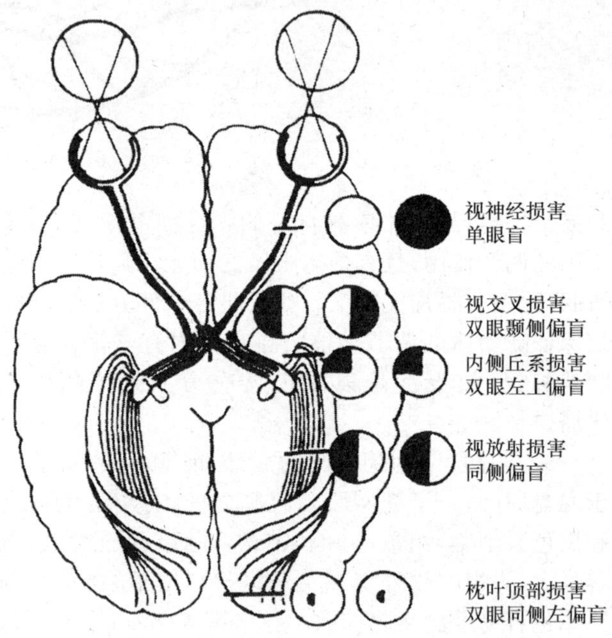

图 1-7　视路及其损害与视野相应关系

一、视　神　经

视神经是由视网膜神经节细胞发出的神经纤维汇集而成。起于视盘，止于视交叉，全长约 50mm，分为眼内段、眶内段、管内段和颅内段。

1. 眼内段　位于眼球内的部分，即自视盘开始至视神经纤维成束穿过巩膜筛板部分。长约 1mm，此段神经无髓鞘，自此起即有髓鞘包绕。

2. 眶内段　长约 30mm，呈"S"形弯曲，有利于眼球的自由转动。

3. 管内段　位于骨性视神经管内，长为 6～10mm，该段视神经与骨膜紧密结合，故骨管外伤时最易挫伤视神经。

4. 颅内段　自骨性视神经管出口处至视交叉前角止，长约 10mm。

包绕视神经的髓鞘可分为 3 层，由外至内为硬膜、蛛网膜及软膜。硬膜与蛛网膜之间的空隙，称硬膜下腔；蛛网膜与软膜之间的空隙，称蛛网膜下腔。

均与脑之同名腔相通，向前终止于眼球而形成盲管，腔内充满着脑脊液，所以当颅内压增高时，常见视盘水肿。眼眶深部组织的感染，也能沿视神经周围的脑膜间隙扩散至颅内。

视神经髓鞘上富有感觉神经纤维，故当炎症时球后常有疼痛感。

二、视交叉、视束、外侧膝状体、视放射与视中枢

1. 视交叉　位于颅内蝶鞍处，双眼视神经纤维在此处进行部分性交叉，即双眼视网膜鼻侧的纤维交叉至对侧。当邻近组织病变影响视交叉部位时，可出现视野缺损，最常见的是颞侧偏盲。

2. 视束　即自视交叉至大脑外侧膝状体节细胞止。因视神经纤维已进行了部分交叉，故每一视束包括同侧的颞侧纤维与对侧的鼻侧纤维。因此，当一侧视束有病变时，可出现同侧偏盲。

3. 外侧膝状体　位于大脑脚外侧，它收容大部分由视束而来的纤维，发出视放射纤维，为视分析器的低级视中枢。

4. 视放射　为外侧膝状体发出的视觉纤维向上下作扇形散开所形成。

5. 视中枢　位于大脑枕叶皮质纹状区，全部视放射均终止于纹状区，为人类视觉的最高中枢。

由于视觉纤维在视路各段排列不同，所以在神经系统某部分发生病变或损害时对视觉纤维损害各异，表现为特殊的视野异常。对中枢神经系统病变的定位诊断具有重要的意义。

第3节　眼附属器

眼附属器指保护、运动和支持眼球的组织结构，包括眼睑、结膜、泪器、眼外肌和眼眶。

一、眼　　睑

眼睑位于眼眶前部，覆盖于眼球表面，分上睑和下睑，其游离缘称睑缘。上、下睑缘间的裂隙称睑裂，其内外联结处分别称内眦和外眦。正常平视时睑裂高度约8mm，上睑遮盖角膜上部1～2mm。内眦处有一小的肉样隆起称泪阜，为变态的皮肤组织。睑缘有前唇和后唇。前唇钝圆，有2或3行排列整齐的睫毛，毛囊周围有皮脂腺（Zeis腺）及变态汗腺（Moll腺）开口于毛囊。后唇呈直角，与眼球表面紧密接触。两唇间有一条灰色线乃皮肤与结膜的交界处。灰线与后唇之间有一排细孔，为睑板腺的开口。上下睑缘的内侧端各有一乳头状突起，其上有一小孔称泪点（图1-8）。

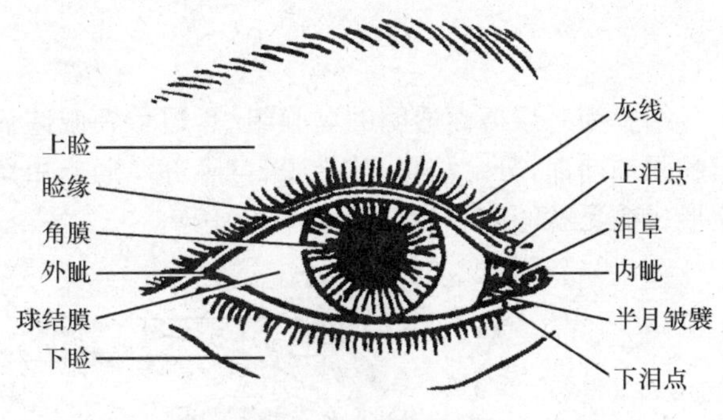

图1-8　眼睑外观

眼睑从外向内分五层（图1-9）。

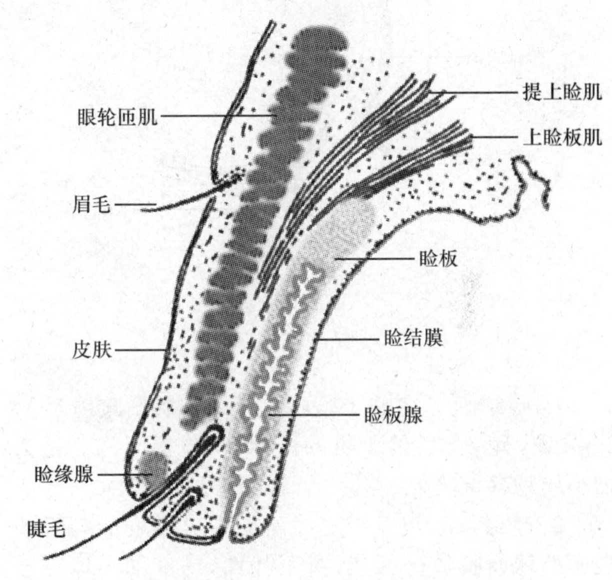

图1-9　眼睑矢状切面图

1. 皮肤　是人体最薄的皮肤之一，细嫩而富于弹性。因为下面的结构疏松，所以睑皮肤易滑动和形成皱褶。

2. 皮下组织　为疏松结缔组织和少量的脂肪，是人体最松软的组织之一。便于眼睑轻巧灵活的活动，最易引起水肿和皮下淤血。

3. 肌层　此层包含三种肌肉。眼轮匝肌、提上睑肌和Müller肌。眼轮匝肌受面神经支配，收缩时睑裂缩小，提上睑肌受动眼神经支配，收缩时睑裂开大，Müller肌受颈交感神经支配，有辅助睑裂开大作用。

4. 睑板　由致密结缔组织形成的半月状结构，两端借内、外眦韧带固定于眼眶内外侧眶缘上。睑板内有若干与睑缘呈垂直方向排列的睑板腺（Meibom腺），是全身最大的皮脂腺，开口于睑缘，分泌类脂质，参与泪膜的构成并对眼表面起润滑作用。

5. 睑结膜　紧贴睑板后面。

☞考点：眼睑的组织分层

二、结　膜

结膜为一层薄而透明的黏膜组织，覆盖在眼睑后面和眼球前面，分睑结膜、球结膜、穹隆部结膜。由结膜形成的囊状间隙称为结膜囊(图 1-10)。

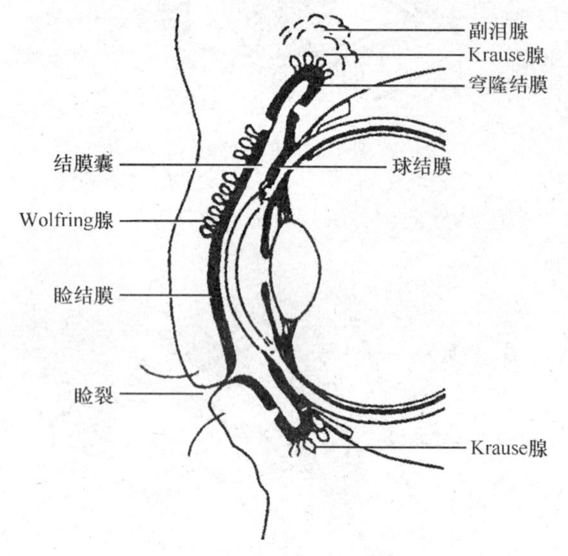

图 1-10　结膜结构示意图

1. 睑结膜　覆贴于睑板之后，在距下睑缘后唇2mm处，有一与睑缘平行的浅沟，叫睑板下沟。常为细小异物存留之处。

2. 球结膜　覆盖于眼球前部的巩膜表面与巩膜表面的球筋膜疏松相连，富于弹性，易推动。球结膜下注射即在此部位进行。在角膜缘处结膜上皮细胞移行为角膜上皮细胞，因而结膜病可累及角膜。

3. 穹隆部结膜 为球结膜和睑结膜的移行部分，多皱襞，便于眼球转动。是结膜中最厚、最松弛的部分。上穹隆部较深，下穹隆部较浅。穹隆部上皮细胞为复层柱状上皮细胞，上皮细胞下含有多量的淋巴细胞，有时形成滤泡。该部血管丰富。

结膜的分泌腺有：①副泪腺：结构与泪腺相似，但较小，分泌泪液。在睑板上缘者叫 Wolfring(沃弗林)腺，在穹隆部结膜下者叫 Krause(克劳斯)腺。②杯状细胞：位于结膜上皮细胞层，以穹隆部结膜最多，分泌黏液，为黏液性分泌物的来源。

三、泪　器

泪器包括泪腺和泪道两部分(图 1-11)。

(一) 泪腺(lacrimal gland)

位于眼眶外上方的泪腺窝内，长约 20mm，宽12mm，借结缔组织固定于眶骨膜上，提上睑肌外侧肌腱从中通过，将其分隔成较大的眶部泪腺和较小的睑部泪腺，正常时从眼睑不能触及。泪腺的排出管 10～12 根，开口于外侧上穹隆结膜。泪腺是外分泌腺，产

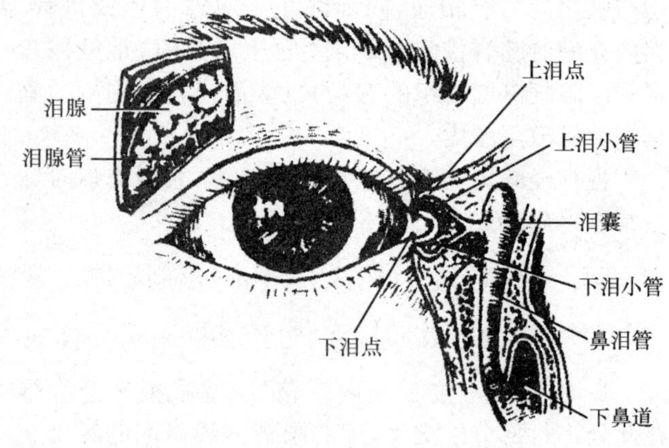

图 1-11　泪器示意图

生浆液，每一腺体含腺细胞和肌上皮细胞。血液供应来自眼动脉分支泪腺动脉。

此外尚有位于穹隆结膜的 Krause 腺和 Wolfring 腺，分泌浆液，称副泪腺。

(二) 泪道(lacrimal passages)

是泪液的排出通道，包括上下睑的泪点、泪小管，泪囊和鼻泪管。

1. 泪点　是泪液引流的起点，位于上、下睑缘后唇，距内眦 6.0～6.5mm 的乳头状突起上，直径为0.2～0.3mm的小孔，贴附于眼球表面。

2. 泪小管　为连接泪点与泪囊的小管。从泪点开始后的 1～2mm 泪小管与睑缘垂直，然后呈一直角转为水平位，长约 8mm。到达泪囊前，上、下泪小管多先汇合成泪总管后进入泪囊中上部，亦有直接进入泪囊的。

3. 泪囊　位于内眦韧带后面、泪骨的泪囊窝内。其上方为盲端，下方与鼻泪管相连接，长约 10mm，宽约 3mm。

4. 鼻泪管　位于骨性鼻泪管内，上接泪囊，向下后稍外走行，开口于下鼻道，全长约 18mm。鼻泪管下端的开口处有一半月形瓣膜称 Hasner(哈斯纳)瓣，有阀门作用。

☞考点：泪道的组成

泪液为弱碱性透明液体，除含有少量蛋白和无机盐外，还含有溶菌酶、免疫球蛋白 A(IgA)、补体系统、β溶素和乳铁蛋白。泪液除具有湿润眼球作用外，还具有清洁和灭菌作用。当有刺激时，大量泪液分泌可冲洗和排除微小异物。在正常情况下，16 小时内分泌泪液约 0.5～0.6ml。在睡眠状态下，泪液的分泌基本停止，在疼痛和情绪激动时则大量分泌。

四、眼　外　肌

有四条直肌和两条斜肌，四条直肌为上直肌、下直肌、内直肌和外直肌，均起于眶尖部视神经周围的总

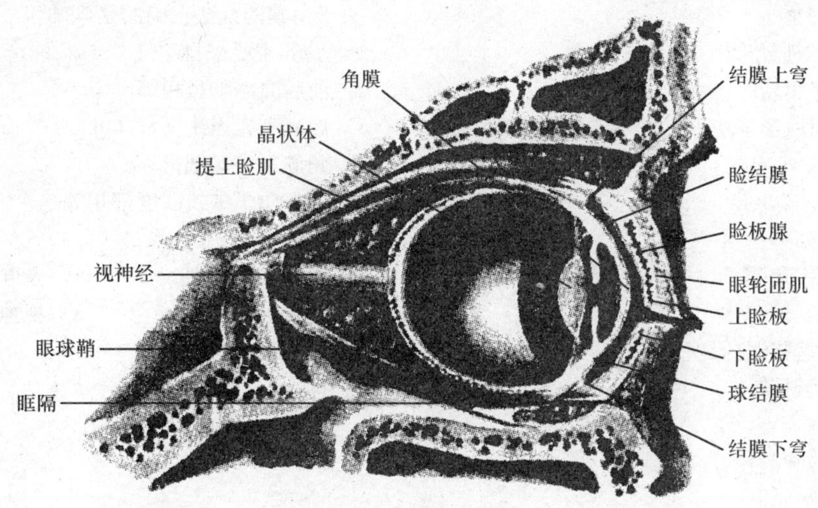

图 1-12　眼眶示意图

腱环，止于巩膜表面。内、外、上、下四条直肌的作用分别使眼球内转、外转、上转和外转，上直肌还有内转与内旋作用，下直肌有内转与外旋的作用。两条斜肌是上斜肌和下斜肌，上斜肌亦起自总腱环，通过滑车止于后部巩膜，作用是使眼球下转、外转、内旋。下斜肌起自眶下壁的前内侧，止于后部巩膜，可使眼球上转、外转、外旋。各条眼外肌对眼球的作用，是指眼球向正前方时而言。当变动眼位时，各肌的作用也有所变动。眼球的每一运动，是各肌协作共同完成的，两眼的运动也必须协调一致。

五、眼　　眶

由额骨、蝶骨、筛骨、腭骨、泪骨、上颌骨和颧骨7块颅骨构成的四边锥形，底向前，尖朝后，成人眶深4～5cm(图 1-12)。有上、下、内、外四个壁，其中外侧壁稍偏后，眼球暴露较多，所以增加了视野，但也增加了外伤的机会。此外四个壁很薄，且与额窦、上颌窦、筛窦、蝶窦相邻，因此鼻窦的疾病易波及到眼眶。眶上裂有Ⅲ、Ⅳ、Ⅴ、Ⅵ对颅神经和眼上静脉通过，眶下裂有眶下神经、眶下动脉、眼下静脉通过。视神经孔有视神经和眼动脉通过。眶内容有眼球、眼外肌、泪腺、血管、神经、筋膜、脂肪。

第4节　眼球血管与神经

一、血　　管

1. 动脉 眼动脉来自颈内动脉，经神经孔进入眶内，行程中发出分支供应眼球、眼外肌、泪腺和眼睑等，其主要分支有：视网膜中央动脉，营养视网膜内层。睫状后动脉在视神经周围穿入巩膜，分支营养脉络膜、虹膜、睫状体及视网膜外层。睫状前动脉来自眼动脉的肌动脉，分布于角膜、球结膜及虹膜睫状体，泪腺动脉分布于泪腺。

2. 静脉　视网膜中央静脉与同名动脉伴行，经眼上静脉或直接汇入海绵窦。在眼球赤道后方有4～6条涡静脉，收集脉络膜及部分虹膜睫状体的血，经眼上、下静脉，汇流到海绵窦。睫状前静脉收集前葡萄膜的血液，大部分经眶上裂流入海绵窦。

二、神　　经

视神经传导视觉神经冲动。三叉神经的第一、二分支司眼球及眼睑的感受。滑车神经支配上斜肌，外展神经支配外直肌，动眼神经支配其他眼外肌。副交感神经支配瞳孔括约肌和睫状肌。交感神经支配瞳孔开大肌。睫状神经节位于视神经外侧视神经孔前1.0cm左右。眼内手术施行球后麻醉，即阻断此神经节。

目标检测

选择题

A_1 型题

1. 由动眼神经支配的肌肉是(　　)
   A. 外直肌　B. 米勒肌　C. 上斜肌
   D. 额肌　E. 提上睑肌
2. 角巩膜缘的宽度约为(　　)
   A. 0.9mm　B. 1mm　C. 0.5mm
   D. 1.2mm　E. 0.75mm
3. 下列不构成球壁的组织是(　　)
   A. 视网膜　B. 葡萄膜　C. 角膜
   D. 结膜　E. 巩膜
4. 角膜受损后疼痛的原因是(　　)
   A. 上皮细胞受损后不能再生
   B. 角膜自身无血管

C. 实质层纤维排列整
D. 角膜含有丰富的神经末梢
E. 含水量和层折率恒定

5. 眼球近似球形，其前后径平均为(　　)
A. 21mm　B. 32mm　C. 24mm
D. 22mm　E. 28mm

6. 屈光系统不包括下列哪一项(　　)
A. 晶状体　B. 角膜　C. 房水
D. 虹膜　E. 玻璃体

7. 有关正常眼底的描述**错误**的是(　　)
A. 视网膜动脉比静脉细
B. 视盘在黄斑鼻侧
C. 视网膜动脉比静脉颜色鲜红
D. 视盘在黄斑颞侧
E. 视盘中央有凹陷

8. 关于角膜的说法正确的是(　　)
A. 营养主要来自空气
B. 前后曲率半径相等
C. 屈光度相当于＋43.00D
D. 角膜呈竖椭圆形
E. 各方向子午线曲度都相等

9. 巩膜最厚处位于(　　)
A. 眼外肌附着处　B. 赤道部
C. 涡神经穿出处　D. 视神经周围
E. 后极部

(冯桂玲)

第2章 眼科患者的护理概述

学习目标

1. 熟悉眼科疾病的护理内容
2. 学会眼科常用的检查操作及结果记录

第1节 眼科患者的护理内容及护理评估

眼科患者是眼科护理工作的主要对象。以人的健康为中心的现代护理观要求我们：护理的着眼点不仅仅在“病”，更应当强调“人”，要始终把患者视为生物-心理-社会的综合体，从人的身心、社会、文化的需要出发去考虑患者的健康和护理问题。眼科患者的护理评估是有计划地、系统地搜集资料的过程，是整个护理程序的基础。

一、护理内容

（一）心理的护理

眼是视觉器官，是感觉器官中最重要的器官。人接受外界信息的90%以上是经过眼睛获得的。眼病时的痛苦感受显著，尤其是患眼病时的视功能改变以及眼科手术会使患者产生紧张、焦虑和恐惧心理，护理医护人员要具备一定的医学心理知识和沟通的技巧，及时发现患者的心理问题，有针对性地进行心理疏导。尊重患者的人格，帮助患者树立战胜疾病的信心和勇气。

（二）症状和体征的护理

眼科患者一旦眼部发生病变，症状、体征非常突出，会出现不同程度的视力下降、角膜刺激症状等。了解和掌握患者的症状和体征，根据其发生的原因和严重程度制定具体的护理计划。对双眼外伤、手术后的患者，要制定生活护理计划，协助患者尽快适应生活方式，进行卫生宣教，指导患者用药和自我保健，协助医护人员完成治疗；对有角膜刺激症状明显患者，要及时采取措施，并遵医嘱给予适当的护理和治疗。

（三）检查和诊断过程中的护理

眼科检查项目较多，专业性较强，需要患者积极地配合，以免影响检查与治疗的效果。要向患者讲清检查的目的、注意事项，取得患者的理解和合作。在诊疗过程中，要关心体贴患者，尽量减少患者的痛苦。安慰和鼓励患者，增强其信心。熟练掌握检查和操作技巧，协助医生完成各项检查和操作。密切观察患者的反应，向患者交代应注意的事项。

（四）与眼相关全身疾病的护理

有些眼科疾病和全身疾病相关，许多眼病可从全身找到原因，有些眼病就是全身病的眼部表现，例如，糖尿病可引起白内障和视网膜病变，高血压和动脉硬化可引起眼底出血，甲状腺功能亢进可有眼球突出，风湿性关节炎引起虹膜睫状体炎。在进行眼部护理的同时，树立整体意识，制定整体护理计划使患者能够得到全面的护理。

二、护理评估

（一）病史评估

1. 眼部疾病评估

（1）患病经过：发病情况及发病时间、主要临床表现等。包括部位、性质、程度、症状出现和缓解的规律等。如情绪激动后出现眼痛、头痛、虹视、恶心等可考虑青光眼急性发作。了解症状出现频率和缓解的规律等。了解视力改变的性质、程度，如复视、视物模糊、视力丧失等。

（2）检查治疗经过：以往检查的结果、用药情况和效果，目前治疗情况，如正在使用药物的种类、剂量和用法，许多药物可引起药物性眼病，患病后的检查及治疗经过。如虹膜睫状体炎的以往检查结果、用药情况和效果，目前采取的治疗措施，用药种类、剂量和用法等。特殊的治疗饮食。治疗或康复使用的仪器设备等。

（3）诱发因素或致伤原因：如感冒可引起病毒性角膜炎，情绪激动、暗室停留时间过久等可诱发急性闭角型青光眼的发作。

2. 生活史

（1）个人史：是否去过疫源地、传染病接触史，工作环境与眼病的关系。如医务工作者和电焊工作者可致电光性眼炎，钢筋工易导致金属性角膜异物。

（2）生活方式：生活有无规律，阅读习惯是否健康，是否注意眼保健。如过度兴奋或悲哀眼压升高而诱发急性闭角型青光眼，高度近视用眼过度，常致玻璃体液化变性而引起视网膜脱离。

(3) 饮食习惯:饮食数量、种类,有无特殊嗜好如饮酒及有无偏食。尤其是糖尿病患者更应详细询问。

3. 家族史　家族中有无与遗传有关的眼病。如视网膜母细胞瘤患者其父母兄弟姐妹可能有同样疾病。

4. 心理健康评估

(1) 心理状态:了解患者对所患疾病的认知和对就医结果的期望,评估患者的性格特点、文化程度及受教育背景等。当视力下降或失明时,患者无法正常工作,甚至失去生活自理能力,容易表现为焦虑、失眠、悲观、情绪低落、自卑、孤独等心理。

(2) 疾病知识:对疾病的诱因、病程、治疗、预后、预防等方面的了解程度。

(3) 社会支持系统:了解家庭成员、亲戚、朋友、同事对患者所患疾病的认识和对患者的关注程度,家庭经济状况及治疗费用来源是否有保障。社会对低视力的关注与支持等。

5. 一般状态　应注意患者的全身情况,包括血压、心率、呼吸、脉搏、体位、皮肤、营养、神志等。

(二) 眼部状况评估

1. 眼部症状评估与分析

(1) 视力障碍

1) 视远不清,视近正常:多见于近视、调节痉挛。如突然发现近视者,应考虑糖尿病的可能。因为糖尿病患者玻璃体屈光指数增加,屈光力增强,成为指数性近视。眼球钝挫伤,晶体悬韧带折断,晶体凭其自身弹性表面弯曲度增加,亦可表现为近视。

2) 视近不清,视远正常:见于调节麻痹、老视、远视。

3) 视远和视近均不清:可能是由于散光或其他影响视力的眼病所致。

4) 突然发生的视力障碍:突然视力障碍是指瞬间视力障碍,常见于网膜中央动脉阻塞、视网膜静脉周围炎致玻璃体大出血、缺血性乳头病变、视网膜脱离等。

5) 缓慢发生的视力障碍:多见于炎症、变性等。其中也有发病较急者,如急性闭角青光眼、急性虹膜炎、急性视神经炎等,但与瞬间视力障碍决然不同。

6) 一过性或阵发性视力障碍:常见于颅压升高致乳头水肿的早期、脑血管痉挛所致闪辉性暗点、青光眼的前驱期小发作、高血压引起的视网膜血管痉挛、一时性脑缺血等。

7) 视物变形:主要是由于视网膜感光细胞排列紊乱所致,感光细胞堆积处视物变大,感光细胞稀少处视物则变小。常见引起视物变形的眼病有中心性浆液性脉络膜视网膜病变、老年黄斑盘状变性、视网膜脱离等。

8) 复视:复视是指看一个物体变为两个。单眼复视多见于晶体半脱位;双眼复视则见于眼外肌麻痹。

9) 闪光感:最典型的病为闪辉性暗点,本病属血管痉挛性偏头疼的症状之一。于短暂的闪光症状之后出现剧烈的偏头疼,约半日后自然恢复。闪光感的其他常见原因还有视网膜脉络膜炎症、视网膜脱离、视网膜囊样变性等。

10) 眼前黑影飘动:患者主诉有点状、丝状、蚊翅状或网状暗影随眼球转动不时出现于眼前。此现象常出现于下述两种情况:一是玻璃体内胚胎残留的细胞或少数游走白细胞,玻璃体支架组织投影于视网膜上引起的"飞蚊症",属生理性。二是色素膜或视网膜炎症、出血、寄生虫进入玻璃体,或玻璃体变性所致玻璃体混浊。前者不影响视力,检查无阳性所见,后者可于玻璃体内发现混浊物。

(2) 眼痛和头痛:眼病可以反射性引起偏头疼或全头疼。疾病不同,疼的部位和性质各异;例如闪辉性暗点是在闪辉过后剧烈偏头疼;眶上神经痛于眶上切迹处有明显压疼点;青光眼为眼球剧烈胀疼伴同侧头疼;急性虹膜炎为明显睫状压疼;角膜上皮损伤、电光性眼炎、角膜溃疡为剧烈的刺疼;巩膜炎则为患区局限压疼;球后视神经炎为眼球深部钝疼,眼球运动疼。

(3) 视疲劳:视疲劳主要表现为视物不能持久,视物久时视物模糊、出双影,看书时串行,甚至头疼、烦躁等。闭目休息后,症状消失。引起视疲劳的原因有:远视、散光、隐斜、屈光参差、身体虚弱性视疲劳神经官能症等。

(4) 溢泪和流泪:通常我们所说的流泪分为两种:由于泪腺分泌增加引起的流泪称"流泪";由于泪道狭窄或阻塞引起的流泪称"溢泪"。

引起流泪的常见原因有:感情因素、泪腺的炎症或肿瘤、结膜囊或角膜异物、倒睫及外伤、结膜、角膜、虹膜睫状体炎症等。引起溢泪的常见原因有:老年人眼轮匝肌机能减退,泪道弹性降低,正常泪液引流动力减弱。面瘫、瘢痕等所致下睑外翻,使泪小点离开眼球失去对泪液的吸收作用。泪小点、泪小管、鼻泪管的狭窄或阻塞、急慢性泪囊炎等。

☞考点:眼部常见的症状

2. 眼部体征评估与分析　为防止遗漏,检查应按解剖层次由外向内逐一进行。一般先右后左,如单眼患病,则先查健眼,后查患眼。一方面,以健眼作为对照;另一方面,如患传染性眼病也可避免交叉感染外眼检查一般用聚光手电筒(或锤形检眼灯)自侧方斜照或在裂隙灯下进行。

(1) 眼睑:检查的主要内容应包括眼眉、眼睑外形、睑运动情况、睑裂大小、眼睑皮肤、睑缘位置及睫毛等。观察眼睑有无肿胀、充血、压痛、包块、皮疹、瘢痕、皮下出血和气肿,睑裂大小是否相等,眼睑有无位置异常、充血、糜烂、倒睫等。

(2) 泪器:① 泪腺:正常时泪腺不能触及,而能触及者均为异常,可见于炎症和肿瘤等;② 泪点:观察泪点开口有无狭窄或闭塞,有无泪点位置异常(如外翻);③ 泪囊:泪囊部有无充血、水肿、压痛或瘘管,压迫泪囊部有无分泌物自泪点溢出。

(3) 结膜:观察结膜各部有无充血、水肿、滤泡、乳头、结石、瘢痕、异物、新生物、睑球粘连等,并注意区分结膜充血、睫状充血(表 2-1)。

表 2-1　结膜充血与睫状充血的鉴别

	结膜充血	睫状充血
部位	近穹隆部结膜为主	角巩膜缘周围为主
深浅	浅	深
颜色	鲜红色	紫红色
血管形态	呈网状、树枝状	呈放射状或轮廓不清
移动性	推动球结膜随之移动	无移动性
血管收缩剂反应	充血可消退、变白	充血稍减,但不变白
分泌物	多有	一般无
充血原因	结膜炎	角膜病、虹膜病、青光眼等

☞考点:结膜充血与睫状充血的鉴别

(4) 眼前节检查:一般应用裂隙灯显微镜检查(图 2-1),也可用聚光灯、手电筒照明和放大镜观察。

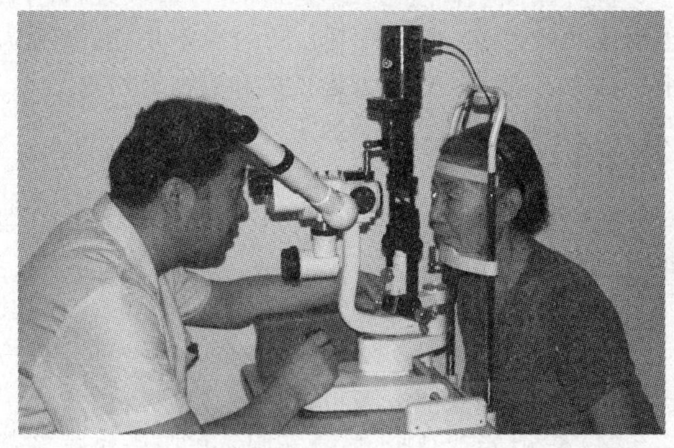

图 2-1　裂隙灯检查图

1) 角膜:一般在裂隙灯下检查。当角膜上皮损伤、角膜炎症、角膜异物肉眼观察不清时,结膜囊滴1%荧光素后病变区染成黄绿色便于观察。观察角膜的直径大小、有无角膜混浊、水肿、炎性浸润、溃疡、穿孔、新生血管、变性、瘢痕等。角膜弯曲度异常可见于圆锥角膜和扁平角膜等。

荧光素钠染色检查。正常角膜不着色,如角膜上皮损伤、缺损或溃疡,病变区可被染呈黄绿色。

角膜知觉检查。用一束细棉丝尖端,轻轻触及角膜表面,如不引起瞬目,表明角膜感觉减退。

2) 巩膜:巩膜检查一般应与球结膜检查同时进行。检查的主要内容应包括巩膜的颜色、有无结节、肿物、充血和压疼。如外伤可疑后巩膜破裂者,需切开球结膜进行探查,同时进行治疗。

3) 前房:前房检查主要观察前房深度和前房内容物的变化。可用斜照法观察前房深度,房水有无混浊,前房有无积脓积血或异物。

4) 虹膜:注意虹膜的色泽、纹理,有无新生血管、虹膜震颤、虹膜萎缩,与角膜有无粘连。

5) 瞳孔:两侧瞳孔等大、等圆,位置居中,边缘整齐。正常成人瞳孔在自然光线下直径为 2.5～4mm,幼儿及老年人稍小。瞳孔缩小见于强光照射、虹膜睫状体炎和药物性缩瞳,长椭圆形瞳孔见于闭角型青光眼,梨形瞳孔多见于粘连性角膜白斑;梅花形瞳孔可见于虹膜后粘连。瞳孔扩大见于外伤、青光眼、药物性散瞳和无光感眼。葡萄膜炎引起的"梅花样瞳孔瞳孔直接对光反射:在暗室内用手电筒照射受检眼,该眼瞳孔迅速缩小。瞳孔间接对光反射:在暗室内用手电筒照射另侧眼,受检眼瞳孔迅速缩小。近反射:又称集合反射,被检者注视眼前 10～15cm 处目标时两眼瞳孔缩小、双眼内聚。

6) 晶状体:主要应注意其位置和混浊情况。因晶体除瞳孔区以外大部分为虹膜所掩盖,故为全面观察晶体应扩瞳检查。常用扩瞳药:老人用 1%去氧肾上腺素(新福林),青年人用复方阿托品酰胺等速效、短效扩瞳药。青光眼患者一般不应做散瞳检查。

(5) 眼底检查:在暗室内通过直接或间接检眼镜检查,检眼镜不仅可对眼内各部组织,如视网膜、视神经、玻璃体进行检查(图 2-2)。可通过检眼镜检查中枢神经、心血管、内分泌及血液系统等身体其他器官疾病的眼底变化。间接检眼镜可放大倍数为 4 倍,所见眼底为倒像。直接检眼镜则放大倍数为 16 倍,且为正像,使用方便,是目前临床普遍采用的一种检查方法。直接检眼镜检查右眼时,检查者位于受检者右侧,右手持检眼镜用右眼观察,检查左眼时相反,称"三左"、"三右"法。检查时先将检眼镜转盘拨到"0"处,从颞侧约 15°处投入光线,可看清视网膜各部位。若检查者与受检者有一方为屈光不正,眼底看不清可用食指拨动检眼镜转盘,加减屈光度至看清为止。

正常眼底呈现弥漫性橘红色,可见淡红色 略呈圆形或椭圆形的视盘,边界清晰,其中央色泽稍淡为生理凹陷,中央凹陷处有视网膜血管通过,动脉为鲜红色,静脉呈暗红色,动静脉管径之比为 2∶3(图

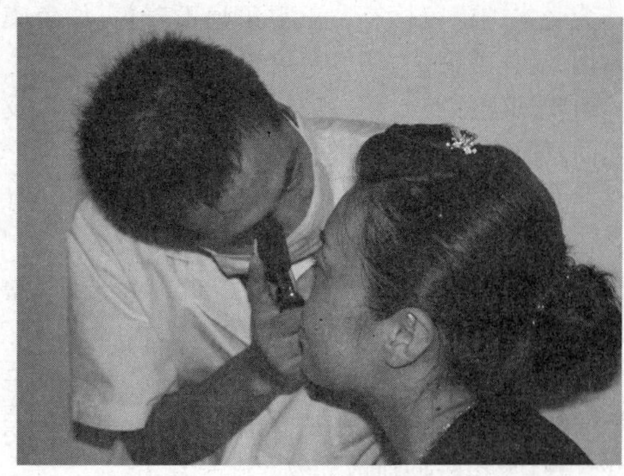

图 2-2　眼底检查

2-3)。视盘颞侧约两个视盘直径(PD)稍偏下处,有一个暗红色无血管区称为黄斑,其中心有一针尖样的反光点,为中心凹光反射。

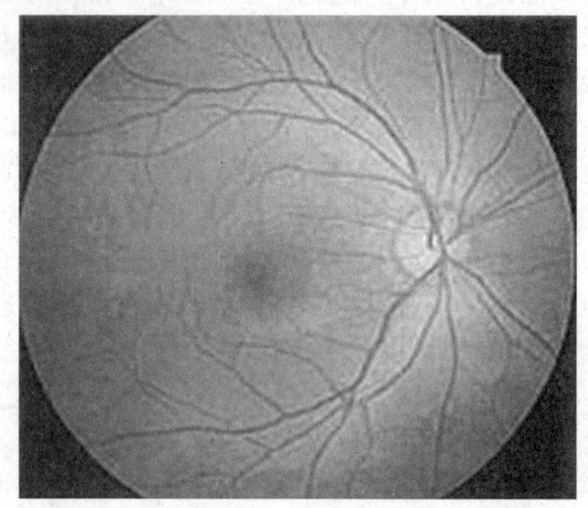

图 2-3　正常眼底图

(6) 眼球的检查:观察眼球大小有无异常、两眼是否对称,角膜是否位于中央,高低是否一致。观察眼球向各方位注视时双眼是否对称和同步,有无眼球震颤、斜视,有无眼球突出或内陷,用眼球突出计测量,正常眼球突出度 12～14mm,左右眼相差不超过 2mm。

(7) 眼眶的检查:眶骨有软组织覆盖,一般要进行触诊。外伤者要注意眶缘是否完整、光滑,有无限局压疼及骨摩擦音。主诉眼疼患者要注意眶上切迹,筛窦、上颌窦有否压痛。眼球突出患者应于眶缘与眼球之间向深部触诊,检查有否肿物,并注意肿物的大小、性质等。眼眶深部损伤或病变时需进行 X 线摄片,CT 扫描超声或磁共振检查。

第 2 节　眼科常用护理诊断

护理诊断是对有关需要以护理措施来解决或减轻现有的、潜在的健康问题的陈述。眼科患者常用的护理诊断有:

1. 疼痛　眼痛与炎症反应、外伤、手术、眼压升高和感染有关。

2. 潜在并发症　与创口裂开、出血、眼压升高、术后活动不当或术后并发症有关。

3. 感知改变(视觉)　与视觉功能障碍有关。

4. 自理缺陷　沐浴或卫生、进食、如厕等,与视力下降、术后双眼遮盖和年老(或年幼)体弱有关。

5. 睡眠形态紊乱　与视力下降环境改变或长期卧床有关。

6. 便秘　与长期卧床、精神紧张、活动减少和生活习惯改变有关。

7. 功能障碍性悲哀　与视力减退影响工作、学习有关。

8. 有感染的危险　与机体抵抗力下降、局部创口的预防感染措施不当、卫生习惯不良等有关。

9. 知识缺乏　缺乏疾病的相关知识。

10. 恐惧　与视力下降、适应环境能力改变和不了解眼病情况有关。

11. 焦虑　与担心预后、经济负担等有关。

第 3 节　眼科常用检查

一、视功能检查

包括视力、视野、色觉、暗适应、立体视觉、对比敏感度及视觉电生理等检查。

(一) 视力

视力即视敏锐度 (visual acuity),指双眼辨别最小物像的能力,反映黄斑中心凹的视觉功能,亦称为中心视力。视力检查分为远视力和近视力检查。

1. 远视力检查方法及注意事项

(1) 视力表 5.0 行与被检眼等高(图 2-4)。

(2) 视力表用灯光照明或明亮自然光线照明(但非阳光直射)。

(3) 检查距离为 5 米。如室内距离不足 5 米时被检者可坐于视力表下,2.5 米远处放一反光镜,被检者从反光镜中看视力表亦可。

(4) 一般先查右眼,后查左眼。单眼患病者先查健眼。双眼患病者先查视力较好眼。

(5) 检查时随时注意被检者头要正,被遮眼要遮全。

(6) 一般情况应从上至下逐行进行检查,最后一行视标应查全。下面以标准对数视力表为例,说明远视力检查方法:检查者用杆指着视力表的视标,嘱被检者说出或用手势表示出该视标的开口方向,自上而下逐行检查,从最大视标开始,找出被检者的最佳辨

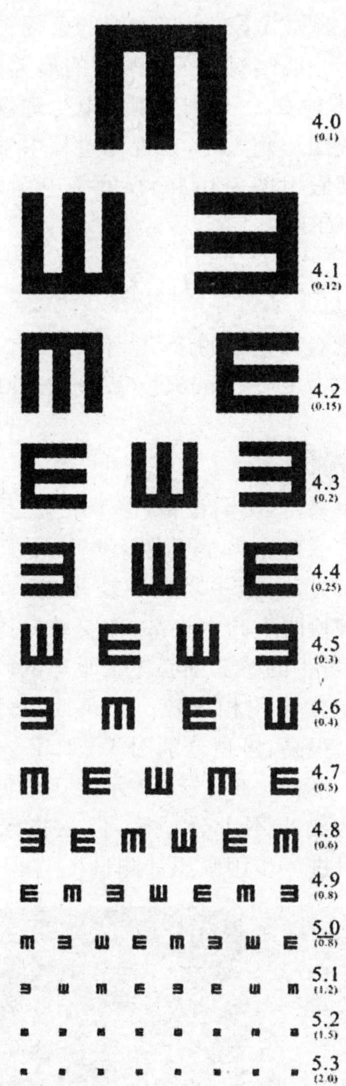

图 2-4　标准对数视力表

认行,将能辨出的最小的视标记录为该眼的远视力。如在 5cm 距离能辨认 1.0 全部视标,对下一行辨认出两个视标,记录为 1.0^{+2}。若在 1.2 行仅认错 2 个视标,记录为 1.2^{-2}。视力低于 0.1 者,令其向视力表走近,直到认出 0.1 为止,此时再根据 $V=d/D$ 的公式计算,V 为实际视力,d 为实际看见 0.1 行字符的距离,D 为正常人应当看清该行字符的距离(50m)。如在 3.0m 处看清 0.1 视标者,记录为 0.06(3/50＝0.06)。当视力低于 0.02 时,则令受检者辨认指数,从眼前 1.0m 开始,逐渐接近,直到能正确辨认指数为止,并记录距离,如指数/30cm、FC/30cm 等。若在 5.0cm 处还不能辨认手指者,则改用手动检查。如眼前 40cm 处辨出手动时,记录为手动/40cm、HM/40cm。在受检眼不能辩出手动时,于暗室内检查光感,双眼分别进行。记录出可辨光源的距离,如“光感/4cm”;不能辨认光源时记录为无光感。

(7) 如有屈光不正,测视力时,应测裸眼视力和矫正视力,并分别记录。

☞考点:远视力检查方法及注意事项

2. 近视力检查方法和注意事项

近视力表的标准检查距离为 30cm。近视力检查方法与远视力基本相同,但距离可远近移动,直至查出最佳视力,记录视力和距离。如右眼 5.2/30cm、5.0/15cm 等。近视力表不仅可以测视敏度,还可检查患者的调节力。调节力越强,近点越近,远视、老视则近点较远。近视力表还可测定高度近视眼的远点,例如一高度近视患者将近视力表由远及近至 20cm 方能获得最好视力,该点为患者的远点。如将视力表再往近移至 10cm 处视力开始下降,此点为患者的近点。

☞考点:近视力检查方法及注意事项

(二) 视野

视网膜黄斑注视点以外的视力称周边视力,其所视及的空间范围称为视野。中心视力只反映网膜黄斑一点的视功能,而视野则可反映除黄斑外的全部网膜功能,许多眼底病、视路疾病和青光眼等都有视野改变。因此,视野检查在眼病的诊断中占有十分重要的地位。

1. 对比检查法　不需任何设备,检查者与受检查者对视,眼位等高,相距 0.5m,检查右眼时,受检者右眼注视检查者左眼,并各遮盖另一眼。检查者用手指在各方向从外周向中央移动,如受检者与检查者同时看到手指,则视野大致正常。

2. 弧形视野计法　是较简单的动态检查周边视野的方法 。平面视野计法,是简单的中心 30°动态视野计。Goldmann 半球形定量视野计,即可查周边视野也可查中心视野;增加了视野检查的准确性、可重复性和敏感性。自动视野计,电脑控制的静态定量视野计,有针对青光眼、黄斑疾病、神经系统疾病的特殊检查程序,能对多次随诊的视野进行统计学分析,提示视野缺损是改善还是恶化。

正常视野范围是上方视野约 55°,鼻侧约 60°,下方约 70°颞侧约 90°。中心视野范围内,除生理盲点外,无异常暗点或缺损。

(三) 色觉检查

色觉是视网膜锥体细胞功能。色盲是指不能辨别颜色,分为红色盲、绿色盲及全色盲三种。色弱是指对颜色的辨别能力降低。色盲有先天性和后天性两种。先天者为性染色体隐性遗传病,其遗传方式为患者通过女儿传给外孙。先天性色盲男性发病率为 5% ,女性发病率为 1 %。色觉是否正常对职业选择非常重要,如交通、冶金、化工、印染、工艺美术、医学等必须有正常辨色力,而色盲者可以选择文学、史地、数学、财经、政法、哲学等多种职业。

检查方法：色盲本应以自然光线照明，但非阳光直射，检查距离至少50cm，被检查者视线应与色盲本垂直，不可侧看，因为在印刷时不同颜色可有不同反光，每图识别时间不超过10秒钟，根据被检者文化程度、年龄等，可选择不同组进行检查。如儿童用动物组，成人文盲者用几何图形组等。因正常人偶有读错者，而色弱也有读对者，故应反复多查几个图片，根据说明书进行综合判断。另外还可用FM-100色彩试验及D-15色盘试验、色觉镜检查等。

（四）暗适应（dark adaptation）

当眼从强光下进入暗处时，起初一无所见，这种对光敏感度逐渐增加，随后逐渐能看清暗处的物体，称为暗适应。暗适应检查可用以观察和诊断各种引起夜盲的疾病，如视网膜色素变性、维生素A缺乏症等。

（五）视网膜功能检查

白内障患者不能进行详细的视力和视野检查，也不能直接观察眼底，但可通过光觉、光定位、色觉间接了解视网膜功能，以帮助估计手术的预后。这三者统称为视网膜功能检查，均在暗室内进行。

1. 光觉检查　此方法实际上属于视力检查。在暗室内点燃一支蜡烛，于被检者眼前6m远询问患者是否能看见光亮。如不能看见，逐渐移近直至看见为止，记录距离，如6m光觉、5m光觉、2m光觉等。

2. 光定位　此检查实际上应属于视野检查。患者取坐位，直视正前方。检查者将点燃的蜡烛置眼前1m远，在正中、上、下、左、右、鼻上、鼻下、颞上、颞下共九个方向分别测试，嘱患者以手指出光亮位置。移动蜡烛时，应以手遮蔽，以免患者视线追随蜡烛。两眼分别检查和记录。记录方法为：以“#”字标明九个方位，看见光亮处划“+”，看不见处划“－”。

3. 色觉　在患者眼前分别置红、绿、蓝色镜片，再用光通过镜片照眼，询问患者是什么颜色。视网膜功能正常者可清楚地辨别红、绿、蓝色。如锥体细胞受损，则辨色功能降低。记录方法：如只能分辨红、绿色，记录为红—红、绿—绿、蓝色不能分辨。

视网膜功能检查可以间接了解视网膜功能，对于决定手术和判断预后十分重要。因此，它是白内障术前一项必要的检查。

（六）其他特殊检查

1. 立体视觉（stereoscopic vision）　也称深度觉，是感知物体立体形状及不同物体相互远近关系的能力，可利用同视机或立体检查图谱进行检查。

2. 对比敏感度　视力检查反映了高对比度（黑白反差明显）时的分辨能力，而日常生活中物体间明暗对比并非如此强烈。对比敏感度检查根据灰度调制曲线的变化制成宽窄、明暗不同的条栅图作为检查表，以反映空间、明暗对比三维频率的形觉功能。

3. 电生理检查　是利用视觉电生理仪测定视网膜受光照射或图形刺激时，在视觉过程中发生的生物电活动。包括眼电图（EOG）、视网膜电图（ERG）、视觉诱发电位（VEP）。

二、眼压检查

眼压测量对青光眼的诊断及治疗具有重要意义。眼压正常范围为10～21mmHg（1.3～2.8kPa）。眼压测定法有：

（一）指测法

本法简单易行，不需设备，但不准确，只适用于有明显眼压升高或降低和因角膜有病变不宜做眼压计检查者。检查方法：嘱患者向下注视，检查者将双手食指尖放于被检眼上睑中央部，作交替轻压眼球动作（图2-5）。通过手的感觉细心体会眼球的硬度。必要时可与自己正常眼压相比较。记录：Tn表示正常眼压；眼压偏高、很高、极高分别用T+1、T+2、T+3表示，反之以T－1、T－2、T－3表示眼压偏低、很低、极低。此法检查结果不十分精确，但在临床上方便实用。必要时可进一步用眼压计测量。

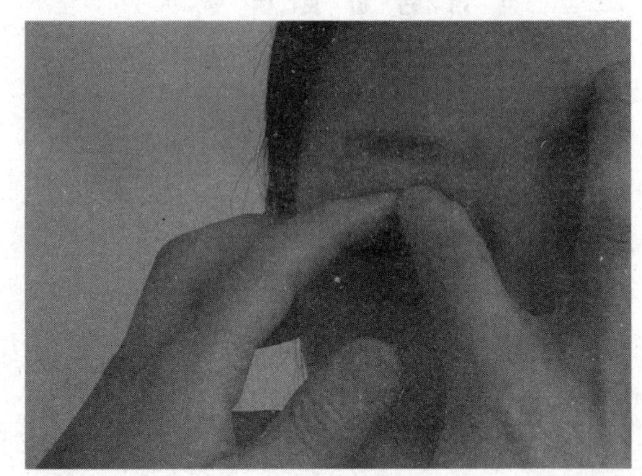

图2-5　指测法

（二）眼压计测定法

眼压计可分为压陷眼压计和压平眼压计。

1. 压陷眼压计　最常用的是Schiötz眼压计（图2-6）。被检者低枕平卧，表面麻醉后，举起左手食指作为注视点，使角膜恰在正中位。检查者左手轻轻分开上下眼睑，并分别固定于上下眶缘，不向眼球施加任何压力。右手持眼压计支架，缓缓地将足板垂直放置于角膜中央、先用5.5g砝码，读取指针刻度，如读数小于3，则需更换更重的砝码再量。根据读数对眼压测量照换算表查出眼压值，单位为mmHg。每次使用前后用75%乙醇溶液消毒足板，测量后用抗生素眼药滴眼，预防感染。

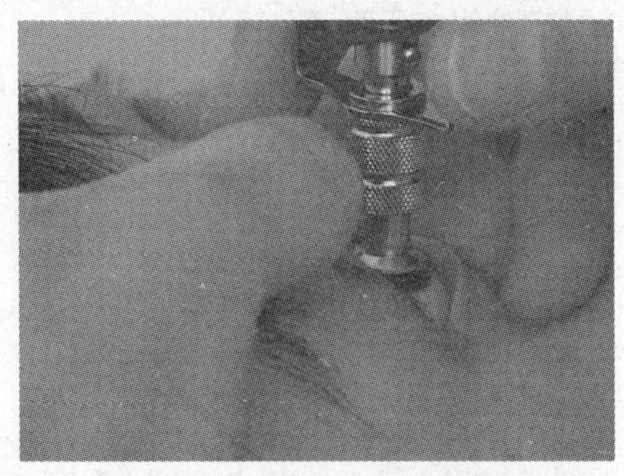

图 2-6　Schiötz 眼压计测量眼压

2. 压平眼压计　常用的有 Goldmann 压平眼计和非接触式压平眼压计。Goldmann 压平眼压计附装在裂隙灯显微镜上，用显微镜观察，坐位测量。非接触式压平眼压计，是目前临床上比较常用的一种测量方法。它利用可控的气体脉冲，将角膜压平一定面积，再用监测系统感受角膜表面反射的光线，将角膜压平到一定程度所需的时间记录下来，换算成眼压的 mmHg。避免了通过眼压计引起的交叉感染，可应用于对表面麻醉剂过敏的患者，但所测数值不够准确。

☞考点：眼压的检查方法

（三）青光眼激发试验

对可疑青光眼的人针对不同类型青光眼的发病机理，采用不同方法，人为地使眼压升高，称为青光眼激发试验。下面介绍几种常用的激发试验：

1. 暗室试验　人在暗室中瞳孔散大，可能会发生瞳孔阻滞及房角机械性阻塞。闭角型青光眼眼压可明显增高。试验方法：先在明室中测量一次眼压，然后进入绝对暗室静坐 1 小时后在暗光下再测量一次眼压。如较明室内眼压升高 1.07 或以上为阳性。眼压升高较高者，试验完毕应滴 1%毛果芸香碱一次，并观察眼压至正常。

2. 俯卧试验　其原理是俯卧时晶体向前移位，加重瞳孔阻滞和促使房角关闭，因而眼压升高。试验方法：试验前先测一次眼压，然后嘱患者面向下俯卧，前额依在手背上，在清醒状态下闭目 1 小时后再测眼压。若眼压较试验前升高 1.07kPa(8mmHg)或以上为阳性。

3. 暗卧试验　即将以上两个试验相结合，阳性率会提高。试验方法：在明室内先测一次眼压，然后进入暗室，按俯卧试验方法俯卧 1 小时，再测眼压。如较明室眼压升高 1.07kPa(8mmHg)或以上为阳性。

4. 散瞳试验　其原理是散瞳后增加了瞳孔阻滞和使房角变窄，引起眼压升高。试验方法：试验前先测眼压，滴 2%后马托品 1 滴，待瞳孔散大至 5mm 时，开始测量眼压，每 15 分钟测一次，共测四次。然后每两小时测一次，再测三次。若眼压较散瞳前升高 1.2kPa(9mmHg)为阳性。如试验中眼压升高超过 6kPa(45mmHg)，应停止试验，立即点毛果芸香碱，并观察眼压降至正常。

散瞳试验有导致青光眼急性发作之可能，因此应在各种激发试验阴性的情况下最后采用。且单眼患者禁用。基层医院因无抢救条件，所以尽量避免采用此法。

5. 妥拉唑啉试验　其原理是妥拉唑啉有对抗肾上腺素作用，使小动脉扩张，眼内血流量增加，房水生成增加，青光眼者对眼压调节失常，故眼压升高。实验方法：试验前先测一次眼压，然后结膜下注射妥拉唑啉 10 毫克。注射后 5、10、30、60、90 分钟各测一次眼压（或每 15 分钟测一次，共测六次）。如眼压升高超过 1.2kPa(9mmHg)为阳性。

☞考点：青光眼激发试验项目

三、特殊检查法

（一）检眼镜检查

眼底检查包括玻璃体、视神经乳头和网膜，检查需在暗室内用检眼镜进行。为了全面观察眼底，检查前需充分散瞳（青年人用复方托吡卡胺、老年人用去氧肾上腺素。10 岁以下儿童用阿托品）。老年人扩瞳应先测量眼压，以防青光眼患者急性发作。直接检眼镜，所见眼底为正像，放大约 16 倍。间接检眼镜所见眼底为倒像，放大约 4 倍，但可见范围大，有立体感，能比较全面的观察眼底。

（二）前房角镜检查

前房角因被角巩膜缘组织所遮盖，故不能直接窥见，需借助房角镜在裂隙灯下进行观察。目前最常用的房角镜为 Goldmann（戈德曼）型，与三面镜基本相同，内只有一只作 64°倾斜的房角镜。也有改良的有四个相同倾斜面的房角镜，使用时可避免旋转。前房角检查除青光眼病例作为常规检查之外，对其他眼病如房角先天异常、外伤、异物、炎症的诊断，治疗和判断预后都有帮助。

（三）裂隙灯检查

裂隙灯实际上是从原始的放大镜加手电筒发展而来的，由一个照明系统和一台显微镜通过一个机械轴联合在一起构成。它不仅可以详细观察结膜、角膜的细微变化（如结膜的乳头、滤泡、瘢痕、角膜微小异物、血管翳等），还可发现微小角膜后沉着物（KP），轻微房水混浊。配合房角镜可以检查房角，配合三面镜可以检查全部眼底。在治疗中可以帮助我们取净角膜异物，配合激光可以作虹膜切除和网膜光凝等。裂隙灯的突出特点是能够将眼球透明组织作成光学切面(角膜可切成六面体,分辨出角膜五层组织,晶体可以分辨前后囊,前后皮质及晶体核),可以准确确定角膜,晶体病变的前后位置。因此裂隙灯是每个眼科诊室不可缺少的检查设备。

(四) 眼压描记检查法

即测定房水的排出率和生成率的方法,对青光眼的诊断和研究有一定的临床价值。

(五) 眼底荧光血管造影

眼底荧光造影是 20 世纪 60 年代兴起的一种研究眼底病的新方法。它是将 5%～20% 荧光素钠(15～20mg/kg)经肘静脉注射到血液(快速注射,4 秒钟内注完为佳),用特制的眼底荧光造影机对眼底进行连续拍照。通过对眼底荧光素显示情况的动态分析对疾病作出诊断。

选择题

A_1 型题

1. 查视力时**不正确**的操作有(　　)
   A. 先右眼后左眼　B. 隔行检查　C. 勿眯眼
   D. 勿压迫眼球　E. 照明适当
2. 一般不用检眼镜检查(　　)
   A. 视神经　B. 视网膜　C. 玻璃体
   D. 脉络膜　E. 虹膜
3. 关于指测法测量眼压说法**错误**的是(　　)
   A. 被检者两眼尽量向上看
   B. 借指尖感觉估计眼球硬度
   C. 检查者将两手食指尖放于上睑皮肤面
   D. 是定性估计方法
   E. 需大量临床实践
4. 眼底检查发现右眼后极部视网膜有深浅不等的出血、渗出灶及微血管瘤。为明确诊断,最需做何种检查(　　)
   A. 视觉电生理　B. 眼 B 超
   C. CT　D. 荧光眼底血管造影
   E. 视野检查
5. 关于眼部检查做法**不当**的有(　　)
   A. 注意全身状况　B. 由外向内查
   C. 先查患眼后查健眼　D. 良好照明
   E. 动作轻柔
6. 结膜充血**不符合**的特征有(　　)
   A. 呈鲜红色
   B. 起源于结膜血管
   C. 滴入 0.1%肾上腺素充血可消失
   D. 靠近角膜缘充血明显
   E. 血管可移动

A_2 型题

7. 某学生在距视力表 5m 远检查距离时右眼仍看不到最大一行视标,当其前移至距视力表 3m 远时始可看清该行视标,该生右眼视力为(　　)
   A. 0.15　B. 0.06　C. 0.3
   D. 0.03　E. 0.1

A_3 型题

(8～10 题共用题干)

患者,女,56 岁,因右眼剧烈胀痛,偏头痛,视力严重下降就诊。发病前一天晚上因在昏暗的灯光下玩麻将至深夜而引发。检查:右眼视力 0.1,右眼混合充血,角膜雾状水肿混浊,前房浅,瞳孔中度散大,对光反射迟钝,晶状体轻度混浊,余窥不清。

8. 此时首先应考虑的检查为(　　)
   A. 眼底荧光血管造影　B. 测眼压
   C. 查视野　D. 眼电图
   E. 查房角
9. 该患者最可能的诊断是(　　)
   A. 急性闭角型青光眼　B. 慢性闭角型青光眼
   C. 青光眼睫状体炎综合征　D. 晶状体源性青光眼
   E. 原发性开角型青光眼
10. 为支持诊断而应选择的检查方法为(　　)
   A. 测眼压　B. 查房角
   C. 眼底荧光血管造影　D. B 型超声
   E. 彩色多普勒成像

(冯桂玲)

第3章　眼科护理管理及常用护理操作

学习目标

1. 学会常见眼科护理治疗操作
2. 掌握眼科三级护理的内容
3. 掌握外眼和内眼术前、术后护理内容

第1节　眼科门诊护理

眼科门诊护理工作应由经过专门训练的护士担任，与医生密切配合，共同完成门诊各项诊疗工作。门诊护理工作的主要任务包括：

1. 做好开诊前各项准备。
2. 组织患者就诊。
3. 协助医生完成各项检查。
4. 执行医嘱，进行各项治疗护理工作。
5. 门诊登记工作。
6. 卫生宣传等。

一、诊室护理管理

1. 诊室卫生清洁　保持诊室清洁、明亮、通风、整齐。准备好洗手消毒液及擦手毛巾。

2. 做好开诊前的各项准备工作。

(1) 每个治疗台应准备一盆2%来苏水和一条消毒小毛巾。

(2) 准备好诊桌上的物品，如聚光手电筒、近视力表、放大镜、丁卡因、荧光素钠、抗生素眼药水、散瞳及缩瞳眼药水、消毒玻璃棒、消毒干棉球、酒精棉球等。

3. 就诊秩序　按病情特点及挂号先后进行分诊。

(1) 老、弱、幼患者，如有可能应予以照顾，提前就诊。

(2) 化学烧伤患者，应立即冲洗。进行初步处理后，再交医生诊断。

(3) 眼外伤、合并颅脑外伤，应先测脉搏、血压等，了解全身情况，必要时及时会诊抢救。

(4) 护士应有丰富的经验，通过对患者简单的问诊和视诊，获得初步印象，据此进行分诊。

4. 协助医生完成检查　协助医生做好视力检查和眼压测量，根据医嘱给患者点散瞳眼药，对双眼视力低下行动障碍者应给予护理照顾。小儿检查时，帮助固定头部、照明、开睑等。

5. 健康教育　利用壁报、电视、板报等形式，宣传常见眼病的发病原因及预防知识。

6. 护理指导　根据患者具体情况，运用护理知识，给予生活、用药及预防等方面必要的护理指导，需要时登记预约复诊时间。

7. 经常保持诊室及各种检查治疗用具整洁、完好，及时清点和补充。

二、暗室护理管理

暗室是眼科重要组成部分，许多检查均需在暗室完成。室内有许多精密检查仪器，加强暗室护理管理很重要。

1. 暗室应注意及时通风、防潮，并保持整洁。暗室窗户应设置遮光窗帘，以保证室内黑暗状态。

2. 合理放置仪器　暗室常设仪器有裂隙灯显微镜、检眼镜、灯光视力表、验光仪、镜片箱等，应合理安放，以利于检查操作和患者安全。制订仪器使用规程、保养，严格按规程操作。镜片箱，应每周擦拭一次，并使镜片“对号入座”。

3. 诊前将各种仪器设备接通电源，检查是否功能正常，及时检修。

4. 患者对暗室环境感觉陌生，应给予护理指导和帮助，以避免发生意外。

5. 每天下班前，应把暗室内各种检查仪器从工作位恢复到原位，切断电源，加盖防尘罩，并将水龙头、门窗等关好。

三、治疗室护理管理

眼科门诊治疗室常为患者进行多种护理操作和小手术，工作环境极为重要。

1. 治疗室应每天用紫外线消毒。

2. 严格执行无菌操作，定期检查各种药品和物品并注意定期消毒、更换和补充。

3. 严格执行“三查八对”制度(即在原“三查七对”基础上增加对左右眼内容)。

4. 治疗前后要洗手，预防交叉感染。

5. 治疗中注意病情变化。如发生虚脱、过敏休克，应及时抢救。

6. 所有物品及药物应由专人负责，放置要有规律。各种物品和药品的标签要清楚，尤其是毒性药物要有醒目的标志。

7. 对治疗要做好记录，并及时通知医生。

四、激光室护理管理

激光器属于贵重的精密仪器，使用不当会缩短其使用寿命，且激光能量密度很高，对人体皮肤和眼睛容易造成意外伤害。

（一）激光室的安全要求

1. 激光室内有警告标志，无关人员不要随意进出。2. 关好激光室门窗，安装特殊的玻璃或遮光窗帘，以防激光透出伤人。

3. 激光室墙壁不宜使用反光强的涂料，工作区内避免放置具有镜面反射的物品。

4. 激光操作尽量在暗室内进行，一方面减少激光的反射，另一方面可保持患者瞳孔散大，便于治疗。

（二）激光器的安全使用

1. 保证激光器的输出系统正确连接、各种附属设备都正常工作后，才开始使用激光。

2. 激光器内部有很多精密的光学元件，使用时应防潮、防尘。

3. 使用光纤输出时注意光纤不要被折断或重压。

4. 在手术台上要注意无菌操作，两次激光器使用期间将激光器的输出置于“备用”位置。

（三）激光室的安全防护

1. 激光器应安装锁具，防止非工作人员操作。

2. 不要在激光器上放置饮料或其他液体。

3. 使用激光治疗时，工作人员应戴专门针对所使用激光波长的有周边防护的防护眼罩，或在裂隙灯、间接检眼镜、手术显微镜的光路中插入遮挡激光的滤过镜片。对超过安全值的激光，要穿上白色工作服，戴手套，不让激光直射皮肤。

4. 激光对工作人员造成意外伤害最多的是眼睛和皮肤，如白内障、视网膜损伤，皮肤则可造成皮肤的红斑、丘疹、水疱等。工作人员应注意自我保护。

五、外眼手术前后护理

（一）外眼术前护理

外眼手术通常在门诊手术室进行，在预约手术日时，护士应对患者进行初步护理评估，并进行护理指导。

1. 临床资料　收集姓名、性别、体重、年龄等资料。明确疾病诊断、手术名称、术前各项检查结果、药物过敏史、既往史等资料。

2. 护理内容

(1) 心理护理：患者术前焦虑和恐惧，可能与医学知识缺乏、对手术效果信心不足或对医护人员信任度不够有关，也有因过去手术产生的负面影响等。护士应主动与患者沟通，了解心理问题，热情解答和传授知识。

(2) 术前宣教：①告知患者手术时间，交代后应在预约单上写明手术时间。②告知患者术前 3 天滴抗生素眼液，并示范眼液的滴用方法和注意事项。③告知手术日早晨清洗脸面部，不化妆，不涂口红，不佩戴耳环、手镯等首饰品。④介绍手术过程和配合方法，同时介绍手术室的环境。

(3) 手术日护理：再次检查患者有无咳嗽、感冒以及鼻部、眼部炎症等，进行常规洗眼，并嘱患者术前排空大小便。

☞考点：外眼术前护理内容

（二）外眼术后护理

1. 观察患者有无局部出血或其他不适，嘱患者按医嘱用药和门诊随访。睑板腺囊肿手术无缝线的患者，术后应覆盖双层眼垫，并嘱其用手掌稍加压力按压手术部位 10 分钟。泪囊摘除术后应单眼加压包扎止血，并观察 10～30 分钟。

2. 新生物切除术后，一般常规送病理检查。胬肉切除术后，一般 5 天后拆除缝线，嘱患者继续用药，定期复查。

☞考点：外眼术后护理内容

第 2 节　眼科病房护理

一、眼科一般护理

总体说来，眼科的一般护理与基础护理要求基本一致，这里只作简单叙述。

1. 热情接待住院患者，妥善安排床位，介绍医院规章制度和病房环境，特别是双目失明或双眼视力极差患者更应详细介绍。带领患者到洗漱室、厕所等处，以便熟悉环境。

2. 患者住院后及时通知医生，认真填写好病历、体温单、医嘱单、床头牌、入院登记等。

3. 及时带领患者做化验、胸透、心电图等检查。

4. 熟悉病例，了解病情，随主任、主管医生查房，互通情况。

5. 严密观察病情变化，发现问题及时通知医生。要写好交班记录，做好交接班工作。

6. 多与患者接触，除了解病情之外，注意体察患者思想情绪，做好解释工作，消除顾虑。特别是对预后较差患者，更应做好思想疏导工作，防止发生意外。

7. 协助患者办好出院手续，领取出院带药，说明使用方法，交代出院后注意事项及复诊时间。

二、眼科三级护理

眼科住院患者常合伴有全身病，如高血压、冠心病等，眼严重感染，如全眼球炎、眶蜂窝织炎、白塞氏病等常伴有全身症状，因此，需要内科三级护理制度。但绝大多数眼病患者不需要体温、脉搏、血压，只需根据视力、卧床等不同情况执行眼科三级护理制度。因此，开医嘱时，一、二、三级护理为普通护理，眼科三级护理前应写“眼科”二字。

普通三级护理同内科，下面只介绍眼科三级护理。

（一）眼科一级护理

1. 患者绝对卧床，保持一定体位，头部两侧垫以砂袋固定。

2. 饮食为半流或少渣软食。

3. 患者生活，包括饮食、卫生、大小便等均应有人护理。

4. 每天早晨做一次晨间护理，做好皮肤护理，预防褥疮。

5. 每0.5～1小时巡视一次病房，密切观察病情，如有异常及时报告医生。

6. 一日二次测体温、脉搏，一日一次记录大小便，如发现便秘及时通知医生。

☞考点：眼科一级护理的内容

（二）眼科二级护理

1. 患者应经常卧床休息，但可在床上、床边轻微活动。

2. 饮食为软食或普食。

3. 协助料理患者日常生活。

4. 每2小时巡视病房一次。

5. 一日二次测体温、脉搏。

☞考点：眼科二级护理的内容

（三）眼科三级护理

1. 患者在病区内可自由活动，离开病房应向护士请假，不应影响治疗。

2. 根据病情限制阅读、学习和剧烈活动。

3. 普食。

4. 每四小时巡视病房一次。

5. 一日二次测体温、脉搏。

☞考点：眼科三级护理的内容

三、内眼手术前后护理

内眼术前护理内眼手术一般指角膜、晶状体、玻璃体及视网膜等多种手术。术前护理是关系手术顺利进行的重要环节之一。

（一）内眼术前护理

1. 介绍术前、术中、术后的注意事项和预后的一般情况，以取得患者的信任和对手术的配合。

2. 如发现发烧、感冒、腹泻、月经来潮、结膜炎、睑腺炎、慢性泪囊炎等应及时通知医生，暂停手术。

3. 术后需绝对卧床者，术前应练好床上生活，如饮食、大小便等。

4. 指导患者如何抑制咳嗽和打喷嚏，练习眼球向各方向运动。

5. 术日前晚口服镇静安眠药，使患者充分休息。

6. 全麻及牵动眼肌手术，如斜视矫正术、眼球摘除术、网脱手术等，术前应禁食水。成人术前8小时禁食、4小时禁水；儿童术前6小时禁食、2小时禁水；6个月以下小儿术前3小时禁奶、2小时禁水。

7. 术前应按医嘱点抗生素数日，以清洁结膜囊。

8. 术前一日剪睫毛（根据手术需要剃眉毛、备皮），洗眼，冲洗泪道。

9. 做好术后用药的过敏试验。需输血者要做好交叉配血的准备。

10. 根据医嘱术前按时给药。如扩瞳药、缩瞳药、降眼压药、止血药等。

11. 术日晨测生命体征并记录，协助患者摘掉义齿，手表和贵重衣物交家属保管，并嘱患者进手术室前排空大小便。

☞考点：内眼术前护理内容

（二）内眼术后护理

1. 接术后患者回病房，协助患者从手术车安全转移至病床上，嘱其头勿动，张口呼吸。

2. 认真听取手术室工作人员及手术医生的病情介绍，了解病情。

3. 向患者交代术后注意事项，勿用手摸眼，勿大声讲话，勿咀嚼硬食物，安静卧床休息保持体位。

4. 全麻未清醒前去枕平卧位，头偏一侧，以防窒息。

5. 注意观察眼部及全身情况，如术眼剧痛并伴有头疼、恶心、呕吐等情况，应及时报告，并根据医嘱给予镇静、止痛剂。

6. 按医嘱分级护理，安排饮食，定时给药。

7. 保持大便通畅，增加营养。术后3天无大便者，宜给缓泻剂通便，避免患者过度使用腹压。嘱患者勿过度弯腰低头取物，突然坐起、咳嗽，以避免腹压增加。

第3节　眼科常用护理技术操作

一、结膜囊冲洗法

【适应证】

1. 结膜囊内异物。
2. 结膜囊内大量脓性分泌物。
3. 酸碱化学物质烧伤。
4. 手术前清洗结膜囊。

【物品】

洗眼壶或吊瓶、受水器、冲洗液(生理盐水、3%硼酸、2%碳酸氢钠液等)、消毒棉签等物品。

【操作过程】

1. 患者取坐位或仰卧位,头略抬高并向冲洗侧稍倾斜。
2. 将消过毒的受水器放于患侧鼻及颧骨之下,上唇上方,紧贴面颊。
3. 撑开睑裂,右手持洗眼壶或吊瓶冲洗头,先冲洗眼睑皮肤使其适应,再冲洗结膜囊。嘱患者眼球向上下左右转动,并翻转眼睑,充分冲洗结膜囊各部位。
4. 洗毕取下受水器,用消毒棉签擦去眼睑及颊部水滴,滴入消炎眼药水或上消炎眼药膏。

考点:结膜囊冲洗方法

【注意事项】

1. 洗眼壶应经常煮沸消毒,内装生理盐水,常备不懈,如有急诊,随时可用。
2. 冲洗液温度要适宜18~20℃。用前先在自己手背上试一试,如过热或过冷应予以纠正。
3. 冲洗时患者不应躲避,受水器不应离开皮肤。否则冲洗液会污染衣物。
4. 冲洗液一般不应直接冲在角膜上(化学烧伤者例外)。敏感患者可先滴丁卡因一次。
5. 冲洗操作要轻巧,酸碱烧伤有穿孔危险者切勿对眼球施加任何压力。
6. 冲洗时头应稍倾向患侧,以防冲洗液流入健眼。
7. 洗眼壶嘴距眼保持10~15cm距离,以防被睫毛或冲洗时溅起的水所污染。距离也不宜太远,因太远时冲力大,患者不适。
8. 受水器用后放回消毒盆内浸泡消毒。

二、泪道冲洗法

【适应证】

1. 用于泪道疾病的诊断、治疗。
2. 内眼手术前的泪道清洁。
3. 清除泪囊积存的分泌物。

【物品】

注射器、泪道冲洗针头、泪点扩张器、受水器、0.5%~1%丁卡因溶液、抗生素眼液、生理盐水、消毒棉签及棉球等物品。

【操作过程】

1. 首先将蘸有0.5%~1%丁卡因小棉球或棉签放于上下泪小点之间,麻醉3~5分钟。
2. 患者取坐位或仰卧位,并向患侧稍倾斜,自持受水器紧贴于面颊部(坐位)或颞侧(仰卧位)。
3. 左手持棉签轻轻拉开下睑内眦部,充分暴露下泪小点,嘱患者向上方注视,右手持注射器,将冲洗针头垂直插入泪小点深约1~2mm,再转为水平沿泪小管走行方向进行5~6mm,缓缓注入冲洗液。
4. 若冲洗液顺利进入鼻腔或咽部、婴幼儿有吞咽动作表示泪道通畅,否则可能有泪道狭窄或阻塞,若有黏液或脓液自泪小点流出,则为慢性泪囊炎。

【注意事项】

1. 患者头部应固定,避免躲闪,防止针头损伤结膜和角膜。小儿患者尤为重要。
2. 泪点狭小者,宜先用扩张器扩大泪点,再行冲洗。
3. 如进针遇阻力,切不可强行推进,以免损伤泪道。注入冲洗液时,如出现皮下肿胀,为针头误入皮下,应立即停止冲洗,并酌情给予抗感染药物。
4. 根据冲洗时有无阻力及冲洗液返流情况,推测泪道狭窄程度和部位。

三、滴眼药水法

【适应证】

1. 检查眼部疾病。
2. 治疗眼部疾病。

【物品】

眼药水、滴管或滴瓶、消毒棉球。

【操作过程】

1. 患者取坐位或仰卧位,头稍向后仰并向患侧倾斜,眼向上注视。
2. 左手食指或棉签向下拉开下睑。
3. 右手持眼药瓶或滴管距眼球1~2cm处将药液滴入下穹隆部1~2滴。
4. 嘱患者轻闭眼1~2分钟。

【注意事项】

1. 操作前后应洗手。
2. 严格执行护理"三查七对"制度。在"三查七对"制度的基础上应再增加一项核对措施,即核对左右眼。
3. 点药前应询问有否过敏史。
4. 混悬药液,摇匀后方可使用。

5. 滴管拿出后，不许倒置。滴药时，滴管距眼应保持 1～2 cm 距离，勿触及睫毛。如已接触，应更换消毒滴管。

6. 点剧毒药后（如阿托品、毒扁豆碱等）应以干棉球压迫泪点 2～3 分钟，以防药物吸收过量而中毒。

7. 滴瓶内药液不宜过多，只够当日用即可，每日加新药，每周更换消毒瓶一次。换瓶后同时更换新标签。剧毒药如阿托品等应使用红标签。

8. 同时滴一种以上药物时，两种药物应间隔 2～3 分钟。

9. 一眼点药，药液不得流入另一眼。例如，青光眼患者，一只眼术后需点阿托品，而另眼应禁忌有该药滴入。

☞考点：滴眼药水的注意事项

四、涂眼药膏法

【适应证】

防治眼部疾病，通常在睡前和手术后使用。

【物品】

眼药膏、消毒圆头玻璃棒、消毒棉球。

【操作过程】

1. 患者取坐位或仰卧位，头稍向后仰并向患侧倾斜，眼向上注视。

2. 左手拇指与食指分开上下眼睑，嘱患者眼球上转。右手持眼药膏软管，将药膏挤入下穹隆部结膜囊内，或持玻璃棒蘸上绿豆大的药膏，与睑裂平行，自颞侧涂入下穹隆部，左手放开眼睑。

3. 嘱患者轻闭眼，同时转动玻璃棒从水平方向抽出。

4. 按摩眼球，使眼药膏分布均匀。

【注意事项】

1. 涂眼膏前，应检查玻璃棒端是否光滑，以免损伤角结膜。

2. 如以袋装眼药膏涂眼时，眼药膏袋不得与患眼任何部位接触，以防污染眼膏。

3. 眼膏用量不宜太多，以不溢出眼裂为度。但为预防暴露性角膜炎时，则应大量涂眼膏，方起保护角膜作用。

4. 眼药膏比眼药水在结膜囊内停留时间长，作用时间久，可减少用药次数，因眼药膏影响视力，故宜在晚间睡前或手术后使用。

五、剪 睫 毛 法

【适应证】

眼科手术前准备。

【物品】

消毒眼科剪、眼药膏、消毒棉签等。

【操作过程】

1. 患者取坐位或仰卧位，头稍后仰。

2. 在剪刀一侧涂上眼药膏。右手持剪刀，左手持棉签轻轻固定眼睑。

3. 轻轻拉开眼睑，使睑缘轻外翻。在充分照明下用剪刀自根部剪断全部睫毛，注意勿损伤睑缘皮肤。

4. 检查有无睫毛进入眼内，如有睫毛进入眼内，用棉签涂上眼药膏给予清除。

【注意事项】

1. 操作动作要轻、准、稳，妥善固定头部。

2. 剪睫毛时，应尽量绷紧皮肤，防止损伤眼睑。

六、球结膜下注射法

【适应证】

1. 治疗眼球前段疾病。

2. 眼科手术局部浸润麻醉。

【物品】

1～2ml 注射器、4～6 号注射针头、注射用药物、0.5%～1%丁卡因溶液、消毒棉签、抗生素眼药水、胶布条等物品。

【操作过程】

1. 患者取坐位或仰卧位，头稍后仰。

2. 患眼滴 0.5%丁卡因液表面麻醉 2 次，间隔 3～5分钟。

3. 用生理盐水或硼酸水冲洗结膜囊。

4. 以左手拇指、食指分开上下眼睑。注射部位可选在靠近穹隆部的球结膜，选上方注射时，嘱患者眼球向鼻下方转动，在角膜缘5～6mm以外的颞上方球结膜进针，选下方注射时，嘱患者眼球上转，在角膜缘下方近穹隆部球结膜进针。

5. 右手持装有药液的注射器，与眼球表面呈 10°～15°，避开结膜血管，挑起球结膜进针，将药物缓缓注入，使球结膜呈鱼泡样隆起。注射量一般为每次 0.1～0.5ml。

6. 注射完毕，拔出针头，滴抗生素眼药水，闭目休息片刻，观察无反映后以纱布包扎患眼。

【注意事项】

1. 进针时，注射器针头刺入方向平行于角膜缘，并嘱患者勿转动眼球，以免划伤角膜。

2. 对于不合作或眼球震颤患者，可用开睑器开睑及固定镊固定眼球后再注射。

3. 多次注射者，应更换位置，以免形成瘢痕。刺激性强并易造成局部坏死的药物，忌结膜下注射。

4. 注射前应询问药物过敏史，并仔细核对。

七、球后注射法

【适应证】

1. 球后给药治疗眼病，如视神经炎，网膜脉络膜炎，网膜中央动脉阻塞等。

2. 内眼手术前麻醉。

【物品】

5ml注射器、口腔科5号长针头、注射用药物、75%酒精、2%碘酊、0.5%～1%丁卡因溶液、消毒棉签、纱布及消毒盘等药品。

【操作过程】

1. 患者取坐位或仰卧位，头稍后仰。

2. 常规消毒下睑皮肤，操作者左手消毒，压紧消毒区边缘的皮肤，右手持装有药液的注射器。

3. 嘱患者向鼻上方注视，并保持眼球不动，在眶下缘中外1/3交界处进针，针头沿眶缘垂直于皮肤刺入1～1.5cm后，再将针头转向眶尖方向继续进针达3～3.5cm时，返抽注射器无回血，即可将药液缓缓注入，注射完毕，拔出针头，嘱患者闭眼并盖消毒纱布眼垫压迫眼球片刻，使药液迅速扩散，并防止出血。

【注意事项】

1. 严格无菌操作。

2. 进针深度不宜超过4.5cm；进针方向勿过于偏向鼻侧；进针时如有明显抵抗感，不得强行进针，以免刺伤眼球。

3. 如出现眼睑绷紧、睁开困难、眼球逐渐突出、运动受限，则为球后出血，应单眼加压绷带包扎。

4. 返抽注射器有回血，应立即拔针，用纱布压迫止血。

八、遮　　盖

【适应证】

1. 预防感染和混合感染。

2. 遮盖后，闭目使药物在结膜囊停留较久。

3. 避免光刺激，使眼休息，降低代谢，起保护作用。

4. 治疗弱视和旁中心注视。

5. 保护患眼，避免手摸。

【物品】

敷料、胶布、四头带或眼罩。

【操作过程】

1. 普通敷料制成。一般为5cm×7cm，厚5cm。如双眼遮盖，在不影响治疗前提下，可在敷料中挖一小孔，敷料中间夹一层玻璃纸，可保留部分视力，便于护理。

2. 睑裂闭合不全患者，用透明胶片制成漏斗形眼罩，四周围胶布贴严，造成与外界隔绝的小室。因不断有皮肤汗腺分泌，故称湿房，可防止角膜干燥，同时起隔离作用。

3. 上述遮盖物可用胶布、四头带或眼罩固定。

【注意事项】

1. 急性结膜炎有较多分泌物时，不宜敷料遮盖和包扎，以免局温升高，便于细菌繁殖。此外包扎也不利于分泌物排出。

2. 敷料包扎时切勿使睫毛倒入眼内，以免擦伤角膜。

3. 一眼遮盖，失去双眼单视功能，生活、工作要注意安全。

4. 儿童遮盖不可过久，过久包盖，可发生弱视。

九、包　　扎

【适应证】

1. 压迫止血。

2. 限制手术或创伤水肿、气肿等。

3. 限制青光眼眼外引流手术之滤过，促进前房早日形成。

4. 压迫伤口，使之平整，有利愈合。

5. 对深层角膜溃疡、角膜软化，有预防穿孔作用。

【物品】

胶布、五列绷带。

【操作过程】

1. 单眼包扎　将绷带轴向内，一端先将健眼暂时遮盖，当绷带绕至患侧耳上方时，将绷带折返经前额绕头部一周。第二周以后自患侧耳下绕过，遮盖患眼，最后再绕头一周，末端与遮盖健眼之始端结扎于患侧颞部。

2. 双眼包扎　绷带从前额开始，经左耳上、枕外粗隆下绕头一周。当第二周绕至右前额时，斜向下遮左眼，经左耳下至颈部，再经右耳下斜向上遮右眼。如此绷带在鼻部交叉形成"8"字形绷带，遮盖双眼。最后经前额绕头一周，末端向内折返。以胶布固定于前额处。

【注意事项】

双眼包扎有发生视觉剥夺性精神病者应予注意。一般在去遮盖后，视力恢复，精神病多自然而愈。

选择题

A_1 型题

1. 滴眼药水时，滴管距眼球为(　　)

A. 1～2cm　　B. 4～5cm　　C. 10～12cm
D. 1～2mm　　E. 4～5mm

2. 结膜下注射时针头与眼球表面呈(　　)
A. 10°～15°　B. 20°～25°　C. 30°～35°
D. 1°～5°　E. 5°～10°

3. 球后注射进针深度为(　　)
A. 3cm　B. 4.5cm　C. 5cm
D. 4.5mm　E. 5mm

4. 胬肉切除术后几天拆线(　　)
A. 1天　B. 4天　C. 5天
D. 2天　E. 3天

5. 内眼术前成人需禁食(　　)
A. 6小时　B. 8小时　C. 4小时
D. 5小时　E. 3小时

6. 结膜囊冲洗时，表述**错误**的是(　　)
A. 眼球贯通伤及深度角膜溃疡患者要认真冲洗，预防感染
B. 冲洗动作要轻，冲洗力不宜太大，冲洗液不可直接射向角膜
C. 应反复冲洗，边冲洗边嘱患者向上下左右转动眼球，以求彻底干净
D. 如有传染性眼病，勿使冲洗液流至健眼，接触患者的用具应严格消毒
E. 冲洗液温度要适宜

7. 给患者滴眼药水操作时应该做到(　　)
A. 动作轻巧，勿压迫眼球，特别是角膜溃疡、眼球贯通伤及手术后患者
B. 药液不要直接滴在角膜上
C. 滴用阿托品等剧毒性药品，按压泪囊区2～3分钟
D. 有分泌物患者，用棉签擦去患眼分泌物后再滴眼药水
E. 以上全部

8. 给患者涂眼药膏时不应(　　)
A. 洗手、查对、解释目的
B. 将眼药膏先挤去一小段后弃去
C. 用消毒棉签轻轻拉开患者下睑
D. 将眼药膏涂入患者上睑穹隆部
E. 用棉签擦去溢出的眼药膏

(廖奇志)

第4章 眼科患者的护理

第1节 眼睑及泪器疾病患者的护理

学习目标

1. 描述睑腺炎、泪囊炎、沙眼的临床表现及防治措施
2. 描述细菌性角膜炎、单纯疱疹病毒性角膜炎、真菌性角膜炎的临床表现及护理措施
3. 说出先天性青光眼、老年性白内障治疗及护理措施
4. 近视、远视、散光治疗及护理措施
5. 眼化学伤的处理原则及急救措施

眼睑暴露在外，组织细致、疏松，易受到外伤和感染的侵袭。其游离缘称睑缘，有睫毛生长，并有皮脂腺、汗腺和睑板腺的开口，泪器包含分泌泪液的泪腺和排泄泪液的泪道两部分。

一、睑 缘 炎

睑缘炎（blepharitis）是指睑缘皮肤、睫毛毛囊及其周围腺体发生的亚急性或慢性炎症。

（一）病因

常因细菌感染所致。屈光不正、视疲劳、营养不良、维生素缺乏、不良卫生习惯和长期使用劣质化妆品可诱发本病。

（二）临床表现

根据病因及临床特点的不同，将睑缘炎分为三型。

1. 鳞屑性睑缘炎（squamous blepharitis） 多因卵圆皮屑芽孢菌感染所致，特点是睑缘无溃疡或脓点。睑缘充血、潮红，睫毛根部和睑缘表面附着灰白色鳞屑或黄色蜡样痂皮，去除痂皮后暴露出充血的睑缘，但无溃疡形成。患者自觉眼刺痒及烧灼感。睫毛受炎症刺激可脱落，但能再生。经久不愈者可因睑缘肥厚、泪点外翻出现泪溢。

2. 溃疡性睑缘炎（ulcerative blepharitis） 多因金黄色葡萄球菌感染所致，与鳞屑性睑缘炎相似，但症状更为严重，睑缘有溃疡形成。睑缘有较多的皮脂，睫毛根部有散在的小脓包和黄色痂皮覆盖，去除痂皮后可见浅小脓肿，毛囊因感染破坏不能再生而形成秃睫。有较明显的眼干痒、刺痛和烧灼感。溃疡愈合后，瘢痕挛缩，导致睫毛乱生。如形成倒睫，可引起角膜损伤。经久不愈者可引起睑缘肥厚变形，睑缘外翻及泪溢。

3. 眦部睑缘炎（angular blepharitis） 多因莫-阿（Morax-Axenfeld）双杆菌感染所致，常为双眼发病，主要发生在外眦部。自觉眼刺痒、异物感和烧灼感。外眦部睑缘和皮肤充血、肿胀，并有浸渍糜烂。相邻结膜常伴有充血、肥厚、分泌物增多等慢性炎症。重者内眦部也可受累。

（三）护理诊断

1. 舒适改变 眼刺痒、异物感和烧灼感，与睑缘炎症有关。

2. 潜在并发症 如睑缘畸形、泪小点阻塞及慢性结膜炎等，与炎症致瘢痕形成有关。

3. 知识缺乏 缺乏睑缘炎的防治知识。

（四）治疗及护理措施

1. 治疗原则 积极去除诱因和减少各种理化因素的刺激，坚持治疗到痊愈为止。

2. 药物护理

(1) 鳞屑性睑缘炎和溃疡性睑缘炎：先用生理盐水或3%硼酸溶液每天清洗睑缘，去除鳞屑和痂皮，然后涂抗生素眼膏以消炎。鳞屑性睑缘炎常选用四环素可的松眼膏，溃疡性睑缘炎常选用磺胺类眼膏。用药至炎症完全消退后再持续治疗2周，以防复发。

(2) 眦部眦缘炎：可滴用0.5%硫酸锌眼液，每天3～4次，能有效抑制莫-阿双杆菌所产生的酶。适当口服维生素 B_2 或复合维生素B。

3. 康复指导 养成良好的用眼卫生习惯，不用脏手和不洁毛巾擦眼，注意营养和加强锻炼，以提高机体抵抗力。

二、睑 腺 炎

睑腺炎（hordeolum）又称麦粒肿，是眼睑腺体受细菌感染所致的急性化脓性炎症。睫毛毛囊及其附属腺体受感染者称外睑腺炎。睑板腺受感染者称为内睑腺炎，多见于儿童及青少年。

案例4-1

患者，女，8岁。右上睑局部红肿痛伴发热4天，无视物模糊现象。检查：右上睑局部充血、肿胀，中央可见一黄白色小脓点，触之有波动感，余未见异常。

问题： 1. 对该患者护理的预期目标是什么？

2. 如何进行治疗护理配合？

（一）病因

化脓性致病菌侵入眼睑腺体引起的感染，多为金黄色葡萄球菌感染。

（二）临床表现

睑腺炎患者通常表现为患侧眼睑“红、肿、热、痛”等急性炎症症状，且常伴同侧耳前淋巴结肿大。若并发了眼睑蜂窝织炎或败血症，则可出现发热、寒战、头痛等全身中毒症状。

1. 外睑腺炎的炎症反应主要集中于睫毛根部的睑缘处，红肿范围较弥散。如感染靠近外眦部，可引起邻近的球结膜发生反应性水肿(图 4-1)。其脓点常破溃于皮肤面。

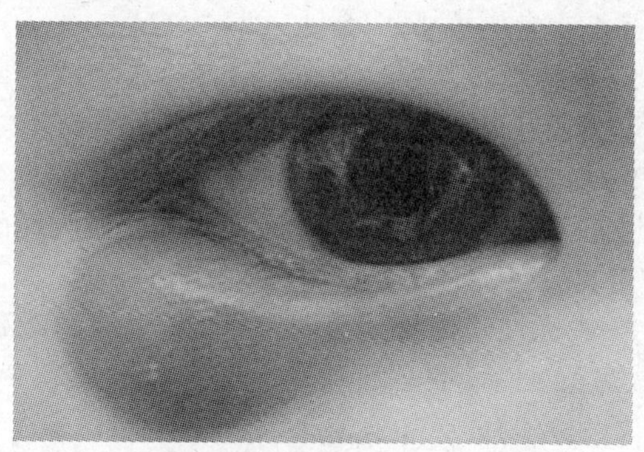

图 4-1 外睑腺炎

2. 内睑腺炎的炎症反应常集中于睑板腺内，肿胀较局限，有硬结形成，疼痛和压痛症状较外睑腺炎剧烈，病程也较长。其脓点常破溃于睑结膜面。

3. 辅助检查 可对分泌物作细菌培养及药物敏感试验，但临床较少应用。

☞考点：睑腺炎的症状、体征

（三）护理诊断

1. 疼痛 与睑腺炎症反应有关。

2. 潜在并发症 如眼睑蜂窝织炎、颅内海绵窦感染、全身化脓性感染等。

（四）治疗及护理措施

1. 治疗原则 早期给予局部热敷，促进炎症消退，同时滴用抗生素滴眼液或眼膏。重症患者或有全身中毒症状者可全身应用抗生素。当脓肿成熟后，应切开排脓。

2. 一般护理 仔细观察患者产生的疼痛反应，耐心听取患者对疼痛的主诉，解释疼痛的原因，给予其支持与安慰，指导放松技巧。

3. 指导患者正确热敷 热敷能促进眼部血液循环，利于炎症消散和疼痛减轻。热敷时应特别注意温度，以免引起烫伤。常用方法：①干性热敷法：用装有2/3 满的热水袋，外裹多层纱布，直接置于患眼，温度应在 40℃左右，每次热敷 15～20 分钟，每日 3 次。②湿性热敷法：嘱患者闭上眼睛，先在患侧眼部涂上凡士林，再将消毒的湿热纱布拧干盖上，温度以患者能接受为度。每 5～10 分钟更换 1 次，更换 2～3 遍，每日 3 次。③蒸汽热敷法：将装满开水的保温瓶瓶口覆盖上一层消毒纱布，嘱患者眼部靠近瓶口，并用双手围成筒状，使热气集中于患侧眼部，温度以患者能接受为度，每次 15～20 分钟，每日 3 次。

4. 药物护理 指导患者正确滴用抗生素滴眼液或涂用眼膏。

5. 手术护理 正确掌握脓肿切开引流的指征，如脓肿成熟后未破溃或引流排脓不畅者，需尽快切开引流。外睑腺炎应在皮肤面切开，切口与睑缘平行；内睑腺炎则在睑结膜面切开，切口与睑缘垂直。

6. 防止发生颅内海绵窦感染或全身化脓性感染等并发症 每日监测体温、血常规，将脓液或血液标本送检，做细菌培养及药物敏感试验；局部炎症明显且合并全身症状者可全身应用抗生素；合并糖尿病者，应积极控制血糖，行糖尿病常规护理。

7. 康复指导 养成良好的个人卫生习惯，不用脏手或不洁手帕揉眼。在脓肿未成熟前，切忌挤压，以免造成感染扩散。积极治疗原发病，如慢性结膜炎、屈光不正等，应及时治疗或矫正，以免复发。

☞考点：睑腺炎成熟后的手术护理措施

案例 4-1 分析

1. 对该患者的预期目标是：(1)疼痛、发热等不适感减轻或消失。(2)尽量不发生并发症，能顺利康复。

2. 对该患者应采取的治疗护理措施是：因检查提示右上睑局部充血、肿胀，中央可见一黄白色小脓点，触之有波动感，考虑为外睑腺炎且脓肿已成熟，故应切开引流。切口应在皮肤面，与睑缘平行，术后局部应用抗生素，并注意创面保洁，防止继发感染。

三、睑板腺囊肿

睑板腺囊肿（chalazion）俗称为霰粒肿。是睑板腺腺口阻塞，腺内分泌物潴留引起的特发性无菌性慢性肉芽肿性炎症。常见于青壮年，上睑发病者居多，与睑板腺分泌功能旺盛有关。

（一）病因

由于睑板腺腺口阻塞，腺体内分泌物潴留在睑板中，对周围组织产生慢性刺激而引起。

链 接 》》》

睑板腺囊肿

睑板腺囊肿主要发生于儿童及青壮年，有两个高患病年龄段：2～6 岁和 19～35 岁。儿童为该病的高发群体。目前认为：儿童睑板腺囊肿患者的低纤维包含及高便秘率，可能是其易患的重要诱因；青壮年睑板腺囊肿患者除上述因素外，可能还存在雄性激素相对或绝对增多的诱因。

（二）临床表现

1. 症状及体征　本病进展缓慢，一般无自觉症状，常因异物感或无痛性肿块而就医。在眼睑皮下可扪到大小不一的无痛性硬结，与皮肤无粘连，局部无压痛及红肿，在相对应的睑结膜面呈现紫红色（图4-2）。自行穿破睑结膜面后可形成息肉或肉芽组织。若继发细菌感染时，临床表现与内睑腺炎相同，但症状轻。

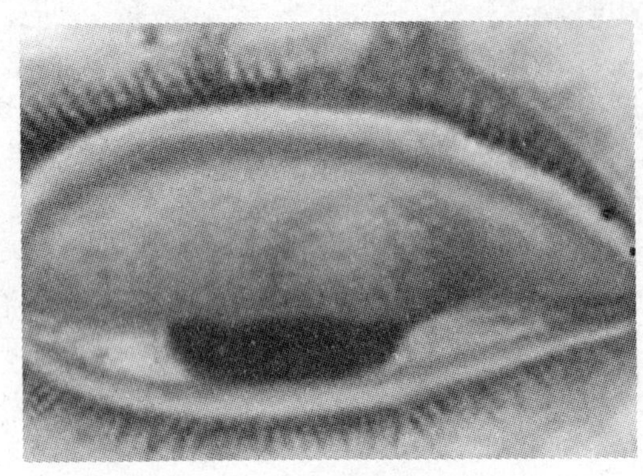

图 4-2　睑板腺囊肿

2. 辅助检查　对反复发作或老年人睑板腺囊肿，要注意与睑板腺癌相鉴别，应将切除物送病理检查，以排除睑板腺癌的可能。

3. 社会心理因素　由于反复发作，患者常出现情绪低落，对治疗缺乏信心。

（三）护理诊断

1. 有继发感染的危险　与用眼卫生习惯不良或未及时就诊有关。

2. 知识缺乏　缺乏对睑板腺囊肿的防治知识。

（四）治疗及护理措施

1. 治疗原则

(1) 小而无症状的睑板腺囊肿，不需治疗，其可自行吸收。

(2) 较大的睑板腺囊肿，可先向囊内注射抗生素或糖皮质激素使其消退。若囊肿不消退，再行睑板腺囊肿刮除术。

2. 指导患者正确热敷，见本章本节“睑腺炎”的护理。

3. 遵医嘱进行眼局部或全身用药护理，对继发感染者，应先控制炎症后再行睑板腺囊肿刮除术。

4. 睑板腺囊肿刮除术护理　①行外眼手术前常规准备：如查血常规、凝血功能、滴抗生素眼液、清洁面部皮肤等。②在睑结膜面作与睑缘垂直的切口，刮净囊肿内容物，并分离囊壁，将囊肿完整摘除，术后压迫眼部 10～15 分钟以止血，伤口不需缝合。③对于复发性或老年人的囊肿，应将标本送病理检查。④术毕结膜囊内涂抗生素眼膏，并用眼垫包盖。

5. 康复指导

(1) 养成良好的个人卫生习惯，不用脏手或不洁手帕揉眼。

(2) 向患者或家属介绍术后用药、换药和门诊随访的必要性。

四、睑内翻及倒睫

睑内翻(entropion)指睑缘向眼球方向内卷，睫毛部分或全部倒向眼球的一种眼睑位置异常。倒睫(trichiasis)指睫毛倒向眼球，刺激角膜和球结膜而引起一系列角膜结膜继发改变的睫毛位置异常。临床上睑内翻与倒睫常同时并存。

（一）病因

1. 瘢痕性睑内翻　因睑结膜及睑板瘢痕性挛缩所致。常见于沙眼瘢痕期、睑结膜烧伤等。

2. 痉挛性睑内翻　多见于老年人，由于老年人眼睑皮肤和皮下组织萎缩变薄，对眼轮匝肌收缩的牵制作用丧失，致下睑上部向内翻卷。

3. 失无性睑内翻　常见于婴幼儿，因内眦赘皮牵拉、鼻梁发育不良等所致。

（二）临床表现

瘢痕性和痉挛性睑内翻多为单侧，先天性睑内翻常常为双侧。症状常表现为睫毛倒向眼球，刺激角膜而产生的异物感、畏光、流泪、疼痛及眼睑痉挛等。检查可见睑缘向眼球方向内卷致睫毛向内倒向眼球，刺激结膜、角膜，引起结膜充血、角膜上皮脱落，若继发感染，会进一步发展形成角膜溃疡、角膜新生血管、角膜瘢痕混浊致视力障碍。

（三）护理诊断

1. 疼痛　与睫毛刺激角膜及结角膜炎症反应有关。

2. 潜在并发症　角膜炎症、角膜瘢痕形成。

（四）治疗及护理措施

1. 治疗原则　常采用电解倒睫或手术治疗。瘢痕性睑内翻常采用睑板楔形切除术或睑板切断术。痉挛性睑内翻可采用肉毒杆菌毒素局部注射，若无效再手术切除松弛的皮肤和切断部分眼轮匝肌纤维。轻型先天性睑内翻随着年龄的增长可自行消失，因而不必急于手术。若 5～6 岁，仍有内翻合并倒睫，则可考虑手术治疗。

2. 心理护理　安慰鼓励患者，告诉其疼痛原因，缓解其焦虑紧张心理。

3. 及时去除疼痛原因，若仅 1～2 根倒睫，可用镊子拔除，而较彻底的治疗方法是睫毛电解法，此法可电解破坏倒睫的毛囊，减少倒睫的再生机会。

4. 睑内翻症状明显者，可暂时用胶布粘住眼睑皮肤向外牵引，使睑缘向外复位。遵医嘱给予抗生素滴眼液滴眼，以预防角膜炎发生。大量倒睫和睑内翻者，按外眼手术常规护理，做好睑内翻矫正术准备。

5. 康复指导　告诉患者及其家属，长期的睑内翻和倒睫可致角膜混浊、溃疡，应尽早治疗，减少并发症的发生。

五、上睑下垂

上睑下垂(ptosis)指因提上睑肌或 Müller 平滑肌功能不全或丧失，导致上睑部分或全部下垂，使眼向正前方注视时上睑遮盖角膜上缘超过 2mm。

(一) 病因

1. 先天性上睑下垂　是一种常染色体显性遗传病，常因提上睑肌或动眼神经核发育不良所致。

2. 获得性上睑下垂　原因较多，常见于颅脑外伤，交感神经疾病、动眼神经麻痹、重症肌无力及上眼睑炎症或肿瘤等病变所致。

(二) 临床表现

1. 先天性上睑下垂常双眼发病，有不同程度的睑裂变窄，常出现抬头仰视、眉毛高竖、额纹加深、耸肩等现象。重度者因上睑全部遮盖瞳孔，可导致形觉剥夺性弱视，此外常伴有其他眼外肌麻痹、内眦赘皮、鼻梁低平和眼球震颤等发育异常。

2. 获得性上睑下垂多为单侧发病，常伴有其他神经系统病变，如交感神经损害有 Horner 综合征；提上睑肌损伤有外伤史；重症肌无力所致的上睑下垂表现为晨轻夜重，注射新斯的明后下垂程度明显减轻。

(三) 护理诊断

1. 视力障碍　与上睑下垂遮盖瞳孔有关。

2. 功能障碍性悲哀　与提上睑肌功能障碍致心理自卑有关。

3. 知识缺乏　缺乏对疾病的相关护理治疗知识。

(四) 治疗及护理措施

1. 治疗原则　先天性上睑下垂应尽早手术，以防发生弱视。获得性上睑下垂应先进行病因治疗或药物治疗，无效时再考虑手术。常用术式有额肌悬吊术和提上睑肌缩短术。

2. 按外眼手术常规护理，术前不需剪短睫毛。如进行额肌悬吊术，需要剃眉毛。

3. 术后注意观察有无缝线或睫毛刺激角膜、眼睑闭合状态、角膜暴露程度及穹隆部结膜脱垂情况等。保持局部创口干燥，一般术后加压包扎 24 小时，术后 7 天拆线。

4. 对先天性上睑下垂已发生弱视者术后应进行弱视相关训练和矫治。

5. 心理护理　上睑下垂可影响患者的心理及社交关系，出现悲观、社交障碍等，应对患者耐心地进行心理疏导，鼓励其积极表达思想，消除自卑心理。

六、泪囊炎

泪囊炎(dacryocystitis)是泪囊黏膜发生的卡他性或化脓性炎症。临床上常分为急性泪囊炎、慢性泪囊炎和新生儿泪囊炎三型，以慢性泪囊炎较为常见，其好发于中老年女性，约占 70%～80%。

案例 4-2

患者，女，55 岁。右眼反复流泪 3 年，近日加重，曾自行使用抗生素滴眼液滴眼。检查：右眼结膜慢性充血，泪囊区皮肤发红，稍隆起，压迫泪囊部有脓液自下泪小点流出。

问题：1. 对该患者的初步诊断是什么？

2. 如何进行相应的治疗护理配合？

(一) 病因

因多种原因导致鼻泪管狭窄或阻塞，使泪液滞留于泪囊内，大量细菌在其中繁殖并刺激泪囊黏膜而诱发感染。致病菌多为肺炎双球菌、链球菌和葡萄球菌等。新生儿泪囊炎是由于鼻泪管下端胚胎残膜未破，阻塞鼻泪管下端所致。

(二) 临床表现

1. 急性泪囊炎　患眼充血、流泪，内眦部有脓性分泌物溢出。泪囊区皮肤红肿、压痛明显，炎症可蔓延至眼睑、鼻根及面颊部，引起眶蜂窝织炎，严重者可出现畏寒、发热等全身症状。数日后脓肿破溃使症状减轻，但部分患者可形成泪囊瘘管长期存留，经久不愈。

2. 慢性泪囊炎　泪溢为其主要症状，检查见结膜慢性充血、内眦部的皮肤糜烂、粗糙及湿疹。泪囊区囊样隆起，指压泪囊区或行泪道冲洗，有大量黏液脓性分泌物自泪小点反流。

3. 新生儿泪囊炎　生后不久(约 6 周左右)出现泪溢和眼分泌物增多，挤压泪囊区有黏液或黄白色脓性分泌物自泪小点溢出，常伴有结膜充血。

4. 辅助检查　对分泌物进行细菌培养可找到化脓性致病菌。

☞考点：慢性泪囊炎的症状、体征

链接

慢性泪囊炎

慢性泪囊炎是对眼球存在潜在的威胁性的病变，为眼部的感染病灶。因为它使结膜囊长期处于一种带菌状态，一旦发生眼外伤或施行内眼手术，极易引起化脓性感染，导致细菌性角膜溃疡或化脓性眼内炎。尤其在内眼手术前，必须常规做泪道冲洗，发现有泪囊感染者，应先治愈后再施行手术。

（三）护理诊断

1. 疼痛　泪囊区红肿、压痛，泪小点溢脓，与泪囊炎有关。

2. 焦虑、恐惧　与担心病情和害怕手术有关。

3. 知识缺乏　缺乏泪囊炎防治知识。

（四）治疗及护理措施

1. 治疗原则　急慢性泪囊炎的治疗原则是局部或全身应用足量有效抗生素以控制感染，待炎症消退后选择泪囊鼻腔吻合、泪囊摘除或鼻内镜下鼻腔泪囊造口等术式治疗；新生儿泪囊炎应先进行泪囊局部按摩以冲破先天性残膜，如无效再行泪道冲洗或鼻泪管探通术。

2. 急性期护理　给予正确的热敷和超短波理疗，以促进炎症消退，缓解疼痛；遵医嘱应用有效抗生素控制感染，注意观察药物的不良反应；急性炎症期禁忌泪道探通或泪道冲洗，以免引起感染扩散；如已经形成脓肿，切忌挤压，应待炎症消除后行泪囊鼻腔吻合术。

3. 慢性期护理　指导正确滴抗生素眼液：每次滴眼液前，应先用手指挤压泪囊区或行泪道冲洗，待泪囊内的分泌物排空后，再滴抗生素滴眼液以利于药物吸收，每日4～6次；每周选用生理盐水加抗生素行泪道冲洗1～2次。

4. 泪囊炎手术护理　①术前3天滴用抗生素滴眼液，并进行泪道冲洗。②手术当天冲洗鼻腔并用1%麻黄碱溶液滴鼻，以收缩鼻黏膜，利于引流及预防感染。③介绍手术方式，以消除患者恐惧、焦虑心理，取得其良好的手术配合。泪囊鼻腔吻合术是将泪囊通过一个人造的骨孔和鼻腔黏膜相吻合，使泪液直接经吻合孔流入中鼻道，阻塞解除后炎症也就消退了。泪囊摘除术者，术前应向患者及其家属说明，手术可以消除病灶，但泪溢的症状仍然可能存在。④术后取半坐卧位，利于伤口积血的引流，减少出血量；出血量较多者，可行面颊部冷敷；注意鼻腔填塞物的正确位置，以达到压迫伤口止血的目的，嘱患者勿牵拉填塞物及用力擤鼻。⑤手术当天勿进过热饮食。⑥用1%麻黄碱溶液滴鼻，收缩鼻腔黏膜，利于引流。⑦切口加压包扎2天，注意观察敷料位置及渗血情况。⑧术后第3天开始连续冲洗泪道并保持泪道畅通。⑨术后7天拆线，嘱患者继续行泪道冲洗，教会其滴鼻或滴眼药的正确使用方法，定期随访。

5. 新生儿泪囊炎者应指导家长泪囊局部按摩的方法　患儿取立位或侧卧位，用一手拇指压迫患者内眦部，另一手食指压迫泪囊处，沿鼻泪管方向自上而下按摩，按摩后再滴用抗生素滴眼液，每日进行2次。按摩时可在泪囊部加用棉垫，既能增加泪囊部的压力，又能避免损伤皮肤。注意观察，避免分泌物流入婴儿气管内。如泪囊部隆起消失，表示残膜已破。

6. 康复指导　对沙眼、鼻炎和鼻中隔偏曲等局部病变，应尽早治疗，以预防慢性泪囊炎的发生；对已发生泪囊炎者也应积极治疗，以预防角膜炎和化脓性眼内炎等并发症的发生。

☞考点：慢性泪囊炎的护理措施

案例4-2分析

1. 初步诊断是：慢性泪囊炎。

2. 应采取的治疗护理配合有：①药物治疗配合：指导正确滴药：每次滴眼液之前，需用手压迫泪囊区或行泪道冲洗，将泪囊中的分泌物排空后，再滴抗生素滴眼液，可以提高疗效，每日4～6次；选用生理盐水或广谱抗生素药液冲洗泪道，每周1～2次；向患者介绍潜在并发症，预防角膜炎和眼内炎的发生。②手术护理配合：见本节“泪囊炎手术护理”。

（代　晖）

第2节　结膜疾病患者的护理

学习目标

1. 描述沙眼的临床表现及防治措施

2. 说出传染性结膜炎的临床表现及隔离消毒措施

◆教学重点：沙眼、传染性结膜炎的护理目标及护理措施

◆教学难点：沙眼及红眼病的临床表现及隔离消毒措施

结膜是覆盖于眼睑后部和眼球前部巩膜表面的一层半透明黏膜组织，其大部分表面暴露于外界环境中，容易受各种病原微生物侵袭和理化因素的刺激。正常情况下，结膜具有一定的防御能力。当全身或局部的防御能力减弱或致病因素过强时，使结膜组织发生急性或慢性的炎症，统称为结膜炎（conjunctivitis）。结膜炎是最常见的眼病之一，根据其致病因素的不同可分微生物和非微生物两大类，以微生物性结膜炎最为常见，多由细菌和病毒感染所致。

一、急性细菌性结膜炎

急性细菌性结膜炎（acute bacterial conjunctivitis）是由细菌感染所致的急性传染性结膜炎的总称，具有自限性，一般不引起角膜并发症，预后良好。好发于春秋季节，可散发感染，也可在学校、工厂等集体群居人群中造成流行。临床上以急性卡他性结膜炎和淋球菌性结膜炎最为常见。

（一）病因

1. 急性细菌性结膜炎（急性卡他性结膜炎）　俗

称“红眼病”，是除一些特殊类型的急性结膜炎以外的急性结膜炎症的总称。常见致病菌为肺炎链球菌、Koch-Weeks 杆菌和金黄色葡萄球菌等。

2. 淋球菌性结膜炎 属超急性细菌性结膜炎，为淋病双球菌感染所致，是一种传染性极强、破坏性很大的急性化脓性结膜炎症。成人主要为淋球菌性尿道炎引发自身感染，新生儿则通过患有淋菌性阴道炎的母体感染所致。

案例 4-3

患者，男，15 岁。因晨起后双眼红肿、灼热、畏光、流泪、分泌物增多而来院就诊。从病史中得知，患者 3 天前曾到游泳池游泳。检查：双眼远视力 1.0，结膜高度充血、水肿，结膜下有点状出血点，结膜表面有较多的黏液脓性分泌物。

问题：1. 该患者的护理诊断有哪些？

2. 治疗原则是什么？

3. 如何采取相应的治疗护理措施？

（二）临床表现

起病急，病程较短，常双眼受累，有烧灼感、异物感、畏光、流泪等结膜刺激症状。一般不会侵及角膜，因此不会出现剧烈眼痛和视力下降。

1. 急性卡他性结膜炎 起病较急，潜伏期 1～3 天，病程约 2 周，有自限性，双眼同时或相隔 1～2 天发病。患者自觉有异物感、烧灼感、发痒、畏光、流泪等症状。检查示结膜充血、水肿，严重者可有结膜下出血；眼部有较多的浆液性、黏液性或脓性分泌物，早晨起床时常将上下睫毛粘住致睁眼困难。肺炎链球菌、Koch-Weeks 杆菌感染的结膜炎可在睑结膜表面发现假膜。

2. 淋球菌性结膜炎 发病急速，眼睑、结膜高度充血和水肿，重者球结膜突出于睑裂外，常有假膜形成，并伴有耳前淋巴结肿大。眼部分泌物迅速由浆液性、黏液性转为脓性并溢出，又称其为“脓漏眼”（图 4-3）。严重者可引起角膜溃疡、穿孔和化脓性眼内炎。成人症状较小儿轻，婴儿的淋球菌性结膜炎常发身体其他部位的化脓性炎症，如关节炎、脑膜炎、肺炎等。

3. 辅助检查 结膜分泌物涂片检查可明确致病菌类型。遵医嘱取结膜分泌物送检，做细菌培养及药物敏感试验，以确定致病菌和选择敏感抗生素进行有效的治疗。

☞考点：急性结膜炎的症状、体征

（三）护理诊断

1. 舒适改变 眼痛，与急性结膜炎症刺激角膜有关。

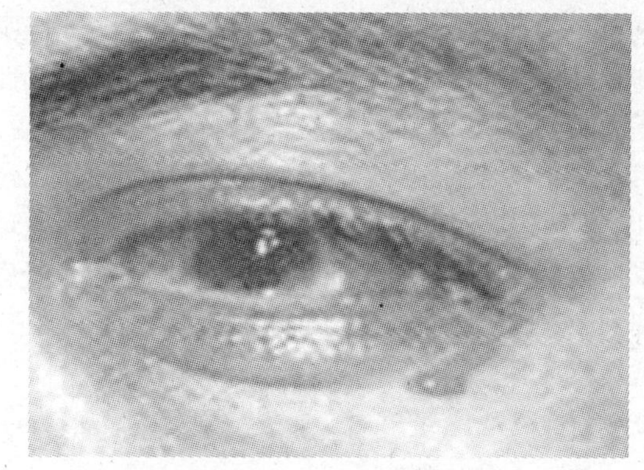

图 4-3 淋球菌性结膜炎（脓漏眼）

2. 潜在并发症 角膜炎症、溃疡和穿孔，与淋球菌感染有关。

3. 知识缺乏 缺乏急性结膜炎的相关防治知识。

（四）治疗及护理措施

1. 治疗原则 积极去除病因，全身和局部使用足量有效的抗生素控制感染。

2. 一般护理 行结膜囊冲洗：常选用的冲洗液有生理盐水、3%硼酸溶液。淋球菌性结膜炎则选用 1∶5000的青霉素溶液。冲洗时患者取患侧卧位，防止冲洗液流入健眼造成交叉感染；操作时动作要轻柔，以免损伤角膜。如有假膜形成时，应先去除假膜再进行冲洗。

3. 药物护理 遵医嘱留取结膜分泌物作细菌培养及药物敏感试验。在药物敏感试验之前，先局部应用广谱抗生素控制感染。常用的滴眼液有 0.25%氯霉素、0.5%新霉素、0.1%利福平，每 1～2 小时滴眼 1 次，严重者每半小时滴眼 1 次，夜间涂四环素、红霉素等抗生素眼膏。淋球菌性结膜炎则局部和全身用药并重，全身常用药物有：大剂量青霉素、阿奇霉素等。局部常用 5000～10 000U 青霉素溶液，15%磺胺醋酰钠等频繁滴眼。睡前遵医嘱使用抗生素眼膏及阿托品眼膏。

4. 禁忌热敷和包盖患眼，因热敷和包盖患眼，使分泌物排出不畅，更利于细菌生长繁殖，加剧炎症；但炎症较重时健眼可用眼罩保护。

5. 严密观察有无角膜刺激症状或角膜溃疡灶。为减轻患者眼部充血及灼热感，可给予局部冷敷。为减少光线刺激，建议患者外出时配戴墨镜。

6. 预防宣教 急性传染期应施行的隔离消毒措施有：①加强个人卫生习惯，要勤洗手，勿用脏手揉眼，勿在急性传染性结膜炎流行时期进入公共场所和游泳池，以免引起交叉感染。②接触患者前后的手要立即彻底冲洗与消毒；接触过病眼分泌物的器械或敷料等应及时消毒或销毁。③对单眼患病者，实行一眼一瓶眼药；双眼患病者实行一人一瓶眼药。进行眼部检查时，应先查健眼，后查患眼。④患有淋球菌性尿道炎的孕妇应在产前治愈。未愈者，产下婴儿后，立即用1%硝酸银滴眼液滴眼或0.5%四环素眼膏涂眼，以免诱发新生儿淋球菌性结膜炎。对患有淋球菌性尿道炎的患者，告知其便后要立即洗手。⑤向患者及其家属宣传结膜炎的预防知识，提倡一人一巾一盆。

☞考点：急性结膜炎的护理措施

案例 4-3 分析

1. 对该患者的护理诊断有：①眼灼热、畏光、流泪，与急性结膜炎有关。②潜在并发症：角膜炎症、溃疡，与致病菌毒力强有关。③知识缺乏：缺乏对急性结膜炎的防治知识。

2. 采取的治疗原则是：积极去除病因，全身和局部使用足量有效的抗生素控制感染。

3. 对该患者采取的治疗护理措施有：①给予生理盐水或3%硼酸溶液进行结膜囊冲洗。②遵医嘱给予眼局部使用抗生素滴眼液及眼膏。症状重者全身应用抗生素。③注意观察有无角膜刺激症状或角膜溃疡灶；为减轻患者的眼部充血及灼热感，给予局部冷敷。④禁忌热敷或包盖患眼，以免加重感染。

二、病毒性结膜炎

病毒性结膜炎（viral conjunctivitis）是一种由病毒感染所致的急性传染性结膜炎，传染性很强，在世界各地引发过多次大流行。好发于夏秋季，临床上以流行性角结膜炎、流行性出血性结膜炎最为常见。

（一）病因

1. 流行性角结膜炎　由8、19、29、37型腺病毒引起，其中主要为8型。发病急剧，传染性强，可散发或流行性发病。

2. 流行性出血性结膜炎　由70型肠道病毒，偶由A24型柯萨奇病毒引起，传染性极强，可造成暴发性大流行。

（二）临床表现

1. 流行性角结膜炎　潜伏期多为5～7天，起病急、病情重、双眼发病。自觉异物感、眼痛、畏光、流泪，可伴有耳前淋巴结肿大及压痛，儿童常伴有发热、咽痛和腹泻等全身症状。检查发现眼睑水肿，结膜充血水肿，结膜囊内的分泌物呈水样，角膜染色可见点状上皮剥脱。2～3周后炎症消退，角膜混浊数月至数年吸收，视力多能恢复正常。

2. 流行性出血性结膜炎　又称"阿波罗11号结膜炎"，潜伏期短，多在48小时内发病，双眼同时或先后发病，除有上述流行性角结膜炎表现外，常有球结膜下点片状出血。但本病有自限性，一般病程在10天左右。

3. 辅助检查　分泌物涂片镜检发现单核细胞增多，并可分离到病毒。

（三）护理诊断

1. 疼痛　眼痛，与病毒侵犯角膜有关。

2. 知识缺乏　缺乏对病毒性结膜炎的相关防治知识。

（四）治疗及护理措施

1. 治疗原则　眼部滴用抗病毒药和对症支持治疗。

2. 一般护理　先用棉签清除溢出睑裂的分泌物（每眼各用一根棉签，以防交叉感染），再用生理盐水冲洗结膜囊；并给予眼局部冷敷以减轻充血和疼痛。

3. 药物护理　遵医嘱局部滴用抗病毒滴眼液：如0.5%利巴韦林、0.1%碘苷、4%吗啉胍及干扰素滴眼液等，每小时1次，合并细菌感染者，应联合使用抗生素滴眼液；角膜基质浸润者，可酌情使用糖皮质激素。角膜上皮剥脱者可选用促进上皮细胞修复药物。

4. 本病易复发，应防止上呼吸道感染，忌食辛辣刺激性食物。

5. 预防宣教　传染性眼病的隔离消毒措施，参照急性细菌性结膜炎的护理。

三、沙　　眼

沙眼（trachoma）是由沙眼衣原体引起的一种慢性传染性结膜炎症，是致盲的主要眼病之一，因其在睑结膜表面形成粗糙不平形似沙粒的外观，故名沙眼。

（一）病因

沙眼由A、B、C或Ba抗原型沙眼衣原体感染所致。我国汤飞凡、张晓楼等于1955年用鸡胚培养法首次成功分离出沙眼衣原体。多为双眼发病，通过直接接触患眼分泌物或污染物传播。

链接 »»

沙眼与"视觉2020"

沙眼是世界上缺少住房、水和卫生设施等生活基本需要的社会经济不发达地区常见病，目前主要在非洲、东地中海、东南亚和西太平洋地区49个国家流行，它是世界上最常见的可预防的致盲性眼病。由其引起的角膜混浊是致盲的主要原因，对于沙眼的防治，"视觉2020"行动已制定"SAFE"（surgery, antibiotic, facial cleanliness, and environmental improvement，即手术，抗生素，清洁脸部和改善环境）的防治策略，我们应当积极应用，争取在2020年根治致盲性沙眼。

（二）临床表现

一般起病缓慢，潜伏期5～14天，好发于儿童及少年时期，急性期未愈则经1～2个月后转为慢性期。慢性期沙眼可反复感染，病程迁延数年到数十年。

1. 急性期　主要症状有异物感、畏光、流泪，较多黏液或黏脓性分泌物。检查可见眼睑红肿，结膜显著充血，乳头增生：为炎症刺激引起的结膜上皮异常增生；上下穹窿部滤泡形成：为结膜上皮下淋巴细胞浸润、聚集而形成的黄白色半透明胶样隆起。可合并弥漫性角膜上皮炎及耳前淋巴结肿大。

2. 慢性期　患者无明显不适，仅有异物感、眼痒、干涩等症状。检查发现结膜充血减轻，乳头增生和滤泡形成仍然存在，但出现了慢性期沙眼的特有体征：

（1）角膜血管翳：角膜缘血管扩张并伸入角膜所致（图4-4）。

（2）睑结膜瘢痕：乳头、滤泡破坏后逐渐形成瘢痕。

根据沙眼的病变特征，我国在1979年按我国国情制定了分期方法：

①Ⅰ期（进行活动期）：上睑结膜乳头与滤泡并存，上穹隆结膜模糊不清，有角膜血管翳。②Ⅱ期（退行期）：上睑结膜仅留少许活动性病变，其余大部分变为瘢痕。③Ⅲ期（完全瘢痕期）：活动性病变完全消失，由瘢痕替代，无传染性。

3. 辅助检查　上睑和上穹隆部结膜充血，血管模糊，乳头增生或滤泡形成，或两者兼有。在此基础上具有下列三项之任一项者，即可诊断为沙眼。

（1）用放大镜或裂隙灯显微镜检查可见角膜血管翳。

（2）上睑和上穹隆结膜出现瘢痕。

（3）结膜刮片染色找到沙眼包涵体。

此外，可检测出沙眼衣原体的方法还有：酶联免疫测定法、荧光素标记抗体染色法及聚合酶链反应等。

4. 后遗症与并发症　倒睫及睑内翻、睑球粘连、结膜角膜干燥症、上睑下垂、慢性泪囊炎及角膜混浊。

☞考点：沙眼的并发症及后遗症

（三）护理诊断

1. 舒适改变　异物感等眼部刺激症状，与结膜炎症有关。

2. 潜在并发症　倒睫及睑内翻、睑球粘连、结膜角膜干燥症、上睑下垂、慢性泪囊炎及角膜混浊。

3. 知识缺乏　缺乏沙眼的防治知识。

（四）治疗及护理措施

1. 治疗原则　以局部用药为主，机械疗法为辅，重症沙眼结合全身治疗，坚持用药数月。

2. 局部药物护理　常用药物有0.1%利福平滴眼液、0.3%氧氟沙星滴眼液、15%磺胺醋酰钠滴眼液、0.25%氯霉素滴眼液，每天3～4次，睡前涂四环素、红霉素眼膏。应坚持用药1～3月，重症者需用药半年以上。

3. 机械疗法　对乳头较多者采用消毒棉签或海螵蛸棒进行沙眼摩擦术，擦破乳头后再涂抗生素眼膏；对滤泡较多者可行滤泡压榨术，用滤泡挤压镊把滤泡压破，挤出其内容物后再涂抗生素眼膏。这些治疗方法的目的是造成结膜轻度损伤，利于药物向深部渗透，从而提高疗效。

4. 全身药物护理　针对急性期或严重沙眼，可口服阿奇霉素、红霉素和螺旋霉素等。

5. 介绍并发症及后遗症的治疗方法　如倒睫可选用电解术，睑内翻可行手术矫正，角膜混浊可行角膜移植术。参照第3章外眼手术护理常规，向患者解释手术目的、方法，缓解紧张心理，使患者积极配合治疗。

6. 指导患者和家属做好消毒隔离　沙眼衣原体耐寒、怕热，紫外线和肥皂水对其无杀灭作用；在－50℃以下尚能存活；但70℃以上温度、75%酒精、0.1%甲醛溶液（福尔马林）或1%苯酚却能很快将其杀灭；因此，通常选用加热煮沸法和75%酒精消毒法。

7. 预防宣教　宣传沙眼并发症的危害性，嘱患者要尽早诊治，坚持用药，力求早期治愈，积极防止并发症发生。养成良好的个人卫生习惯，不与他人共用毛巾、脸盆，不用脏手或不洁毛巾擦眼。搞好学校、幼儿园、理发店、游泳池、浴室等公共环境的卫生。

四、免疫性结膜炎

免疫性结膜炎（immunologic conjunctivitis）是结膜对外界过敏源产生的一种超敏性免疫反应，又称变态反应性结膜炎。临床上以春季角结膜炎和泡性角

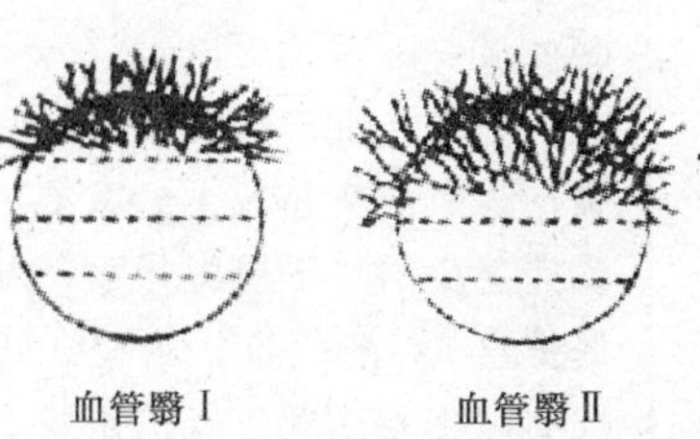

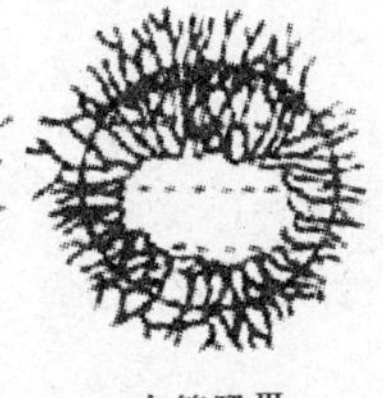

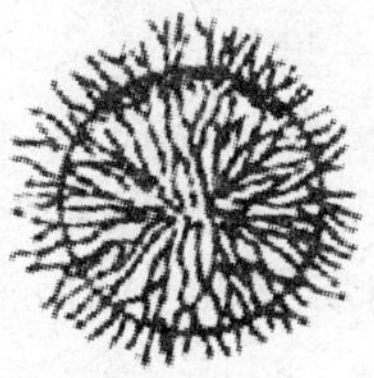

图4-4　沙眼角膜血管翳分级（分4级）示意图

结膜炎两种类型较为常见。春季角结膜炎（vernal keratoconjunctivitis），又称为春季卡他性结膜炎，为一反复发作，具有季节性的速发型过敏性角结膜炎症。好发于春夏季节，双眼发病，可持续5～10年。泡性角结膜炎（phlyctenular keratoconjunctivitis）是一种以结膜角膜出现疱疹性结节为特征的迟发型免疫反应性疾病。本病多见于儿童及青少年，易复发。

（一）病因

1. 春季角结膜炎　病因尚未明确，可能为花粉、微生物的蛋白质、动物羽毛或皮屑等过敏原引发的Ⅰ、Ⅳ型超敏反应共同作用的结果。

2. 泡性角结膜炎　目前，认为可能是对金黄色葡萄球菌、结核杆菌、白色念珠菌、沙眼衣原体等致病微生物蛋白产生的迟发型变态反应。

（二）临床表现

1. 春季角结膜炎　主要症状为剧烈眼痒、畏光、流泪、异物感，结膜囊内有大量的黏液性分泌物。体征：据病变部位不同可分为三型。①睑结膜型：上睑结膜可见巨大而扁平的呈铺路石样肥大乳头。②角膜缘型：角膜缘可见呈污红色或黄褐色的胶样增生物，以上方角膜缘明显。③混合型：可同时出现上述两型所见。

2. 泡性角结膜炎　主要症状有异物感、流泪等，如角膜受侵犯则有刺痛、畏光、流泪及眼睑痉挛的角膜刺激征。体征：据病变部位不同可分为三种。①泡性结膜炎：在睑裂部球结膜上出现灰红色的结节样微小隆起，周围有充血区，结节顶端易破溃形成溃疡，但10天左右即愈合，不留瘢痕。②泡性角膜炎：角膜上可见灰白色点状浸润，如病变侵犯基层，愈合后可遗留角膜瘢痕。③泡性角结膜炎：在角膜缘及附近球结膜可见单个或多个灰白色小结节，病变周围局部充血，如破溃形成溃疡，愈合后可遗留浅淡瘢痕。

3. 辅助检查　春季角结膜炎患者的结膜刮片示嗜酸粒细胞增多。

（三）护理诊断

1. 舒适改变　眼痛、异物感、眼奇痒等，与变态反应有关。

2. 潜在并发症　青光眼、角膜炎等。

（四）治疗及护理措施

1. 治疗原则　春季角结膜炎：具有自限性，以局部应用抗组胺药物和糖皮质激素等对症治疗。泡性角结膜炎：局部滴用糖皮质激素滴眼液，重症者可结膜下注射糖皮质激素。

2. 饮食指导　宜进清淡、易消化、热量足够的膳食，多补充维生素，增强营养，改善体质，避免食用鱼、虾、蟹、牛奶等高蛋白易过敏的食物。

3. 药物护理　局部应用抗组胺药物，如埃美丁滴眼液；肥大细胞稳定剂，如2%色甘酸钠滴眼液。症状严重的春季角结膜炎或泡性角结膜炎者，可短期局部应用，如0.5%可的松滴眼液、0.1%地塞米松滴眼液等，还可局部滴用环孢霉素A滴眼液。糖皮质激素类药物在患者使用期间不能随意停用，并告知其危害性，若需长期用药应警惕激素性青光眼的发生，注意观察眼痛、头痛及眼压的变化。且在局部使用糖皮质激素时，要配合使用抗生素滴眼液，以防止继发感染。

4. 预防用药　根据发病的季节性和规律性，在发病前1个月可提早局部应用色甘酸钠滴眼液等，以防止疾病发作或减轻发作症状。

5. 预防宣教　避免接触致敏原，应减少与过强日光、花粉的接触；保持室内空气流通，外出时配戴有色眼镜。

五、干　眼　症

干眼症（dry eye syndrome）又称角结膜干燥症（keratoconjunctivitis sicca，KCS），是指各种原因引起泪液分泌数量下降或质量改变，导致泪膜稳定性下降且伴有相应的眼部不适，引起眼表疾病为特征的多种病症的总称。

（一）病因

病因很多，最近研究认为干眼症可能与下列因素相关：眼表面的改变、基于免疫的炎症反应、性激素水平的改变、细胞凋亡等，主要引起泪液质和量或动力学的异常。临床上常分为两类：①泪液生成不足型：是由于泪腺疾病或功能不良引起的干眼，如维生素A缺乏、重症结膜炎、眼化学伤等；②蒸发过强型：是泪液分泌正常而蒸发过强所致的干眼，如睑外翻、睑裂闭合不全等。

链　接 >>>

泪膜的结构

泪膜覆盖在角结膜的表面，厚度约在7～10μm。由3层结构构成，其中任何一层结构发生异常均可导致干眼症。①表层：单分子脂质层，可减少泪液蒸发，保证闭睑时的水密状态。②中层：水液层，富含盐类和蛋白质，能均匀涂布于眼表，维持湿润环境。③内层：黏蛋白层，含多种糖蛋白，可降低表面张力，使疏水的上皮细胞变为亲水。泪膜虽然薄，但对维持眼表健康起着十分重要的作用，其主要功能是：填补上皮间的不规则界面，保证角膜的光滑；湿润并保护角、结膜上皮；通过机械冲刷及内含的抗菌成分抑制微生物生长；提供角膜所需的营养物质。

（二）临床表现

1. 最常见的症状是眼干涩、异物感，还可出现烧灼感、痒感、畏光、视物模糊、视疲劳及不能耐受烟尘环境等。如为 Sjögren 综合征所致的干眼症，除具有上述症状外，常伴有口干、关节痛等。

2. 辅助检查　目前国际上对干眼症的诊断尚无统一的标准，主要根据以下 4 个方面：①症状；②眼表上皮细胞的损害；③泪液分泌减少和泪膜不稳定；④泪液渗透压的增加来对其做出诊断。对可疑患者需进一步作下述检查以明确诊断：泪液分泌试验、泪膜破裂时间、泪液羊齿状物试验、角膜荧光素染色、泪液溶菌酶含量、泪液渗透压等。

（三）护理诊断

1. 舒适改变　眼干涩、异物感等，与角结膜缺乏泪液润滑有关。

2. 知识缺乏　缺乏干眼症的相关防治和康复知识。

（四）治疗及护理措施

1. 治疗原则　积极对症治疗，常采用人工泪液、泪小点封闭等方式进行治疗。

2. 药物护理　干眼症属慢性病，要鼓励患者坚持用药，常用药物有：人工泪液（泪液成分的替代药物）；环孢素 A 滴眼液（刺激泪液分泌）。

3. 保存眼表泪液　戴硅胶眼罩、湿房镜或行泪小点封闭治疗等。

4. 严重的干眼症患者，可行自体颌下腺导管移植手术以缓解症状。

5. 屈光不正者，应配戴适合度数的眼镜，如配戴角膜接触镜，应选用质量较好的护理液，或选用硬性透氧性角膜接触镜（RGP）。

6. 预防宣教　注意用眼卫生，避免长时间近距离阅读和使用电脑，一般用眼 1～2 小时后应休息 10～15分钟，并眺望远方；使用电脑时的姿势要正确，视线稍向下，眼与屏幕距离 40～70cm；避免接触浓烟、粉尘和空调环境。

六、翼状胬肉

翼状胬肉（pterygium）俗称“攀睛”，为睑裂部异常增殖的球结膜及结膜下组织侵袭到角膜上，呈三角形，尖端朝向角膜中心，形似翼状。常双眼患病，多见于鼻侧。

（一）病因

病因尚不明确，多见于户外工作者，可能与结膜慢性炎症、风沙、粉尘等长期刺激使结膜组织变性及异常增生有关；也可能与长期紫外线照射引起角膜缘干细胞损害有关。

（二）临床表现

早期一般无自觉症状，炎症明显时可有眼痒、异物感等轻度不适症状，若其过大侵及瞳孔区则可影响视力。三角形肥厚隆起的翼状胬肉尖端为头部，角膜缘处为颈部，球结膜上为体部。根据其发展与否，可分为：①进行期：表现为头部前端隆起，角膜上有灰白色浸润，颈部和体部充血肥厚，向角膜内逐渐生长（图 4-5）。②静止期：头部平坦，角膜透明，颈部及体部较薄且不充血。

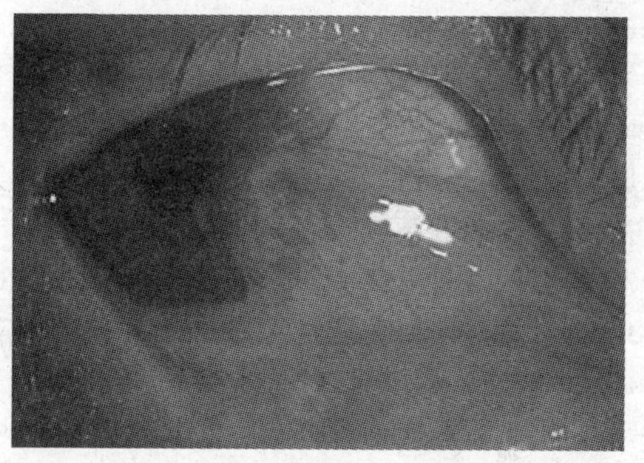

图 4-5　翼状胬肉（进行期）

（三）护理诊断

1. 感知改变　视力障碍，与翼状胬肉遮盖瞳孔区有关。

2. 知识缺乏　缺乏翼状胬肉的相关防治知识。

（四）治疗及护理措施

1. 治疗原则　小而静止的翼状胬肉一般不需治疗，但应尽量减少风沙、阳光的刺激；对进行性且侵及瞳孔区的胬肉，可考虑手术治疗，常用术式有：胬肉切除合并自体球结膜移植术；单纯胬肉切除术或结膜下转移术；胬肉切除联合羊膜移植或角膜缘干细胞移植术；板层角膜移植联合羊膜移植或角膜缘干细胞移植术。

2. 一般护理　静止期的翼状胬肉患者无需治疗，嘱其定期复查。

3. 手术护理　对在进行期进行手术治疗的患者，应参照第 3 章“眼科护理管理及常用护理操作”。

4. 术后嘱患者注意眼部卫生，一般 7～10 天拆除缝线。并且要求定期复查，观察是否有复发。

5. 为防止术后复发，可局部应用 β 射线照射或短期滴用丝裂霉素 C 等。

6. 预防宣教　户外活动时配戴防风尘及防紫外线的眼镜，避免风尘、阳光的直接刺激，积极治疗慢性结膜炎。

（代　晖）

第3节 角膜疾病患者的护理

学习目标

1. 描述细菌性角膜炎的临床表现及护理措施
2. 说出单纯疱疹病毒性角膜炎、真菌性角膜炎的临床表现及护理措施

◆教学重点:细菌性角膜炎的临床表现及治疗护理措施

◆教学难点:细菌性、病毒性、真菌性角膜炎的临床表现区别

角膜为位于眼球前极中央,略向前凸起的横椭圆形透明组织,其与巩膜一起构成眼球壁外层的纤维膜,是重要的屈光间质。角膜病是我国主要的致盲性眼病之一。按病因不同可分为感染性、外伤性、免疫性、先天异常、营养不良性和肿瘤等类型,其中以感染性角膜炎最为常见。引起感染性角膜炎的病原体有细菌、真菌、病毒、衣原体、棘阿米巴等,以细菌和真菌感染最为常见。角膜炎引起的角膜刺激症状有眼痛、畏光、流泪、眼睑痉挛及视力下降。典型体征为睫状充血、角膜浸润、角膜溃疡形成、角膜瘢痕、混浊等。严重者可致角膜穿孔、化脓性眼内感染及眼球萎缩等并发症,造成眼球毁损。

一、细菌性角膜炎

细菌性角膜炎(bacterial keratitis)又称细菌性角膜溃疡(bacterial corneal ulcer),是由细菌感染引起的化脓性角膜炎症的总称,为常见的角膜炎之一。

(一)病因

常见的致病菌有金黄色葡萄球菌、表皮葡萄球菌、肺炎链球菌、铜绿假单胞菌(绿脓杆菌)等。多因角膜外伤或行角膜异物剔除术后继发感染所致。一些眼部疾病和全身因素也可诱发角膜感染,如慢性泪囊炎、倒睫及睑内翻、干眼症、戴角膜接触镜及全身长期使用糖皮质激素和免疫抑制剂、营养不良、糖尿病、酗酒等。

案例4-4

王某,男,28岁,昨天上午在工厂上班时,不小心致异物飞入左眼内。今晨起出现左眼疼痛、畏光、流泪,伴视力下降,检查:右眼视力1.2,左眼视力0.2且无法矫正,结膜混合性充血、水肿,角膜表面见2.5mm×2mm大小的黄白色坏死灶,周围组织水肿,前房有黄白色积脓约1mm。

问题:1. 其目前的治疗原则是什么?

2. 试为其制订一份护理计划。

(二)临床表现

细菌性角膜炎起病急骤,多在角膜外伤后24~48小时内发病。有明显的角膜刺激症状:眼痛、畏光、流泪、异物感及视力下降等,伴较多的脓性分泌物。常见体征为眼睑高度水肿、痉挛,球结膜亦高度水肿,呈睫状充血或混合性充血。角膜上有边界不清的黄白色浸润灶,其周围组织水肿,很快形成角膜溃疡。常伴有不同程度的前房积脓,为毒素渗入前房并发虹膜睫状体炎所致。

1. 革兰阳性球菌感染 因常伴有前房积脓,故又称为匐行性角膜溃疡。表现为圆形或椭圆形边界清楚的局灶性脓肿病灶。以肺炎链球菌、金黄色葡萄球菌所致的匐行性角膜溃疡较典型,表现为椭圆形、具有匐行性边缘的中央深层基质溃疡,常伴有前房积脓。

2. 革兰阴性细菌感染 发病迅猛,以铜绿假单胞菌引起的感染较为典型,角膜溃疡呈黄白色坏死灶,在短期出现迅速扩展的角膜浸润及液化性坏死,前房积脓严重,常于24小时内波及全角膜,重者可致角膜穿孔、化脓性眼内炎或全眼球炎。

3. 辅助检查 角膜溃疡刮片、镜检找到致病菌,同时作细菌培养和药物敏感试验,以进一步明确诊断和指导临床用药。

☞考点:细菌性角膜炎的症状、体征

(三)护理诊断

1. 舒适改变 眼痛,与急性角膜炎症刺激有关。

2. 感知改变 视力下降,与角膜炎症引起角膜透明度受损有关。

3. 潜在并发症 角膜溃疡、穿孔、眼内炎,与严重的角膜炎症有关。

4. 焦虑、紧张 与角膜炎病情重,视力减退,担心预后不良有关。

5. 知识缺乏 缺乏有关该疾病的防治知识及自我护理技能。

(四)治疗及护理措施

1. 治疗原则 全身或局部应用抗生素积极控制感染,减轻炎症反应,促进溃疡愈合,减少瘢痕形成。

2. 一般护理 炎症早期正确指导患者进行局部热敷,以加速血液循环,促进炎症消退,缓解疼痛。

3. 药物护理 急性期遵医嘱行积极抗感染治疗,治疗前常规作角膜刮片、细菌培养和药物敏感试验,以便根据检查结果及时调整用药。①常选用广谱高浓度的抗生素滴眼液如0.3%妥布霉素、0.3%氧氟沙星滴眼液等频繁滴眼,每15~30分钟滴眼1次;重症者,在开始的30分钟内,每5分钟滴眼一次。白天滴抗生素眼液,睡前涂抗生素眼膏。②对严重的角膜溃疡患者可给予球结膜下注射妥布霉素、庆大霉素等,以提高角膜或前房的药物浓度(进行球结膜下注射时,操作动作要轻柔,应充分麻醉后再进行,以免加重局部疼痛);③全身应用抗生素:革兰阳性球菌感染者常选用头孢唑啉钠、万古霉素等;革兰阴性杆菌感

染者常选用多黏菌素 B、头孢他啶、喹诺酮类等。④并发虹膜睫状体炎时，给予 1%阿托品眼液或眼膏散瞳，以防止虹膜后粘连，减轻炎症反应。⑤局部使用 2%半胱氨酸等胶原酶抑制剂，可以抑制角膜溃疡继续发展；同时口服维生素 C、维生素 B，有助于溃疡愈合。⑥待炎症明显控制后，可全身或局部应用激素治疗，以减轻疼痛和促进愈合。

4. 用药、换药时要严格执行消毒隔离制度，注意无菌操作，给予患者治疗的药品及器械应专人专眼专用，避免发生医源性的交叉感染；严密监测患者的视力，角膜刺激症状、溃疡病灶和分泌物的变化。并注意观察是否发生角膜穿孔，若角膜变薄、后弹力层膨出提示角膜即将穿孔；若已发生角膜穿孔，房水从穿孔处快速涌出，可出现前房变浅或消失、眼压降低、疼痛减轻等表现。

5. 预防角膜穿孔，护理上要特别注意。指导患者多食高纤维素易消化食物，保持大便通畅，以防因便秘而增加腹压；嘱患者勿用力咳嗽或打喷嚏，勿用手擦眼球；滴眼液时动作要轻柔，勿直接压迫眼球；球结膜下注射药物时，应避免在同一部位反复注射；对深层角膜溃疡患者，可加压包扎患眼，配合局部及全身应用降低眼压药物；遵医嘱使用散瞳剂，以防止虹膜后粘连而诱发眼压升高；使用眼罩保护患眼，以避免外物撞击。

6. 手术护理　角膜穿孔、角膜瘢痕混浊需进行角膜移植术者，按内眼手术常规护理。行角膜移植术者，参照本节“角膜移植术护理”内容。

7. 合理饮食　多食富营养、易消化、高维生素的食物，如动物肝脏、胡萝卜、牛奶等。保证睡眠充分，要提供安静、舒适的环境，病房要适当遮光，避免强光刺激。外出活动时应配戴有色眼镜或用眼垫遮盖患眼，以减少刺激，保护溃疡面。

8. 心理护理　护士要多与患者进行交流沟通，鼓励其表达自己的感受，并给予相应的安慰和理解，消除患者焦虑、紧张的心理。

9. 视力障碍患者的护理　通过教育，使患者提高自我护理意识；教会患者使用传呼系统，鼓励其积极寻求帮助；为方便患者的使用，将常用物品固定摆放，患者活动场所不留障碍物，避免跌倒损伤；厕所安置坐便器、扶手等方便设施，并教会患者使用方法。

10. 预防宣教　从事车、铣、磨、钳等金属切削的工作时，应配戴防护眼罩，以免损伤角膜，一旦发生损伤，应立即就诊；戴角膜接触镜者需做好镜片的清洁、消毒，如在配戴过程中出现异物感、眼痛等症状，应立即停止戴镜并及早就诊。

☞考点：细菌性角膜炎的护理措施

案例 4-4 分析

1. 目前的治疗原则是：全身或局部应用抗生素积极控制感染，减轻炎症反应，促进溃疡愈合，减少瘢痕形成。

2. 制定的护理计划：

(1) 护理评估：病史、症状及体征，社会心理因素，了解其对细菌性角膜炎的认知程度和心理状况等。

(2) 护理诊断：①舒适改变：急性眼痛，与急性角膜炎症刺激有关。②感知改变：视力下降，与角膜炎症引起角膜透明度受损有关。③潜在并发症：角膜溃疡、穿孔、眼内炎，与严重的角膜炎症有关。④焦虑、紧张：与角膜炎病情重，视力减退，担心预后不良有关。⑤知识缺乏：缺乏有关该疾病的防治知识及自我护理技能。

(3) 护理目标：①眼痛等不适症状减轻或消失。②视力得到提高或恢复正常。③尽量不发生并发症。④患者情绪稳定，积极配合治疗。⑤患者了解到有关该疾病的防治知识，并掌握了一定的自我护理技能。

(4) 治疗护理措施：①药物护理。②严格执行消毒隔离制度，避免医源性的交叉感染。③做好预防角膜穿孔的护理。④需角膜移植术者，做好手术前后的护理。⑤向患者及其家属传授该病的相关防治知识。

二、真菌性角膜炎

真菌性角膜炎(fungal keratitis)是一种由致病真菌感染引起的、致盲率极高的角膜炎症。近年来，由于广谱抗生素和糖皮质激素的广泛应用，造成其发病率不断增高。

(一) 病因

常见的致病真菌为：镰刀菌和曲霉菌，还有青霉菌属、念珠菌属和酵母菌等。多见于角膜受植物性异物损伤后，如树枝、稻草等刺伤；或见于长期应用广谱抗生素、糖皮质激素和机体抵抗力下降者。

(二) 临床表现

1. 症状及体征　起病缓慢，呈亚急性，病程长，自觉症状较轻，仅有轻度的眼痛及畏光、流泪，伴视力下降；体征较重，眼部充血明显，角膜病灶呈白色或灰白色，表面干燥、致密、稍隆起，呈牙膏样或苔垢样外观，溃疡周围因抗原抗体反应常形成灰白色的“免疫环”。有时在角膜病灶旁可见“伪足”或“卫星样”浸润灶，角膜后可有纤维脓性沉着物。前房积脓呈灰白色，较黏稠。由于真菌穿透力强，侵入眼内易诱发眼内炎。

2. 辅助检查　角膜溃疡刮片及真菌培养；病变区角膜组织活检；PCR 技术及角膜共焦显微镜检查等，找到真菌或菌丝可以确诊。

(三) 护理诊断

同本节“细菌性角膜炎”。

(四) 治疗及护理措施

1. 治疗原则　以药物治疗为主，如有角膜穿孔者可考虑行治疗性角膜移植术。

2. 药物护理　常选用的抗真菌药物有：0.25%两性霉素B、0.5%咪康唑、0.5%～1%氟康唑、2.5%那他霉素等。白天用滴眼液滴眼，睡前用眼膏，每0.5～1小时滴眼1次。局部症状重者，可结膜下注射两性霉素B或咪康唑。完全治愈后仍需坚持用药2周，以防复发。病情严重者可口服伊曲康唑或静脉滴注咪康唑或氟康唑，同时注意观察药物的副作用。并发虹膜睫状体炎时，可局部应用散瞳剂，但禁用皮质类固醇激素。

3. 手术护理　对深层角膜溃疡，有穿孔危险或已经发生角膜穿孔者，可行治疗性角膜移植术。行角膜移植术者，参照本节"角膜移植术的护理"，其他参照"细菌性角膜炎"护理。

4. 康复指导　告知患者如发生植物性角膜外伤，或长期使用广谱抗生素和糖皮质激素时，应注意观察眼部病情变化，防止发生真菌性角膜炎。一旦发现视力明显下降，应尽快就诊治疗。

三、单纯疱疹病毒性角膜炎

单纯疱疹病毒性角膜炎（herpes simplex keratitis，HSK）是由单纯疱疹病毒（herpes simplex virus，HSV）感染所致的角膜炎症，在角膜病中致盲率居首位。

（一）病因

单纯疱疹病毒是感染人的DNA病毒，分Ⅰ型和Ⅱ型两种血清型。角膜病变大多由单纯疱疹病毒Ⅰ型感染所致，少数由Ⅱ型引上起。原发感染常见于幼儿，单纯疱疹病毒常感染三叉神经末梢和三叉神经支配的区域（头、面部皮肤和黏膜），并在神经节内长期潜伏下来。当机体抵抗力下降时，潜伏的病毒活化，随神经轴浆流逆行到角膜组织，引起单纯疱疹病毒性角膜炎（复发感染）。

（二）临床表现

1. 原发感染　常感染幼儿，引起全身发热及耳前淋巴结肿痛，眼部表现有眼睑皮肤疱疹，急性滤泡性或假膜性结膜炎，点状或树枝状角膜炎，但"树枝"较短，且发生晚，病程短。

2. 复发感染　常见于成年人，多为单侧发病。患眼可出现轻微眼痛、畏光、流泪、眼睑痉挛等症状，若病变累及瞳孔区，则视力明显下降。据病变形态不同，常分为三种类型。

(1) 树枝状和地图状角膜炎：为最常见的类型，初期在角膜上皮出现小点状浸润，排列成行或成簇，继而形成水泡，水泡破裂后相互融合，形成树枝状表浅溃疡，称其为树枝状角膜炎（图4-6）。随角膜病情进展，炎症逐渐向病灶四周及基质层扩散，形成不规则的地图状角膜溃疡，称地图状角膜炎。

(2) 盘状角膜炎：是一种典型的非坏死性角膜基质炎，角膜中央基质层呈弥漫性、灰白色盘状水肿，不伴有炎症细胞浸润和新生血管。后弹力层出现皱褶，常伴发前葡萄膜炎，在水肿区角膜内皮面出现角膜后沉着物（keratic precipitate，KP）。

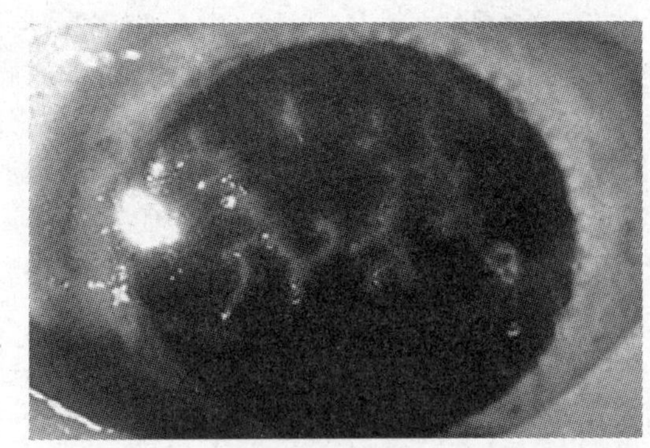

图4-6　单纯疱疹病毒性角膜炎（树枝样）

(3) 坏死性角膜基质炎：是一种严重的角膜基质炎，在角膜基质层内出现单个或多个黄白色坏死浸润灶，继而引起角膜溃疡、变薄，甚至穿孔，常伴有基质层新生血管。可诱发角膜内皮炎、前葡萄膜炎及小梁网炎等。

3. 辅助检查　角膜上皮刮片检查发现病毒包涵体、多核巨细胞等；酶联免疫法找到病毒抗原；角膜病灶分离培养出单纯疱疹病毒；分子生物学方法如聚合酶链式反应（polymerase chain reaction，PCR）查到病毒DNA等，有助于病原学诊断。

（三）护理诊断

1. 舒适改变　眼痛，与角膜炎症有关。

2. 感知改变　视力下降，与角膜溃疡引起角膜混浊有关。

3. 潜在并发症　角膜溃疡、穿孔、葡萄膜炎等。

4. 焦虑、悲哀　与病变易复发，病程长有关。

（四）治疗及护理措施

1. 治疗原则　抑制病毒在角膜组织内的复制，减轻炎症反应引起的角膜损害。

2. 清除病灶　树枝状角膜炎通过清创性刮除病灶区上皮，以减少病毒向角膜基层蔓延，去除上皮后，需加压包扎患眼。

3. 药物护理　①常选用的抗单纯疱疹病毒药物有：0.1%阿昔洛韦（无环鸟苷）滴眼液、0.05%安西他滨滴眼液、0.1%碘苷滴眼液、α-干扰素滴眼液；0.3%阿昔洛韦眼膏、0.1%安西他滨眼膏、0.5%碘苷眼膏等。急性期每1～2小时滴眼1次，白天滴眼液，晚上涂眼膏。炎症较重者需口服阿昔洛韦。②树枝状和地图状角膜炎应尽早使用足量有效的抗病毒药物，禁用糖皮质激素。③盘状角膜炎可在抗病毒药物使用基础上，适量应用糖皮质激素，因其可减轻基质水肿，减少瘢痕形成，从而缩短病程。④并发虹膜睫状体炎时，可加用1%阿托品等散瞳剂。⑤怀疑合并细菌感染者，可加用广谱抗生素滴眼液进行预防性治疗。

4. 用药指导　使用阿昔洛韦等药物,应定期检查肝、肾功能;使用糖皮质激素滴眼液时,应告知患者遵医嘱联合使用抗单纯疱疹病毒药物,尽早用药。停药时,需逐渐减量,不能随意停用,并告知其药物不良反应;使用散瞳药的患者,外出需配戴有色眼镜,以减少光线刺激,并加强生活护理。

5. 严密观察角膜病灶,注意角膜炎症的进展。

6. 手术护理　对反复发作、药物治疗无效,角膜溃疡面积大,有穿孔危险或已发生角膜穿孔者,可行治疗性角膜移植术。行角膜移植术者,参照本节"角膜移植术的护理"。

7. 心理护理　由于本病病程长,易复发,对视力影响较大,因此护士要多与患者进行交流沟通,鼓励其积极表达自己的感受,给予相应的安慰和理解,消除患者焦虑、悲哀的心理。

8. 康复指导　告知患者注意休息,避免过度疲劳或精神紧张,加强体育锻炼,增强体质,预防感冒;注意饮食,忌辛辣等刺激性食物和烟酒过度;外出或工作时应做好防护,避免角膜外伤和防止紫外线照射。

四、角膜移植术的护理

角膜移植术采用同种异体的透明角膜片置换混浊或有病变部分的角膜,以达到增视、治疗某些角膜病和改善外观的目的。据移植的角膜片厚薄不同,可分为板层角膜移植术和穿透性角膜移植术。目前,临床上已研制出高分子材料人工角膜施行移植手术,但由于角膜组织对人工合成材料的排异反应等问题尚未得到有效的解决,故尚不可能在临床广泛应用。

链接 »»

角膜移植术的分类及适应证

1. 板层角膜移植术 是一种采用部分厚度的透明角膜片进行移植的手术方法。临床常用于角膜病变未累及角膜基质深层或后弹力层,且角膜内皮生理功能健康或可复原者,如中浅层角膜斑翳或角膜营养不良性混浊,进行性角膜炎或溃疡、角膜瘘、角膜肿瘤,以及一些条件差不能作穿透性角膜移植的眼球,为改良角膜条件先作板层移植。

2. 穿透性角膜移植术 是一种以全层透明角膜代替全层混浊角膜的手术方法。适应证按其手术目的可分为光学性、治疗性等。光学性角膜移植术常见的适应证为圆锥角膜、各种角膜营养不良、各种原因所致的角膜瘢痕及角膜内皮细胞功能衰竭等;治疗性角膜移植术的适应证为化脓性角膜溃疡、眼化学伤、蚕食性角膜溃疡、角膜边缘变性、韦格内肉芽肿所致的角巩膜坏死、复发性翼状胬肉、角结膜鳞状上皮癌等。

(一) 护理诊断

1. 有眼压升高的危险　与角膜与虹膜发生粘连有关。

2. 有感染的危险　与机体免疫力低下和手术创口有关。

3. 存在排斥反应的风险　与机体自身免疫识别能力有关。

4. 知识缺乏　患者及家属缺乏对角膜移植术的了解和护理知识。

(二) 治疗及护理措施

1. 严密监测眼压的变化　定时测量眼压,观察角膜植片有无明显水肿、混浊、向外膨隆等。遵医嘱使用散瞳剂和降低眼压的药物。

2. 密切观察角膜感染征象　如眼部疼痛、头痛、畏光、流泪、突然视力下降,应检查眼球是否充血、结膜囊有无分泌物增多或有房水闪辉或渗出等。按医嘱全身或局部应用抗生素药物。

3. 密切监测有无排斥反应征象　如患者诉眼痛、头痛、畏光、流泪、视力突然下降,检查见角膜植片混浊、水肿、向外膨隆,结膜囊异常增多的分泌物,角膜基质水肿,切口房水渗漏,角膜后沉着物,房水闪辉或炎性渗出,眼压升高等,应立即报告医师,并遵医嘱使用抗排斥反应药物,皮质类固醇是目前临床上常用的抗排斥反应药物,术后常规静脉滴注地塞米松。用药需遵循足量、规则和缓慢停药的原则,注意观察有无眼压升高等药物副作用。如皮质类固醇治疗无效,可根据医嘱改用环孢素 A 等。

4. 手术护理

(1) 向患者及家属解释角膜移植手术的必要性。

(2) 术前护理:①按内眼手术常规行术前准备。②眼部检查:包括视功能检查、眼压测量、泪道冲洗、结膜、角膜、晶状体和玻璃体的检查,如发现有炎症,应先治愈后再手术。③降低眼压:术前半小时给予快速静脉滴注 20%甘露醇溶液 250ml。④缩瞳剂:术前手术眼滴 1%毛果芸香碱(匹罗卡品)滴眼液,使瞳孔保持在 2mm 左右,以利于术中缝合,防止晶状体受环钻刀的损害。

(3) 术后护理:①参照第 3 章内眼术后护理常规。②建议术后戴上硬性眼罩保护术眼,尤其是睡眠时。③手术 24 小时后,需每天换药。若植片平整,可改用眼垫包扎,至刺激症状基本消退为止;若植片不平整,应适当延长包扎时间。④密切观察病情变化,特别是角膜感染和角膜排斥反应征象。⑤积极对症处理,如角膜组织愈合不佳者,遵医嘱给予促进上皮修复的药物。

5. 康复指导

(1) 嘱患者定期复查及按时来院拆除角膜缝线,一般板层角膜移植为术后 2～3 个月,穿透性角膜移植为术后6～12个月。

(2) 指导患者及家属正确滴眼液。一旦出现畏光、流泪、视力突然下降,需及时去医院就诊。

(3) 告知患者遵医嘱正确使用降压药、散瞳剂和免疫抑制剂,不可随意停药。

(4) 角膜移植术后3个月内要特别注意眼部休息和卫生,避免到游泳池、浴室、美容院等公共场所活动,防止发生眼部感染;一年内不能用力揉眼及进行眼部热敷,外出时需配戴防护眼镜,以免损伤角膜移植片。

(5) 饮食起居要有规律,保证睡眠充分,避免过度疲劳,注意预防感冒。多吃蔬菜、水果等易消化食物,忌辛辣刺激性食物,保持大便通畅。

(代　晖)

第4节　青光眼患者的护理

学习目标

1. 青光眼的分类
2. 说出先天性青光眼治疗及护理措施

◆教学重点:急性闭角型青光眼的临床表现

◆教学难点:急性闭角型青光眼的治疗及护理措施

青光眼(glaucoma)是一组病理性眼压升高导致特征性视神经损害和视野缺损的一组眼病或临床症候群。青光眼是主要致盲性眼病,有一定的遗传倾向。正常眼压对维持正常视功能起着重要作用,眼压的稳定性主要通过房水的产生与排出之间的动态平衡来维持,眼压的高低主要取决于房水循环中的三大因素,即睫状突生成房水的速率、房水通过小梁网流出的阻力和上巩膜静脉压力。

根据前房角形态、病因机制及发病年龄三个主要因素,一般将青光眼分为原发性、继发性和先天性三大类。根据发病时前房角的开放状态,原发性青光眼又分为闭角型和开角型青光眼。根据发病的急缓,原发性闭角型青光眼又可分为急性和慢性。

链接

眼　压

眼压是指眼球内容物作用于眼球壁的压力。正常眼压具有双眼对称,昼夜压力相对稳定特点,即正常双眼眼压差不应>5mmHg (0.7kPa),24小时眼压波动范围不应>8mmHg(1.1kPa)。临床上,部分患者的眼压已超过统计学的正常上限,长期随访观察并不出现视神经损害和视野缺损,称为高眼压症;有的人眼压在正常范围内,却发生了青光眼典型的视神经萎缩和视野缺损,称为正常眼压型青光眼。因此,正常眼压也不能排除青光眼,高眼压并不都是青光眼。

一、急性闭角型青光眼

案例4-5

患者,女,58岁,晚上6点左右与邻居发生剧烈冲突,半夜即左眼剧烈疼痛,伴头痛,呕吐2次,服止痛药勉强入睡,次日晨起床后发现右眼视物不清,急来院就诊,查体:左眼视力光感,角膜雾状水肿,前房变浅,瞳孔7mm,眼压T_2,初步印象:左眼急性闭角型青光眼急性发作期,右眼临床前期。

问题:1. 诱发急性闭角型青光眼发作的诱因有哪些?

2. 急性闭角型青光眼急性发作期入院后如何处理?

3. 如何进行用药护理?

急性闭角型青光眼(acute angle-closure glaucoma)是一种以眼压急剧升高并伴有相应症状和眼前段组织改变为特征的眼病,为眼科急症,多见于50岁以上妇女,男女发病比约为1∶2。双眼同时或先后发病。

(一) 病因

病因尚未充分阐明。眼部局部结构变异,如眼轴短,前房浅、房角窄及瞳孔阻滞,导致周边部虹膜机械性堵塞了房角,阻断了房水的出路而致眼压急剧升高。通常小梁和Schlemm管等房水排出系统功能正常。情绪激动、暗室停留时间过长、局部或全身应用抗胆碱类药物,可使瞳孔散大,周边虹膜松弛,从而诱发急性闭角型青光眼。长时间阅读、疲劳和疼痛也是本病的常见诱因。

(二) 临床表现

1. 症状与体征

(1) 剧烈眼痛伴同侧头痛(三叉神经分布区域),虹视、雾视,视力急剧下降或仅剩光感甚至失明。常伴有恶心、呕吐等全身症状,有时被误诊为急性胃肠炎或肠梗阻等消化系统疾病。

(2) 眼部检查可见睫状充血或混合充血,球结膜水肿。

(3) 角膜水肿呈雾状混浊或毛玻璃状,多由眼压升高破坏了角膜内皮细胞调节水分的作用所致。

(4) 瞳孔中等扩大呈垂直椭圆形或偏向一侧,对光反射迟钝或消失。有时可见局限性后粘连。多由高眼压造成虹膜供血不足,瞳孔括约肌受损和麻痹引起。

(5) 前房极浅,周边部前房几乎完全消失,前房镜检查可见房角完全关闭。

(6) 眼压升高,可突然高达50mmHg以上,少数病例可达100mmHg以上,指测眼压时眼球坚硬如石。

(7) 高眼压缓解后，眼前段常留下永久性组织损伤。如角膜后色素沉着、虹膜节段性萎缩及色素脱落、晶状体前囊下灰白色点状、粥斑样的混浊（青光眼斑），统称为三联征。

2. 病程及分期　急性闭角型青光眼根据病程不同，分为以下几期：

(1) 临床前期：有家族史，或一眼诊断为本病，另一眼虽无发作，但具有浅前房、窄房角、虹膜膨隆，激发试验阳性（有暗室试验、俯卧试验和散瞳试验等。常用暗室试验，先测眼压，然后嘱患者在暗室内清醒状态下，静坐60～90分钟，而后测量眼压，若眼压升高＞80mmHg者即为阳性）有可能发病者，可诊断为临床前期。

(2) 先兆期：一过性或反复多次的小发作。发作时突感雾视、虹视、患侧眼眶、额部或同侧鼻根部疼痛或酸痛恶心；轻度睫状充血、角膜轻度雾状混浊、眼压略高。经睡眠或休息后可自行缓解，多不留下永久损害。

(3) 急性发作期：表现出典型的急性闭角型青光眼的症状与体征。

(4) 间歇期：小发作缓解后，房角重新开放，症状和体征减轻或消失，不用药或仅用少量缩瞳剂就能将眼压维持在正常范围内。但瞳孔阻滞的病理基础尚未解除，随时有再发作的可能。激发试验有助此期诊断。

(5) 慢性期：急性大发作或多次小发作后，房角发生广泛粘连（通常＞180°），小梁网功能严重损害，眼压中等度升高，视力进行性下降，视盘和视野出现青光眼典型损害。

(6) 绝对期：持续高眼压，造成眼组织视神经遭严重破坏。视功能完全丧失无光感，症状不显或出现顽固性眼痛、头痛，瞳孔极度散大强直，角膜上皮水肿、知觉减退。

3. 辅助检查　根据青光眼家族史和上述临床表现，以及前房浅和房角窄或关闭的特点诊断多无困难。可疑患者可进行暗室试验，此外还可进行眼底彩照、OCT检查、视野检查等。

（三）护理诊断

1. 眼痛伴偏头痛　与眼压升高有关。

2. 视力障碍　眼压升高致角膜水肿、视网膜及视神经损害。

3. 自理能力缺陷　与视力障碍有关。

4. 知识缺乏　缺乏急性闭角型青光眼的治疗护理知识。

5. 焦虑　有外伤的危险。

（四）治疗及护理措施

1. 预期目标

(1) 眼压降低，眼痛、头痛等症状减轻或消失。

(2) 视力延缓下降或不再下降。

(3) 生活自理能力提高或完全自理。

(4) 患者获得急性闭角型青光眼的预防护理知识。

(5) 消除焦虑心理，减少外伤机会。

2. 治疗原则　迅速降低眼压，减少组织损害，积极挽救视力。首先用药物降低眼压，待眼压恢复正常后，可考虑手术治疗。

3. 休息与饮食　急性发作期的患者应卧床休息，环境应安静，睡眠充足，进清淡、富含维生素的饮食，勿吃刺激性食物，忌烟、酒、浓茶，适当控制水量，保持排便通畅。

4. 药物护理　给予降眼压药物和缩瞳孔，注意观察药物副作用。

(1) 缩瞳剂：通过兴奋瞳孔括约肌，缩小瞳孔，开放房角降低眼压。常用1%～2%毛果芸香碱滴眼液，每隔5～10分钟1次，瞳孔缩小眼压降低后，改为1～2小时1次。每次滴眼后应压迫泪囊区数分钟，以免药物流入鼻腔吸收而引起中毒。

(2) 碳酸酐酶抑制剂：常用乙酰唑胺口服，服用后如出现口周及手脚麻木，应立即停药。此药长期服用可引起尿路结石、肾绞痛、血尿及排尿困难等，应停药，并多次少量饮水。

(3) β肾上腺素受体阻滞剂：常用0.25%～0.5%噻吗洛尔滴眼液，每日滴眼2次。注意心率，房室传导阻滞、窦性心动过缓、支气管哮喘者禁用。

(4) 高渗剂：常用20%甘露醇注射液250ml快速静脉滴注。用药后因颅压降低，部分患者可出现头痛、恶心等症状，应平卧休息。年老体弱或有心血管疾病者，应注意呼吸及脉搏变化，以防发生意外。

5. 对症护理　症状重者可给予止吐、镇静、安眠药物，局部滴用糖皮质激素可减轻充血及虹膜炎症反应。钙拮抗剂、谷氨酸拮抗剂、神经营养因子、维生素C、维生素E可起到一定的视神经保护作用。

6. 手术护理及配合

(1) 手术目的：沟通前后房，平衡前后房压力，解除瞳孔阻滞，建立房水向外引流的新通道。常用的手术方法：周边虹膜切除术、小梁切除术、复合小梁切除术、引流盘或调节阀的前房人工引流植入物手术、小梁切开手术、前房角切开术、睫状体冷凝术、睫状体光凝术等。

(2) 按内眼手术护理常规做好术前准备。

(3) 术后当天卧床休息，但可坐起进食和自行如厕，次日即可下床适当活动。小梁切除术后当日采取半卧位或侧卧位；有前房积血者采取半卧位，术后早期眼压＜5mmHg的患者，应限制活动并避免咳嗽和擤鼻等动作，因患者在已有前房积血或眼压过低，这些增加头部静脉压的动作，有增加或引起前房积血的危险。

(4) 观察术眼切口、眼压、前房的变化及滤过泡形态和功能，观察有无眼痛，如眼痛明显，要注意有无葡萄膜炎、高眼压和感染的发生。前房形成迟缓合并低眼压者应加压包扎。

(5) 按时滴用抗生素和糖皮质激素眼药，按医嘱使用散瞳剂。

(6) 并发症观察：小梁切除术后如发生术眼剧烈疼痛，应注意是否眼压急性升高，常见原因是滤过口阻塞、恶性青光眼、脉络膜渗漏、出血或感染。

7. 加强心理护理，保持心情舒畅。协助患者生活护理，满足患者生活需求，避免意外伤害。

8. 健康指导　评估患者对青光眼相关知识的了解程度，根据患者及家属提出的问题，讲解本病的相关知识，尤其是发病诱因，①如避免在黑暗环境中停留时间太长。②保证充足睡眠，避免情绪激动。③避免短时间内饮水量过多(一次饮水量<300ml)。④不宜进食辛辣等刺激性食物，保持大便通畅。⑤40 岁以上的中老年，使用阿托品时必须按医嘱使用，并注意用药反应。⑥介绍眼压升高的表现，嘱咐患者坚持用药和定期复查。

9. 社区宣教　指导可疑人群(40 岁以上有青光眼家族史者)进行定期检查，争取早发现、早诊断和早治疗，以减少失明的发生。

☞考点：急性闭角型青光眼患者的护理

案例 4-5 分析

1. 急性闭角型青光眼发作的诱因是情绪激动、劳累、暴饮暴食、散瞳后或暗室停留时间太长、局部或全身应用抗胆碱类药物等。长时间阅读、疼痛也是本病的常见诱因。

2. 青光眼急性发作对视神经的损害和预后与高眼压的水平及持续时间密切相关，因此，急性发作期入院后应立即通知医生，争分夺秒迅速降低眼压，如数小时内不能有效控制眼压，应立即进行手术降压。

3. 在持续频繁滴用缩瞳剂，观察有无中毒症状；使用碳酸酐酶抑制剂，如乙酰唑胺要与等量的碳酸氢钠同服，避免尿路结石形成；快速静脉滴注 20%甘露醇观察呼吸、脉搏的变化，防止用药后突然起立引起体位性低血压；使用β受体阻断剂者密切观察患者心率、脉率，对于心率小于 55 次/分者要报告医生停药。因β受体阻断剂可引起支气管平滑肌和心肌的兴奋性增高，对慢性支气管哮喘、窦性心动过缓、有心脏病史者禁用；滴眼液、眼药膏应放于阴凉避光处。

二、开角型青光眼

开角型青光眼(open-angle glaucoma，OAG)也称慢性单纯性青光眼(chronic simple glaucoma)。其特点为发病缓慢，症状隐蔽，眼压虽然升高但房角始终是开放的，并有特征性的视盘变化和视野缺损。

(一) 病因

病因尚不清楚，一般认为由于房水排出通道变性所致。主要原因为：小梁网的胶原纤维及弹力纤维变性，内皮增生和水肿，小梁网增厚，小梁间隙变窄或消失；外集合管亦可发生变性，Schlemm 管内壁下的近小管结缔组织内有斑状物质沉着，Schlemm 管壁内皮细胞的空泡减少等。

(二) 临床表现

1. 症状与体征

(1) 多数患者无任何自觉症状。单眼发病者，病变已到晚期尚未发现。有人视野损害影响行动时才引起注意。少数患者眼压升高时，出现眼胀、雾视等症状。

(2) 眼压：早期眼压不稳定，波动大，测定 24 小时眼压有助于发现高峰值和较大的波峰值，或做激发试验发现阳性体征。随着病情发展，眼压可为轻度或中度升高，一般不出现突然增高的急性发作。

(3) 眼底：早期眼底正常。典型表现是：视盘凹陷进行性扩大和加深；视盘上下方局限性盘沿变窄，C/D 值增大，形成切迹；两眼视盘凹陷不对称，C/D 差值>0.2；视盘头上或其周围浅表线状出血；视网膜神经纤维层缺损；若 C/D>0.6 或 C/D 差值>0.2，多视为异常，应做进一步检查。

(4) 视功能：视功能改变特别是视野缺损，是开角型青光眼诊断和病情评估的重要指标。典型的早期视野改变为旁中心暗点、弓形暗点，病情进展，出现鼻侧阶梯、环形暗点，向心性缩小，晚期仅存颞侧视岛和管状视野。

2. 辅助检查　眼压升高视盘损害、视野缺损，但房角是开放的，可以诊断。此外，24 小时眼压测定、饮水试验有助诊断。

(三) 护理诊断

同本节“急性闭角型青光眼”。

(四) 治疗及护理措施

1. 预期目标　同本节“急性闭角型青光眼”。

2. 治疗原则　控制眼压升高，防止或延缓视功能进一步损害。药物治疗为主，无效时再进一步进行手术治疗。滤过性手术可作为首选的治疗手段。

3. 观察患者的视野改变，视野缺损明显者，鼓励其寻求帮助；患者常用物品固定放置，活动空间尽量宽敞，不设置障碍物，以免绊倒。

4. 评估患者对疾病的了解程度，有针对性地进行讲解。按时复诊，了解眼压及视野损害的进展。

5. 其他参照本节“急性闭角型青光眼”的护理。

三、先天性青光眼

先天性青光眼(congenital glaucoma)是由于胚胎发育时期,前房角发育异常,影响了小梁及Schlemm管系统的房水引流功能,导致眼压升高。根据发病年龄的早晚分为婴幼儿型青光眼和青少年型青光眼。

(一) 病因

先天性青光眼病因及发病机制不完全清楚,一般认为,先天性青光眼属常染色体隐性、显性或多因素遗传病,常伴有其他先天异常,如白内障、虹膜缺损。青少年性青光眼多为前房角发育异常或房角组织被残膜覆盖,阻塞房水排出,导致眼压升高。

(二) 临床表现

1. 婴幼儿型青光眼

(1) 本病常见的症状是畏光、流泪、眼睑痉挛。

(2) 眼球扩大,前房加深。角膜直径增大,横径常超过12mm。由于角膜上皮水肿,外观呈雾状混浊,有时可发生后弹力层破裂及条状基质混浊。

(3) 全麻下测量眼压发现眼压升高,眼底可见青光眼性视盘凹陷,且出现早、进展快。

(4) 本病的流泪症状及角膜扩大,应与婴幼儿鼻泪管阻塞、先天性大角膜相鉴别。

2. 青少年型青光眼　临床表现与开角型青光眼相似,但眼压波动较大,有时可出现迅速升高,并伴有虹视,因高眼压可使眼轴加长,从而加重近视。视盘病理性凹陷不典型,易被忽略。多数房角是开放的。

(三) 护理诊断

护理诊断同本节“急性闭角型青光眼”。

(四) 治疗及护理措施

1. 预期目标　同本节“急性闭角型青光眼”。

2. 药物治疗多不敏感,一旦确诊应及早手术治疗,通过房角切开术,小梁切开术或房角分离术控制眼压。

3. 向家庭主要成员介绍本病的有关防治知识,婴幼儿出现畏光、流泪和不愿睁眼者,应尽早到医院检查。如确诊为本病,应积极进行手术治疗。

4. 如遇眼球明显增大的患儿,应特别注意保护眼睛,避免受到意外伤害而出现眼球破裂。对于年龄较大的患儿,正确引导,做好心理护理,消除自卑情绪。

5. 术后为防止碰撞,术眼加盖保护眼罩,不要参加剧烈运动。

6. 协助患儿的生活护理,满足患儿各项生活需求。

(房民琴)

第5节　白内障患者的护理

学习目标

1. 白内障的分类
2. 说出先天性白内障的护理措施

◆教学重点:白内障的治疗及护理措施

◆教学难点:老年性白内障的临床表现

白内障(actaract)指晶状体混浊。晶状体处于眼内液体环境中,任何影响眼内环境的因素,如衰老、物理化学损伤、炎症、手术、肿瘤、药物,以及某些全身代谢性或免疫性疾病,都可直接或间接破坏晶状体的组织结构,干扰其正常代谢而使晶状体混浊。此外,晶状体或眼球的发育异常、某些先天性全身性综合征,都可以导致晶状体的形成异常而致白内障。

白内障根据病因可分为先天性、老年性(年龄相关性)、并发性、代谢性、药物及中毒性、外伤性、后发性白内障。根据发生年龄分为先天性、后天获得性白内障。根据晶状体混浊部位可分为皮质性、核性、囊下性。根据晶状体混浊形态可分为点状、冠状、板层状等。根据晶状体混浊程度可分为初发期、未成熟期、成熟期、过熟期。

一、老年性白内障

案例4-6

患者,男,65岁。近5年来,左眼渐进性视物模糊不清,眼前有黑影,加重2个月。检查:左眼视力眼前指数/10cm,右眼视力0.4;左眼晶状体完全混浊,呈乳白色,眼后段无法窥见,虹膜投影消失,但光定位准确。

问题:1. 根据症状与体征,诊断是什么?处于哪一期?

2. 如果患者不能得到手术治疗,可能会出现哪些并发症?

3. 为患者制定一份护理计划。

老年性白内障(senile cataract)多发生在50岁以上的中、老年人,又称年龄相关性白内障(age related cataract),是最主要的致盲原因之一。发病率随年龄增长,多为双眼发病,但发病可有先后。

(一) 病因

病因及发病机制不完全清楚,可能与紫外线照射、全身疾病、糖尿病、高血压、动脉硬化等、遗传因素及晶状体营养和代谢状况等有关。

(二) 临床表现

1. 症状及体征　双眼呈渐进性无痛性视力下降,最后只剩光感。根据晶状体混浊其开始形成部位分为皮质性、核性、后囊膜下白内障。

(1) 皮质性白内障:最常见,按病程可分为4期。

1）初发期：晶状体周边部皮质混浊。呈放射性楔形，尖端指向中央，晶状体的瞳孔区尚未累及，视力不受影响。混浊发展缓慢，可达数年才进入下一期。

2）未成熟期（膨胀期）：晶状体混浊继续加重，晶状体皮质因吸收水分而膨胀，增大的晶状体将虹膜向前推移，前房变浅，可诱发急性闭角型青光眼，散瞳检查时要注意眼压的变化。裂隙灯检查可见晶状体呈不均匀的灰白色混浊，此期视力明显减退，眼底已不能窥入。

3）成熟期：晶状体完全混浊，呈乳白色（图 4-7）。虹膜投影消失，视力仅剩光感或手动。晶状体膨胀消退，体积恢复正常，前房深度恢复正常，但光定位和色觉正常，传统观点，此期是手术的最佳期。

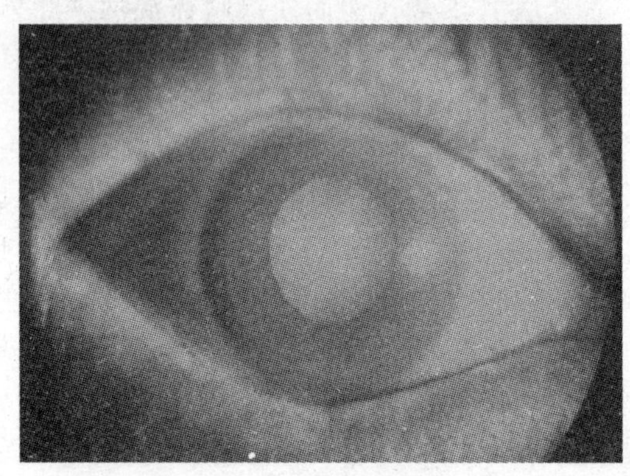

图 4-7　老年性白内障成熟期

4）过熟期：晶状体皮质溶解液化成乳糜状，核失去支撑而移位沉于下方，视力有所提高；上方前房变深，虹膜失去支撑而出现虹膜震颤。液化的皮质外渗，可引起晶状体过敏性葡萄膜炎和晶状体溶解性青光眼。晶状体悬韧带退行性变化，易发生晶状体脱位。

（2）核性白内障：发病较早，一般 40 岁左右开始，进展缓慢。视力不受影响，随着晶状体核密度增加，屈光指数增强，可发生近视，但此型较少见。

（3）后囊膜下白内障：由于混浊位于视轴，早期即出现视力障碍，后期可合并晶状体皮质和核混浊，也可发展为成熟期白内障。

2. 辅助检查　裂隙灯显微镜检查，见各型表现。

（三）护理诊断

1. 感知改变　视力障碍与晶状体混浊有关。

2. 潜在的并发症　继发性闭角型青光眼。

（四）治疗及护理措施

1. 预期目标

（1）术后视力恢复或提高，自理能力增强。

（2）避免或减少并发症的发生。

2. 治疗及护理配合

（1）治疗原则：主要以手术治疗为主，常选用的手术方法有白内障超声乳化吸出术、白内障囊外摘除术、激光乳化白内障吸出术。

（2）药物治疗无肯定疗效，但白内障早期可试用谷胱甘肽滴眼液、卡他灵滴眼液，口服维生素 C 延缓白内障进展。

（3）根据患者生活自理能力，给予相应帮助。当白内障引起视力下降，影响工作和生活时，即可手术。

3. 手术配合

（1）白内障超声乳化吸出术：用超声乳化仪将浑浊的晶状体核和皮质粉碎及乳化，通过小切口将之吸出，保留后囊膜，同时，可进行人工晶状体植入，该手术具有组织损伤小、切口不用缝合、手术时间短、视力恢复快、角膜散光小等优点，它是目前最常用且公认的最安全有效的白内障手术方法之一。激光乳化白内障吸出术：应用激光对混浊晶状体切割后吸出，具有切口更小、损伤更少，更安全有效等优点。白内障囊外摘除术：手术中将晶状体摘除，保留后囊膜完整，并为后房型人工晶状体的植入做好准备。白内障囊内摘除术：将晶状体连同晶状体囊一起摘出，手术操作简单，肉眼下可完成，曾经是白内障摘除的常用手术，现已很少应用。

（2）术后视力矫正指导：白内障摘除术后，无晶状体眼呈高度远视状态，一般为＋10D～＋12D。眼镜、角膜接触镜或人工晶状体植入，后房型人工晶状体植入是最好最有效的矫正方法。

（3）做好内眼手术护理：协助患者进行各项术前检查，说明检查目的、意义。检查项目有：视功能、眼压、晶状体、角膜曲率半径和眼轴长度、计算人工晶状体度数、角膜内皮细胞、眼部 B 超，血压、血糖、X 线胸片、心电图，血、尿常规，肝肾功能、凝血功能等。

（4）认真做好术前准备：冲洗结膜囊，剪睫毛，滴用抗生素眼药等。指导患者练习床上活动、呼吸调整、眼球下转，教会如何防止咳嗽及打喷嚏等。

（5）密切观察病情变化：观察创口有无渗血、疼痛加重、分泌物增加和视力下降等症状。

（6）休息与活动：患者宜卧床休息 2 小时，第一次下床要小心，并加以扶持，避免跌倒。避免低头，控制咳嗽、打喷嚏、呕吐，不用力挤眼。不揉按术眼，不用力排便，严禁突然翻身和坐起，以防伤口裂开。

（7）饮食护理：术后当天进食半流质或软性食物，避免食用过硬及刺激性食物，避免吸烟，饮酒。多进食新鲜蔬菜、水果，以保持大便通畅。

4. 定期门诊随访　特别注意急性青光眼早期症状，嘱患者如出现头痛、眼痛、视力下降、恶心、呕吐等，应立即到医院检查，必要时采取降低眼压等措施。使用散瞳剂宜谨慎，膨胀期容易诱发急性青光眼。

5. 向患者及家属宣传有关的护理常识，保持个人卫生，勤洗手，禁止用手或不干净的织物揉眼。洗头洗澡时，不要让脏水进入眼睛等，提倡一人一盆一巾。病房定期通风、消毒，减少陪护，限制探视人员。

☞考点：老年性白内障的护理

案例4-6分析

1. 该患者为老年性白内障成熟期。此期视力仅剩光感或手动，严重影响工作和生活，进一步发展至过熟期，可出现虹膜震颤，晶状体蛋白诱发自身免疫反应，晶状体脱位；囊膜破裂可使核脱出，可引起继发性青光眼。

2. 护理计划

(1) 护理评估：了解患者的年龄、文化程度、视力、听力、四肢活动情况，对治疗及护理的要求；了解患者病情、患者的自理能力；

(2) 护理措施：①术前按内眼手术护理常规。②老年患者，因感觉器官和神经功能的衰退，护士应注意观察，放慢语速，与患者充分沟通，及时给予心理上的支持和帮助。③做好安全护理，避免意外伤害④术后适当卧床，可进行一般的生活起居。⑤按医嘱滴用抗生素眼药水。⑥观察术后视力、眼压情况，有无眼痛、眼胀警惕高眼压。

二、先天性白内障

先天性白内障(congenital cataract)是指出生前即存在、或出生后才逐渐形成的先天遗传或发育障碍的白内障。表现为晶状体各种形态与部位的混浊，多为双眼对称性发病。

(一) 病因

病因有内源性和外源性两种。外源性指母体怀孕期间尤其是头3个月，宫内病毒感染或甲状腺功能减退，放射线及全身病变如糖尿病等影响胎儿的晶状体发育。内源性与染色体基因有关，有遗传性。

(二) 临床表现

先天性白内障多为双侧、静止性，根据晶状体混浊的形态、部位、程度分为前极白内障、后极白内障、绕核性白内障、核性白内障、膜性白内障和全白内障，绕核性白内障为最常见的类型。此外，先天性白内障常合并斜视、弱视、眼球震颤、畏光、先天性小眼球等。

(三) 护理诊断

护理诊断同本节“老年性白内障”。

(四) 治疗及护理措施

1. 预期目标　同本节“老年性白内障”

2. 治疗措施　治疗目标是恢复视力，减少弱视和盲目的发生。对视力影响不大者，一般不需要治疗，定期随访。对明显影响视力者，应尽早选择手术治疗，多在3～6个月手术，儿童实行人工晶状体植入术已被多数术者接受，目前认为，在2～3岁以后植入较为合适。

3. 治疗及护理配合

(1) 感染风疹病毒者不宜过早手术。

(2) 无晶状体眼者需进行屈光矫正和视功能训练。

(3) 已发生弱视患儿，应进行正确的弱视训练，如遮盖疗法、光学药物压抑法、精细目力训练等。

(4) 内源性先天性白内障具有遗传性，注意优生优育。外源性先天性白内障应做好孕妇早期保健护理。

4. 手术患者护理　参照第3章第3节“眼科门诊及住院患者手术前后护理”，内眼手术护理常规。

三、糖尿病性白内障

糖尿病性白内障(diabetic cataract)指晶状体混浊的发生与糖尿病有直接关系的白内障。临床上有两大类：一种为合并老年性皮质性白内障；另一种为真性糖尿病性白内障，可合并糖尿病性视网膜病变。

(一) 病因

血糖增高，进入晶状体内葡萄糖增多，已糖激酶被饱和醛糖还原酶活化，将葡萄糖转化为山梨醇在晶状体内蓄积，细胞内渗透压升高，晶状体纤维吸收水分肿胀而混浊。

(二) 临床表现

1. 晶状体混浊及视网膜病变有不同程度视力下降。糖尿病患者的老年性白内障发生率比非糖尿病患者高4～6倍，症状相似，但发生早，进展快，易成熟。

2. 真性糖尿病性白内障多发于严重的青少年糖尿病患者，常为双眼，前后囊下白点状或雪片状混浊，迅速扩展为完全性白内障。常伴有屈光变化：当血糖升高时，血液中无机盐含量下降，房水渗入晶状体使之变凸，出现近视；血糖降低时，晶状体内水分渗出，晶状体变扁平而形成远视。

(三) 护理诊断

潜在并发症：术后感染及出血。

(四) 治疗及护理措施

1. 预期目标　减少并发症、术后感染及出血，控制血糖。

2. 治疗原则　在血糖控制正常的情况下行白内障摘除术和人工晶状体植入术。糖尿病视网膜病变需术前治疗。

3. 治疗的护理配合

(1) 用药指导：遵医嘱应用降血糖药物。密切观察血糖变化及药物的副作用，如低血糖反应。

(2) 饮食指导：应以控制总热量为原则，低糖、低脂，适当蛋白质、高纤维素、高维生素饮食，定时定量。

(3) 运动指导:定时定量,适可而止。一般每日坚持半小时左右运动。不要空腹运动,防止低血糖发生。

4. 糖尿病性白内障术后易发生出血及感染,术前应严格掌握手术适应证,术后密切观察病情变化。

(房民琴)

第6节 葡萄膜、视网膜和玻璃体疾病患者的护理

学习目标

1. 描述葡萄膜炎的临床表现
2. 说出玻璃体混浊患者的护理

◆教学重点:视网膜中央动脉栓塞、视网膜脱离患者的临床表现

◆教学难点:糖尿病视网膜病变、视网膜中央动脉栓塞、视网膜脱离患者的治疗及护理措施

一、葡萄膜炎

葡萄膜炎(uveitis)是一类由多种原因引起的葡萄膜的炎症,按其发病部位可分为前葡萄膜炎、中间葡萄膜炎、后葡萄膜炎和全葡萄膜炎。

(一) 病因

病因复杂,大致可分为感染性和非感染性两大类。感染性是由细菌、病毒、真菌、寄生虫等病原体感染所致。非感染性又分为外源性和内源性两类。外源性主要由于外伤、手术损伤和酸、碱及药物化学损伤所致。内源性主要是由于免疫反应以及变性组织、坏死肿瘤组织的反应所致。

链接

葡萄膜

葡萄膜基本的病理损害是葡萄膜的炎症、肿瘤及退行性病变,而以葡萄膜炎最为常见。由于葡萄膜的血供特点,来自全身血液中的有害物质,特别是一些较大分子的细菌、寄生虫、肿瘤细胞等致病因子容易在此停留,引起葡萄膜发病,同时全身免疫反应的介质容易进入并在脉络膜沉积且不易排出,因此,葡萄膜又成为眼免疫病的好发部位。

(二) 临床表现

1. 前葡萄膜炎 为虹膜炎和虹膜睫状体炎的总称。表现为眼痛、眼红、畏光、流泪和视力减退。检查发现:睫状充血或混合流血,KP、房水闪辉。混浊的前房水内可见浮游的炎症细胞,称 Tyndall 现象。虹膜炎性改变,如与角膜粘连称虹膜前粘连,与晶状体粘连呈虹膜后粘连,瞳孔缘完全后粘连称为瞳孔闭锁,不完全的瞳孔后粘连散瞳后呈梅花瓣状瞳孔(图4-8);瞳孔缩小、光反射迟钝或消失,出现并发性白内障、继发性青光眼、低眼压及眼球萎缩等并发症。

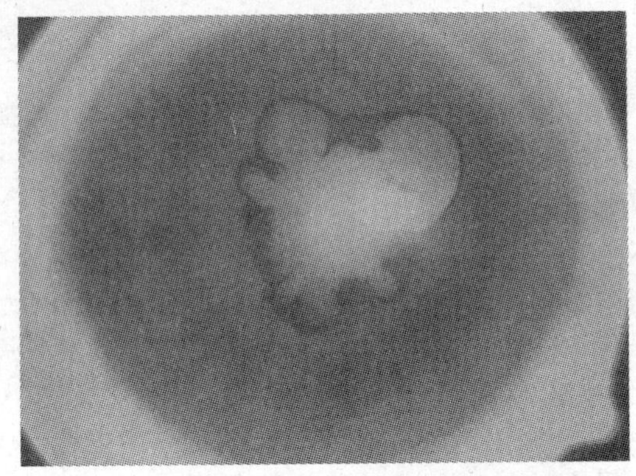

图4-8 虹膜后粘连散瞳后典型的梅花瓣状瞳孔

2. 中间葡萄膜炎 炎症累及睫状体平坦部、玻璃体基底部和视网膜周边部。轻者,初发可无症状,或有眼前黑影,视物模糊。重者,可出现中心视力及周边视力减退,偶有眼痛。检查眼前段一般正常,少数会有 KP 或房水闪辉;玻璃体前部及基底部有小白雪球混浊,多在眼球下部,融合后呈黄白色棉球外观。出现并发性白内障、继发性青光眼、黄斑退行性病变及视网膜脱离。

3. 后葡萄膜炎 炎症累及到脉络膜、视网膜和玻璃体。早期病变未累及到黄斑时多无症状或仅有眼前闪光感。当炎症渗出造成玻璃体混浊时则出现眼前黑影飘动,严重者出现雾视。波及黄斑时视力锐减,并出现中心视野实性暗点。炎症渗出引起视网膜水肿或视网膜脱离时出现严重视力下降、视野缺损、视物变形。检查见玻璃体混浊,脉络膜视网膜出现散在浸润病灶,或有出血、视网膜血管变细,伴有白鞘形成等。

(三) 护理诊断

1. 眼痛 与睫状肌神经刺激有关。

2. 视力障碍 与房水混浊、KP、继发性青光眼、并发性白内障有关。

(四) 治疗及护理措施

1. 预期目标

(1) 眼痛、畏光、流泪等症状减轻或消失。

(2) 视力提高恢复至发病前情况。

2. 治疗原则 应用散瞳剂和糖皮质激素,注意观察眼压的变化和药物的副作用。

3. 治疗及护理配合

(1) 应用散瞳剂以达到扩瞳、减少粘连及解痉、止痛等作用,可用1%阿托品滴眼液或涂阿托品眼膏;

效果不理想着可结膜下注射混合散瞳剂(1%阿托品溶液、1%丁卡因溶液和0.1%肾上腺素溶液等量混合)0.1～0.2ml。注射时要选择瞳孔未散开的部位。患者如出现明显的心跳、面红、口干等症状是药物的正常作用,嘱休息片刻即可缓解;如出现口干欲饮水、心跳、面色潮红、头晕、烦躁不安、胡言乱语等症状要立即停药,及时报告医生,可让患者卧床、多饮水、保暖,静脉滴注葡萄糖。中老年人、前房浅的患者,可先用1%去氧肾上腺素散瞳,无眼压升高再用阿托品,心脏病患者应慎用。

(2) 糖皮质激素有抗炎、抗过敏作用,使用时注意观察眼压的变化。常用0.5%醋酸可的松、0.1%地塞米松,可滴眼、涂眼及球结膜下注射。

(3) 非甾体类抗炎药和抗感染药:非甾体类抗炎药有吲哚美辛、阿司匹林等,选择抗感染药物,消除感染源。

(4) 热敷:促进血液循环,加速毒素和炎症产物吸收消散。

4. 积极治疗并发症　并发性白内障炎症控制后参照白内障手术治疗;继发性青光眼参照本节"青光眼"处理。

☞考点:葡萄膜炎的病因、临床表现

二、视网膜中央动脉阻塞

视网膜中央动脉阻塞(central retinal artery occlusion,CRAO)指视网膜中央动脉或其分支阻塞。

(一) 病因

此病多见于有高血压、糖尿病、心内膜炎、颈动脉粥样硬化的老年人。主要为血管栓塞、血管痉挛、血管壁的改变和血栓形成,以及血管外部的压迫等,是导致视网膜血管发生阻塞的直接原因。

(二) 临床表现

1. 症状及体征　视网膜中央动脉主干阻塞,表现为突然发生一眼无痛性视力丧失,分支阻塞者则为视野某一区域突然出现遮挡。主干阻塞的患眼瞳孔直接光反射消失,而间接反射存在(图4-9)。

2. 眼底检查　视网膜呈灰白色,形成樱桃红斑。分支阻塞者,该动脉分布区的视网膜呈灰白水肿,有时可以见到栓子阻塞的部位。根据临床表现,早期眼底荧光血管造影检查,可见阻塞区域荧光素无灌注现象。

(三) 护理诊断

1. 感知改变　突然视力丧失或视野缺损与视网膜动脉阻塞有关。

2. 自理缺陷　与视力丧失有关。

3. 焦虑　与视力丧失有关。

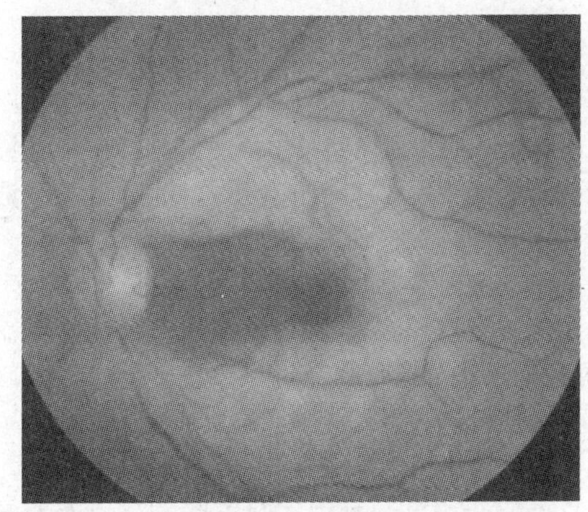

图4-9　视网膜中央动脉主干阻塞

(四) 治疗及护理措施

1. 预期目标

(1) 视力恢复正常。

(2) 焦虑解除。

(3) 自理能力恢复。

2. 治疗原则　争分夺秒,积极抢救,以减少视功能损害。

3. 治疗的护理配合

(1) 药物治疗:应立即吸入亚硝酸异戊酯或舌下含服硝酸甘油片;睫状神经节封闭或球后注射乙酰胆碱、妥拉苏林、罂粟碱等药,可促使血管扩张。纤溶制剂:对疑有血栓形成或纤维蛋白原增高的患者可应用纤溶制剂如静脉滴注尿激酶,用药期间要监测血纤维蛋白原。

(2) 降眼压:嘱患者立即自行按摩眼球,即闭眼后用手指压迫眼球数秒钟,然后立即松开手指数秒钟,重复数次,以降低眼压。

(3) 前房穿刺放出房水:突然降低眼压,使视网膜动脉扩张,促使栓子被冲到周边小分支血管中,减少视功能的受损范围。

(4) 吸氧:白天每小时吸入10分钟95%氧及5%二氧化碳混合气体,晚上每4小时吸入1次,能增加脉络膜毛细血管血液的氧含量,从而缓解视网膜缺氧状态,二氧化碳还可扩张血管。

(5) 对因治疗:进行全身检查,以寻找病因,积极治疗全身疾病。

(6) 患者视力未恢复期间要协助患者的生活护理。

4. 心理护理　由于视力完全失明或视野缺损,患者难以接受现实,应安慰患者,帮助患者树立战胜疾病的信心,以配合治疗。

☞考点:视网膜中央动脉阻塞临床表现、治疗及护理

三、视网膜中央静脉阻塞

视网膜中央静脉阻塞(central retinal vein occlusion，CRVO)主要是视网膜中央动脉粥样硬化造成的筛板或其后的视网膜中央静脉压迫，静脉血流淤滞以及静脉血管内皮的损伤，血栓形成。

（一）病因

病因较复杂，与高血压、动脉硬化、颈动脉供血不足、糖尿病、青光眼、低血压、血液黏稠度增高、视网膜血管炎、远视等有关。

（二）临床表现

1. 症状及体征　视力明显下降。分缺血性和非缺血型。

(1) 缺血型：视力严重损害，有明显的出血、水肿、静脉显著扩张，可见棉绒斑、黄斑囊样水肿及新生血管，致玻璃体积血及牵拉性视网膜剥离。眼底荧光血管造影显示广泛的毛细血管无灌注区。

(2) 非缺血型：各分支静脉扩张，迂曲较轻，视网膜有点状或火焰出血，有轻度的视盘及黄斑水肿，轻度视力下降。血管造影未发现无灌注区。视网膜分支静脉阻塞更为常见，多发于颞上支，鼻侧支阻塞少见(图 4-10)。

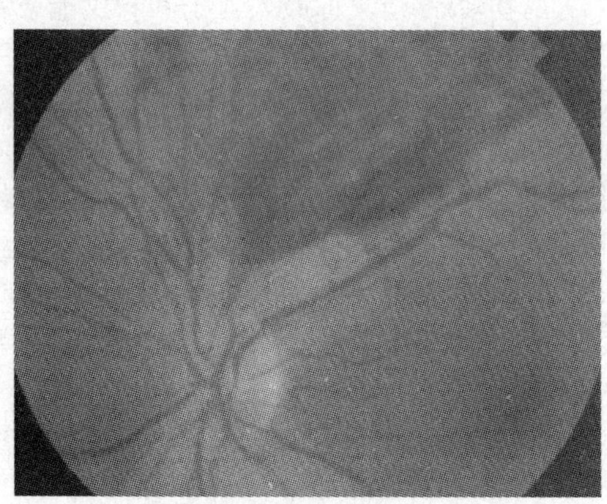

图 4-10　视网膜静脉颞上分支阻塞

2. 辅助检查　特征性眼底改变是象限的视网膜静脉扩张、迂曲、视网膜出血、水肿及视盘水肿。

（三）护理诊断

1. 视力下降　与视网膜出血、渗出有关。

2. 自理能力缺陷　与视力下降有关。

3. 焦虑　与视力下降有关。

4. 潜在并发症　玻璃体积血、视网膜脱离、新生血管性青光眼。

（四）治疗及护理措施

1. 预期目标　视力恢复正常，自理能力恢复，焦虑解除，不发生并发症。

2. 治疗原则　积极寻找病因并治疗；广泛毛细血管无灌注，应采用全视网膜光凝；玻璃体积血者应考虑玻璃体切割术。

3. 治疗护理配合

(1) 观察和记录视力的恢复情况。应用抗凝血药物时，应观察全身皮肤黏膜有无凝血异常，出现异常时，及时报告医生。

(2) 评估患者的焦虑程度，积极做好心理护理，增强患者疾病恢复的自信心。

(3) 患者视力未恢复期间协助其生活护理。

(4) 指导患者严格按医嘱用药、复查，如有异常及时来医院就诊。

四、高血压视网膜病变

高血压视网膜病变(hypertensive retinopathy，HRP)指由于血压升高致视网膜血管内壁损害的疾病，原发性和继发性高血压均可发生。

（一）病因

血压升高视网膜动脉管壁硬化、狭窄，管壁渗漏，视网膜水肿、渗出。

（二）临床表现

1. 症状及体征　视力下降。

2. 眼底检查　高血压性视网膜病变分为四级：Ⅰ级，血管收缩、变窄。视网膜小动脉反光带加宽，管径不规则，动静脉交叉处压迹。Ⅱ级，动脉硬化(图 4-11)。动脉光带加宽，呈铜丝或银丝状外观，动静脉交叉处压迹明显，视网膜可见硬性渗出或线状小出血。Ⅲ级，渗出，可见棉绒斑及片状出血。Ⅳ级，在Ⅲ级眼底改变的基础上有视盘水肿。

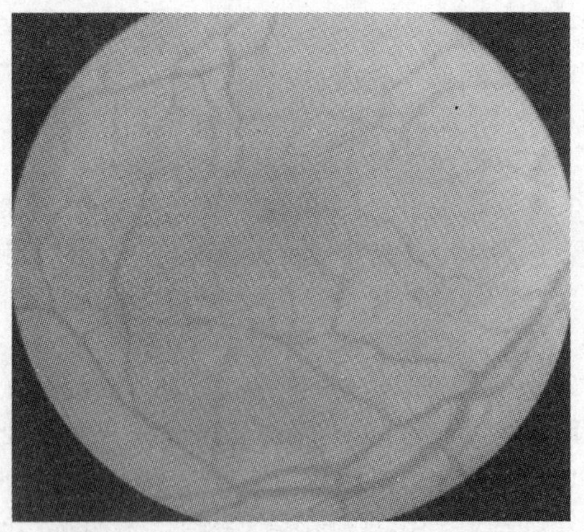

图 4-11　高血压性视网膜动脉硬化

（三）护理诊断

1. 感知下降　视力下降与视网膜损害有关。

2. 自理缺陷　与视力下降有关。

3. 焦虑　与视力下降、病程长、反复发作等因素有关。

（四）治疗及护理措施

1. 治疗原则　积极治疗高血压，眼部对症治疗，如渗出或出血可使用吸收剂维生素C、维生素E、路丁（维生素P）、碘剂及血管扩张剂。

2. 按高血压护理要求，指导患者进低盐、低胆固醇、低脂饮食。改变不良的生活方式，戒烟、限酒，保证充足的睡眠，适当运动，并保持乐观的情绪。

3. 协助患者生活护理，有条件请专人照护，满足患者生活所需。

4. 了解患者的心理焦虑程度，并给予心理安慰。

☞考点：高血压性视网膜病变分级

五、中心性浆液性脉络膜视网膜病变

中心性浆液性脉络膜视网膜病变（central serous chorioretinopathy，CSC）病变局限于眼底后极部，多发于青壮年男性，预后较好。有自愈倾向，易反复发作。

（一）病因

视网膜色素上皮的屏障作用消失，浆液渗出物进入视网膜下，积聚于视网膜神经上皮与色素上皮之间，从而形成后极部视网膜的盘状脱离。

（二）临床表现

1. 患者突然出现单眼视力轻度下降，视物变暗或色调变黄、变形、小视，并有中央相对暗区，眼部无炎症表现。

2. 眼底检查黄斑中心凹反射消失或弥散，黄斑区可见灰白色视网膜后沉着物，后极部视网膜盘状脱离。视野检查，有相对性中心暗点。眼底荧光血管造影在静脉区后极部或远离后极部有一个或数个很小的荧光素渗漏点，急性期后呈放射状或墨迹样扩大的强荧光斑。

（三）护理诊断

1. 感知改变　与视力下降、视物变形等因素有关。

2. 焦虑　与疾病反复发作，病程长等因素有关。

3. 知识缺乏　缺乏此病的防病知识。

（四）治疗及护理措施

1. 目前缺乏有效的药物治疗，一般在数月内常可自愈，禁用皮质类固醇。对明显的中心凹以外的荧光渗漏点，可用激光光凝治疗。维生素C、维生素E、路丁等可减少毛细血管通透性。

2. 视力下降明显者可用凸透镜矫正，有视物变小、变形者应减少活动，防止碰撞。

3. 本病是一种自限性疾病，多数患者能自行痊愈。部分案例反复迁延，应做好患者的心理护理，避免焦虑情绪产生。

4. 给予健康指导，嘱咐患者注意休息，避免精神紧张或劳累。

六、糖尿病性视网膜病变

糖尿病性视网膜病变（diabetic retinopathy，DRP）指在糖尿病的病程中引起的视网膜循环障碍，视网膜缺氧，是糖尿病引起失明的主要并发症。在经济发达的国家，是一种主要的致盲眼病。

（一）临床表现

根据病变严重程度将糖尿病性视网膜病变分为非增殖性和增殖性两型。

1. 患者早期可无自觉症状，当病变侵及黄斑时，出现视物不清，大部分患者诉有糖尿病史，小部分患者尚不知自己已患糖尿病，经眼底检查方发现。眼底病变继续发展，视力进一步下降，因黄斑病变或玻璃体积血可致视力降低甚至仅剩光感。

2. 视网膜病变表现为微动脉瘤、新生血管、出血、增殖性玻璃体视网膜病变和牵引性视网膜脱离（图4-12）。

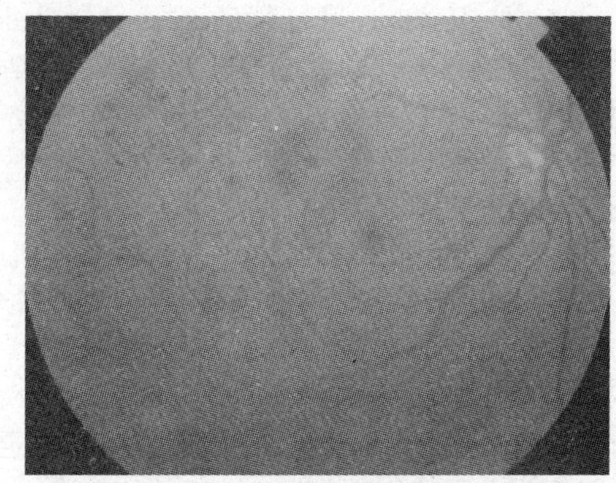

图4-12　糖尿病性视网膜病变

（二）护理诊断

1. 感知改变　视力下降与视网膜出血及渗出等因素有关。

2. 自理缺陷　与视力下降有关。

3. 潜在并发症　新生血管性青光眼、牵引性视网膜脱离，与视网膜出血、渗出等因素有关。

（三）治疗及护理措施

1. 严格将血糖控制在正常或接近正常的水平。维生素C、路丁、碘剂等可改善局部微循环，严重者行玻璃体切割手术治疗及视网膜光凝治疗。

2. 应指导患者认识控制血糖的意义，介绍饮食治疗的目的、意义及其具体措施，并监督落实。每年应散瞳检查眼底，早期发现视网膜病变，早期治疗。

3. 指导患者按医嘱用药和复查，发现异常及时来诊，警惕牵引性视网膜脱离，新生血管性青光眼的发生。

4. 向患者或家属讲解糖尿病和糖尿病视网膜病变的预防控制知识。

七、玻璃体混浊

玻璃体混浊是一种体征而不是一种独立的疾病，玻璃体液化常伴有混浊。基本病理改变是一种变性过程，即玻璃体混浊。

（一）临床表现

1. 自觉眼前有飘动的黑影，称飞蚊症，伴有闪光感，有不同程度的视力障碍；如玻璃体内积血较多，难以吸收形成机化物时，可继发视网膜脱离。

2. 眼底检查 可见瞳孔区橘红色背景出现形状各异、大小不一的黑影，严重者，眼底蒙眬不清，甚至只见或不见红光反射。

（二）治疗及护理措施

1. 查找原因，积极治疗原发眼病，局部或全身应用皮质类固醇和非激素性抗炎药物；玻璃体内积血经3～6个月治疗积血仍未吸收者，或合并视网膜脱离者，应尽早行玻璃体切割术。

2. 玻璃体积血者应卧床休息，减少活动。药物如碘化钾、普罗碘胺或眼部热敷，可促进积血吸收。酌情使用止血药如维生素K、酚磺乙胺、氨甲苯酸等；经3～6个月治疗积血仍未吸收者，或合并视网膜脱离者，应做好玻璃体切割术准备。

3. 向患者讲述玻璃体混浊的相关知识和预后，帮助患者树立战胜疾病的信心，消除焦虑心理，密切配合治疗。

4. 生理性玻璃体混浊不需治疗，门诊随访。

5. 嘱患者勿从事剧烈运动，按医嘱用药和定期复查，发现视力异常及时就诊。

八、视网膜脱离

案例 4－7

李某，男，56岁，患者因1年前行左眼白内障摘除，未植入人工晶体，两天前自觉左眼前有黑影飘动未加注意，今日感视力明显下降；散瞳检查见左眼底视网膜裂孔，视网膜脱离区的视网膜色泽呈灰白隆起。

问题：1. 如何协助患者做好术前检查？
2. 该患者术后护理重点有哪些？
3. 你该如何做出院指导？

视网膜脱离（retinal detachment，RD）是指视网膜神经上皮与色素上皮分离。可分为孔源性、渗出性及牵拉性视网膜脱离 。

（一）病因

孔源性视网膜脱离好发于中老年人，尤其是有高度近视的患者，白内障摘除术后无晶体眼和眼外伤患者，因视网膜变性或玻璃体的牵拉致使视网膜神经上皮层发生裂孔，液化的玻璃体经裂孔进入视网膜神经上皮与色素上皮之间积存，从而导致视网膜脱离；渗出性视网膜脱离是由于脉络膜渗出所致视网膜脱离，或眼组织炎症如交感性眼炎、后葡萄膜炎、眼内寄生虫及视网膜脉络膜肿瘤病变引起，也可因全身性疾病如高血压、妊娠高血压综合征等血管病变发生渗出性视网膜脱离；牵拉性视网膜脱离是因增殖性玻璃体视网膜病变的增殖条带牵拉引起的没有裂孔的视网膜脱离。

（二）临床表现

早期患者有飞蚊症或无痛性眼前漂浮物，与视网膜脱离区相对应。累及黄斑区时则视物变形、视力明显减退；检查眼压多偏低，玻璃体不同程度混浊，对应于视网膜脱离区的视野缺损，脱离区视网膜失去透明性，色略灰白隆起，表面起伏不平，视网膜血管随之变迁曲，多数周边部可发现视网膜裂孔（图 4-13）。

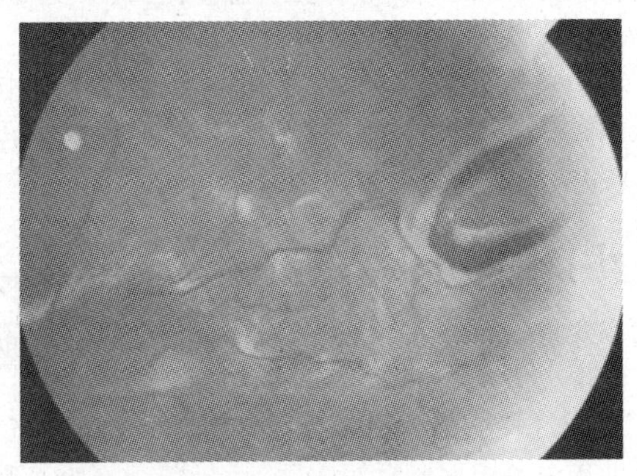

图 4-13　马蹄形视网膜裂

（三）护理诊断

1. 感知改变　视力下降及视野缺损与视网膜脱离有关。

2. 自理缺陷　与视力下降、手术及卧床、双眼包扎等因素有关。

3. 焦虑　与视功能损害及预后有关。

4. 知识缺乏　缺乏该疾病的防治知识。

（四）治疗及护理措施

1. 手术封闭裂孔　手术方式有激光光凝、透巩膜光凝、电凝或冷凝，再在裂孔对应的巩膜外做顶压术、巩膜环切术、气体或硅油充填术等，使视网膜复位；严重增生性玻璃体视网膜病变者，需行玻璃体手术治疗。

2. 做好患者心理护理，向患者讲述手术的大概过程以及手术前后的注意事项，消除焦虑，鼓励患者密切配合治疗，早日康复。

3. 手术前护理　术眼充分散瞳，查找视网膜脱离区及裂孔。病程短并且视网膜下积液较多，不易查找裂孔时，应卧床休息，戴小孔眼镜，使眼球处于绝对安静状态，2～3 天后再检查眼底。安静卧床，并使裂孔区处于最低位，减少视网膜脱离范围扩大的机会。

4. 手术后护理　包扎双眼、安静卧床休息 1 周。对眼内注入气体或硅油患者为帮助视网膜复位和防止晶状体混浊应低头或给予俯卧位，待气体吸收后改正常卧位。术后患眼继续散瞳至少 1 个月。玻璃体注气患者出现眼痛及时给予止痛药或降眼压药，必要时适当放气。

5. 出院前嘱继续戴小孔眼镜 3 个月，半年内勿剧烈运动或从事重体力劳动，按时用药，按时复查，如有异常，随时来诊。

6. 患者卧床期间协助患者生活护理，满足患者各项生活所需，防止因双眼或单眼包盖导致的意外伤害。

案例 4-7 分析

1. 协助患者做好术前检查，包括眼前节检查、眼后节检查、全身检查、辅助检查。

2. 术后护理重点：①心理护理。②体位护理：视网膜脱离外路显微手术眼内未注入气体患者，术后体位应保持裂孔处最低位，术后 1 个月不宜仰卧位，以防仰卧时炎性渗出物沉淀在黄斑处不易吸收，引起黄斑前膜形成；对眼内注入硅油或气体者，术后早期严格限制体位，尽量少下床活动，气体和硅油均比水轻，具有上浮力，且表面张力高疏水性，利用气体或硅油这些特性顶压和封闭视网膜裂孔。常用的体位有面朝下体位、半卧位、侧卧位、交替体位。③饮食护理：给予易消化半流质饮食 1～2 天，预防便秘发生。④协助生活护理。⑤观察有无术后并发症。

3. 出院指导：①玻璃体腔注入气体或硅油者，遵医嘱取治疗体位。②3～6 个月内避免重体力劳动和体育运动，防止再脱离。③如有眼前黑影增多和视力下降及时就诊。④选择合适的交通工具，避免颠簸。⑤定期复查。

☞考点：视网膜脱离的治疗及护理措施

（房民琴）

第 7 节　屈光不正及老视患者的护理

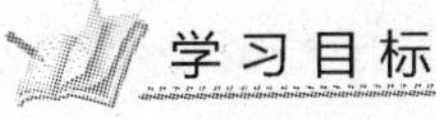
学习目标

1. 远视的临床表现
2. 老视的配镜原则及规律

◆教学重点：远视、散光治疗及护理措施

◆教学难点：近视屈光矫正方法

眼的屈光状态由屈光系统的屈光力大小和眼轴长度决定。临床上将眼的屈光状态分为屈光正常（正视眼）和屈光不正（非正视眼）。静止状态下，外界平行光线进入眼内经眼的屈光系统曲折后，不能聚焦在视网膜黄斑中心凹上，称为屈光不正（ametropia）。屈光不正包括近视、远视和散光。

眼屈光作用的大小称为屈光力，单位是屈光度（eiopter），简写为 D。

一、远　　视

链 接

远视的分类

按调节状态分类，远视又分为：①隐形远视：未散瞳的验光中不被发现的远视，被调节所遮盖。②显性远视：未散瞳验光表现出来的远视，等于矫正至正视状态，最大正镜度数。③全远视：总的远视量，即显性远视与隐形远视的总和。④绝对性远视：在显性远视中的一部分，动用全部调节未被代偿部分。⑤功能性远视：在显性远视中的另一部分用全部调节能代偿部分。

远视眼（hyperopia）指眼在调节静止状态下，平行光线经眼的屈光系统屈折后形成的焦点在视网膜后面。

（一）病因

1. 轴性远视　指眼的屈光力正常，眼球前后径较正常人短，是远视中最常见的原因。

2. 屈光性远视　指眼球前后径正常，由于眼的屈光力较弱，如扁平角膜、晶状体全脱位或无晶状体眼。

（二）临床表现

1. 症状及体征

(1) 视疲劳：视物模糊、头痛、眼球胀痛、眉弓部胀痛、畏光、流泪等。看远与看近，患者从未放弃调节，眼调节过度而产生视疲劳。

(2) 因屈光度、调节力不等，视力下降程度也有差别：轻度远视的青少年，调节力强，视力可无影响；远视力好，近视力差，见于远视程度较高。

(3) 内斜视：过度使用调节，伴过度集合，易诱发内斜视。看近处小目标时，内斜视加重，称作调节性内斜视。形成斜视性弱视。

2. 眼底检查　视盘较正常小而色红，边界较模糊，稍隆起，为假性视盘炎，矫正视力正常，视野无改变。

（三）护理诊断

知识缺乏：缺乏远视正确矫正知识。

（四）治疗及护理措施

1. 治疗原则　用凸透镜矫正。轻度远视是生理现象，一般无需配镜。若伴内斜、远视程度高、视疲劳、视力障碍时，则需配镜矫正。内斜视者应予全矫正。

2. 让患者及家属了解远视眼的治疗知识，屈光检查应在睫状肌麻痹的状态下进行。

3. 斜视患者应嘱其及早斜视矫正，进行正位视训练。

二、近　　视

案例 4－8

患者，27 岁，大学生，因双眼视力逐渐下降而就诊。检查：左眼 0.5，右眼 0.3。诊断为“双眼近视”。

问题：1. 该患者治疗方案有哪些？

2. 患者要求行近视激光手术，如何进行护理和健康教育？

近视眼（myopia）指在眼的调节静止状态下，平行光线经过眼的屈光系统曲折后，形成的焦点在视网膜之前。近视眼按度数可分为 3 类：轻度，＜－3.00D；中度，－3.25D～－6.00D；高度，＞－6.25D。

（一）病因

近视的发生可能与多种因素有关。

1. 遗传因素　高度近视可能为常染色体隐性遗传，中度近视可能为多因子遗传。

2. 发育因素　婴幼儿时期眼球较小，为生理性远视，随着年龄增长，眼球各屈光成分协调生长，逐步变为正视，称“正视化”。如眼轴过度发育，与屈光力不匹配，即成为轴性近视。

3. 环境因素　主要与长时间近距离阅读、用眼卫生不当有关。此外，大气污染、微量元素的缺乏、营养成分的失调、教具不符合学生的人体工程力学也是形成近视的诱发因素。

（二）临床表现

1. 按屈光成分分类

（1）轴性近视：眼的屈光力正常，眼球前后径较正常人长所致。高度近视多为轴性近视。眼轴每延长 1mm，可增加 3D 的近视。

链接 >>>

近视的分类

按病程进展和病理变化，近视可分类：①单纯性近视：眼球在发育基本稳定后不再发展的近视，屈光度在－6.00D 之内，大多数眼是健康的，用适当的镜片可矫正。②病理性近视：20 岁以后近视仍在发展，并有病理变化者，称为进行性或病理性近视。其特点是眼部组织合并发生一系列的病理变化，如高度近视角膜后弹力层很容易破裂，巩膜变薄，眼球向后伸长，视网膜出现退行性变。

（2）屈光性近视眼：眼球前后径正常，眼的屈光力较强所致。常见的原因：角膜弯曲度增大，如圆锥角膜；晶状体弯曲度增大，如晶状体变厚。

（3）调节性近视：指长时间、近距离用眼导致睫状肌痉挛、调节过度而引起的近视，又称假性近视。

2. 症状及体征

（1）视力：远视力下降，但近视力正常。

（2）视疲劳和外斜视。

（3）眼球：前后径变长多见于高度近视，属轴性近视。

3. 眼底检查　眼底退行性变化，有豹纹状眼底、近视弧形斑、脉络膜萎缩甚至巩膜后葡萄肿、黄斑出血等变化。周边部视网膜可出现格子样变性和产生视网膜裂孔，有视网膜脱离的危险（图 4-14）。

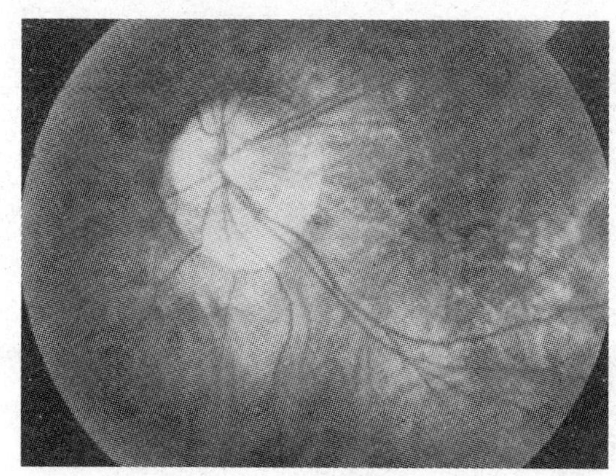

图 4-14　左眼高度近视眼底

（三）护理诊断

1. 知识缺乏　缺乏近视防治知识。

2. 眼痛　与近视激光手术有关。

3. 感知改变　远视力下降。

（四）治疗及护理措施

1. 治疗原则　屈光矫正和屈光手术。

2. 屈光矫正方法

（1）框架眼镜是最常用和最好的方法，称为“光学药物”。镜片选择以获得最佳视力的最低度数的凹透镜为宜。

（2）角膜接触镜可以增加视野，减少两眼像差，并有较佳的美容效果。可分为软镜、硬镜。常用硬性高透氧性角膜接触镜（RGP）。角膜塑性镜必须严格规范验配。

3. 目前屈光手术治疗的方法

（1）非激光手术包括放射状角膜切开术（RK）、表层角膜镜片术、角膜基质环植入术。激光手术包括准分子激光角膜切削术（PRK）、准分子激光角膜原位磨镶术(LASIK)、准分子激光角膜上皮瓣原位磨镶术(LASEK)。

(2) 眼内屈光手术:有白内障摘除及人工晶状体植入术、透明晶状体摘除及人工晶状体植入术、有晶状体眼人工晶状体植入术。

(3) 巩膜屈光手术:虹膜加固术、虹膜扩张等。

4. 近视激光手术护理

(1) 术前准备:①配戴角膜接触镜者,手术前检查需在停戴眼镜2～3天后进行;长期配戴者需停戴1～2周;配戴硬镜者需停戴4～6周。②冲洗结膜囊和泪道,感染灶要先治疗后再进行手术。按医嘱滴用抗生素滴眼液。③注意充分休息,以免眼调节痉挛。④全面的眼部检查,包括视力、屈光度、眼前段、瞳孔直径、眼压、角膜地形图、角膜厚度和眼轴测量等。⑤准确验光、检影验光及综合验光等。⑥正确选择患者,年龄应满18岁,近视稳定2年以上无急性结膜炎、角膜炎、白内障、青光眼,排除艾滋病、糖尿病及结缔组织疾病,排除干眼症及圆锥角膜。

(2) 术后注意:3天避免洗头,洗脸、洗头时,不要让脏水进入眼内。1周内不要揉眼睛,避免看书、报等。遵医嘱用药和复查,如出现眼前黑点、暗影飘动、突然视力下降,应立即门诊复查。外出戴太阳眼镜、避免碰伤。使用激素时应检测眼压。

案例4-8分析

1. 该患者治疗方案有:须经准确的验光确定近视度数,佩戴合适的眼镜,有条件者选择屈光手术治疗。

2. 患者要求行近视激光手术,术后护理和健康教育:①手术当日患者可有数小时眼部疼痛或不适,轻者不需处理,重者可酌情给予止痛剂,术后48小时疼痛剧烈者,要警惕角膜切口感染的发生。②术后第一天换药,检查裸眼视力,以后复诊时间为:术后,1周、2周、1个月、3个月、6个月、1年、2年、定期追踪复查。③指导患者按医嘱滴用眼药。④保持眼部清洁,嘱患者勿揉眼。

☞考点:近视的矫治方法

三、散　光

散光(astigmatism)是由于眼球各屈光面在各径线(子午线)的屈光力不等,从而使外界光线不能在视网膜上形成清晰物像的一种屈光不正现象。

(一) 病因

由于角膜和晶状体各径线的曲率半径大小不一致,根据屈光径线的规则性,可分为规则散光和不规则散光。散光对视力影响取决于散光的度数和轴性。散光度数越高或斜轴散光对视力影响越大,逆规散光比顺规散光对视力影响大。

链接 »»

散光的分类

1. 规则散光　指屈光度最大和最小的两条主子午线方向互相垂直,用柱镜片可以矫正,是最常见的散光类型。规则散光又可分为5种:单纯远视散光、复性远视散光、单纯近视散光、复性近视散光和混合散光。规则散光也可分顺规散光、逆规散光和斜向散光。

2. 不规则散光　指最大和最小屈光力主子午线互相不垂直,如圆锥角膜及角膜瘢痕等,用柱镜片无法矫正。

(二) 临床表现

1. 症状及体征　视物模糊,视疲劳,眯眼以达到针孔或裂隙的作用。代偿头位散光性弱视。

2. 眼底检查　有时可见视盘呈垂直椭圆形,边缘模糊,用检眼镜不能很清楚地看清眼底。

(三) 护理诊断

知识缺乏:缺乏散光矫正知识。

(四) 治疗及护理措施

1. 治疗原则　影响视力时应矫正,规则散光可戴圆柱镜片矫正,不规则散光可试用硬性高透氧性角膜接触镜(RGP)矫正。准分子激光屈光性角膜手术可以矫正屈光。

2. 了解散光矫正原则,指导患者戴镜。轻度散光,不必矫正。如出现视物模糊、视疲劳要及时矫正。

四、老　视

老视(presbyopia)又称老花,随着年龄增加,调节功能减退近点逐渐远移,近距离阅读或工作感觉困难的现象。

(一) 病因

随着年龄增加,晶状体核逐渐硬化,弹性减弱,睫状肌功能逐渐减弱,调节力变小。这是一种年龄所致的生理性调节力减弱现象。

(二) 临床表现

1. 症状及体征　近视困难,近点远移,光线暗的环境下,近视力更差。视疲劳、头痛、眼胀、流泪,近视不能持久,单眼复视,看书错行。远视眼老视出现较早,近视者老视出现较晚。

2. 调节力检查　调节幅度下降。

(三) 治疗及护理措施

1. 治疗原则　老视眼需戴凸透镜,目前有4种配镜方式,即单光镜、双光镜和渐变多焦点镜及角膜接触镜。此外,还有手术治疗。

2. 老视配镜的原则是阅读持久、视力清晰、配戴舒适。一般规律:原为正视眼者,45岁配戴+1.00D;

50岁配戴+2.00D;60岁为+3.00D。非正视眼者，所需戴老视眼镜的屈光度数为上述年龄所需的屈光度与原有屈光度的代数和。

3. 渐变多焦点镜能满足远中近不同距离的视觉需求，有全程、清晰的视觉，外观自然。

☞考点：远视、近视、散光、老视的概念

（房民琴）

第8节　斜视及弱视患者的护理

学习目标

1. 共同性斜视的临床表现
2. 说出麻痹性斜视的病因

◆教学重点：共同性斜视的治疗及护理

◆教学难点：弱视患者的治疗及护理

斜视（strabismus）是由于两眼不能同时注视目标，一眼注视目标时另一眼偏离目标，表现为眼位不正。根据病因分为共同性斜视和麻痹性斜视两大类。

一、共同性斜视

共同性斜视（concomitant strabismus）指双眼轴分离，向各方向注视时，偏斜度均相同的一类斜视。眼外肌本身及其支配神经均无器质性病变。

（一）病因

解剖异常，屈光不正，眼外肌发育异常，神经支配异常、融合及双眼视功能不全，导致调节与集合失衡。

（二）临床表现

1. 症状及体征　眼轴不平行，一眼偏斜。遮盖健眼，眼球运动基本正常。双眼向各方向注视时，斜视角皆相等。无复视，无代偿头位。

2. 散瞳检查　患者有屈光不正和弱视，部分患者有异常视网膜对应。

（三）护理诊断

1. 自我形象紊乱　由于眼位偏斜影响面容。

2. 知识缺乏　缺乏斜视康复治疗知识。

（四）治疗及护理措施

1. 治疗原则　矫正屈光不正，治疗弱视，进行正位视训练。对于经非手术治疗半年后仍然偏斜者，应及时行手术矫正眼位。

2. 介绍视功能训练和有关治疗、手术知识，增强其治疗信心，解除患者焦虑、自卑心理。

3. 指导患儿及家属配合训练，力争早日建立正常的双眼视功能。矫正屈光不正：调节性内斜视、外斜伴近视或散光应全部矫正；配合弱视治疗或正位视训练。

4. 协助医生手术　按外眼手术常规准备。成人共同性斜视只能手术改善外观，要做好耐心细致的解释工作。

（1）密切观察术后感染症状，发现分泌物增多，应报告医生，去除敷料，戴针孔眼镜，并嘱患者自行控制眼球运动，以防缝线撕开。

（2）术后双眼包扎，使手术眼得到充分休息，防止肌肉缝线因眼球转动而被撕脱。嘱咐患儿及家属不要自行去掉健眼敷料，或自行观察矫正情况。

（3）由于手术牵拉眼肌，患者可有恶心、呕吐现象，教其减轻恶心感的方法，不必惊慌。

（4）术后根据医嘱，继续进行弱视及正位视训练，以巩固和提高视功能。

二、麻痹性斜视

麻痹性斜视（paralytic strabismus）是由于支配眼外肌运动神经核、神经和肌肉本身器质性病变引起，又称非共同性外斜视。

（一）病因

先天性眼外肌发育异常，神经因素，重症肌无力。

（二）临床表现

1. 症状及体征　眼球运动受限眼球向麻痹肌正常作用方向的对侧偏斜。代偿头位，头向麻痹肌作用方向偏斜，使之直视时在尽可能大的视野范围内不发生复视、头晕和恶心。

2. 向不同方向注视时斜视角不等，第二斜视角大于第一斜视角。

（三）护理诊断

感知改变：由于眼外肌麻痹引起复视、眩晕。

（四）治疗及护理措施

1. 治疗原则　先天性麻痹性斜视考虑手术治疗；后天性麻痹性斜视主要是病因治疗，半年以上无效者可考虑手术治疗。

2. 遵医嘱进行药物治疗，肌内注射维生素 B_1、维生素 B_{12} 和三磷腺苷，针灸及理疗，以促进麻痹肌的恢复。类固醇激素和抗生素，用于神经炎和肌炎引起的麻痹性斜视

3. 遮盖疗法时，说服患者遮盖一眼（最好健眼），以消除因复视引起的全身不适和预防拮抗肌的挛缩。

4. 光学疗法，可采用棱镜片消除复视。

5. 手术治疗后应再次仔细检查患者的双眼视功能情况，进行双眼视功能训练。

三、弱　　视

弱视（amblyopia）指在视觉发育期间，受到某些因

素干扰，如斜视、屈光不正、先天性白内障，无法使视觉细胞获得充分刺激，视觉发育受到影响所致。

案例 4－9

患者，男，4岁。家长近日发现患儿喜欢眯着眼睛看东西，担心视力是否有问题，故来就诊。检查：右眼裸视力 0.2，左眼裸视力 0.1；散瞳验光结果：右眼＋5.00DS→0.3，左眼＋7.00DS→0.2，初步诊断为双眼弱视。

问题：1. 弱视治疗时机？

2. 如何为该患儿设计治疗计划？

（一）病因

1. 斜视性弱视　患者有斜视或曾有过斜视，由于双眼不能同时对同物体协同聚焦，使患者感到极度不适，大脑皮质中枢主动抑制由斜视眼传入的视觉信息，使视觉功能长期被抑制而形成弱视。

2. 屈光参差性弱视　两眼屈光参差较大，致使两眼视网膜成像大小不等、融合困难，屈光不正较重一侧功能受到抑制，日久便形成弱视。

3. 形觉剥夺性弱视　眼屈光间质混浊（如白内障、角膜瘢痕等）、完全性上睑下垂、不恰当的眼罩遮盖等，妨碍了视觉感知的充分输入，干扰了视觉正常发育。

4. 屈光不正性弱视　未经过及时矫正的屈光不正，无法使影像成焦在视网膜上，引起弱视。

5. 先天性弱视　新生儿视网膜或视路出血和微小眼球震颤。

（二）临床表现

1. 视力减退　此时判断视力必须考虑到年龄因素，因为出生后的视功能发育有一个相当的过程，所以视力标准不能一概采用成人标准，要考虑和应用不同年龄段的标准。

2. 拥挤现象　分辨排列成行视标的能力较分辨单个视标的能力差，此现象称拥挤现象，是注视点与邻近视标之间相互影响所致。

3. 双眼单视功能障碍。

链 接

弱视诊断

根据视觉检查，发现屈光异常且矫正视力低于0.8，可以诊断，但要排除视功能发育过程中的视力低下及其他原因的矫正视力不良。注视性质检查可以帮助诊断，若一眼为中心注视，另一眼为旁中心注视，则后者为弱视眼的可能性较大。眼底检查可以排除眼底病变。视觉皮质诱发电位（VEP）对弱视早期诊断很有意义。

（三）护理诊断

1. 知识缺乏　缺乏弱视的防治知识。

2. 潜在并发症　遮盖性弱视。

（四）治疗及护理措施

1. 治疗措施　弱视治疗的关键及疗效取决于开始治疗的时间，治疗的效果取决于年龄、弱视程度和对治疗的依从性等，年龄越小，治疗效果越好。6岁以后弱视治疗的效果降低。目前，弱视治疗最主要和最有效的方法是常规遮盖法。

2. 向患儿及家属详细解释弱视的危害性、可逆性、治疗方法及可能发生的情况等，取得信任与合作。随着弱视眼视力的提高，受抑制的黄斑中心凹开始注视，但由于双眼视轴不平行，打开双眼后可出现复视，这是治疗有效的现象，要向家属解释清楚。只要健眼视力不下降，就应继续用遮盖疗法。矫正斜视和加强双眼视力功能训练，复视能自行消失。

3. 常规遮盖疗法　遮盖视力较好一眼，强迫弱视眼注视，提高弱视眼的固视能力和视力，是弱视患儿最有效的治疗方法。鼓励患儿用弱视眼做描画、写字、编织、穿珠子等精细目力的作业。避免发生遮盖性弱视，定期随访。

4. 后像疗法　用强光炫耀弱视眼，在闪烁的灯光下，注视某一视标，此时被保护的黄斑区可见视标，而被炫耀过的旁黄斑区则看不见视标。每天2～3次，每次15～20分钟。

5. 其他治疗方法　压抑疗法、视觉刺激疗法（光栅疗法）、红色滤光胶片疗法等。

6. 调节性内斜视全矫后，每3个月至半年复查1次，以免长期戴全矫镜片而引起调节麻痹。

7. 定期随访　为巩固疗效、防止弱视复发，所有治愈者均应随访观察，一直到视觉成熟期，随访时间一般为3年。

8. 加强心理疏导，尤其是遮盖疗法影响儿童仪容的患者。

案例4-9分析

1. 弱视治疗时机：治疗弱视年龄因素非常关键，年龄越小疗效越高。另外，与弱视程度有关，轻度弱视疗效高，中度次之，重度最差。

2. 该患儿设计治疗计划为：配戴合适的眼镜；可采用压抑疗法、后像疗法、视刺激疗法等。

☞考点：弱视的治疗措施

（房民琴）

第 9 节　眼外伤患者的护理

学习目标

1. 叙述眼穿通伤的临床表现
2. 说出电光性眼炎的治疗

◆教学重点：眼挫伤的临床表现、治疗及护理措施

◆教学难点：眼化学伤的处理原则及急救措施

眼球的结构精细、脆弱、复杂，一经损伤，很难修复。眼外伤往往造成视力障碍甚至眼球丧失，是致盲的主要原因。

大多数眼外伤是可以预防的，加强安全生产教育，严格执行操作规程，完善防护措施，能有效减少眼外伤。眼外伤可分为机械性和非机械性两大类。

一、眼　挫　伤

眼挫伤(ocular blunt trauma)是眼部受机械性钝力引起的外伤，可造成眼附属器损伤，也可造成眼球的损伤，严重危害视功能。

（一）病因

常见的病因有飞溅的石块、铁块、木根、球类、各种劳动工具、玩具或手指等钝力直接作用。

（二）临床表现

1. 症状及体征

(1) 眼睑挫伤：眼睑水肿、皮下淤血、眼睑皮肤裂伤、泪小管断裂以及眶壁骨折与鼻窦连通而致眼周皮下气肿。

(2) 结膜挫伤：结膜水肿、球结膜下淤血及结膜裂伤。

(3) 角膜挫伤：角膜上皮擦伤，基质层水肿、混浊，后弹力层皱褶，角膜裂伤。

(4) 巩膜挫伤：多见于巩膜最薄弱的角巩膜缘或眼球赤道部。

(5) 虹膜睫状体挫伤：外伤性虹膜睫状体炎、外伤性散瞳、瞳孔根部断离。虹膜前房积血、挫伤性高眼压，房角后退性青光眼。

(6) 晶状体挫伤：晶状体脱位或半脱位及外伤性白内障。

(7) 玻璃体积血：睫状体、脉络膜和视网膜血管破裂所致。

(8) 脉络膜、视网膜及视神经挫伤：脉络膜破裂及出血、视网膜震荡和脱离以及视神经损伤。

2. 辅助检查　裂隙灯显微镜及眼底检查可评估病变部位及程度。

（三）护理诊断

1. 视力下降　与眼内积血和眼组织损伤有关。

2. 眼痛　与眼内积血、眼压升高及眼组织损伤有关。

3. 自理能力缺陷　与视力下降、眼部包扎有关。

4. 焦虑　与担心视力不能恢复有关。

（四）治疗及护理措施

1. 非手术治疗　眼睑水肿及皮下淤血者，早期可冷敷。结膜水肿、球结膜下淤血及结膜裂伤者，用抗生素滴眼液预防感染。角膜上皮擦伤者用抗生素眼膏。外伤性虹膜睫状体炎用散瞳剂滴眼。前房积血、视网膜出血应卧床休息，使用止血剂。

2. 手术治疗　眼睑皮肤裂伤、严重结膜撕裂伤者，应手术缝合。角巩膜裂伤者应在显微镜下行次全层缝合。前房积血多，伴眼压升高，应做前房穿刺放出积血；有较大血凝块时，可手术切开取出血块，避免角膜血染。多进食富含纤维素、易消化的饮食，保持排便通畅，避免用力排便、咳嗽及打喷嚏。严重巩膜根部离断伴复视者，可考虑虹膜根部缝合术。玻璃体积血者，伤后 3 个月以上未吸收可考虑做玻璃体切割手术，视网膜脱离应及早手术治疗，争取视网膜复位。晶状体混浊可行白内障摘除术。

3. 密切观察视力和眼局部伤口的变化，如有前房积血应注意眼压变化和每日积血的吸收情况。

4. 眼外伤多为意外损伤，直接影响视功能和眼部外形，患者一时难以接受，多有焦虑及悲观心理，应给予心理疏导。

二、眼球穿通伤

眼球穿通伤(perforating injuries of the eye)指高速飞来的锐器穿破眼球壁，所造成的一系列损伤，是致盲的主要原因。穿通性眼外伤常并发球内异物，还会并发交感性眼炎。

（一）病因

高速飞来的碎片进入眼内或尖锐物体刺伤眼球。

（二）临床表现

1. 症状及体征　突发性视力减退和眼部疼痛，刺激症状明显，损伤部位多为角膜或巩膜，有时可造成眼球穿孔。较大伤口显而易见，细小穿通伤需要仔细检查，特别是巩膜小伤口易被忽视。对角膜小穿孔可点一滴荧光素，观察有无溪流现象即可确诊。角膜穿通伤可致使房水外流，前房变浅或眼压降低，伤口常伴有色素膜脱出、瞳孔变形，如眼内容物脱出过多，可使眼球塌陷，晶状体囊膜破裂，会发生外伤性白内障。

2. 眼球穿通伤可合并眼内异物存留，眼内异物存留对眼球的损伤程度取决于异物的大小、性质、冲击力的强弱以及受伤部位。另外，还有发生交感性眼

炎的可能。

（三）护理诊断

1. 眼痛　与眼内组织受损及眼压升高有关。

2. 视力下降　与眼内组织受损及眼内积血有关。

3. 焦虑　眼外伤后患者难以接受事实。

4. 潜在并发症　眼内异物、感染性眼内炎、交感性眼炎。

（四）治疗及护理措施

1. 治疗原则　缝合伤口、止血、预防感染和并发症的发生。

2. 治疗和护理配合

(1) 协助缝合伤口，恢复眼球完整性。小于2～3mm伤口可不缝合，大于3mm以上伤口应在显微手术条件下缝合。

(2) 预防感染：全身及眼局部应用广谱抗生素和糖皮质激素，散瞳并包扎伤眼。常规注射破伤风抗毒素。

(3) 眼外伤患者一时难以面对现实，护士要耐心安慰患者，密切配合治疗。对伤后视功能及眼球外形恢复无望，行眼球摘除者，应详细向患者及家属介绍手术的理由及术式、术后安装义眼等事项，做好心理护理。

(4) 换药时要观察局部伤口的愈合情况。

3. 观察患者的体温、瞳孔及视力变化情况，一旦健眼发生不明原因的眼部充血、视力下降及眼痛，要警惕交感性眼炎的发生。如发生感染性眼内炎应充分散瞳，局部和全身使用大剂量抗生素及皮质类固醇，玻璃体内注药可以提供有效药物浓度。同时做好玻璃体切割手术准备。

4. 患者出院后要定期复查，定期做眼底检查，如有不适及时就诊。

☞考点：眼球穿通伤的治疗及护理措施

三、眼化学伤

链接

眼化学伤

眼化学性烧伤由化学物品的溶液、粉尘或气体接触眼部所致。多发生在化工厂、实验室或施工场所，其中以酸性、碱性烧伤最为多见。酸对蛋白质有凝固作用，低浓度时仅有刺激作用，高浓度时能使组织蛋白质凝固坏死，由于凝固的蛋白质不溶于水，形成一凝固层，能阻止酸性物质继续向深层渗透，对组织损伤相对较轻。碱能溶解脂肪和蛋白质，碱与组织接触后很快渗透到深层组织和眼内，使细胞分解坏死，相比之下，碱烧伤的后果更为严重。

案例4-10

黄某，男，38岁，因在施工中不慎将石灰水溅入左眼，患者当时即感灼热痛，立即用自来水冲洗左眼，来医院检查角膜有明显混浊水肿，上皮层完全脱落。

问题：1. 患者眼化学性烧伤处于何种程度？

2. 患者入院后应选择何种药物进行结膜下注射？

3. 如何进行生产安全防护宣教？

眼化学伤(ocular chemical burns)指化学物品的溶液、粉尘或气体进入或接触眼部，引起眼部损伤。

（一）临床表现

1. 轻度　多为弱酸和稀释的弱碱引起。眼睑与结膜轻度充血、水肿，角膜上皮有点状脱落或水肿。数日后水肿消失，上皮修复不留瘢痕。

2. 中度　可由强酸或较稀的碱性物质引起。眼睑皮肤可起水疱或糜烂；结膜水肿，出现小片缺血坏死，角膜有明显混浊、水肿，上皮层完全脱落或形成白色凝固层。治愈后可遗留角膜斑翳，影响视力。

3. 重度　大多为强碱引起。结膜出现广泛的缺血性坏死，呈灰白色混浊；角膜全层混浊甚至呈瓷白色。角膜基质层溶解，造成角膜溃疡或穿孔。碱渗入前房，引起葡萄膜炎，继发性青光眼和白内障等。晚期可出现眼睑畸形、眼睑外翻、眼睑内翻、睑球粘连及结膜干燥症等(图4-15)。

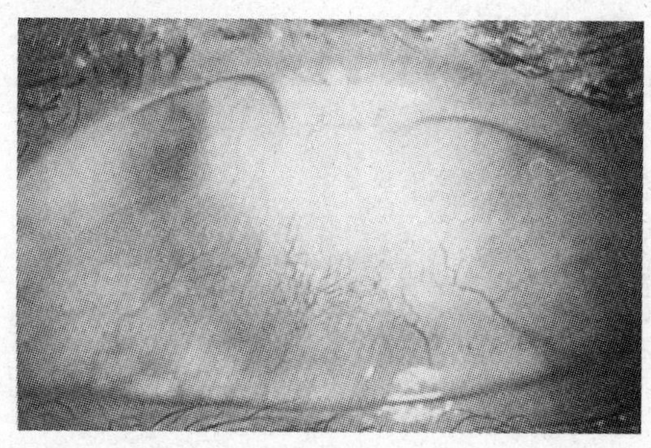

图4-15　眼球碱烧伤

（二）护理诊断

1. 感知改变　视力下降，与化学物质引起眼内损伤有关。

2. 眼部疼痛　与化学物质引起眼内损伤有关。

3. 潜在并发症　化学物质造成角膜溃疡、虹膜睫状体炎、继发性青光眼、并发性白内障、眼睑畸形。

4. 知识缺乏　缺乏眼化学伤防护知识。

5. 自理缺陷　与视力下降有关。

（三）治疗及护理措施

1. 处理原则　现场急救，彻底冲洗，根据病情选择药物或手术治疗。

2. 治疗护理配合

(1) 急救:争分夺秒,立即就地取材,用清水反复冲洗至少30分钟,冲洗时应翻转眼睑,转动眼球,结膜囊内的化学物质彻底洗出。如为单眼受伤,则冲洗时头偏向受伤眼,避免冲洗物流入健眼引起健眼受伤。

☞考点:碱烧伤的急救措施

(2) 药物治疗:①碱性眼化学伤者早期可用维生素 C_1 约2ml结膜下注射。②酸性眼化学性烧伤者可结膜下注射5%磺胺嘧啶钠溶液1～2ml。③局部或全身应用抗生素和皮质类固醇,伤后2～3周内角膜有溶解倾向应停用。用1%阿托品溶液滴眼散瞳。

(3) 手术治疗:如果有球结膜坏死应早期手术切除坏死组织,手术矫正眼睑外翻、睑球粘连,角膜移植。

(4) 防止睑球粘连,可放置睑球隔离器或每日用玻棒分离。

(5) 观察并记录患者的视力状况,协助做好生活护理和心理安慰。疼痛明显时遵医嘱应用止痛剂。

(6) 角膜上皮轻度损伤一般经24小时即可恢复,可涂抗生素眼膏并包扎。角膜损伤严重需做角膜移植手术。

3. 加强对一线工人的安全防护,配备防护眼镜、衣服,进行安全生产知识教育,严格操作规程,并指导如何进行化学伤的急救等。

案例4-10分析

1. 患者眼化学性烧伤处于中度烧伤。

2. 患者入院后应选择维生素C进行结膜下注射。

3. 生产安全防护宣教:①加强工人安全生产知识教育,遵守操作规程。②从事对眼及面部有潜在危险的工种,要戴防护面罩或防护眼镜。③掌握酸碱烧伤知识,在第一时间做好自救,及时彻底冲洗,将烧伤减到最低程度,以赢取下一步治疗时机。

四、电光性眼炎

电光性眼炎(electric ophthalmia)是机械工业中最常见的一种职业病,任何接触紫外线辐射而无防护者均可发生。在高原冰川雪地,海面或沙漠上作业或旅游而发病者称日光性眼炎或雪盲。

(一) 临床表现

紫外线照射约4～8小时,两眼出现剧痛、畏光、流泪、眼睑痉挛、结膜充血、角膜上皮点状荧光素染色,严重者角膜上皮大片剥脱,知觉减退。

(二) 护理诊断

1. 疼痛　眼痛与角膜上皮脱落有关。

2. 角膜上皮组织完整性受损　与紫外线照射有关。

(三) 治疗及护理措施

1. 早期冷敷、针刺可减轻症状,滴入丁卡因滴眼液可立即消除疼痛。如无感染一般经6～8小时可自行缓解,24～48小时完全消退。

2. 涂抗生素眼膏并包扎,嘱患者勿用手揉眼,防止角膜上皮受损。

3. 教育患者注意职业防护,电焊时应带防护眼镜。

(房民琴)

第10节　防盲治盲及低视力康复与眼保健

链 接 »»

可避免盲和不可避免盲

根据致盲原因,可以将盲分为可避免盲和不可避免盲两大类。可避免盲是指通过及时应用现有的足够知识和恰当措施,有些致盲性眼病就能够得到预防或控制,如沙眼,有些致盲性眼病能通过成功的治疗而恢复视力,如白内障。不可避免盲是指应用现有的知识和治疗手段,还不能够预防和治疗眼病,例如年龄相关性黄斑变性、视网膜色素变性等。

世界卫生组织(WHO)估计全球盲人有4000万～4500万,低视力是盲人的三倍,全世界每年视力损害的花费已达到250亿美元,视力损害是我国乃至全球的一个严重的公共卫生问题,为此,以WHO为主导与包括国际防盲协会(IAPB)在内的许多从事防盲工作的非政府组织(NGOS)于1992年2月18日共同发起了"视觉2020——享有看见的权利"这一全球行动,目标是到2020年在全世界根除5种可避免盲。

一、眼健康教育

健康教育是现代护理学中的一个重要的内容,指通过教学途径帮助我们学到保持或恢复健康的知识,自觉地培养关心健康的态度,形成健康的行为,从而使人们达到最佳的健康状态。健康教育包括四个重要内容:保持健康,预防疾病和外伤、恢复健康、适应机体功能状态。

在眼健康教育过程中,我们应该使人们认识到保护眼睛、预防眼病和保持眼健康的意识,使护理对象的治疗和护理效果更加满意。同时,向护理对象提供正确的眼健康知识,使其能正确选择与使用医疗护理资源,确保眼球的安全性。

(一) 眼健康内容

1. 常见眼病的知识　如传染性眼病、遗传性眼病、年龄相关性眼病、青少年眼病、青光眼、角膜病等。

2. 眼的卫生常识和保健常识　如用眼卫生、环境、营养、代谢与眼病的关系。

3. 眼外伤与职业性眼病的知识及预防要点。

4. 建立健全各级医疗保健机构，争取成立网络管理系统。培训具有一定保健能力的医护人员，能及时完成咨询、家庭治疗、家庭保健和指导护理等工作。

5. 加强社区医疗护理教育，定期举办各种有益的宣传教育活动，向有关重点人群和高危人群进行眼保健预防知识的宣传教育工作，向全民普及眼健康保健知识。

（二）电视电脑与眼保健

1. 电视机屏幕上的影像，画面是由无数闪烁的小点构成，每变换一个画面都有闪烁不定的强光，对眼睛都有害。

2. 白天看电视时，屋内光线亮度应均匀，不要太暗。晚上看电视时，可开一盏柔和的小灯，这样眼睛不容易产生疲劳。电视机摆放要与眼睛在同一水平线上，距离应适宜，如果距离太近。会加重眼的调节，加重视疲劳。

3. 看电视时间不宜过长，一般以1～2小时为宜，中间应到室外远眺，做眼保健操，消除眼睛疲劳。老年人如长时间在暗处看电视，易诱发青光眼。

（三）各年龄阶段的眼保健

1. 学龄前　学会看视力表，每年检查1次视力，并观察眼位是否正常，如发现斜视应及时治疗。远视应尽早戴镜，预防弱视。勿将剪刀、小刀、削尖的铅笔等尖锐物品让孩子把玩，防止眼外伤发生。

2. 学龄期　看书、写字时保持良好的姿势，不在太阳直射下或光线昏暗处看书，不在走动的车厢看书。看书45分钟后就应休息，远眺、减少调节，预防近视。

3. 青壮年期　注意劳动生产、预防眼外伤是重点。

4. 中老年期　加强营养，定期检查，积极治疗全身疾病如高血压、糖尿病以及眼部并发症，重点是防治青光眼、白内障，并配戴合适老花镜。

二、防盲治盲和低视力康复

据世界卫生组织估计，通过眼保健教育和加强眼保健工作，全球80%的盲人是可以避免的，只有20%的盲和视力损伤目前尚无有效的预防和治疗方法，但通过低视力保健和康复治疗可以使他们得到不同程度的帮助，以提高生活质量，适应社会发展的需要。

（一）几种主要的致盲性眼病

1987年，我国的调查报告，盲人患病率为0.43%，致盲原因依次为白内障(46.07%)、角膜病(11.44%)、沙眼(10.12%)、屈光不正和弱视(9.73%)、葡萄膜视网膜病(5.89%)、青光眼(5.11%)、其他(12.64%)。由此可见，白内障是我国致盲的首要原因，而年龄相关性白内障是一种可治盲，大力开展白内障复明手术，可降低我国盲人的患病率。

1. 白内障　是致盲主要原因，我国目前盲人中约有半数是由白内障引起的，每年新增白内障盲人约为40万。由此白内障的治疗首先是防盲治盲工作要考虑的。大多数患者通过手术治疗可以恢复到接近正常视力。

2. 角膜病　角膜病也是致盲的主要原因，以感染性角膜炎多见。积极预防治疗细菌性、病毒性、真菌性角膜炎，是减少角膜病致盲的有效手段。

3. 沙眼　是最常见和可预防的致盲性眼病。"视觉2020"行动已制定"SAFE"（即手术、抗生素、清洁脸部和改善环境）的防治策略，沙眼是可以控制的。

4. 青光眼　是我国主要致盲眼病之一。青光眼引起的视功能损伤是不可逆的，但通过积极开展青光眼的普查和知识普及，早发现治疗，定期随访，大多数患者可终身保持有用的视功能。

5. 儿童盲　是"视觉2020"行动提出的防治重点，多由维生素A缺乏、新生儿结膜炎、先天性或遗传性眼病和早产儿视网膜病变引起。孕期保健，优生优育和加强眼病的防治，可以减少发生。

6. 糖尿病性视网膜病变　糖尿病已成为一个社会性疾病，糖尿病性视网膜病的发病率也越来越高，已成为致盲的重要眼病，应当加强防治，严格控制血糖，定期随访，早期发现，早期治疗，以挽救视力。

7. 屈光不正和低视力　WHO估计，目前有3500万人需低视力保健服务。"视觉2020行动"将通过初级保健服务，学校中视力普查和提供合格的眼镜，努力向大多数人提供能负担得起的屈光服务和矫正眼镜。

8. 眼外伤　眼外伤是致单眼盲的主要原因，也是双眼视力损伤的原因之一。在我国以机械性眼外伤和眼内异物最为多见，眼外伤可发生在不同年龄的人群中。儿童眼外伤最常见的原因是危险的运动和带尖的玩具，成人眼外伤大多由职业活动造成。对于眼外伤的防治，既要求及时地初步处理，更要求重在预防。进行危险工作时应戴保护眼镜、避免酸碱液体溅入眼内，儿童不玩带有危险的玩具，家长加强监护等，对于预防眼外伤十分重要。

（二）低视力和盲标准

世界卫生组织(WHO)于1973年提出了盲和视力损伤的分类标准(表4-1)并鼓励所有国家的研究和

临床工作者以及有关机构采用这一标准。这一标准将盲和视力损伤分为五级，规定一个人较好眼的最好矫正视力<0.05 时为盲人，较好眼的最好矫正视力<0.3 时、但≥0.05 时为低视力者。该标准还考虑到视野状况，指出不论中心视力是否损伤，如果以中央注视点为中心，视野半径≤10°、但>5°时为 3 级盲，视野半径≤5°时为 4 级盲。我国于 1979 年第二届眼科学术会议上决定采用这一标准。

表 4-1 视力损伤的分类(世界卫生组织，1973)

视力损伤		最好矫正视力	
类别	级别	较好眼	较差眼
低视力	1	<0.3	≥0.1
	2	<0.1	≥0.05(指数/3m)
盲	3	<0.05	≥0.02(指数/1m)
	4	<0.02	光感
	5	无光感	

（三）低视力康复

低视力患者通过使用助视器(visual aids)，可以改善他们的生活质量。

助视器分为两大类，即光学性助视器和非光学性助视器。光学性助视器又分为近用和远用两种。低视力患者因工作、生活及学习的不同要求，常常需要一种以上助视器。

1. 近用光学助视器　增大目标在视网膜上的成像。助视器种类比较多，常用的有立式放大镜，手持放大镜、眼镜式助视器，还有近年来推出的闭路电视(CCTV)和电脑软件。

2. 远用光学性助视器　望远镜系统，可以使低视力患者看清远、中距离目标。视力越差所需要的放大倍数越高，视野范围越小。望远镜放大倍数如在 8 倍以上便不适合视觉康复。

选择题

A_1 型题

1. 睑腺炎的主要致病菌是(　　)
   A. 肺炎双球菌　B. 单纯疱疹病毒
   C. 莫-阿双杆菌　D. 带状疱疹病毒
   E. 金黄色葡萄球菌
2. 溃疡性睑缘炎与鳞屑性睑缘炎的主要区别是(　　)
   A. 睫毛易脱落
   B. 常伴发结膜炎、泪溢、湿疹
   C. 可发现小溃疡和脓疱
   D. 有很多鳞屑
   E. 以上都不正确
3. 瘢痕性睑内翻常见于(　　)
   A. 急性结膜炎　B. 沙眼
   C. 睑腺炎　D. 睑板腺囊肿
   E. 免疫性结膜炎
4. 慢性泪囊炎的主要症状是(　　)
   A. 疼痛　B. 流泪
   C. 视力下降　D. 泪溢
   E. 异物感
5. 细菌性结膜炎最明显的特征是(　　)
   A. 睫状充血　B. 瞳孔散大
   C. 结膜充血　D. 乳头增生
   E. 滤泡形成
6. 下列结膜病与过敏有关的是(　　)
   A. 结膜干燥症　B. 淋菌性结膜炎
   C. 急性卡他性结膜炎　D. 春季角结膜炎
   E. 急性出血性结膜炎
7. 引起树枝状角膜炎的病原体是(　　)
   A. 单纯疱疹病毒　B. 金黄色葡萄球菌
   C. 真菌　D. 肺炎双球菌
   E. 腺病毒
8. 细菌性角膜炎治疗配合的关键是(　　)
   A. 热敷患眼
   B. 高浓度抗生素眼药水频繁滴眼
   C. 施行治疗性角膜移植术
   D. 散瞳
   E. 多食高维生素、易消化的食物，保持大便通畅
9. 急性闭角型青光眼治疗速度最快的是(　　)
   A. 缩瞳剂　B. 高渗脱水剂
   C. 休息　D. 手术
   E. 碳酸酐酶抑制剂
10. 正常双眼眼压差不应大于(　　)
    A. 5～8mmHg　B. 10～20mmHg
    C. 20～30mmHg　D. 1～3mmHg
    E. 8～10mmHg
11. 葡萄膜炎患者应用散瞳剂以达到(　　)
    A. 扩大瞳孔　B. 减少粘连
    C. 解除痉挛　D. 止痛
    E. 以上均是
12. 白内障多见(　　)
    A. 先天性　B. 婴儿性
    C. 青年性　D. 成年性
    E. 老年性
13. 高血压视网膜病变分几级(　　)
    A. 1 级　B. 2 级
    C. 3 级　D. 4 级
    E. 5 级
14. 结膜下注射混合散瞳剂量为(　　)
    A. 0.1～0.2ml　B. 1～2ml
    C. 3～4ml　D. 0.3～0.4ml

E. 5～10ml

15. 高度近视的屈光度为(　　)

A. ＞－3.00D　B. ＞－4.00D

C. ＞－5.00D　D. ＞－6.2500D

E. ＞－7.00D

16. 老视患者50岁应配戴(　　)

A. ＋1.00D　B. ＋2.00D

C. ＋3.00D　D. ＋4.00D

E. ＋5.00D

17. 弱视随访时间一般为(　　)

A. 3年　B. 1年　C. 2年

D. 4年　E. 5年

18. 调节性内斜视全矫后多长时间复查(　　)

A. 1～3个月　B. 3～6个月

C. 1～3周　D. 3～6周

E. 10～12天

19. 碱性眼化学伤者早期可注射(　　)

A. 维生素C　B. 维生素D

C. 维生素A　D. 磺胺

E. 止血剂

20. 眼球穿通伤角膜伤口小于多少不需要缝合(　　)

A. 3mm　B. 1mm

C. 2mm　D. 4mm

E. 5mm

21. 目前我国致盲率最高的眼病是(　　)

A. 白内障　B. 青光眼

C. 沙眼　D. 角膜病

E. 屈光不正

22. 低视力指双眼中视力较好眼的最佳矫正视力(　　)

A. ＜0.3　B. ＜0.1

C. ＜0.8　D. ＜1.0

E. ＜0.9

A_2 型题

23. 患者，男，15岁，因左眼睑红、肿、热、痛等急性炎症症状来院就诊，查体左下睑外眦部皮肤红肿，触之有波动感，伴同侧耳前淋巴结肿大，余未见异常。对此患者采取的护理措施不正确的是(　　)

A. 热敷患眼

B. 局部给予抗生素眼药水滴眼

C. 患眼涂抗生素眼膏

D. 在睑结膜面切开排脓

E. 多食高维生素、易消化的食物，保持大便通畅

24. 患者，女，28岁，因眼睛干涩伴烧灼感2月就诊，裂隙灯显微镜检查后，作泪液分泌试验示双眼3mm(正常为10～15mm)，诊断为干眼症。对此患者施行的不正确护理措施是(　　)

A. 人工泪液滴眼　B. 泪道冲洗

C. 泪小点封闭　D. 戴硅胶眼罩

E. 保持眼部清洁

25. 患者，男，23岁，因感冒受凉后出现眼痛、畏光、流泪、异物感及视力减退等症状来院就诊，查体右眼视力：0.3且不能矫正，左眼视力：1.0，右眼睫状充血明显，角膜内上方有树枝状表浅溃疡，余未见异常。根据患者的症状和体征，最可能诊断为(　　)

A. 细菌性角膜炎

B. 真菌性角膜炎

C. 单纯疱疹病毒性角膜炎

D. 泡性角结膜炎

E. 角膜软化症

A_3 型题

(26、27题共用题干)

患者，女，32岁，左眼溢泪2年，并因此而产生自卑感。近日因溢泪加重而来院就诊。检查示：左眼结膜充血明显，泪囊区发红、稍隆起，压迫泪囊部有脓液自下泪小点流出。

26. 对该患者的初步诊断可能是(　　)

A. 细菌性结膜炎　B. 沙眼

C. 病毒性结膜炎　D. 慢性泪囊炎

E. 睑腺炎

27. 对该患者采取的不正确护理措施是(　　)

A. 指导局部滴用抗生素眼药水

B. 行泪道冲洗治疗

C. 行泪道探通

D. 行泪小点封闭

E. 给予心理疏导

(28～30题共用题干)

患者，男，14岁，3天前到游泳池游泳后，双眼先后出现红肿、疼痛、畏光、流泪、异物感及水样分泌物增多，伴耳前淋巴结肿大，故来院就诊。裂隙灯检查示：眼睑红肿，结膜充血水肿，结膜囊内有大量水样分泌物，角膜(－)。

28. 分诊护士根据症状及体征，判断该患者最有可能是(　　)

A. 翼状胬肉　B. 干眼症

C. 泡性角结膜炎　D. 沙眼

E. 病毒性结膜炎

29. 拟诊断为上述病变的主要依据是(　　)

A. 泪膜破裂试验示双眼6秒

B. 眼痛、结膜充血水肿及水样分泌物增多

C. 结膜刮片找到沙眼包涵体

D. 结膜出现瘢痕

E. 上穹隆部结膜出现瘢痕

30. 对该患者采取的主护理措施是(　　)

A. 冲洗结膜囊，并做好消毒隔离

B. 冲洗泪道

C. 局部使用缩瞳剂

D. 热敷患眼

E. 包扎患眼

(31～33题共用题干)

患者，女，19岁，因右眼戴角膜接触镜后出现红痛、畏光、流泪、视力下降1天，在同学陪同下来医院就诊。检查：右眼结膜混合充血，角膜下方有一直径约为2.5mm的坏死灶，表面有黄绿色脓性分泌物，前房有黄绿色积脓约1mm。

31. 根据上述症状和体征，该患者应初步诊断为（　　）
A. 匐行性角膜溃疡
B. 绿脓杆菌性角膜炎
C. 真菌性角膜炎
D. 单纯疱疹病毒性角膜炎
E. 角膜基质炎

32. 最具诊断价值的检查是（　　）
A. 视力检查
B. 眼压测量
C. 角膜溃疡刮片做细菌培养
D. 色觉检查
E. 泪膜破裂时间测定

33. 对该患者施行的错误护理措施是（　　）
A. 抗生素眼药水局部滴眼，减轻炎症反应
B. 局部滴用糖皮质激素，减少炎性渗出
C. 适量使用散瞳剂
D. 热敷患眼，促进炎症消退
E. 严格执行消毒隔离制度，避免交叉感染

A_4 型题

（34～36 题共用题干）

患者，女，51 岁，剧烈头痛、眼痛、恶心、呕吐。眼部检查：结膜混合充血伴结膜水肿，角膜水肿呈雾状浑浊，对光反射消失，前房浅，眼底不易窥见。

34. 根据上述临床表现，初步诊断该患者是（　　）
A. 视网膜中央动脉阻塞
B. 开角型青光眼
C. 先天性青光眼
D. 前葡萄膜炎
E. 急性充血性青光眼

35. 急性发作期的治疗原则是（　　）
A. 迅速降低眼压、减少组织损害、积极挽救视力
B. 用药物降低眼压，待眼压恢复正常后，可考虑手术治疗
C. 频繁滴用缩瞳剂
D. 配合使用碳酸酐酶抑制剂、高渗剂
E. 以上都是

36. 如进行手术治疗，其护理要点错误的是（　　）
A. 术后当天可自由活动
B. 做好术眼观察
C. 按医嘱滴用抗生素和糖皮质激素眼药
D. 观察并发症
E. 加强心理护理及健康指导

（37、38 题共用题干）

患者，男，60 岁，双眼视力逐渐下降 1 年，加重 1 月。眼部检查：右眼晶状体完全混浊，呈乳白色，眼后段无法窥见，视力眼前指数/10cm 左眼视力 0.3，诊断为老年性白内障。

37. 根据晶状体浑浊的程度白内障为（　　）
A. 初发期　　B. 未成熟期
C. 成熟期　　D. 过熟期
E. 以上都是

38. 下列关于老年性白内障的说法哪个不正确（　　）
A. 是最主要的致盲原因
B. 初期可突发眼痛
C. 与紫外线照射、糖尿病、高血压有关
D. 按病程分 4 期
E. 发病率随年龄增长

（39、40 题共用题干）

患者，男，38 岁，因工作不慎将氨水溅入右眼，当时即感右眼灼热痛，简单用水清洗后立即来院。

39. 眼化学伤紧急处理的方法是（　　）
A. 立即用大量清水冲洗患眼
B. 立即用大量抗生素眼药水滴眼
C. 立即静脉大量输液
D. 球结膜下注射中和剂
E. 立即送医院专科治疗

40. 碱性物质对眼组织的损伤比酸性物质更严重的主要原因是（　　）
A. 碱性物质能激活组织中胶原酶，致角膜自溶
B. 碱性物质对眼组织的亲和力比酸性物质大
C. 碱性物质溶解脂肪和蛋白质，可使碱性物质渗透到深层组织和眼内
D. 碱性物质可使角膜缘的血管造成闭塞性动脉炎，易致角膜营养障碍
E. 以上说法均不对

（房民琴）

第 5 章　耳鼻咽喉的应用解剖及生理

学习目标

1. 了解耳鼻咽喉的解剖位置
2. 理解耳鼻咽喉的解剖要点
3. 掌握耳鼻咽喉的生理功能

第 1 节　耳的应用解剖及生理

一、耳的解剖

耳包括外耳、中耳和内耳三部分(图 5-1)。

(一) 外耳

1. 耳郭　以软骨为支架,外覆软骨膜和皮肤。耳郭皮下组织较少,血液供应差,感染较重时可引起软骨坏死而导致耳郭畸形。耳郭的表面标志如图 5-2 所示。

2. 外耳道　起自外耳道口,止于骨膜,全长约 25～35mm。成人外耳道略呈“S”形弯曲,外 1/3 处为软骨部,内 2/3 处为骨部。检查鼓膜时需将耳郭向后上提起,使外耳道成一直线。婴幼儿骨部和软骨部尚未发育,在检查时需将耳郭向下牵拉。软骨部皮肤含有丰富的耵聍腺、皮脂腺和毛囊,是耳疖的好发部位。骨部与软骨部交界处较狭窄,异物易嵌顿于此。

☞考点:检查鼓膜时牵拉耳郭的方向,耳疖的好发部位

(二) 中耳

中耳由鼓室、鼓窦、咽鼓管和乳突组成。

1. 鼓室　为颞骨岩部的不规则含气空腔,向前借助咽鼓管与鼻咽部相通,向后以鼓窦入口和鼓窦及乳突气房相通。以鼓膜紧张部上下缘为界,将鼓室分为上、中、下三个鼓室。鼓室形似火柴盒,分为外、内、前、后、顶、底六个壁(图 5-3)。

(1) 外壁:主要被鼓膜占据。鼓膜垂直径 9mm,水平径 8mm,厚 0.1mm,是浅漏斗状、珠白色、半透明的薄膜。依据锤骨前后皱襞将鼓膜分为松弛部和紧张部,表面标志见图 5-4。

(2) 内壁:即内耳外壁,中央隆起为鼓岬,前庭窗(又名卵圆窗)位于鼓岬后上方;蜗窗(又名圆窗)位于鼓岬后下方;面神经水平部管突于前庭窗后上方通过。

(3) 前壁:为颈动脉壁,下部借薄骨板与颈内动脉相隔,上部有两个开口,即鼓膜张肌半管的开口和咽鼓管鼓室口。

(4) 后壁:又名乳突壁,上方有鼓窦入口,上鼓室和鼓窦以此相通。

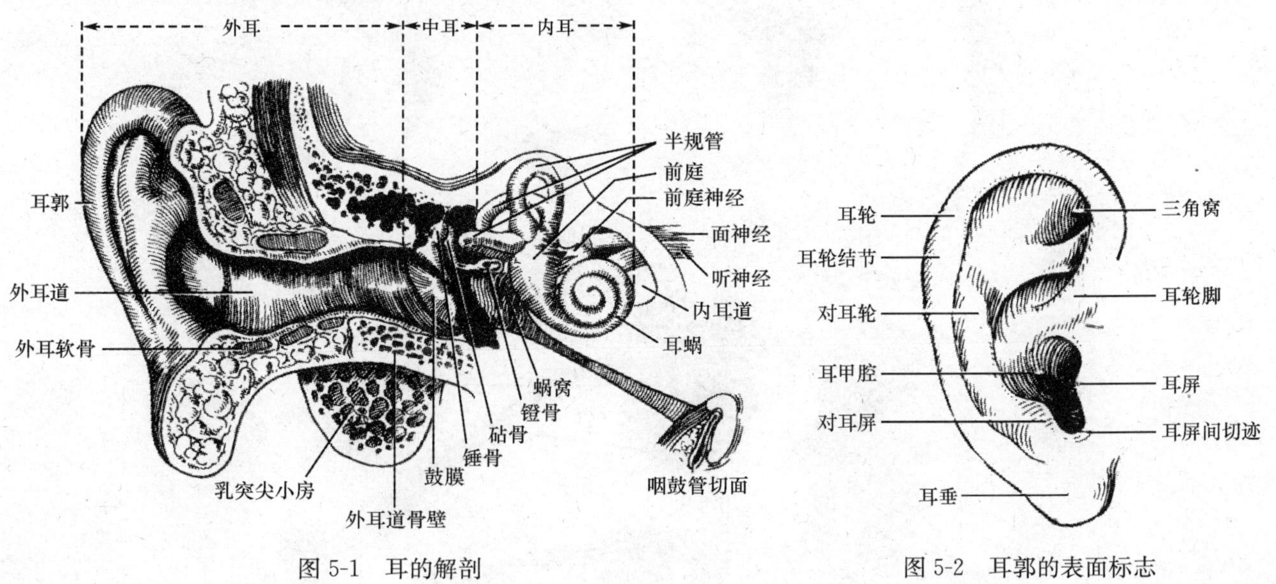

图 5-1　耳的解剖

图 5-2　耳郭的表面标志

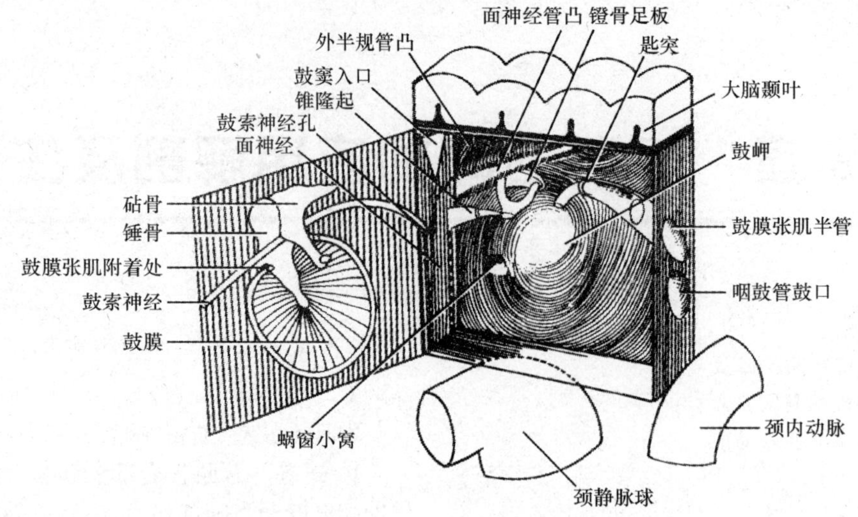

图 5-3 鼓室

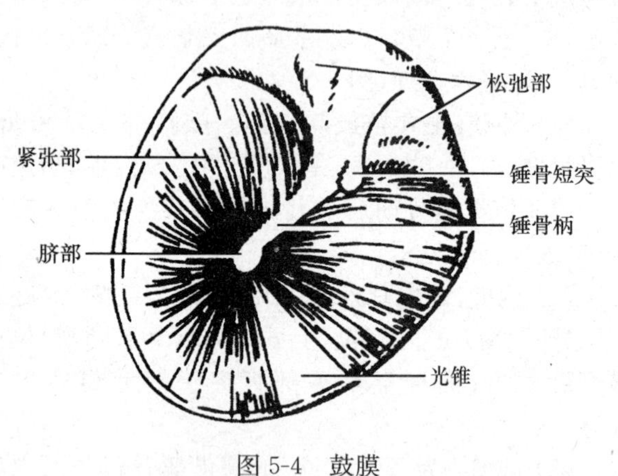

图 5-4 鼓膜

(5) 上壁：即鼓室盖，为一薄骨板，与颅中窝相隔。此壁损伤可导致脑脊液耳漏。

(6) 下壁：为一极薄骨板，与颈静脉球相隔。

鼓室内容：鼓室内有三块听小骨（锤骨、砧骨、镫骨），三者借关节连接成听骨链。锤骨柄连接鼓膜，镫骨足板借环韧带连接于前庭窗。其内有两条肌肉，鼓膜张肌和镫骨肌，两组肌肉共同作用可降低声波振动，从而保护内耳（图 5-5）。

☞考点：中耳的组成，鼓膜的表面标志，鼓室内容

2. 咽鼓管　鼓室口起于鼓室前壁，向内、下、前方斜行止于鼻咽侧壁的咽鼓管咽口。成人咽鼓管全长 3.5cm。外 1/3 为软骨部，内 2/3 为骨部。当张口、吞咽、哈欠时，咽口开放，以保持鼓室内、外气压平衡。小儿咽鼓管短而宽，又接近水平，因此小儿的咽部炎症容易经咽鼓管感染到中耳引起中耳炎（图 5-6）。

☞考点：小儿易患中耳炎的原因

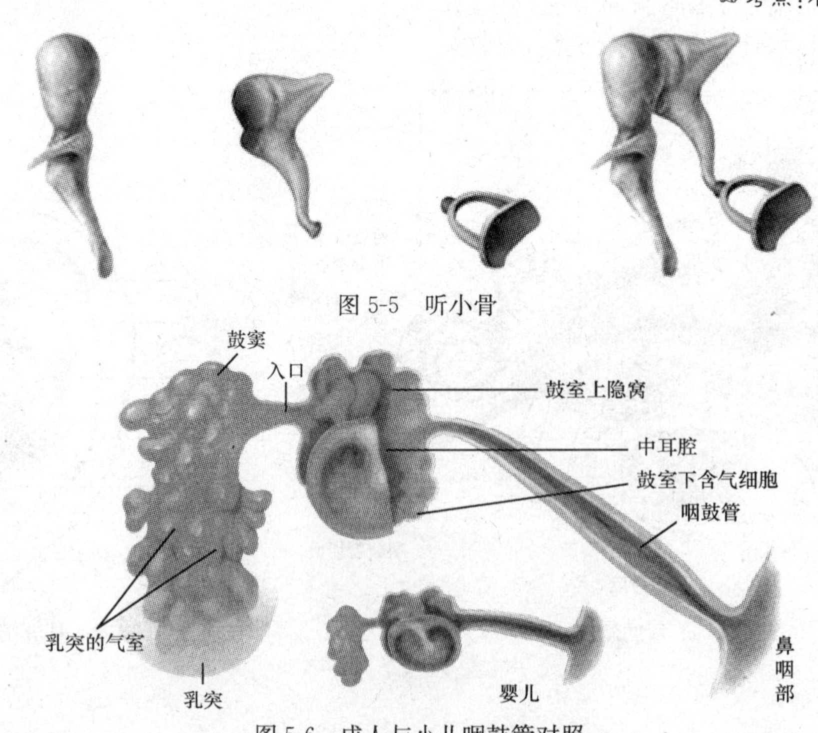

图 5-5 听小骨

图 5-6 成人与小儿咽鼓管对照

3. 鼓窦　是鼓室后上方的含气空腔。其前方通上鼓室，向后下与乳突气房相连，上壁以鼓窦盖与颅中窝相隔。

4. 乳突　乳突腔内含有似蜂房状、大小不等、相互连通的气房。后壁借骨板与乙状窦和颅后窝相隔。

（三）内耳

内耳又名迷路，由骨迷路和膜迷路组成，膜迷路位于骨迷路内，骨迷路与膜迷路之间充满外淋巴液，膜迷路内充满内淋巴液，内外淋巴液互不相通。

1. 骨迷路　为骨性结构，由耳蜗、前庭和半规管组成(图 5-7)。

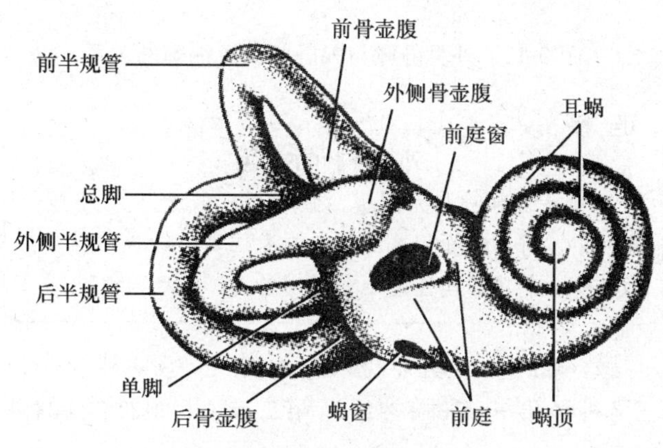

图 5-7　骨迷路

耳蜗：位于前庭前面，形似蜗牛壳，由中央的蜗轴和周围的骨蜗管构成。骨蜗管绕蜗轴向上 2.5～2.75 周达蜗顶。底周相当于鼓岬。从蜗轴突出的薄骨板伸入骨蜗管内并与其同程旋绕，称骨螺旋板。此板边缘与骨蜗管外壁和基底膜相连，骨螺旋板斜向伸出一薄膜为前庭膜，前庭膜与基底膜将骨蜗管分成三管腔，即前庭阶、鼓阶和中阶(膜窝管)(图 5-7)。

前庭：位于耳蜗和半规管之间，略呈椭圆形。前方有一孔通耳蜗，后有一孔通骨半规管。外壁为鼓室内壁的一部分，其上有前庭窗和蜗窗。内壁为内耳道底。

骨半规管：位于前庭的后上方，有三个互相垂直且呈弓状弯曲的骨管。依其所在部位称为上(前)半规管、后半规管、外(水平)半规管。每个半规管分别有两脚，膨大一端称壶腹，另一端称单脚，前半规管和后半规管的两个单脚合成一个总脚，因此，三个半规管共有五个孔与前庭阶相通。

2. 膜迷路　由椭圆囊、球囊、膜蜗管及膜半规管组成。各部相互连通，借纤维束固定于骨迷路内。位于基底膜上的螺旋器(corti 器)，由外毛细胞、支柱盖膜等组成，是听觉感受器的主要部分。椭圆囊和球囊分别有位觉斑，感受位觉(图 5-8)。

☞考点：听觉感受器的位置和组成

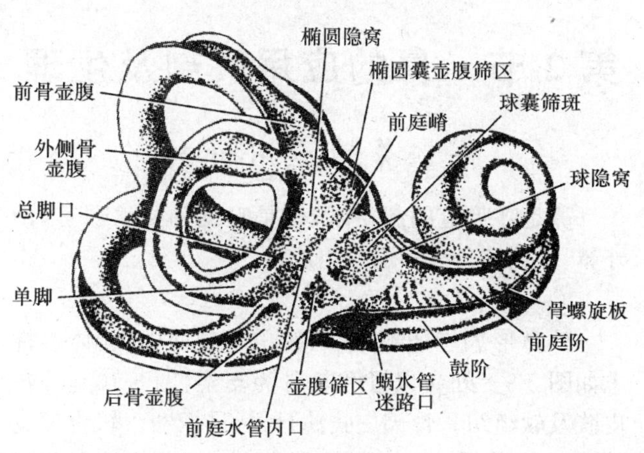

图 5-8　膜迷路

二、耳的生理

1. 听觉功能

声波通过空气传导(气导)和颅骨传导(骨导)两种途径进入内耳，正常情况下，以空气传导为主。

(1) 空气传导：耳郭收集声波，进入外耳道后引起鼓膜振动，带动听骨链运动，连动镫骨足板产生的往复位移，激发了耳蜗前庭阶的外淋巴液波动，在经前庭膜波动中阶的内淋巴液，继而使基底膜振动，刺激基底膜上的毛细胞，产生冲动，经听神经传至大脑听觉中枢，形成听觉。

(2) 颅骨传导：声波直接经颅骨传至内耳，引起内耳外淋巴液波动，经膜迷路传至内淋巴液，刺激耳蜗的螺旋器，产生听觉。骨传导的声能甚微，无实际意义，但是骨导听觉在耳聋性质鉴别诊断意义重大，骨导曲线下降表明感音功能下降。

链 接 >>>

全国爱耳日

由于遗传、药物、感染、疾病等各种因素，每年约有新生聋人 3 万，听力下降严重影响他们的生活、学习和社会交往。1998 年 3 月，全国政协第九届委员会上提出《关于建议确立爱耳日宣传活动》的提案，卫生部、民政部、教育部等 10 个部门落实政协提案，确立每年 3 月 3 日为全国爱耳日。

2. 平衡功能　人体平衡功能的维持，主要依赖于前庭器官(内耳)、本体感受器(骨骼肌)及视器(眼球)的互相协调，其中最为重要的是前庭器官。前庭接受头位变动、直线加速或减速运动的刺激，半规管接受角加速或减速运动的刺激，产生神经冲动后，经前庭神经传至中枢，再经传出神经引起眼球、颈和四肢肌反射运动，维持身体平衡。若前庭发生病变，则引起眩晕、倾倒、眼震以及肢体肌张力的变化。

☞考点：耳的生理功能

第2节 鼻的应用解剖及生理

一、鼻的应用解剖

鼻是呼吸道的起始端，也是嗅觉和共鸣器官，由外鼻、鼻腔和鼻窦三部分组成。

（一）外鼻

外鼻形如三边形锥体，突出于颜面中央，体表标志如图5-9。外鼻以骨和软骨为支架（图5-10），外覆皮肤及软组织。骨部皮肤薄且松，易推动。软骨部皮肤厚而紧，鼻前庭、鼻尖、鼻翼含有丰富的皮脂腺和汗腺，是疖肿和痤疮的好发部位。

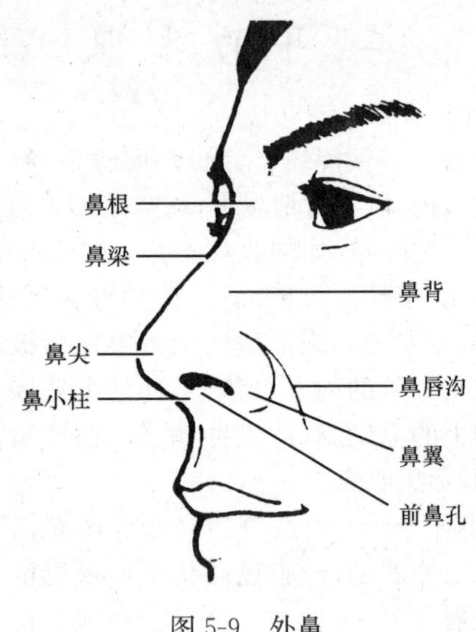

图5-9 外鼻

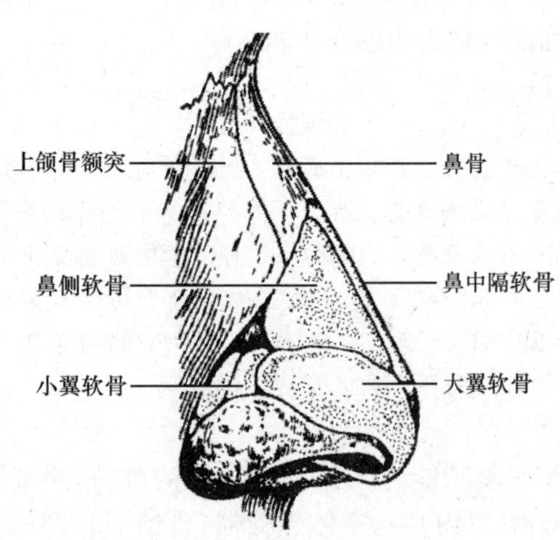

图5-10 外鼻的骨和软骨

1. 血管 外鼻血液供应来自面动脉。静脉经内眦静脉面静脉汇入颈内静脉。内眦静脉经眼上、眼下静脉与颅内海绵窦相通（图5-11）。面部静脉无瓣膜，血液可上下流动，挤压外鼻或上唇疖肿时，可引起面部蜂窝织炎症或海绵窦血栓性静脉炎。

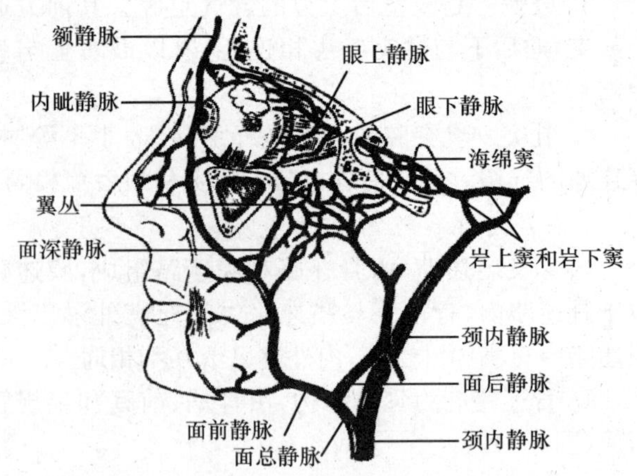

图5-11 外鼻静脉与眼静脉及海绵窦的关系

链接 >>>

外鼻静脉的特点

由于面部静脉无瓣膜，血液可双向流动。挤压外鼻疖肿，可引起面部蜂窝织炎或海绵窦血栓性静脉炎。故临床上将鼻根与上唇三角区域称为"危险三角"。

2. 神经 运动神经来自面神经，感觉神经来自三叉神经第一支（眼神经）、第二支（上颌神经）的部分支。

3. 淋巴 主要汇入颌下淋巴结、腮腺淋巴结。

☞考点：外鼻静脉特点

（二）鼻腔

鼻腔（nasal cavity）为一顶窄底宽狭长的腔隙，起自前鼻孔，止于后鼻孔并与鼻咽部相通。鼻中隔将其分成左右两腔，每侧鼻腔由鼻前庭和固有鼻腔两部分组成。

1. 鼻前庭 起于前鼻孔，止于鼻阈，外覆皮肤，内衬黏膜并长有鼻毛。皮下富含皮脂腺、汗腺及毛囊，易发生疖肿。由于缺乏皮下组织，皮肤与软骨膜连接紧密，故发生疖肿时，疼痛剧烈。

2. 固有鼻腔 简称鼻腔。起于鼻阈，止于后鼻孔，有顶、底、内、外四壁。

（1）顶壁：主要由筛骨的水平板构成。筛板薄而脆，其上的小孔称筛孔，嗅神经穿过此板的筛孔进入颅前窝。外伤或手术时易骨折，导致脑脊液鼻漏。

（2）底壁：即硬腭，与口腔相隔。

（3）内壁：为鼻中隔。由筛骨垂直板、鼻中隔软骨、犁骨构成，其前下方黏膜内丰富的动脉血管汇聚成丛，称黎特尔区（little's area），是鼻出血的好发部位（图5-12）。

（4）外壁：主要由上颌骨的内侧壁及筛骨组成，自上而下有三个呈阶梯式排列的长条骨片称为鼻甲，分别为上、中、下鼻甲，各鼻甲下方与鼻腔外侧壁形成

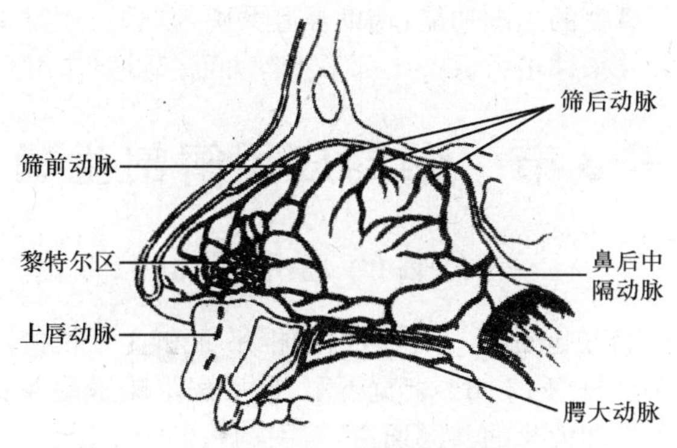

图 5-12　鼻中隔动脉

的间隙称上、中、下鼻道(图 5-13)。中鼻甲游离缘以上与鼻中隔之间的空隙称嗅裂或嗅沟,嗅裂将鼻腔分为嗅区和呼吸区两部分。

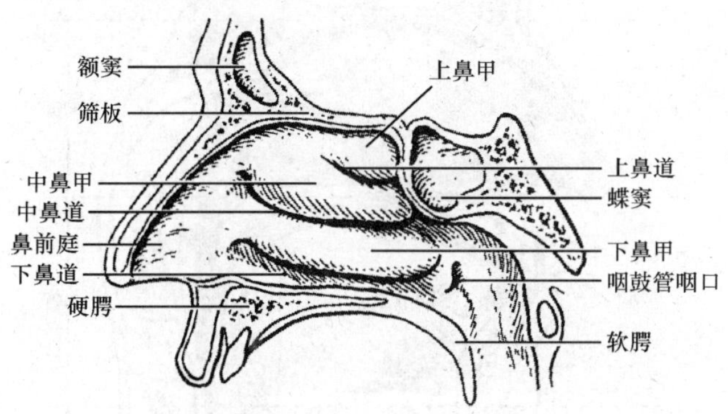

图 5-13　鼻腔外侧壁

上鼻甲体积最小,位于鼻腔外侧壁的后上部,前鼻镜检查很难窥见,其后端后上方有蝶筛隐窝,蝶窦开口于此。

中鼻甲体积稍大,为筛骨的一部分。中鼻道外侧壁有钩突、筛泡、半月裂,其后分别排列额窦、前组筛窦、上颌窦的开口。中鼻甲、中鼻道及附近的区域统称为窦口鼻道复合体,是鼻内窥镜鼻窦手术的标志。

下鼻甲体积最大,前端接近鼻阈,后端距咽鼓管咽口 1.0～1.5cm。下鼻甲肥厚或肿胀时可引起鼻塞,也可妨碍咽鼓管功能而出现耳鸣、耳聋等耳部症状。下鼻道的前上方有鼻泪管开口,其后端近鼻咽处的黏膜下有扩张表浅的静脉丛,称鼻-鼻咽静脉丛,是老年人鼻出血的好发部位。外侧壁中 1/3 接近下鼻甲附着处,骨壁薄血管少,是上颌窦穿刺的最佳进针部位。

☞考点:脑脊液鼻漏发生于顶壁,青少年、老年人鼻出血的好发部位,上颌窦穿刺的最佳进针部位

(三) 鼻窦

鼻窦(accessory nasal sinuses)是鼻腔周围颅骨、面骨内含气空腔。借窦口与鼻腔相通,左右成对,按其所在颅面骨命名为上颌窦、筛窦、额窦及蝶窦四对(图 5-14)。

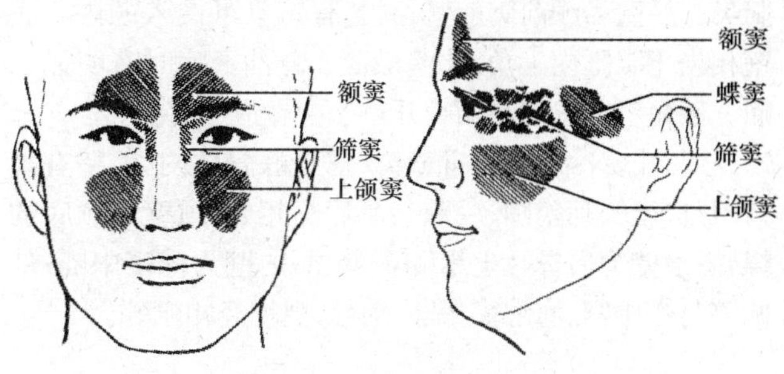

图 5-14　鼻窦的面部投影

按解剖位置及鼻窦开口分前后两组,前组鼻窦包括额窦、前组筛窦、上颌窦,开口于中鼻道。后组鼻窦包括后组筛窦和蝶窦,前者开口于上鼻道,后者开口于蝶筛隐窝(图 5-15)。

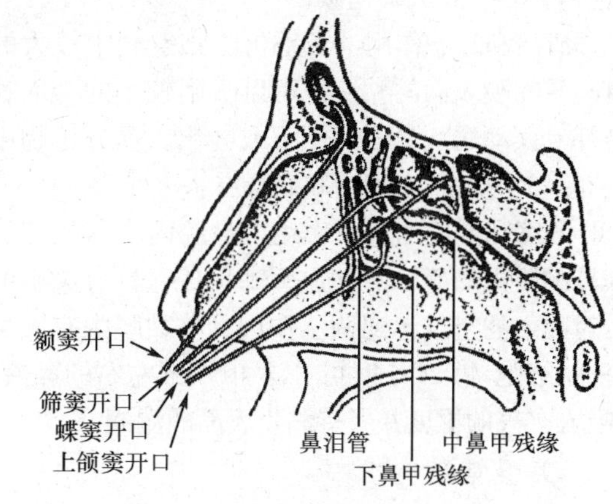

图 5-15　鼻窦开口部位

☞考点:鼻窦的命名及分组

1. 上颌窦(maxillary sinus)　位于上颌骨内,成人平均容积为 15ml,是鼻窦中容积最大者,分五个壁。前壁即面壁,中央凹陷且骨壁薄,称尖牙窝,上颌窦炎患者此处压痛最明显,也是上颌窦手术的进路。后外壁紧邻翼腭窝和颞下窝,上颌窦癌侵入此壁时可致张口困难。内侧壁即鼻腔外侧壁,上颌窦开口于中鼻道,因窦口位置高不易引流,故临床上上颌窦炎最常见。顶壁即眶底,眶内疾病与上颌窦疾病可相互影响。底壁为上颌骨牙槽突,与第二前磨牙和第一、二磨牙仅以黏膜或薄骨板相隔,常因牙根尖感染引起牙源性上颌窦炎。

☞考点:临床上上颌窦发病率最高的原因

2. 筛窦(ethmoid sinus)　又称筛迷路,呈蜂房状,位于鼻腔和眼眶之间筛骨内,被中鼻甲基板分成前后两组,前组筛窦开口于中鼻道,后组筛窦开口于上鼻道。其顶壁借薄骨板与颅前窝隔开,外侧壁为眼眶内侧壁,菲薄如纸,称纸样板,故筛窦病变、手术、外伤可引起筛骨骨折、眶内感染或颅内并发症。

3. 额窦(frontal sinus)　位于额骨体内,左右各一,发育多不对称。前壁较厚含骨髓,炎症或外伤可引起骨

髓炎。后壁为颅前窝前壁,额窦有感染可侵入颅内。底壁相当于眼眶内上角,此壁最薄。急性炎症时有明显压痛。额窦经底壁的鼻额管开口于中鼻道的前端。

4. 蝶窦(sphenoid sinus) 居于蝶骨体内,前壁有窦口,开口于蝶筛隐窝;后壁与颅后窝相邻;顶壁为颅底的蝶鞍;下壁为后鼻孔上缘和鼻咽顶;内壁为蝶窦中隔;外侧壁与颅中窝、海绵窦、颈内动脉、视神经相毗邻。

二、鼻的生理

鼻具有呼吸、嗅觉、共鸣、反射的功能 。

(一) 呼吸功能

1. 呼吸通道 鼻为呼吸道的始端,吸入的空气经鼻腔、鼻咽、喉、气管、支气管到达肺泡,进行气体交换,再经鼻腔呼出二氧化碳。

2. 清洁和过滤作用 鼻毛可阻挡空气中较大的灰尘颗粒,鼻黏膜表面的黏液毯可以吸附较小的尘埃和细菌,借纤毛摆动送入鼻咽部咽下或吐出。鼻分泌物中含有溶菌酶和干扰素,对细菌和病毒有杀灭作用。

3. 温度和湿度的调节作用 鼻腔内丰富的海绵状组织(鼻黏膜内的静脉丛和血管窦构成),具有灵敏的收缩性,对吸入的空气起到调温作用。鼻黏膜中有大量腺体和杯状细胞,每 24 小时可分泌 1000ml 左右的黏液,可提高吸入空气的湿度并保持黏膜表面的湿润。

(二) 嗅觉功能

带气味的微粒随气流进入鼻腔嗅区后,溶解在嗅腺的分泌液中,刺激嗅细胞产生神经冲动然后沿嗅神经传达到大脑的嗅觉中枢,产生嗅觉。起到识别、报警、增进食欲等作用。

(三) 共鸣作用

鼻腔对喉发出的声音起共鸣作用,使声音清脆、悦耳,鼻塞时出现闭塞性鼻音,鼻咽腔关闭不全或不能关闭,软腭麻痹或缺损时,出现开放性鼻音。

(四) 反射作用

鼻腔内含有丰富的自主神经和三叉神经的神经末梢,当鼻黏膜受到刺激后,可引起喷嚏反射,将吸入鼻腔刺激物排出,起到保护作用。

☞考点:鼻的生理功能

链 接 »»

打喷嚏的作用

鼻腔内含有丰富的三叉神经末梢,常常会出现神经反射现象。打喷嚏就是鼻腔内一种神经反射。当鼻腔吸入异味、粉尘、冷气等,均可刺激鼻腔内神经末梢。在反射给大脑的呼吸中枢,立即出现不可控制的深吸气,继之而来的是强呼气,产生突发的强大的气流刺激物喷出。因此,打喷嚏是鼻腔发挥"清扫工"的特殊作用。

鼻窦的生理功能:辅助鼻腔共鸣、减轻头颅重量、缓冲外来冲击力保持头部平衡等方面起重要作用。

第 3 节 咽的应用解剖生理

一、咽的应用解剖

咽上起颅底,下达第六颈椎平面和食管相接,成年人全长约 12cm。上宽下窄、前后扁平略呈漏斗状,是呼吸和消化的共同通道

(一) 咽的分布

咽自上而下分为鼻咽、口咽和喉咽三部分(图 5-16)。

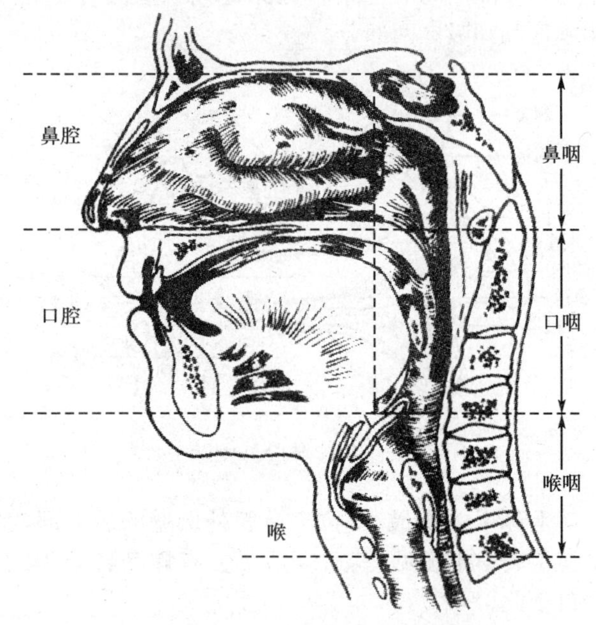

图 5-16 咽的分布

1. 鼻咽(nasopharynx) 又称上咽(epipharynx),鼻咽上起颅底,下达软腭平面,前方借后鼻孔与鼻腔相通,后壁平对第 1、2 颈椎(图 5-17)。距下鼻甲后端大约 1.0~1.5cm 处的鼻咽侧壁,有咽鼓管咽口,其后上方的隆起称咽鼓管圆枕(torus tubalis),圆枕的后上方有一凹陷,称咽隐窝(pharyngeal recess),鼻咽癌好发于此。鼻咽顶部黏膜内有一呈橘瓣样的淋巴组织,称腺样体(adenoid),又称咽扁桃体,儿童时期较肥大,青春期后逐渐萎缩,当腺样体肥大或炎症时阻塞后鼻孔可致鼻塞,也可引起耳部症状。

2. 口咽(oropharynx) 又称中咽(rnesopharynx),是口腔向后的延续,介于软腭与会厌上缘平面之间,向前经咽峡(faux)与口腔相通(图 5-18)。咽峡由上方的腭垂(uvula)和软腭游离缘、两侧腭舌弓和腭咽弓、下方舌背围成的环形狭窄区域。两弓之间为腭扁桃体(tonsiila palatina)。

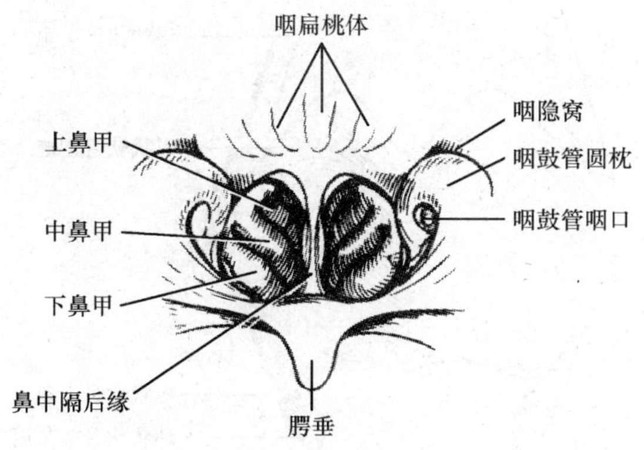

图 5-17 鼻咽部

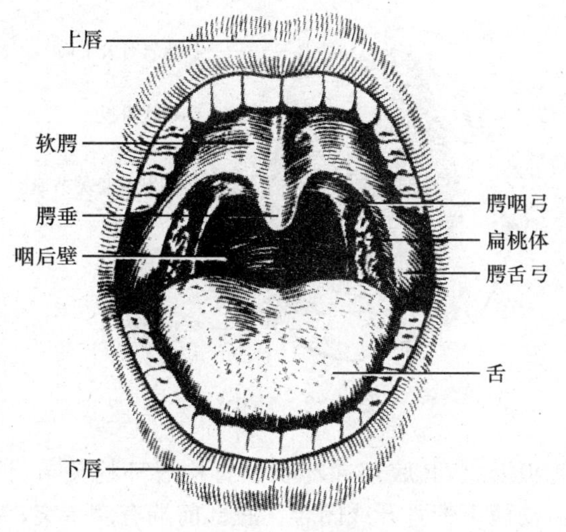

图 5-18 口咽部

在腭咽弓的后方有条状淋巴组织，为咽侧索(1ateral pharyngeal bands)。咽后壁黏膜下有散在淋巴滤泡。舌根部的淋巴组织团块即舌扁桃体(tonsilla lingualis)。

3. 喉咽(laryngopharynx) 又称下咽(hypopharynx)，上接口咽，下连食管。前方与喉腔相通，自上而下有会厌、杓会厌皱襞和杓状软骨所围成的入口，称喉口(图 5-19)，喉口两侧的深窝称梨状窝，异物常嵌顿于此。舌根与会厌之间左右各有一浅凹陷，称会厌谷(vallecula epiglottica)，是异物易存留之处。两侧梨状隐窝之间、环状软骨板之后称环后隙。

☞考点：鼻咽癌的好发部位，咽峡的组成，异物易存留的部位

(二) 咽的筋膜间隙

咽壁由黏膜、腱膜、肌肉和筋膜组成。在咽筋膜与邻近的筋膜之间的疏松组织间隙中，主要有咽后间隙、咽旁间隙。

1. 咽后间隙(retropharyngeai space) 位于椎前筋膜和颊咽筋膜之间，上起颅底、下达上纵隔。引流扁桃体、口腔、鼻腔后部、鼻咽、咽鼓管等部位的淋巴，这些部位的炎症可引起咽后间隙感染，甚至形成咽后间隙脓肿。

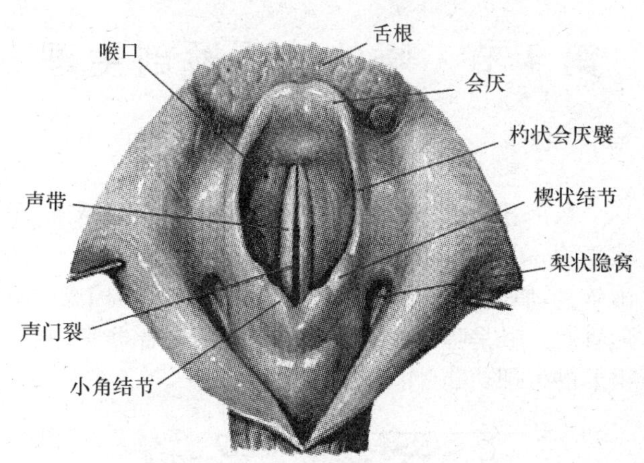

图 5-19 喉咽部

2. 咽旁间隙(parapharyngeal space) 位于咽后间隙的两侧，左右各一，底向上，尖向下，形如锥体。腭扁桃体或咽部的炎症可感染此间隙。

(三) 咽的淋巴组织

咽的淋巴组织丰富，较大淋巴组织团块呈环状排列，称为内淋巴环，又叫 waldeyer 淋巴环，包括咽扁桃体、腭扁桃体、舌扁桃体、咽鼓管扁桃体、咽后壁淋巴滤泡及咽侧索组成。淋巴外环包括下颌角淋巴结、下颌下淋巴结、颏下淋巴结、咽后淋巴结等。内外环借淋巴管相通，故咽部感染或肿瘤，可扩散或转移至相应的外环淋巴结。内环的淋巴组织在儿童期处于增生状态，一般在 10 岁以后开始萎缩退化。

二、咽的生理功能

1. 呼吸功能 咽腔是上呼吸道的重要组成部分，黏膜和黏膜下富含腺体，对吸入的空气有加湿、调温及清洁作用。

2. 吞咽功能 食物经口送入咽腔，通过咽部肌肉的协调运动，将鼻腔、口腔和喉腔关闭，食物被送入食管，完成吞咽动作。

3. 防御保护功能 咽反射可引起呕吐，对机体有良好的保护作用。咽部丰富的淋巴组织具有较强的免疫功能，此功能在儿童时期尤为显著。

4. 共鸣作用 咽腔为共鸣腔之一，发音时，咽腔和口腔根据需要可改变形状，产生共鸣。

5. 扁桃体的免疫功能 为外周免疫器官，其生发中心含有各种吞噬细胞，同时可以制造具有天然免疫力的细胞和抗体。3～5 岁时，扁桃体增大不应视为病理现象；青春期后，扁桃体组织逐渐缩小。

6. 调节中耳腔气压作用 吞咽时咽部肌肉的运动，使咽鼓管咽口开放，少量的气体进入中耳腔，从而调节中耳腔的气压，维持正常听力作用。

☞考点：咽的生理功能

第4节 喉的应用解剖生理

一、喉的应用解剖

喉是呼吸道的门户，位于颈前正中，上通喉咽，下接气管，在成人相当于第3～6颈椎平面之间。喉是由软骨、肌肉、韧带、纤维结缔组织和黏膜等构成的锥形管腔。喉是呼吸道的一部分，也是发音器官，具有重要的生理功能(图5-20)。

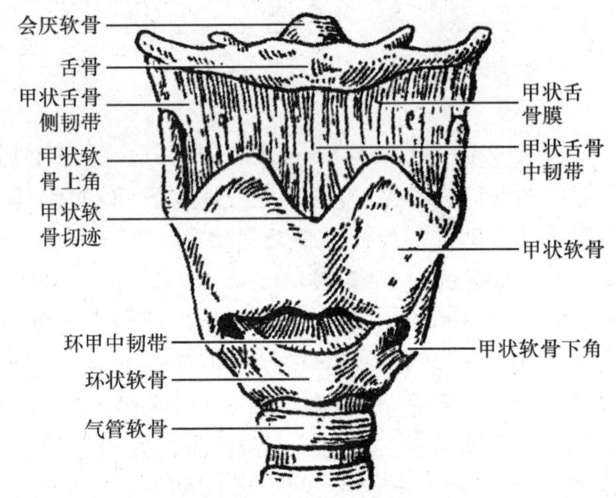

图5-20 喉前面观

(一) 喉的软骨

喉以软骨为支架，软骨间借纤维韧带相连接。单块软骨有会厌软骨、甲状软骨和环状软骨，成对有杓状软骨、小角软骨和楔状软骨。

1. 会厌软骨(epiglottic cartilage) 位于喉的上部，扁平如叶状，上端较宽呈游离状，下端较窄借韧带附着于甲状软骨切迹的后下方。分为舌面和喉面，舌面黏膜组织疏松，炎症时易肿胀。儿童时期会厌呈卷叶状，质较软。

2. 甲状软骨(thyroid cartilage) 为喉部最大的软骨，由两侧对称的四边形软骨板在前面中线融合而成，形成一定夹角，称喉结。男性呈锐角，突出明显，女性呈钝角，多不明显；此软骨正中上方呈"V"形凹陷，称甲状软骨上切迹，是甲状软骨的体表标志(图5-21)。

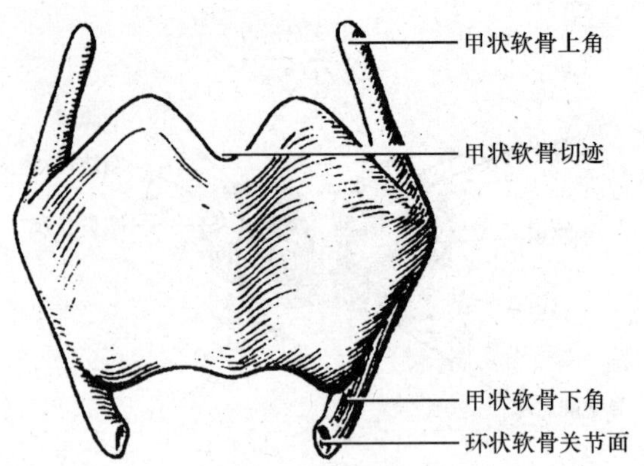

图5-21 甲状软骨

3. 环状软骨(cricoid cartilage) 位于甲状软骨之下，下接气管。前部较窄，称环状软骨板(图5-22)。环状软骨是喉部唯一完整的环形软骨，对维持喉的形状和呼吸道通畅至关重要。此软骨损伤或缺损，易造成喉狭窄。

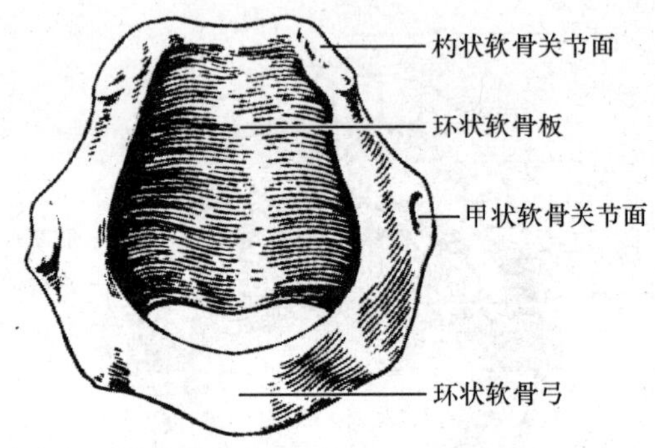

图5-22 环状软骨

☞考点：环甲膜，紧急穿刺点

4. 杓状软骨 呈三角锥形，左右各一，位于环状软骨板上缘，其底部和环状软骨构成环杓关节，该关节运动使声带张开或闭合。底部前端有声带突，为声带附着处。底部外侧为肌突，有环杓后肌和环杓侧肌附着其后部及前外侧面。

5. 小角软骨 位于杓状软骨的顶部。

6. 楔状软骨 位于两侧杓会厌襞中，在小角软骨之前外侧。

(二) 喉肌

喉肌分为喉外肌和喉内肌两组。

1. 喉外肌 主要有甲状舌骨肌、胸骨甲状肌。喉外肌位于喉的外部，其作用使喉固定，并使喉体上升或下降。

2. 喉内肌 喉内肌位于喉的内部(环甲肌除外)，按功能分为4组：①使声门开大、声带外展的环杓后肌；②使声门闭合、声带内收的环杓侧肌和杓肌；③调节声带紧张度的环甲肌和甲杓肌；④活动会厌完成喉入口开放与关闭的杓会厌肌和甲状会厌肌。

(三) 喉腔

喉腔以声带平面为界分为声门上区、声门区、声门下区三部分(图5-23)。

1. 声门上区 声带平面以上的区域称为声门上区，位于声带上缘与喉入口之间。前壁为会厌软骨，后壁为杓状软骨，两侧为杓会厌皱襞。声带上方与之平行的皱襞为室带，也称假声带。声带和室带之间开口呈椭圆形的腔隙称喉室。其前端向上向外延展成

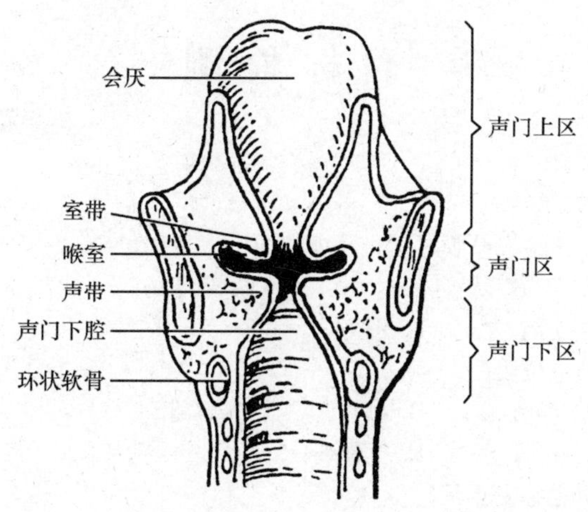

图 5-23　喉腔分区

一小憩室，名喉室小囊。此处有黏液腺分泌黏液，湿润声带。声门上区血管和淋巴较丰富，该区恶性肿瘤早期转移较多见。

2. 声门区　两侧声带之间的区域。声带左右各一，由声韧带、肌肉、黏膜组成，间接喉镜下呈白色带状组织，边缘整齐。声带张开时，出现一个顶向前的等腰三角形裂隙称声门裂，简称声门，为喉腔最狭窄处。声门裂的前端称前联合。该区淋巴血管极少，恶性肿瘤转移较晚。

3. 声门下区　位于声带下缘与环状软骨下缘之间，该腔上小下大。幼儿期此区黏膜下组织疏松，炎症易发生水肿，严重引起喉阻塞。

☞考点：喉腔最狭窄的部位

（四）喉的淋巴

喉的淋巴以声门区为界，分为声门上区组和声门下区组。声门上区淋巴丰富，主要引流至颈深淋巴结上群，声门下区淋巴管较少，主要引流至颈深淋巴结下群，声门区淋巴管甚少。通常喉的淋巴引流左右不交叉，且上下分开。

（五）喉的神经

有喉上神经和喉返神经，两者均为迷走神经分支。

1. 喉上神经　在舌骨大角平面分为内、外两支。外支为支配环甲肌的运动神经，维持声带张力，内支支配除环甲肌以外的喉内各肌，为感觉神经。

2. 喉返神经　有左右两支，左支在主动脉弓前从迷走神经分出，并绕此折返上行入喉，右侧在右锁骨下动脉前从迷走神经分出，并绕此上行入喉。左侧行程长于右侧，损伤机会较多，易发生声带麻痹。喉返神经主要支配除环甲肌以外的喉内各肌的运动。

☞考点：左侧喉返神经易损伤

二、喉 的 生 理

1. 呼吸功能　喉是呼吸的通道，声门裂是喉腔最狭窄处。声带的内收和外展，可改变声门裂的大小。声门裂的大小被神经调节控制，从而维持正常的呼吸功能。

2. 发声功能　肺内呼出的气流冲击内收的声带，使之振动发出基音。靠声带的长度、厚度、紧张度以及声带振动频率来调整音调高低，声音的强度与肺部呼出的气流和声门下气压成正比。发出的基音受经上下腔的共鸣作用，并在舌、腭、唇、齿的协调作用下，发出不同的语言和声音。

3. 保护功能　喉对下呼吸道起到保护作用。吞咽时，喉体上提使会厌后倾遮盖喉口，同时声带内收，紧闭声门，防止食物及呕吐物等进入呼吸道。喉上部黏膜非常敏感，稍受刺激可引起剧烈的反射性咳嗽，防止误吸。喉黏膜对吸入空气还有加温和调湿的作用。

4. 屏气作用　屏气时声门紧闭，呼吸暂停，增加胸腔和腹腔内压，有助于某些生理功能的进行，如咳嗽、排便、分娩、举重等。

☞考点：喉的生理功能

第 5 节　气管及支气管的应用解剖生理

一、气管及支气管的应用解剖

气管上接环状软骨下缘，下端于气管隆嵴处分为左、右支气管，由软骨、平滑肌、黏膜及结缔组织构成。成人男性气管平均长度约 12cm，女性约 10cm。气管黏膜为假复层纤毛柱状上皮，内含杯状细胞，与黏膜下层的腺体共同分泌浆液和黏液。气管由 10～20 个马蹄形透明软骨环构成支架，软骨环缺口向后。

左、右主支气管的分界处有一纵形尖锐的嵴，称为隆嵴，是支气管镜检查时的解剖标志。大约在第 5 胸椎上缘水平，气管分为左、右主支气管，分别进入两侧肺门后，继续分支如树枝状，顺序如下：①主支气管（一级支气管）：进入左、右两肺。②肺叶支气管（二级支气管）：分别入各肺叶。③肺段支气管（三级支气管）：入各肺段。

成人右主支气管粗而短，约 2.5cm，与气管纵轴的延长线约成 25°，因此异物易落入右主支气管。右主支气管分为上中下 3 个肺叶支气管。左主支气管细而长，约 5cm，与气管纵轴的延长线约成 45°。左主支气管有上下 2 个肺叶支气管。

☞考点：异物易落入右主支气管的原因

二、气管及支气管的生理功能

1. 呼吸调节功能　气管、支气管是进行气体交换的主要通道，并有呼吸调节作用。吸气时，气管、支气管扩张，刺激管内平滑肌中的感受器，通过迷走神经传至延髓呼吸中枢，抑制吸气中枢，使吸气转为呼气。呼气时，管腔缩小，对感受器的刺激减弱，减少对吸气中枢的抑制，于是吸气中枢又逐渐处于兴奋状态，周而复始。另外，吸气时由于气管、支气管管腔增宽，胸廓扩张和膈肌下降，呼吸道内压力低于外界压力，有利于气体吸入。反之，呼气时呼吸道内压力高于外界，将气体排出。

2. 清洁作用　呼吸道的清洁作用主要依靠气管及支气管内纤毛和黏液的协同作用。气管、支气管的黏膜层为假复层纤毛柱状上皮，表面有黏液层。正常情况下，气道每天分泌约 100～200ml 黏液，以保持湿润呼吸道黏膜，并维持纤毛的正常运动。纤毛有节律性自下而上摆动，向外排出细菌或异物，以净化和保护呼吸道。

3. 免疫功能　呼吸道分泌物中含有 IgA、IgG、IgE 和等与抗感染有关的免疫球蛋白。多认为这些免疫球蛋白来自气管、支气管黏膜层内的浆细胞，发挥其免疫功能。呼吸道分泌物中，尚含有溶菌酶和补体，与分泌性 IgA 共同起溶菌作用。

4. 防御性咳嗽反射　气管、支气管内黏膜下丰富的传入神经末梢，受到机械性或化学性的刺激，引起咳嗽反射。咳嗽时先做深吸气，继而关闭声门，并发生强烈的呼气动作，同时肋间肌、腹肌上升，胸腔缩小。肺内压升高，接着声门突然开放，呼吸道内气体急速咳出，同时排出呼吸道内异物和分泌物，维持呼吸道通畅。

☞考点：气管的生理功能

链接

咳嗽的正确方法

①咳嗽前应先缓慢深吸气，吸气后稍屏气片刻。②然后躯干略向前倾，两侧手臂屈曲，平放在两侧胸壁下部，内收并稍加压。③咳嗽时腹肌用力收缩，腹壁内陷，一次吸气，可连续咳嗽三声。④停止咳嗽并缩唇将剩余气体尽量呼尽。⑤再缓慢吸气或平静呼吸片刻，准备再次咳嗽的动作。

目标检测

选择题

A_1 型题

1. 成人检查鼓膜时须将耳郭拉向(　　)
   A. 下方　B. 上方　C. 后下方　D. 后上方　E. 前方
2. 鼓室位于(　　)
   A. 颞骨　B. 颧骨　C. 蝶骨　D. 枕骨　E. 上颌骨
3. 听觉感受器是(　　)
   A. 前庭膜　B. 椭圆囊斑　C. 球囊斑　D. 膜壶腹　E. 螺旋器
4. 下鼻甲后端距离咽鼓管咽口仅(　　)
   A. 1.0～1.5cm　B. 1.5～2.0cm　C. 2.0～2.5cm　D. 2.5～3.0cm　E. 3.0～3.5cm
5. 前组鼻窦开口于(　　)
   A. 上鼻道　B. 中鼻道　C. 下鼻道　D. 总鼻道　E. 嗅沟
6. 鼻疖禁挤压的主要原因是(　　)
   A. 鼻部血管丰富
   B. 鼻部淋巴丰富
   C. 面静脉无瓣膜，血液易反流至海绵窦
   D. 感染易扩散
   E. 细菌毒力强
7. 咽峡的组成，不包括(　　)
   A. 咽侧索　B. 悬雍垂　C. 腭舌弓　D. 腭咽弓　E. 软腭游离缘
8. 咽鼓管开口位于(　　)
   A. 鼻腔　B. 鼻咽　C. 口咽　D. 喉咽　E. 喉腔
9. 喉腔最狭窄的部位是(　　)
   A. 声门上区　B. 声门下区　C. 喉咽部　D. 喉室　E. 声门裂
10. 喉的最大软骨是(　　)
   A. 甲状软骨　B. 杓状软骨　C. 小翼软骨　D. 小角软骨　E. 楔状软骨

（刘彩双）

第6章　耳鼻咽喉科患者的护理概述

学习目标

1. 掌握耳鼻咽喉科疾病的常见症状
2. 理解耳鼻咽喉科疾病的常见护理诊断
3. 了解耳鼻咽喉科常见的护理技术操作及相关护理要点
4. 理解耳鼻咽喉科疾病的特点，制定相关护理计划，提高护理效果

第1节　耳鼻咽喉科患者的护理评估及常用护理诊断

一、基本特征

耳鼻咽喉各器官在解剖结构上互相连通，黏膜互相延续，因此，患病时常互相影响，鼻炎可引发鼻窦炎、咽炎、喉炎及中耳炎等。耳鼻咽喉的每一个器官和整个机体有着密切的联系，局部疾病可出现全身改变，全身疾病也可引起局部病变，如慢性扁桃体炎可引起风湿热、肾炎、关节炎等并发症，被视为全身疾病的感染病灶，而造血系统疾病、高血压病常可引发鼻出血。耳鼻咽喉均为细小的腔洞，位置较深，结构精细，在诊治中要熟练掌握操作方法。如鼻出血、喉阻塞、气管食管异物及耳源性颅内并发症等均属耳鼻咽喉科急症，如果抢救不及时或者操作方法不当，可危及患者的生命。由于耳鼻咽喉各器官具有听觉、平衡、嗅觉、呼吸发生和吞咽等功能，相关疾病会给患者带来生理上的痛苦，还会给患者带来较重的心理负担。所以要求护理工作者除了了解耳鼻咽喉科疾病的基本特征，还要具备扎实的理论知识、敏锐的观察能力、熟练的操作技能，更要具备较强的责任感和同情心。因此，有效、贴切的护理，对耳鼻咽喉科患者疾病的治疗和康复起着至关重要的作用。

二、护理评估

耳鼻咽喉科患者的常见症状有如下几种。

（一）耳部症状

1. 耳痛　为耳部炎症性疾病的常见症状。疼痛性质不一，可表现为跳痛、烧灼痛、剧烈刺痛；耳痛持续时间不同，可是短暂的、持续的或间歇性的。

2. 耳聋　听觉系统的传音和感音发生病变时，导致的听力下降统称为耳聋。根据病变部位可分为传导性耳聋、感觉神经性耳聋和混合性耳聋。外耳、中耳病变为传导性耳聋，常见的疾病有：耵聍阻塞、外耳道异物、外耳道闭锁、急慢性中耳炎等；耳蜗、听神经或听中枢病变为感觉神经性耳聋，常见的疾病有：老年性耳聋、突发性耳聋；传音和感音系统均受损为混合性耳聋。

链接

语前聋和语后聋

人的语言中枢发育完成在7岁以前，因此耳聋患者可分为语前聋和语后聋。前者指在语言中枢发育前就已经耳聋，此类患者将丧失学习语言的机会，通常的聋哑人多属此种情况。后者指在语言中枢发育完全后出现的耳聋，这部分患者会说话，但听不见，通过观察对方口形进行交流。所以，现在的电子耳蜗植入手术，提倡耳聋患者越早手术越好。

3. 耳鸣　是听觉紊乱的一种常见症状，患者主观感觉耳内有声响，外界并无声源。耳鸣多由耳部疾病引起，也可是全身疾病（神经系统、心血管系统和内分泌系统）所致。

4. 耳漏　又称耳溢液，指外耳道内的异常分泌物。耳漏的性质有浆液性（外耳道湿疹、急性中耳炎早期）、黏液性（慢性单纯性中耳炎）、脓性（化脓性中耳炎）、血性（耳外伤、中耳癌）、水样性（颞骨骨折伴脑膜损伤出现的脑脊液漏），可伴有不同程度的异味。

5. 眩晕　是一种伴有位置性幻觉或运动性的头晕，甚至恶心、呕吐，可持续数分钟至数小时，同时出现不同程度的眼震，并伴有耳鸣、听力下降、耳胀满感。常见前庭性（内耳病变和颅内疾病变引起）和非前庭性（心血管疾病、颈椎病及某些眼病）。

（二）鼻部症状

1. 鼻塞　指鼻腔气流阻力增大。由鼻黏膜充血、水肿或肥厚增生及鼻腔内新生物所致。鼻塞特点为间歇性、持续性或交替性。常见于急慢性鼻炎、鼻中隔偏曲、鼻息肉、鼻部肿瘤等。

2. 鼻漏　指鼻内分泌物外溢。按其性质可分为水样（急性鼻炎早期和过敏性鼻炎）、黏液性（急性鼻炎后期和慢性鼻炎）、黏脓性（慢性鼻炎和慢性鼻窦炎）、血性（萎缩性鼻炎、鼻黏膜溃疡、肿瘤）、脑脊液性

(先天性脑膜脑膨出、颅底骨折)。

3. 鼻出血　详见鼻出血章节。

4. 嗅觉障碍　表现为嗅觉减退或消失，见于鼻息肉、鼻中隔偏曲、萎缩性鼻炎、鼻腔肿瘤。嗅觉过敏，见于嗅神经炎症；幻嗅，多发生于神经性精神性疾病。

5. 鼻源性头痛　由外鼻、鼻腔、鼻窦疾病引起，多为鼻根部、前额、眼眶周围的隐痛、钝痛或胀痛。一般都有时间规律性。

（三）咽部症状

1. 咽痛　为咽部的常见症状，常见于急性咽炎、急性扁桃体炎、扁桃体周围脓肿、咽旁或咽后脓肿、急性会厌炎等。

2. 咽部异物感　咽部除疼痛以外的异常感觉，如异物感、蚁行、堵塞、紧束感等不适症状，常形容咳之不出，咽之不下。常见于慢性咽炎、扁桃体炎、咽部角化症等，也可见于神经官能症。

3. 吞咽困难　指难以吞咽或不能吞咽。分为阻塞性(机械性狭窄)、神经性(咽肌麻痹)和功能性(咽部疼痛)三种。

（四）喉部症状

1. 声音嘶哑　是喉部疾病常见和特有的症状，声嘶轻重程度的不同，可依据病情而定。其中炎症是最主要的原因，另外肿瘤，外伤、异物、神经、麻痹等均可引起。

2. 呼吸困难　由多种疾病引起的常见症状，临床上分为三种：吸气性、呼气性和混合性。喉源性呼吸困难多见于喉部炎症、外伤、水肿、肿瘤、异物等。

3. 喉鸣　是气流通过狭窄的喉腔或气管腔时造成管壁震动而发出的声音。喉鸣患者常常伴有呼吸困难，见于喉狭窄、喉肿瘤等。

三、常用护理诊断

1. 疼痛　与炎症、外伤、手术创伤、肿瘤等有关。

2. 焦虑　与患者对疾病了解、治疗效果、预后的担忧有关。

3. 有窒息的危险　与喉部异物、肿瘤、炎症、畸形等有关。

4. 清理呼吸道无效　与鼻、咽、喉各器官的炎症引起分泌物增多，造成咳嗽、咳痰困难有关。

5. 体温过高　与各种急性炎症有关。

6. 语言沟通障碍　与喉部炎症、气管切开术、听力障碍等疾病有关。

7. 有感染的危险　与机体抵抗力下降、手术切口污染及院内感染有关。

8. 营养失调　与咽部疼痛、吞咽困难、机体缺乏营养有关。

9. 自我形象紊乱　与耳鼻喉等器官畸形、鼻部或耳部炎症分泌物溢出有关。

10. 感觉紊乱　与鼻部炎症、外伤、肿瘤等引起嗅觉障碍及各种因素引起听觉改变有关。

11. 潜在并发症　与手术出血、手术风险、术后感染有关。

12. 知识缺乏　与缺乏疾病的相关知识有关。

第2节　耳鼻咽喉科护理管理与常用护理技术操作

一、护理管理

（一）耳鼻咽喉科门诊的管理

1. 耳鼻咽喉科诊室管理

(1) 建立一医一患一诊室的独立结构，保护患者隐私。

(2) 确保诊室的物品供应，开诊前进行检查与补充。

(3) 维护门诊秩序。合理进行分诊，使危、急、重症患者(鼻出血、呼吸困难等)得到及时救治，老弱幼小患者安排优先就诊。

(4) 各种急救物品和药品配备齐全，处于备用状态。

(5) 加强安全管理，保证诊疗器械的正常使用。

2. 耳鼻咽喉科治疗室管理

(1) 治疗室布局合理，仪器摆放整齐。

(2) 备有抢救车、气管切开包、氧气、吸引器等急救物品。

(3) 治疗用物配备齐全处于备用状态，如上颌窦穿刺包、鼓膜穿刺包、气管切开引流包、耳鼻咽喉科常用药品、敷料等。

(4) 创伤性治疗前后要认真做好各项工作，治疗结果记录在门诊病历本上，如发生意外或疑问，应及时报告医生。

(5) 治疗过程中，做到三查七对和无菌操作，防止交叉感染。

（二）耳鼻咽喉科病房管理

(1) 保持病室的安静，物品摆放整齐，并做好下毒与清洁工作。

(2) 设置隔离病房，防治传染性疾病的交叉感染。

(3) 检查室内配置各种检查器械、急救药品物品、氧气、吸引器等急救用品。

(4) 制定相关护理制度，使临床护理制度化、科学化、系统化。

(5) 做好疾病的宣传资料，有利于健康宣教。

（三）耳鼻咽喉科护士的素质要求

1. 具有职业素养　耳鼻咽喉科护士要具有高度

的责任心和使命感，认真敬业，做好本职工作。

2. 具备扎实的专业知识和整体护理理念　除了对专科疾病的关心了解外，还要注重从整体出发，对患者进行全方位评估。

3. 具备熟练的专业操作技能　除了掌握基础操作外，还要掌握专科操作技术，如上颌窦穿刺冲洗、耳道冲洗、鼻腔冲洗、气管套管内吸痰等。

4. 具备敏锐的观察能力和抢救配合能力　耳鼻咽喉科疾病起病急、进展快，需要护士在病情观察中及时发现问题或潜在的危险，以便及时处理。

5. 良好的沟通技巧　积极与患者及家属进行沟通，运用所学知识对患者进行合理解释，消除患者的顾虑，积极配合治疗。

二、常用护理技术操作

（一）外耳道冲洗法

1. 适应证　清出外耳道内耵聍、分泌物或异物等。

2. 用物准备　额镜、带有细塑料管的橡皮球、弯盘、卷棉子、温生理盐水。

3. 操作方法

(1) 患者侧坐，患耳朝向操作者。做好解释，取得患者配合。

(2) 患者手持弯盘置于患耳耳垂下方，贴紧皮肤。

(3) 操作者左手向后上方牵拉（小儿向后下方）耳郭，右手持吸满温生理盐水的橡皮球，向外耳道后上壁缓慢注入，借水的回流作用，冲出外耳道内的耵聍或异物。

(4) 卷棉子擦干外耳道内残余水滴（图6-1）。

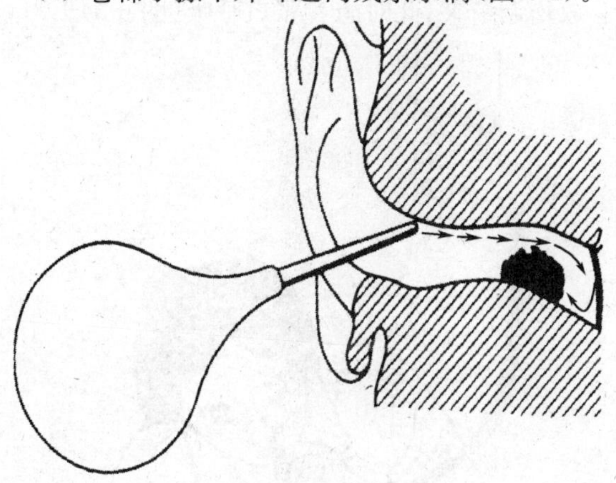

图6-1　外耳道冲洗法

4. 注意事项

(1) 冲洗液的温度接近体温，过热过冷均可刺激内耳引起眩晕。

(2) 冲洗方向不可直对鼓膜，勿用力过猛，避免损伤鼓膜，更不可对准耵聍或异物，以免将其冲入深部。

(3) 炎症急性期及鼓膜有穿孔者禁忌冲洗，以免引起并发症。

(4) 操作过程中动作轻柔，切忌损伤外耳道皮肤和鼓膜。

☞考点：外耳道冲洗的注意事项

（二）鼓膜穿刺术

1. 适应证　抽出鼓室内的积液、向鼓室内注药，用于分泌性中耳炎的治疗。

2. 用物准备　耳镜、鼓膜穿刺针、1ml或2ml注射器、2%丁卡因溶液、Bonain液（鲍宁氏液）、无菌干棉球及治疗药物。

3. 操作方法

(1) 用温水将丁卡因溶液、Bonain液适当加温。

(2) 患者取侧坐位，清洁、消毒耳周及外耳道皮肤，用2%丁卡因溶液或Bonain液行鼓膜表面麻醉。

(3) 操作者左手固定耳镜，右手将穿刺针沿外耳道下壁向鼓膜前下方或后下方刺入鼓室（图6-2），固定好针头，缓慢抽出鼓室积液或注入治疗药物。

(4) 术毕，外耳道口放置半干的酒精棉球，以防感染。

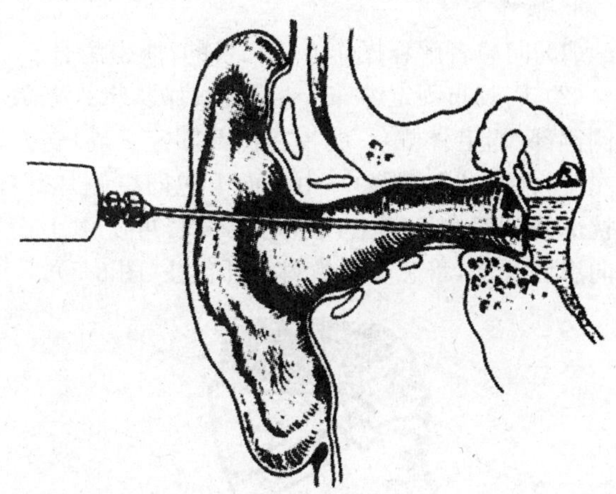

图6-2　鼓膜穿刺抽液法

☞考点：鼓膜穿刺的方向

4. 注意事项

(1) 严格无菌操作，防止细菌进入中耳腔。

(2) 进针方向必须与鼓膜垂直，以防损伤听骨链。

(3) 进针不宜过深，以防伤及内耳。位置在最低部，以便抽尽积液。

(4) 瞩患者2天后取出棉球，保持外耳道清洁，防止污水入耳。

(5) 操作过程中密切观察患者有无晕厥或眩晕。

（三）耳部手术备皮法

1. 适应证　清洁手术区皮肤，耳部手术前备皮。

2. 用物准备　剪刀、梳子、发夹、凡士林、橡皮筋。

3. 操作方法

(1) 做好核对，向患者解释备皮的目的和方法，取得配合。

(2) 男患者需剔除耳郭周围头发：耳部手术 5～6cm；侧颅底手术 9～10cm；前颅底手术需将头发全部剃掉。

(3) 女患者与男患者一样剔除耳郭周围头发。健侧头发用发夹或橡皮筋固定好，顺患侧头发 2～3cm 将头发分成两部分。将凡士林均匀涂在患侧头发上，并将其分成三股编辫子，直至编完，用橡皮筋扎紧。

4. 注意事项

(1) 发辫尽可能编紧，防止松脱下坠。

(2) 取下发夹，切忌金属发夹留于头部。

(3) 嘱患者健侧卧位，以防弄乱发辫。

（四）耳部手术绷带包扎法

1. 适应证　耳部手术或外伤后，保护创面，固定敷料，也可用于局部压迫止血。

2. 用物准备　20cm 长纱条 1 根、绷带 1 卷、胶布数条、纱布数块。

3. 操作方法

(1) 向患者解释操作方法和目的，取得配合。

(2) 用胶布固定纱布于患耳伤口处，将纱条放于患侧额部(眉毛外侧)。绷带在额部固定 2 周(包左耳向左绕，包右耳向右绕)。由上而下包向患侧耳部，经后枕部绕到对侧耳郭上，绕额部一周，再次由上而下包向患侧耳部，将患耳及敷料全部包住(图 6-3)。

图 6-3　单耳包扎法

(3) 如进行双耳包扎时，绷带由上向下包住耳部后，经后枕部至对侧耳部，由下向上包住耳部，然后再于额部绕一圈后，反复包扎(图 6-4)。

(4) 最后将绷带尾部用胶布固定，用纱条将绷带扎起，高于眼眶。

图 6-4　双耳包扎法

4. 注意事项

(1) 绷带松紧要适度，以患者能耐受为宜。

(2) 固定于额部的绷带要高过眉毛，避免压迫眼球，影响视线。

(3) 包扎时要保持患耳的正常解剖结构。

(4) 单耳包扎时，绷带要高过健侧耳郭，避免压迫健耳导致不适。

（五）鼻腔冲洗法

1. 适应证　鼻腔、鼻窦手术的术前准备。用于萎缩性鼻炎、鼻部手术及放疗后清除鼻内痂皮，促进黏膜功能恢复等。

2. 用物准备　灌洗桶或鼻腔冲洗器、橡皮条、受水器、橄榄头、温生理盐水 500～1000ml、盐水架、纱布。

3. 操作方法

(1) 患者坐位，头向前倾。将盛有温生理盐水的灌洗桶悬挂于患者头部上方约 50cm 处盐水架上，关闭调节夹。

(2) 患者将连接在灌洗桶上的橄榄头塞入前鼻孔。放松调节夹，此时患者张口呼吸(图 6-5)。

图 6-5　鼻腔冲洗法

(3) 桶内的温盐水缓慢流入一侧鼻腔，在经对侧鼻腔或口腔流出，即可将鼻腔内分泌物、痂皮清除。

(4) 此法交替冲洗两则鼻腔后，用纱布擦干脸部，每日1～2次。

4. 注意事项

(1) 鼻腔有出血或炎症急性期时禁止冲洗，以免引发炎症扩散。

(2) 灌洗桶不要过高，避免压力过大引起并发症。

(3) 冲洗时禁止说话，以防呛咳。

(4) 冲洗液温度接近正常体温。

(5) 应教会患者进行自行冲洗。

(六) 鼻腔滴药法

1. 适应证　用于检查、治疗鼻部或中耳疾病的常用方法。

2. 用物准备　滴鼻药液，消毒棉球、弯盘。

3. 操作方法

(1) 嘱患者清除鼻腔内的分泌物。

(2) 患者仰卧肩下垫枕或头部悬于床沿，采取头低肩高位，鼻孔向上。

(3) 距鼻孔1～2cm将药液滴入鼻腔，每侧3～4滴。

(4) 轻压鼻翼，使药液均匀涂布在鼻黏膜并进入各个鼻道，保持原位3～5分钟后坐起。

(5) 外流药液用棉球擦去(图6-6)。

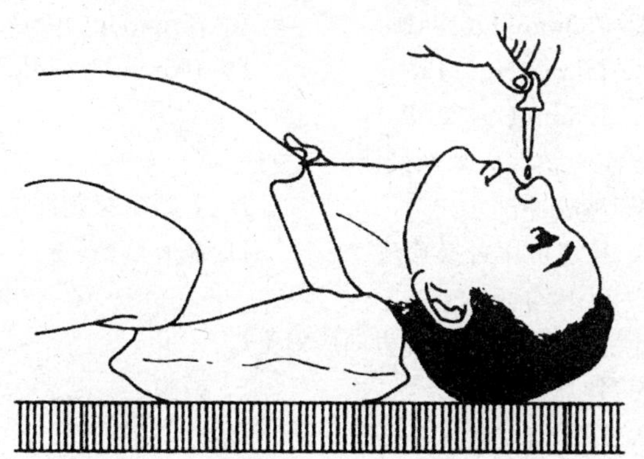

图6-6　滴鼻法

4. 注意事项

(1) 滴药后患者勿擤鼻，滴瓶或滴管不要接触患者鼻孔，避免污染药液。

(2) 体位要正确。滴药时不要做吞咽动作，以防药液流入咽部引起不适。

(七) 剪鼻毛法

1. 适应证　各种鼻部手术的术前准备，清洁术野，便于手术操作。

2. 用物准备　鼻镜、钝头小剪刀、金霉素软膏、棉签、纱布。

3. 操作方法

(1) 患者取坐位，清除鼻腔分泌物，头稍后仰固定。

(2) 将少许金霉素软膏涂于剪刀刃上，操作者左手向上抬起鼻尖或使用鼻镜暴露鼻前庭，右手持剪刀沿鼻毛根部剪除鼻毛。

(3) 用蘸有金霉素软膏的棉签擦净鼻前庭皮肤，并检查有无鼻毛残留。

4. 注意事项

(1) 动作要轻柔，勿损伤鼻黏膜以防出血。

(2) 剪刀贴紧鼻毛根部，将鼻毛剪净。

(八) 鼻窦负压置换疗法

1. 适应证　治疗慢性化脓性全组鼻窦炎，利用负压吸出鼻腔、鼻窦内分泌物，将治疗药物引入窦腔。

2. 用物准备　负压吸引器、带橡胶管的橄榄头、治疗碗(内盛清水)、1%麻黄碱溶液、治疗药物、棉球。

3. 操作步骤

(1) 清理鼻腔分泌物，仰卧悬头位，肩下垫枕，向两侧鼻腔滴入1%麻黄碱溶液3～5滴，收缩鼻黏膜，使窦口开放。

(2) 大约5分钟后将治疗药液注入鼻腔，接负压吸引器，并将橄榄头塞入患侧前鼻孔，用手指封闭对侧鼻孔，嘱患者连续发“开、开、开”的声音，此时软腭上提，关闭鼻咽腔，药液在负压作用下进入窦腔，打开吸引器，重复抽吸6～8次，每次持续1～2秒。

(3) 同法两侧鼻腔交替吸引、滴药。吸毕，用1%麻黄碱溶液滴鼻，休息3～5分钟后起床。

4. 注意事项

(1) 鼻部急性炎症期、鼻出血、高血压、鼻部手术伤口未愈者禁忌此疗法。

(2) 负压不超过180mmHg(24kPa)，抽吸时间不可过长，以防损伤鼻黏膜引起鼻出血或真空性头痛。

☞考点：鼻窦负压置换时的压力

(九) 上颌窦穿刺冲洗术

1. 适应证　用于上颌窦疾病的诊断和治疗，主要用于慢性化脓性上颌窦炎(图6-7)。

2. 用物准备　前鼻镜、上颌窦穿刺针、棉片及卷棉子、橡皮管接头、20ml注射器、治疗碗(内盛生理盐水)、弯盘(盛冲洗流出液)、1%丁卡因溶液、1%麻黄碱溶液、1∶1000肾上腺素溶液、相应治疗药物。

3. 操作方法

(1) 患者坐位，将浸有1%丁卡因溶液和少量1∶1000肾上腺素溶液的棉片放置下鼻道穿刺部位，进行表面麻醉约5～10分钟。

(2) 操作者一手固定头部，另一手持穿刺针放置患侧鼻腔下鼻道，距下鼻甲前端1.0～1.5cm下鼻甲附着处。向同侧外眦方向用力进针，有落空感即已进

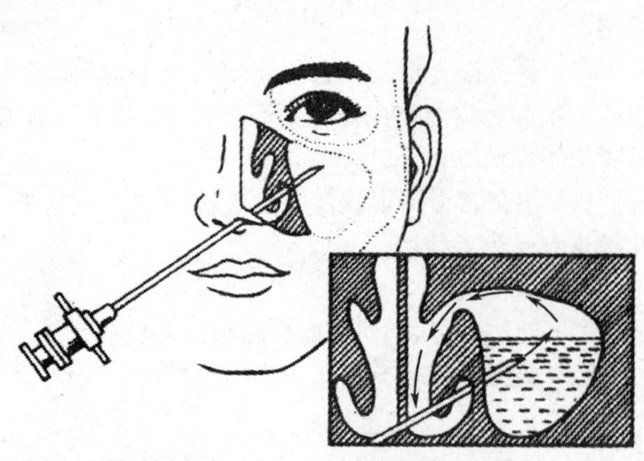

图 6-7 上颌窦穿刺法

入窦腔，拔除针芯，接注射器，回抽如有空气或脓液则穿刺成功，连接橡皮管，缓慢推注生理盐水进行冲洗，直至冲洗液清亮为止，术毕遵医嘱向窦腔内注入治疗药液，放回针芯，拔出穿刺针，放置1%麻黄碱溶液棉片压迫止血。

(3) 观察冲洗液的性质、量及气味。

链 接 »»

上颌窦穿刺术的并发症

①眶内气肿，②面颊部皮下气肿，③气栓，④翼腭窝感染。

☞考点：上颌窦穿刺的操作方法

4. 注意事项

(1) 穿刺方向及部位必须准确，用力不要过大，以防损伤邻近组织。

(2) 确定穿刺针在窦腔内方可冲洗，如冲洗不畅，不要强行冲洗。

(3) 窦腔内不可注入空气，以防发生气栓。

(4) 操作中密切注意患者面色及表情，如出现晕厥，立即停止操作，及时进行抢救。

(5) 急性炎症期、高血压、血液病患者禁忌穿刺。

(十) 喉部超声雾化吸入法

1. 适应证　治疗急慢性咽炎、喉炎、气管炎等。通过雾化吸入，将药液均匀涂布于咽喉部，起到治疗作用。

2. 用物准备　超声雾化器、一次性喷嘴、雾化药液、清洁纱布。

3. 操作方法

(1) 检查雾化器是否正常工作。

(2) 加入适量水在水槽中，将治疗药液放入雾化吸入器的药杯内，打开电源开关，调节蒸汽量大小并接好螺纹管及喷嘴。

(3) 患者坐位，将鼻或口对准雾化器的喷嘴做深呼吸，让雾化的药液作用于咽喉部。每日1～2次，每次15～20分钟，6次为一疗程。

(4) 吸入完毕，关闭开关，进行消毒处理。

4. 注意事项

(1) 定时检查雾化器水槽内的水温，以免过热损坏机器。

(2) 要使用一次性喷嘴，避免交叉感染。

目标检测

选择题

A_1 题型

1. 上颌窦穿刺的最佳部位是(　　)
   A. 下鼻道，下鼻甲后端
   B. 下鼻道，距下鼻甲前端1.0～1.5cm下鼻甲附着处
   C. 前部鼻底
   D. 中鼻道，距中鼻甲前端1.0～1.5cm下鼻甲附着处
   E. 鼻阈处
2. 鼻腔冲时，下列哪项是错误的(　　)
   A. 灌洗桶挂在距患者头部30cm处
   B. 鼻腔急性炎症及出血禁止冲洗
   C. 选用温生理盐水
   D. 冲洗时不要和患者交谈
   E. 两侧鼻腔交替进行冲洗
3. 鼻窦负压置换疗法时，负压不超过(　　)
   A. 135mmHg(18kPa)　B. 75mmHg(10kPa)
   C. 180mmHg(24kPa)　D. 105mmHg(14kPa)
   E. 165mmHg(22kPa)
4. 慢性化脓性鼻窦炎最佳治疗方法是(　　)
   A. 鼻腔冲洗　B. 上颌窦穿刺冲洗
   C. 鼻窦负压置换疗法　D. 鼻腔滴药
   E. 以上均不是
5. 冲洗外耳道时，冲洗方向应对准(　　)
   A. 外耳道下壁　B. 鼓膜
   C. 外耳道左壁　D. 外耳道右壁
   E. 外耳道后上壁
6. 耳部手术需剔除周围头发(　　)
   A. 3～4cm　B. 4～5cm
   C. 5～6cm　D. 6～7cm
   E. 9～10cm
7. 以下哪种疾病最适宜超声雾化吸入(　　)
   A. 急性喉炎　B. 肺炎
   C. 急性鼻炎　D. 慢性咽炎
   E. 急性扁桃体炎
8. 水样鼻漏见于(　　)
   A. 鼻窦炎　B. 过敏性鼻炎
   C. 慢性鼻炎　D. 鼻腔肿瘤
   E. 萎缩性鼻炎

(刘彩双)

第7章 耳鼻咽喉科患者的护理

第1节 耳科患者的护理

学习目标

1. 掌握慢性外耳道炎、分泌性中耳炎临床表现及护理措施
2. 掌握慢性化脓性中耳炎的分型、各型要点及护理措施
3. 描述慢性鼻炎、慢性鼻炎、鼻出血临床表现及护理措施
4. 掌握常见咽科疾病的护理诊断和护理措施
5. 掌握常见喉科疾病的护理诊断和护理措施

一、先天性耳前瘘管

案例7-1

李某,男,8岁。左侧耳郭前方反复红肿疼痛流脓1年。检查左侧耳郭前上部见瘘管口,下方皮肤破溃。

问题:1. 该患者护理诊断有哪些?

2. 有哪些护理措施?

先天性耳前瘘管(congenital preauricural fistula)是最常见的先天性耳畸形。我国抽样调查显示,其发病率为1.2%,女性约高于男性。单侧与双侧发病之比为4∶1。

【病因】

为胚胎发育时期形成耳郭的第1、2鳃弓的6个小丘样结节融合不全或第1鳃沟闭合不全而形成的盲道。

【临床表现】

患者出生时耳前瘘管即存在,平时无不适,挤压时可有少量白色黏稠性或干酪样分泌物自管口溢出,微臭。继发感染时,局部红肿热痛。反复感染破溃后可形成瘢痕。耳前瘘管瘘口多位于耳轮脚前,另一端为盲管,深浅、长短不一,还可呈分枝状。

【护理诊断及医护合作性问题】

1. 疼痛 急性感染继而形成脓肿。

2. 自我形象紊乱 反复感染溃破,经久不愈,局部皮肤粗糙增厚,有瘢痕。

3. 焦虑 担心手术效果及感染或是手术后遗留瘢痕,而容易产生焦虑、恐惧情绪。

4. 知识缺乏 缺乏避免瘘管感染的知识。

【治疗及护理措施】

若无感染史者,不必处理。在急性感染时,全身应用抗生素控制炎症,对已形成脓肿者,则应先切开引流。待感染控制后,再行瘘管切除术。

1. 手术前的护理

(1) 术前做好个人卫生工作,理发、剃须、沐浴、剪指(趾)甲。

(2) 皮肤准备:剃除患侧耳郭周围头发5cm,清洁局部皮肤,如头发较长者术前梳成三股辫。

(3) 全身麻醉手术前6小时禁食禁水,局部麻醉手术前可进少量干食,以防术中呕吐或如厕。

(4) 术前更换病衣病裤,取下佩带的贵重饰品。

2. 手术后护理

(1) 手术当日注意卧床休息,避免大幅度活动,保护术耳勿受损伤。

(2) 注意观察术耳敷料渗血情况。

(3) 局部麻醉手术后2小时,全身麻醉者6小时后可进温凉半流质饮食。

(4) 注意个人卫生,1周内不可洗头,以免伤口感染,7天伤口愈合拆线后仍要注意局部皮肤保护,防止伤口崩裂引起感染。

(5) 出院后保持局部清洁、干燥,如有异常如红、肿、痛等情况及时门诊就医。

☞考点:耳前瘘管的主要护理措施

案例7-1分析

1. 李某患有耳前瘘管,结合病例护理诊断有疼痛、自我形象紊乱、焦虑、知识缺乏等。

2. 护理措施具体见正文。

二、耵聍栓塞

案例7-2

王某、男,38岁。左侧耳部堵塞感并听力下降1周。检查见左侧耳道内黑褐色团块状物堵塞,鼓膜窥视不清。

问题:该患者护理诊断有哪些?

【病因】

外耳道软骨部皮肤具有耵聍腺，分泌淡黄色黏稠液体，称耵聍。正常情况下耵聍可借咀嚼、张口等下颌运动以薄片形式自行排出。若耵聍逐渐凝聚成团，阻塞外耳道，称耵聍栓塞(impacted cerumen)。

【临床表现】

可出现听力减退、耳鸣、耳痛，甚至眩晕。遇水后耵聍膨胀，完全阻塞外耳道，使听力减退，还可刺激外耳道引起外耳道炎。若压迫刺激鼓膜，可致耳鸣，偶有因压迫中耳引起眩晕者。检查可见棕黑色或黄褐色块状物堵塞外耳道内(图 7-1)。

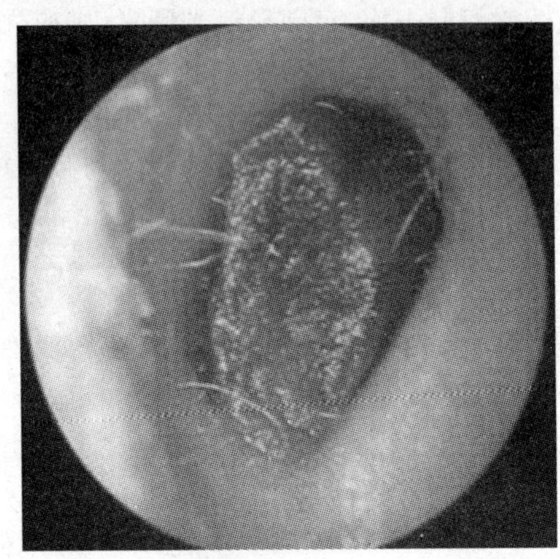

图 7-1　耵聍栓塞

【护理诊断及医护合作性问题】

1. 感知改变　耵聍栓塞可堵塞外耳道导致听力下降。

2. 疼痛　如遇水感染可引起外耳道炎症。

3. 知识缺乏　缺少耵聍栓塞的有关知识。

【治疗及护理措施】

1. 耵聍钩取法　若耵聍较硬，尚未完全嵌顿时，循其与外耳道壁的缝隙轻轻插入耵聍钩，当钩已越过耵聍栓塞外缘后，转动 90°，钩住耵聍，轻轻向外拖，若大而硬难以取出者，先滴入 5%碳酸氢钠溶液或1%～3%酚甘油，待软化后可取出或用冲洗法清除。已有外耳道炎者，应先控制炎症，再取耵聍。

2. 外耳道冲洗法　冲洗时用耳冲洗器或 50ml 注射器，头部接一段橡胶管，吸入 37℃左右生理盐水，向外耳道后上壁方向冲洗，借水回流之力将耵聍冲出。冲洗完后用干棉签拭净外耳道(详见第 6 章)。

3. 抽吸法　应用吸引器接吸引管后反复吸取，同时用双氧水清理，直至完全吸出。耵聍栓塞取出后用无菌棉签擦干外耳道，检查外耳道皮肤及鼓膜有无损伤。若有外耳道皮肤损伤可涂抗生素软膏，并保持局部干燥、卫生。感染严重者应全身应用抗生素。耵聍栓塞的取出多在无麻下进行，对感染严重或极度恐惧者，应全麻取出。

案例 7-2 分析

1. 护理诊断主要是疼痛和听力下降。

2. 所患疾病为耵聍栓塞。

三、外耳道炎

案例 7-3

李某、男，50 岁。游泳进水后自觉左侧耳道明显瘙痒感 2 月。偶有分泌物流出。检查见左侧耳道内白色分泌物，鼓膜窥视不清。

问题：1. 该患者护理诊断有哪些?

2. 护理措施有哪些?

3. 考虑何种疾病?

外耳道炎可分为两类，一类为局限性外耳道炎，又称外耳道疖(furuncle of extrnal auditory canal)；另一类为外耳道皮肤的弥漫性炎症，又称弥漫性外耳道炎(diffusc otitis externa)。

【病因】

外耳道皮肤外伤或局部抵抗力降低时易发病，如挖耳、游泳进水、化脓性中耳炎长期脓液的刺激等。此外，有变应体质和糖尿病者易反复发作。常见致病菌为金黄色葡萄球菌、链球菌、绿脓杆菌和变形杆菌等。

【临床表现】

外耳道疖时耳痛剧烈，张口咀嚼时加重，并可放射击至同侧头部。多感全身不适，体温或可微升。当肿胀严重堵塞外耳道时，可有耳鸣及听力减退。外耳道软骨部皮肤有局限性红肿。红肿成熟破溃后，外耳道内积脓流出耳外，此时耳痛减轻。

弥漫性外耳道炎急性者表现为耳痛，可流出分泌物。外耳道皮肤弥漫性红肿，外耳道壁上可积聚分泌物，外耳道腔变窄，耳周淋巴结肿痛。慢性者耳发痒，少量渗出物。外耳道皮肤增厚、皲裂、脱屑，分泌物积存，甚至可造成外耳道狭窄。

【护理诊断及医护合作性问题】

1. 感知改变　炎症疖肿流出的分泌物可堵塞外耳道导致听力下降。

2. 疼痛　炎症疖肿均可导致。

3. 体温升高　急性炎症可导致发热。

4. 知识缺乏　缺乏外耳道炎症及疖肿的防治知识。

☞考点：外耳道炎的护理诊断

【治疗及护理措施】

1. 早期局部热敷或作超短波透热等理疗。

2. 严重者应用抗生素控制感染，服用镇静、止痛剂。

3. 局部用1%～3%酚甘油或10%鱼石脂甘油滴耳，或用上述液纱条敷于患处，每日更换纱条2次。慢性者可用抗生素与类固醇激素类合剂（如泼尼松、地塞米松等）、糊剂或霜剂局部涂敷。外耳道脓液及分泌物可用3%双氧水（过氧化氢）清洗。

4. 疖肿成熟后及时挑破脓头或切开引流。

5. 积极治疗感染病灶如化脓性中耳炎，诊治全身某些有关疾病如糖尿病等。

案例7-3分析

1. 护理诊断有感知改变、知识缺乏、体温升高、疼痛等。

2. 护理措施慢性者可用抗生素与类固醇激素类（如泼尼松、地塞米松等）合剂、糊剂或霜剂局部涂敷。外耳道脓液及分泌物可用3%双氧水清洗。

3. 结合患者的症状及检查诊断慢性外耳道炎。

四、鼓膜外伤

链接 »»

爱护鼓膜小常识

1. 同学打闹时不能扇耳光，避免鼓膜震伤。

2. 不要自己挖耳，避免扎伤鼓膜。

3. 遇到剧烈声响尽量大张口或捂住耳道，避免鼓膜损伤。

4. 年节放鞭炮时避免损伤鼓膜。

鼓膜外伤（tympanic membrane trauma）因直接或间接外力损伤所致。可分为器械伤和气压伤，其他尚有颞骨纵行骨折所致。

【病因】

1. 器械伤　如火柴杆、毛线针、发夹等挖耳刺伤鼓膜。

2. 气压伤　如掌击耳部、炮震、高台跳水等。

3. 颞骨纵行骨折将鼓膜撕裂。

【临床表现】

外伤初剧痛，继而听力下降、耳鸣、耳出血、闷塞感。颅底骨折时可有脑脊液耳瘘。检查外耳道可有血迹，鼓膜紧张部不规则穿孔，边缘锐利，可见血痂（图7-2）。因炮震引起的鼓膜穿孔常为大穿孔甚至全部破坏。颅底骨折时可有清水样物流出，并可有周围性面瘫。听力检查可为传导聋，如内耳损伤可出现混合聋或神经聋。

【护理诊断及医护合作性问题】

1. 听力下降　与鼓膜穿孔有关。

2. 耳痛　与鼓膜外伤穿孔有关。

3. 有感染的危险　耳内进入污水可形成中耳炎。

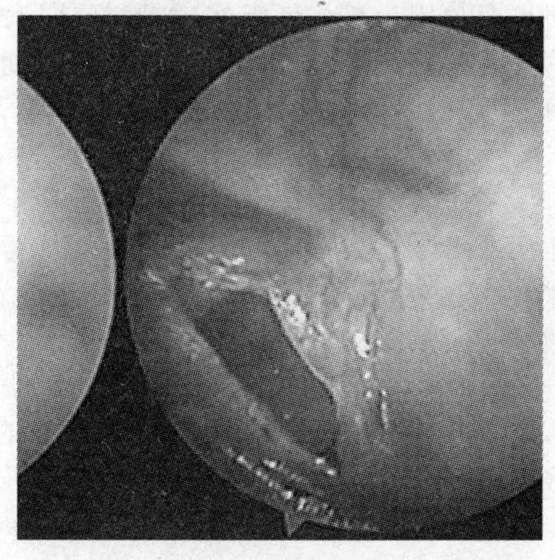

图7-2　鼓膜外伤

4. 知识缺乏　缺乏鼓膜的保护知识。

【治疗及护理措施】

1. 小穿孔可有自愈。

2. 防感染　口服抗生素；禁止耳内滴药及洗耳；外耳道口可用无菌棉球堵塞，如有脑脊液耳瘘不能堵塞。

3. 3周内不可擤鼻。

4. 修补术。如穿孔1月后不愈合可行鼓膜修补或鼓膜贴补术。

5. 向患者及家属宣教有关知识。加强自身防护，遇到炮震需大张口预防穿孔。

☞考点：鼓膜外伤的护理措施

五、分泌性中耳炎

案例7-4

李某、男，38岁。左耳疼痛1天，并耳堵塞感、听力减退。检查：体温：36.5℃，耳镜见左侧鼓膜淡黄色，内陷。前下可见液平形成。

问题：1. 该患者护理诊断有哪些？

2. 处理原则是什么？

3. 有哪些护理措施？

分泌性中耳炎（secretory otitis media）是以鼓室积液和传导性聋为主要特征的中耳非化脓性炎性疾病。儿童发病率比成人高，是听力下降的重要原因之一。

【病因】

病因尚未完全明确。目前认为主要病因有咽鼓管功能障碍、感染和免疫反应。

1. 咽鼓管功能不良　一般认为咽鼓管阻塞是本病的基本原因。引起咽鼓管阻塞或咽鼓管功能不良的常见原因为机械性阻塞，如腺样体肥大、肥厚性鼻炎、鼻咽部肿瘤或淋巴组织增生、长期鼻咽部填塞等。此外，腭帆张肌功能不良，如腭裂，易患本病。

2. 感染　本病常继发于急性上呼吸道感染，故认为本病可能与细菌或病毒感染有关。认为本病可能是中耳的一种轻型的或低毒性的细菌感染。细菌的产物——内毒素在发病机制中可能具有一定的作用。

3. 免疫反应　由于中耳积液中细菌培养的阳性率较高，炎性介质——前列腺素的存在，并在积液中检出细菌的特异性抗体和免疫复合物以及补体系统等。

链 接 >>>

咽鼓管的功能

为什么在上山、下山和飞机起飞、降落时会感耳闷塞不适，吞咽或打哈欠后会缓减，这是因为咽鼓管具有调节中耳气压，使之与外界大气压基本保持平衡的功能。吞咽或打哈欠使咽鼓管开放，所以耳闷塞不适会缓减，但当咽鼓管功能不良时，外界空气不能进入中耳，中耳内气体被黏膜逐渐吸收，形成持续负压，致使中耳黏膜肿胀，毛细血管通透性增加，鼓室内出现渗出液。

【临床表现】

1. 症状　以耳内闷胀感或堵塞感、听力减退及耳鸣为最常见症状。常发生于感冒后，或不知不觉中发生。有时头位变动可觉听力改善。有自听增强，部分患者有轻度耳痛。儿童常表现为听话迟钝或注意力不集中。

2. 检查　鼓膜内陷，表现为光锥变短、分散或消失，锤骨短突明显外突，锤骨柄变水平，前后皱襞变明显。鼓膜呈粉红色或黄色、淡黄色油亮，透过鼓膜可看到液平面，此液面呈一头发丝状弧形线，称发线(图7-3)，当头位变动时此液平面保持水平位。有时可见到液体中的气泡。慢性者鼓膜增厚混浊色发暗。鼓气耳镜检查可见鼓膜活动度受限。

3. 听力检查　音叉及纯音测听多为传导性聋。声阻抗-导纳测试的鼓室导抗图呈现平坦型(B型)或高负压型(C型)，有助于诊断。

☞考点：分泌性中耳炎的症状

【护理诊断及医护合作性问题】

1. 感知的改变　与中耳负压及鼓室积液导致听力下降有关。

2. 舒适改变　与咽鼓管阻塞、鼓室积液导致耳鸣、耳痛、耳闷塞感有关。

3. 知识缺乏　与缺乏对本病的相关知识及对相关治疗护理措施不了解有关。患者及家属应了解疾病相关的知识，积极配合治疗护理。

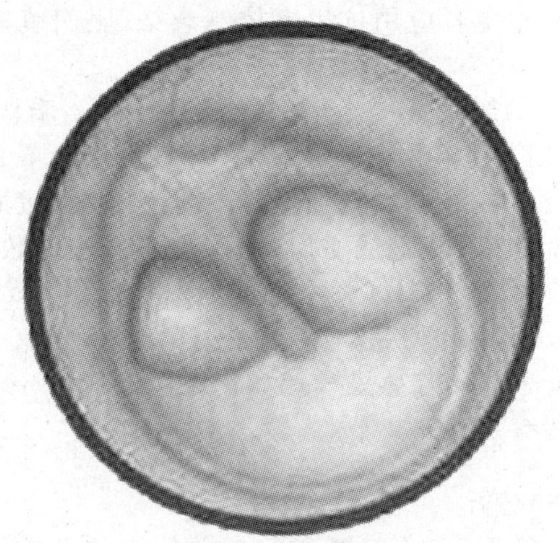

图7-3　分泌性中耳炎

【治疗及护理措施】

治疗原则为改善中耳通气，清除中耳积液及病因治疗。

☞考点：分泌性中耳炎治疗原则

1. 改善中耳通气

(1) 1%麻黄碱液或呋喃西林麻黄碱液、氯霉素麻黄碱液滴鼻。

(2) 咽鼓管吹张：可采用捏鼻鼓气法、咽水通气法或导管吹张法。合并急性上呼吸道感染时忌用。

(3) 红外线或超短波透热理疗，改善中耳血液循环，促进黏膜水肿消退。

2. 清除中耳积液

(1) 鼓膜穿刺抽液：用针尖斜面较短的7号针头，在无菌操作下自鼓膜前下方或后下方刺入鼓室，以空针抽吸积液。积液为黏液或胶状者，可用α-糜蛋白酶(5mg)溶液或氨溴索2ml先注入中耳少许，待5～10分钟后，再注入其余溶液，稍加压慢注，常可冲洗出多量黏液或黏胶液，每周2次。

(2) 鼓膜切开术：液体黏稠，穿刺抽吸无效者，可作鼓膜切开术。鼓膜切开后吸尽鼓室内液体，积液黏稠者，可注药液入鼓室，如α-糜蛋白酶、氨溴索等。

(3) 鼓室置管术：分泌物黏稠，经上述处理无效；病情迁延，长期不愈或反复发作；或估计咽鼓管功能不能于短期内恢复正常者，可经鼓膜留置通气管(内径1～1.2mm的"T"形管或扣眼硅胶管)。通气管留置时间久暂不一，待咽鼓管功能恢复，即可取管。

3. 病因治疗

(1) 积极治疗鼻咽或鼻腔疾病：如腺样体肥大者，行腺样体切除术。下鼻甲后端肥大者，行下鼻甲后端部分切除术。

(2) 抗生素治疗：急性期可选用抗生素，预防或控制感染。

(3) 类固醇激素药物：可用地塞米松或强的松口服，作短期治疗。

4. 健康指导

(1) 教会患者正确的喷鼻和滴鼻药的使用方法，保持鼻腔及咽鼓管的通畅。

(2) 对10岁以下的儿童要告知家长定期行筛选性声导抗检测，以便尽早发现。

(3) 适当运动，增强体质，预防感冒．乘坐飞机时，可做吞咽动作或张口说话，打开咽鼓管，保持中耳与外界压力平衡。

(4) 积极治疗引起分泌性中耳炎的原发病，避免本病的发生。

(5) 对已行手术者要告知注意避免耳内进水，以防中耳感染发生。洗头洗澡时可用干棉球堵塞耳道口，不可游泳。

(6) 定期门诊随访。

案例7-4分析

结合患者主诉及检查可以确诊为分泌性中耳炎，护理诊断及护理措施正文写得很清楚，不再重复。处理原则为：改善中耳通气，清除中耳积液及病因治疗。

六、急性化脓性中耳炎

案例7－5

患儿，男，12岁。左耳剧烈疼痛伴耳流脓1天来诊，查体：体温：39℃，耳道深部见脓性物，清洗后见左鼓膜紧张部前下穿孔。给予抗生素静点5天好转出院。

问题：1. 患儿为何种疾病？

2. 有哪些护理诊断？

3. 应给予哪些护理措施？

4. 本病例治疗是否合理？

急性化脓性中耳炎（acute suppurative otitis media）是中耳黏膜的急性化脓性炎症，好发于儿童，冬春季节多见。

【病因】

本病主要致病菌为肺炎球菌、流感嗜血杆菌、溶血性链球菌、葡萄球菌等。主要有以下三个感染途径。

(1) 咽鼓管途径：此途径最常见。

1) 急性上呼吸道感染时，如急性鼻炎、急性鼻咽炎等，炎症向咽鼓管蔓延。咽鼓管咽口及管腔黏膜充血、肿胀、纤毛运动障碍，致病菌乘虚侵入中耳。

2) 急性传染病，如猩红热、麻疹、百日咳等，可通过咽鼓管途径并发本病。急性化脓性中耳炎亦可为上述传染病的局部表现。此型病变常深达骨质，引起严重的坏死性病变。

3) 在污水中游泳或跳水、不适当的咽鼓吹张、擤鼻或鼻腔治疗等，均可导致细菌循咽鼓管侵入中耳。

婴幼儿基于其解剖生理特点，比成人更易经此途径引起中耳感染。婴幼儿的咽鼓管短、宽而平直，如哺乳位置不当，平卧吮奶，乳汁或呕吐物可经咽鼓管流入中耳。

(2) 外耳道鼓膜途径：鼓膜外伤、鼓膜穿刺、鼓膜置管时，致病菌可由外耳道直接侵入中耳。

(3) 血行感染：此途径极少见。

【临床表现】

主要症状为耳痛、耳漏和听力减退，全身症状轻重不一，婴幼儿不能陈述病情，常表现为发热、哭闹不安、抓耳摇头，甚至出现呕吐、腹泻等胃肠道症状。因此，要详细检查鼓膜，以明确诊断。临床症状及检查所见随病理改变而不同，一般分为以下四期：

1. 早期（卡他期）　自觉耳堵塞感、轻度听力减退和轻微耳痛，一般无明显全身症状，或有低热。检查：鼓膜松弛部充血、紧张部周边及锤骨柄可见放射状扩张的血管，此期为时不久，常被忽视，特别是小儿更不易觉察。

2. 中期（化脓期）　症状随之加重，耳痛剧烈，呈搏动性跳痛或刺痛，可向同侧头部或牙齿放射。听力减退显著。全身症状亦明显，可有畏寒、发热、倦怠、食欲减退。小儿哭闹不安，体温可高达40℃。惊厥，伴呕吐、腹泻等消化道症状。检查：鼓膜弥漫性充血，伴肿胀，向外膨出，初见于后上部。后渐全部外凸。正常标志难以辨认（图7-4）。血象：白细胞总数增多，中性白细胞比例增加。

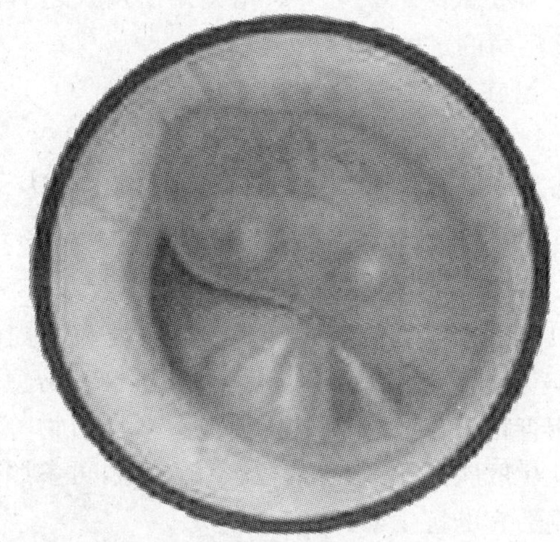

图7-4　急性化脓性中耳炎

3. 晚期（穿孔期）　鼓室积脓增加，鼓膜毛细血管受压，出现小静脉血栓性静脉炎，局部坏死溃破。致鼓膜穿孔，脓液由此外泄。由于脓液得以引流，局部症状和全身症状亦随着改善，耳痛减轻，体温下降。耳漏初为血水样，后为黏脓性或脓性。检查：鼓膜穿孔前，局部先出现小黄点。穿孔开始一般甚小，不易看清，彻底清洁外耳道后，方可见到鼓膜穿孔处有闪烁搏动的亮点，有脓液自该处涌出（图 7-5）。听力检查呈传导性聋。

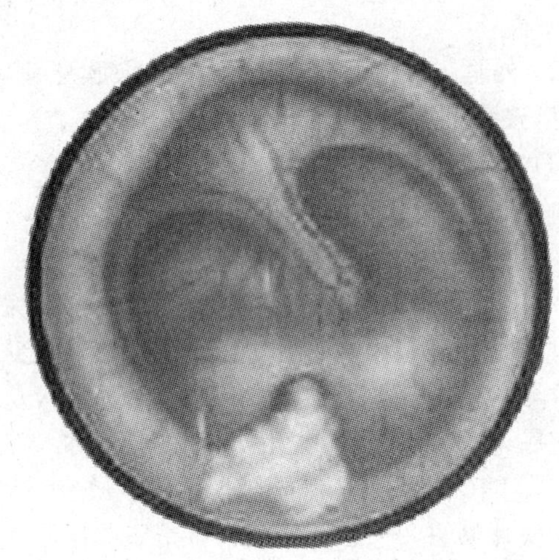

图 7-5 急性化脓性中耳炎鼓膜穿孔

4. 恢复期 鼓膜穿孔引流通畅后，炎症逐渐消退，鼓室黏膜恢复正常，耳流脓逐渐消失，小的穿孔可自行修复。检查：可见鼓膜紧张部小穿孔，外耳道内有脓性分泌物或干燥。

☞考点：急性化脓性中耳炎临床表现

【护理诊断及医护合作性问题】

1. 急性疼痛 与中耳急性化脓性炎症有关。

2. 体温过高 与中耳急性化脓性炎症引起的全身毒性症状有关。

3. 知识缺乏 缺乏疾病相关知识及缺乏对治疗护理该疾病的了解。

4. 潜在并发症、急性乳突炎。

【治疗及护理措施】

治疗原则为控制感染、通畅引流及病因治疗。

☞考点：急性化脓性中耳炎治疗原则

1. 全身治疗

(1) 及早应用足量抗生素或磺胺类药物控制感染，直至症状消退后 5～7 日停药，务求彻底治愈。一般可用青霉素、磺胺异嗯唑、头孢菌素类药物等。鼓膜穿孔后取脓液作细菌培养及药敏试验，可参照其结果改用适宜的抗生素。

(2) 1%麻黄碱液或呋喃西林麻黄碱液、氯霉素麻黄碱液滴鼻，减轻咽鼓管咽口肿胀，以利引流。

(3) 理疗，如红外线、超短波等，有助于消炎止痛。

(4) 全身支持疗法，注意休息，调节饮食。

2. 局部治疗

(1) 鼓膜穿孔前。

1) 1%～3%酚甘油滴耳，可消炎止痛。鼓膜穿孔的应立即停药，因该药遇脓液后释放出苯酚，可腐蚀鼓室黏膜及鼓膜。

2) 鼓膜切开术：如全身局部症状较重，鼓膜明显膨出，经一般治疗后明显减轻；或穿孔太小，引流不畅；或有并发症可疑，但非需即行乳突手术时，应在无菌操作下行鼓膜切开术，以利通畅引流。

(2) 鼓膜穿孔后。

1) 先以 3%双氧水清洗，并拭净外耳道脓液，以便药物进入中耳发挥作用。

2) 局部用药以抗生素水溶液为主，每日 3～4 次。恢复期，可选用 4%硼酸甘油、2.5%～5%氯霉素甘油等滴耳，便于消肿、干耳。

3) 感染完全控制后，鼓膜穿孔长期不愈合者，可行鼓膜修补术。

3. 病因治疗 积极治疗鼻部及咽部慢性疾病，如腺样体肥大、慢性鼻窦炎、慢性扁桃体炎等。

4. 护理措施

(1) 遵医嘱使用足量广谱抗生素控制感染，注意观察药物疗效及有无不良反应。

(2) 指导患者正确使用滴耳药、滴鼻药。滴耳时，嘱咐患者不可使用粉剂，以免与脓液结块影响引流。

(3) 观察生命体征，特别是体温的变化，高热者给予物理降温或遵医嘱予退热药。

(4) 注意观察耳道分泌物的色、质、气味，听取患者主诉，注意有无耳后红肿、压痛等。

(5) 注意休息，多饮水，饮食以清淡、易消化富含营养的软食为宜。

(6) 必要时配合医生行鼓膜切开术，以利脓液排出。

(7) 健康指导。

1) 加强锻炼，增强机体抵抗力，积极治疗上呼吸道感染等疾病。

2) 普及正确的擤鼻及哺乳相关卫生知识。

3) 有鼓膜穿孔或鼓膜置管者注意避免参加可能导致鼓室进水的活动，如跳水、游泳等，洗头、洗澡时注意勿使污水进入耳道。

4) 及时清理耳道脓液，指导患者正确地使用滴耳液，嘱患者坚持完成疗程，定期门诊随访。

☞考点：急性化脓性中耳炎主要护理措施

案例 7-5 分析

1. 男孩患急性化脓性中耳炎。

2. 护理诊断及措施具体见正文。

3. 患者治疗疗程过短，使病情隐匿形成慢性化脓性中耳炎。

七、慢性化脓性中耳炎

案例 7－6

患者，女，58岁。左耳间断流脓伴听力下降20余年。分泌物有恶臭味。检查见左侧鼓膜松弛部穿孔，有脓液及干酪样分泌物，颞骨CT检查：左侧胆脂瘤型中耳炎，收治入院。完善各项检查后在全身麻醉下行左鼓室成形＋人工听骨置入术，2周后出院。

问题：1. 慢性化脓性中耳炎治疗原则。

2. 本患者有哪些护理诊断？

3. 该患者手术后护理要点有哪些？

慢性化脓性中耳炎（chronic suppurative otitis media）是中耳黏膜、骨膜或深达骨质的慢性化脓性炎症，常与慢性乳突炎合并存在。本病极为常见。临床上以耳内反复流脓、鼓膜穿孔及听力减退为特点。可引起严重的颅内、外并发症而危及生命。

【病因】

多因急性化脓性中耳炎延误治疗或治疗不当、迁延为慢性；或为急性坏死型中耳炎的直接延续。鼻、咽部存在慢性病灶亦为一重要原因。一般在急性炎症开始后6～8周，中耳炎症仍然存在，统称为慢性。

常见致病菌多为变形杆菌、金黄色葡萄球菌、绿脓杆菌，以革兰氏阴性杆菌较多，无芽孢厌氧的感染或混合感染亦逐渐受到重视。

【临床表现】

根据病理及临床表现分为三型：

1. 单纯型　最常见，多由于反复发作的上呼吸道感染时，致病菌经咽鼓管侵入鼓室所致。炎性病变主要位于鼓室黏膜层，鼓室黏膜充血、增厚，圆形细胞浸润，杯状细胞及腺体分泌活跃。临床特点为；耳流脓，多为间歇性，呈黏液性或黏液脓性，一般不臭。量多少不等，上呼吸道感染时，脓量增多。鼓膜穿孔多为紧张部中央性，大小不一，但穿孔周围均有残余鼓膜（图7-6）。鼓室黏膜粉红色或苍白，可轻度增厚。耳聋为传导性，一般不重。乳突X线摄片常为硬化型，而无骨质缺损破坏。

2. 骨疡型　又称坏死型或肉芽型，多由急性坏死型中耳炎迁延而来。组织破坏较广泛，病变深达骨质，听小骨、鼓窦周围组织可发生坏死；黏膜上皮破坏后，局部有肉芽组织或息肉形成。此型特点：耳流脓多为持续性，脓性间有血丝，常有臭味。鼓膜紧张部大穿孔可累及鼓环或边缘性穿孔（图7-6）。鼓室内有肉芽或息肉，并可经穿孔突于外耳道。传导性聋较重。乳突X线摄片为硬化型或板障型，伴有骨质缺损破坏。

3. 胆脂瘤型　胆脂瘤非真性肿瘤，而为一位于中耳、乳突腔内的囊性结构。囊的内壁为复层鳞状上皮，囊内充满脱落上皮、角化物质及胆固醇结晶，囊外侧以一层厚薄不一的纤维组织与其邻近的骨壁或组织紧密相连。由于囊内含有胆固醇结晶，故称胆脂瘤（cholesteatoma）。胆脂瘤因其对周围骨质的直接压迫，或由于其基质及基质下方的炎性肉芽组织产生的多种酶（如溶酶体酶、胶原酶等）和前列腺素等化学物质的作用，致使周围骨质脱钙，骨壁破坏，炎症由此处向周围扩散，可导致一系列颅内、外并发症。临床特点：耳长期持续流脓，有特殊恶臭，鼓膜松弛部或紧张部后上方有边缘性穿孔（图7-6）。从穿孔处可见鼓室内有灰白色鳞屑状或豆渣样物质，奇臭。一般有较重传导性聋，如病变波及耳蜗，耳聋呈混合性。乳突X线摄片示上鼓室、鼓窦或乳突有骨质破坏区，边缘多浓密、整齐。

☞考点：慢性化脓性中耳炎临床表现及分型

以上三型慢性化脓性中耳炎的鉴别要点见表7-1。

a

b

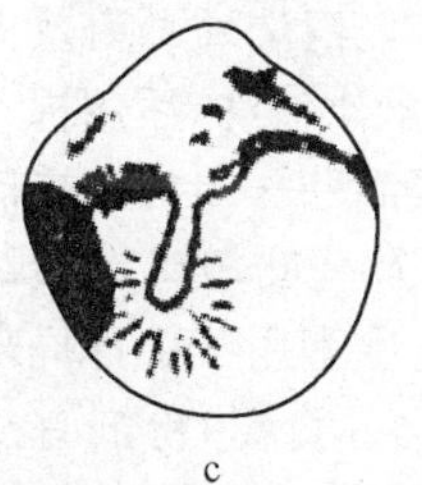
c

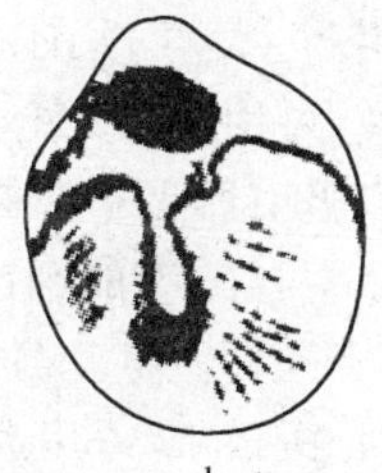
d

图7-6　鼓膜穿孔类型

a. 紧张部前下方中央性穿孔；b. 紧张部大穿孔；c. 边缘性穿孔；d. 松弛部穿孔

表 7-1 三型慢性化脓性中耳炎的鉴别要点

	单纯型	骨疡型	胆脂瘤型
耳流脓	间歇流脓，黏脓性，不臭	持续流脓，臭	持续流脓，有白色豆渣样物，恶臭
鼓膜	紧张部中央性穿孔	紧张部大穿孔或边缘性穿孔	松弛部穿孔或边缘性穿孔
听力	传导性聋	传导性聋或混合性聋	传导性聋或混合性聋
乳突X线片	乳突多为硬化型，骨质无缺损破坏	有骨质缺损破坏	有胆脂瘤空洞形成
并发症	一般无并发症	可有颅内、外并发症	易引起颅内、外并发症

☞考点：三型慢性化脓性中耳炎的鉴别要点

【护理诊断及医护合作性问题】

1. 舒适改变 与中耳长期慢性炎症致耳道流脓有关。

2. 感知改变 与鼓膜穿孔、鼓室肉芽或胆脂瘤破坏听小骨致听力下降有关。

3. 焦虑 与症状反复发作、对治疗护理不了解、对手术效果不确定有关。

4. 潜在并发症 有颅内、外并发症发生的可能。

5. 知识缺乏 缺乏与该病有关的治疗护理及自我保健知识。

【治疗及护理措施】

治疗原则为消除病因，控制感染，通畅引流，彻底清除病灶，防治并发症，重建听力。

1. 病因治疗 积极治疗上呼吸道病灶性疾病，如慢性鼻窦炎、慢性扁桃体炎。

2. 局部治疗 局部治疗包括药物治疗和手术治疗。根据不同类型采用不同方法。

(1) 单纯型：以局部用药为主。流脓停止、耳内完全干燥后穿孔或可自愈，穿孔不愈者可行鼓膜修补术或鼓室成形术。

局部用药注意事项：①用药前先清洗外耳道及中耳腔内脓液，可用3%双氧水或硼酸水清洗，后用棉花签拭净或以吸引器吸尽脓液，方可滴药。②抗生素滴耳剂宜参照中耳脓液的细菌培养及药物敏感试验结果，选择适当药物。氨基糖甙类抗生素用于中耳局部可引起内耳中毒，应慎用或尽量少用。③粉剂宜少用，粉剂应颗粒细、易溶解，一次用量不宜多，鼓室内撒入薄薄一层即可。穿孔小、脓液多者忌用，因粉剂可堵塞穿孔，妨碍引流。

滴耳法：患者取坐位或卧位，患耳朝上。将耳郭向后上方轻轻牵拉，向外耳道内滴入药液3～4滴。然后用手指轻按耳屏数次，促使药液经鼓膜穿孔流入中耳。数分钟后方可变换体位。注意滴耳药液应尽可能与体温接近，以免引起眩晕。

(2) 骨疡型

1) 引流通畅者，以局部用药为主，但应注意定期复查。

2) 中耳肉芽可用10%～20%硝酸银烧灼或刮匙刮除，中耳息肉可用圈套器摘除。

3) 引流不畅或疑有并发症者，根据病变范围，行改良乳突根治术或乳突根治术，并酌情同时行鼓室成形术以重建听力。

(3) 胆脂瘤型：应及早施行改良乳突根治术或乳突根治术，彻底清除病变，预防并发症，以获得一干耳，并酌情行鼓室成形术以提高听力。

乳突根治术(radical mastoidectomy)：是根除乳突、鼓窦和鼓室内病变，将三者与外耳道相通，形成一覆盖上皮的空腔(图6-6)。手术目的是彻底清除乳突、鼓窦、鼓室和咽鼓管鼓口病变组织，停止流脓、获得干耳，防治颅内、外并发症。适用于骨疡型、胆脂瘤型中耳炎，合并各种耳源性并发症者。

鼓室成形术(tympanoplasty)：是根治中耳病灶和重建鼓室传音结构的手术。目的是清除病灶，并修复鼓膜及重建听骨链，以提高听力。一般分五型，Ⅰ型；即鼓膜修补术。Ⅱ型：适用于上鼓室乳突病变、听骨链轻度病变。清除病变，重建听骨链。Ⅲ型：适用于听骨链病变严重，镫骨完整者。修复鼓膜与镫骨连接。Ⅳ型：适用于镫骨缺损，两窗仍活动者。建成包括蜗窗及咽鼓管口的小鼓室。Ⅴ型：镫骨底板固定者。一期先修复鼓膜，二期行镫骨手术或半规管开窗术。

3. 护理措施

(1) 指导患者正确使用滴鼻液，如1%麻黄碱滴鼻液，以保持咽鼓管引流通畅。

(2) 对于慢性化脓性中耳炎患者，应按医嘱给予恰当的抗生素滴耳液滴耳。

(3) 向患者简单解释说明慢性单纯性化脓性中耳炎与其他两种类性中耳炎的区别。患者只要感染基本控制(即干耳1～3个月)，且咽鼓管功能良好，纯音听力检查示传导性聋，即可行鼓室成形手术，以改善听力。

(4) 对于骨疡型或胆脂瘤型中耳炎，应尽早施行手术治疗，以彻底清除病变组织，建立良好的引流，预防耳源性颅内、外并发症，并改善听力。目前施行的中耳根治术和鼓室成形术，不但可彻底清除病灶，还可以部分恢复患者的中耳解剖结构及生理功能，提高患者术后的生存质量。

(5) 鼓室成形手术后护理要点。

1）按全身麻醉手术后护理常规护理至患者清醒。

2）密切观察患者的生命体征及术耳加压包扎处敷料渗血情况。

3）按医嘱使用抗生素药物，并注意观察用药后反应。

4）密切观察患者有无面瘫出现，倾听患者主诉，有无眩晕、恶心、呕吐以及剧烈的头痛和平衡障碍，如有则立即报告医生。

5）注意患者安全，嘱离床活动时动作慢，勿突然改变体位，以免头晕。

6）术后1周内以进半流质饮食为宜，少量多餐，减轻切口疼痛并保证营养摄入。

7）术后7天拆线，10天后抽出耳道内填塞纱条。告诉患者切勿用棉签等异物掏擦耳道，如有引流物流出，可用清洁的纱布或纸巾擦去，避免感染。

8）手术后1个月内，沐浴洗头时注意切勿使污水进入耳道。

9）注意门诊随访。一般出院后2周至门诊随访，出院后1～3个月内耳道内会有渗液流出。如有特殊不适，如疼痛、渗液性质改变、耳道有臭味等应及时就诊。

10）手术后3～6个月内不可乘坐飞机，以免鼓膜受损。

☞考点：慢性化脓性中耳炎手术后护理要点

（6）加强卫生宣教广泛宣传慢性化脓性中耳炎对人体的危害，使患者都能得到早期治疗。

案例7-6提示

患者所患疾病为胆脂瘤型慢性化脓性中耳炎，具体的护理诊断及护理措施见正文。

八、耳源性并发症

慢性化脓性中耳炎及乳突炎可产生多种颅内、外并发症，简称耳源性并发症（otogenic complication），重者危及生命，是耳鼻咽喉科常见的急重症之一。

【病因】

发病原因主要是由于胆脂瘤型或骨疡型中耳炎急性发作、乳突骨质破坏严重、脓液引流不畅、机体抵抗力差、致病菌毒力较强、或对抗生素不敏感具抗药性等因素有关。主要传播途径见图7-7。

一般分为颅外并发症及颅内并发症两大类。

（1）颅外并发症有耳后骨膜下脓肿、颈深部脓肿、迷路炎及周围性面瘫。

（2）颅内并发症有乙状窦栓塞性静脉炎、耳源性脑膜炎及耳源性脑脓肿。

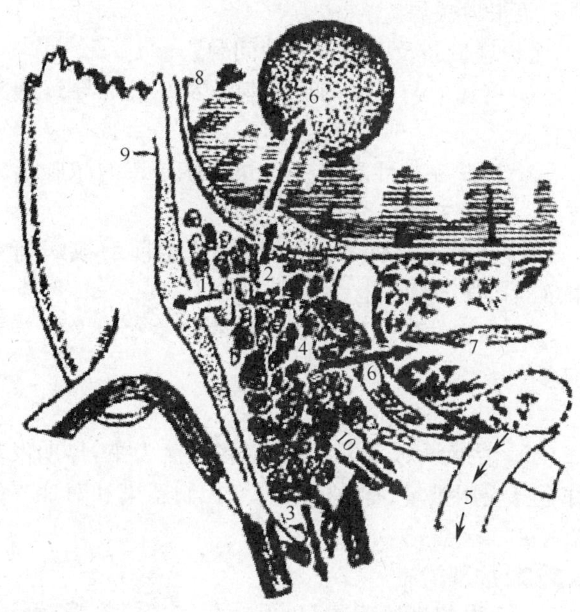

图7-7　耳源性并发症扩散示意图

1. 耳后骨膜下脓肿；2. 硬脑膜外脓肿；3. 颈深部脓肿（二腹肌外）；4. 乙状窦周围脓肿；5. 乙状窦血栓性静脉炎；6. 硬叶脓肿；7. 小脑脓肿；8. 硬脑膜；9. 骨膜；10. 颈深部脓肿（二腹肌内）

☞考点：并发症的名称

【临床表现】

1. 耳后骨膜下脓肿　患者除了中耳炎症状外，有耳痛、高热和全身不适。检查可见患耳后红肿或有波动感，穿刺可抽出脓液。

2. 颈深部脓肿　同侧颈部疼痛，运动受限，颈部相当于乳突至下颌角水平处肿胀、压痛明显。由于脓肿位于胸锁乳突肌深面，故波动感不明显。

3. 迷路炎　患者出现眩晕、恶心、呕吐、耳鸣及听力下降，可有耳深部疼痛。

4. 乙状窦栓塞行静脉炎　表现为寒战后高热，体温可达40℃，头痛剧烈，数小时后体温骤退，每天发作1～2次；伴恶心、呕吐、消瘦、贫血、精神萎靡、甚至衰竭。同侧颈部可触及条索状肿块，压痛明显，并可出现病侧视盘水肿。

5. 耳源性脑膜炎　以高热、头痛、喷射状呕吐为主要症状。可伴精神及神经症状，如易激动、全身感觉敏感、烦躁不安、抽搐，严重者出现嗜睡、狂妄、昏迷。检查有脑膜刺激征，脑脊液压力增高。

6. 耳源性脑脓肿　是最严重的颅内并发症，危及生命。脓肿多位于大脑颞叶，小脑次之。典型病例表现为头痛、呕吐、反应迟钝、表情淡漠、嗜睡，脉搏迟缓与体温不一致；性格与行为改变；眼底检查可见视盘水肿。颞叶脓肿者可出现命名性失语症（不能正确说出日常物品的名称）。小脑脓肿者出现共济失调，同侧肌张力减弱。

【护理诊断及医护合作性问题】

1. 疼痛　与炎症的局部刺激及并发症导致的头痛有关。

2. 皮肤完整性受损　与并发症导致的脓肿形成有关。

3. 自理能力缺陷　与眩晕、手术前后或病情要求绝对卧床等因素有关。

4. 知识缺乏　缺乏并发症的相关知识及对治疗护理的认知。

【治疗及护理措施】

1. 治疗原则 清除病灶,通畅引流为主,早期发现并全身应用足量、有效的抗生素控制感染和对症支持治疗。

2. 护理措施

(1) 嘱患者卧床休息,保持病室环境安静、舒适,光线宜暗,必要时安置单人病室,以利休息。

(2) 注意安全防护,床旁加里床栏,要求家属陪床或专人看护。

(3) 严密的病情观察,听取患者主诉,了解有无头痛、恶心、呕吐等情况。

(4) 面瘫、眼睑不能闭合者注意保护角膜,白天滴用抗生素滴眼液,夜间涂用抗生素眼膏,以防发生暴露性角膜炎。

(5) 注意生命体征的监测,定时测量体温、脉搏、呼吸、血压,观察瞳孔大小及神志的变化,并做好记录。发现患者出现呼吸、脉搏变慢,表情淡漠或嗜睡等情况,要及时通知医生。

(6) 根据病情给予高热量、高蛋白及富含维生素的流质或半流质饮食,按医嘱予静脉补液,注意水、电解质的平衡。

(7) 疑似有颅内并发症时,禁用镇静、止痛类药物,以免掩盖症状,影响诊断,贻误治疗。

(8) 需手术根除病灶的,做好围术期的各项护理,如中耳探查术按中耳手术准备,颅脑手术者按脑外科护理常规。

九、耳　　聋

链接

常听 MP3 可以导致神经性耳聋!

用耳机长时间听音乐,会对听神经末梢产生刺激,引起听神经异常兴奋,用以造成听觉疲劳。如果戴耳机听,最好每次时间不超过 20 分钟,声音不超过 60 分贝。这样对听力影响才不会很大。

耳聋是听觉传导通路发生病变致听力障碍或听力减退,为人耳听觉功能损失的总称。耳聋分为传导性聋、感音神经性聋和混合性聋。

【病因】

按病变部位及性质可分为三类:

1. 传导性聋(conductive deafness)　外耳、中耳传音机构发生病变,音波传入内耳发生障碍。可分为:

(1) 先天性:常见的有先天性畸形,包括外耳、中耳的畸形。例如先天性外耳道闭锁或鼓膜、听骨、蜗窗、前庭窗发育不全等。

(2) 后天性:外耳道发生阻塞,如耵聍栓塞、骨疣、异物、肿瘤、炎症等。中耳化脓或非化脓性炎症使中耳传音机构障碍,或耳部外伤使听骨链受损,中耳良性、恶性肿瘤或耳硬化症等。

2. 感音神经性聋(sensorineural deafness, neurosensory deafness)　指耳蜗螺旋器病变,不能将声波变为神经兴奋或神经及其中枢途径发生障碍不能将神经兴奋传入;或大脑皮质中枢病变不能分辨语言,统称感音神经性聋。如梅尼埃病、耳药物中毒、迷路炎、噪声损伤、听神经瘤等。可分为:

(1) 先天性:常由于内耳听神经发育不全所致,或妊娠期受病毒感染或服用耳毒性药物引起,或分娩时受伤等。

(2) 后天性:主要有传染病源性聋、药物中毒性聋、老年性聋、外伤性聋、突发性聋、爆震性聋和噪声性聋。

3. 混合性聋　以上两种病变都有。

☞考点:耳聋的分类

【耳聋的分级】

按 WHO 1980 年耳聋分级标准,将平均语言频率纯音听阈分为 5 级。

1. 轻度聋　近距离听一般谈话无困难,听力计检查纯音和语言,听阈 26~40dB。

2. 中度聋　近距离听话感到困难,听阈 41~55dB。

3. 中、重度聋　近距离听大声语言困难,听阈 56~70dB。

4. 重度聋　在耳边大声呼喊方能听到,听阈 71~90dB。

5. 极重度耳聋　耳边大声呼喊仍听不到,听阈 >90dB。

【诊断】

应仔细询问病史;检查外耳道及鼓膜;进行音叉检查及纯音听阈测听,以查明耳聋的性质及程度。还可进行客观测听,如声阻抗测听、听性脑干反应测听及耳蜗电图等。

【耳聋的防治原则】

1. 传导性聋的防治　早期积极治疗急、慢性化脓性中耳炎和分泌性中耳炎是防治传导性聋的重要措施。传音结构修建术(鼓室成形术)对提高传导性聋的听力有一定效果,如能早期施行鼓室探查和鼓室成形术,可保存和恢复听力。对传导性聋较重者,可配戴助听器,以提高听力。

2. 感音神经性聋的防治　感音神经性聋的疗效目前尚不理想,因此,关键在预防,发病后及早治疗。

(1) 积极防治因急性传染病所引起的耳聋,做好传染病的预防、隔离和治疗工作,增强机体(尤其是儿童)的抵抗力。

(2) 对耳毒性药物的使用,要严格掌握适应证,如有中毒现象应立即停药,并用维生素和扩张血管的药物。

(3) 根据不同的原因和病理变化的不同阶段可采取不同药物综合治疗,如增进神经营养和改善耳蜗微循环的药物、各种血管扩张剂、促进代谢的生物制品等。

十、梅尼埃病

梅尼埃病(Meniere's disease)又称膜迷路积水(labyrinthine hydrops),系内耳膜迷路水肿而致发作性眩晕、波动性耳聋和耳鸣为主要表现的内耳疾病。1861年法国学者Ménière通过尸体解剖首先发现迷路疾病可导致眩晕、耳鸣和听力减退,本病一般为单耳发病,青壮年多见。

【病因】

梅尼埃病的病因不明,可能与先天性内耳异常、自主神经功能紊乱、病毒感染、变应性、内分泌紊乱、盐和水代谢失调等有关。本病的病理变化为膜迷路积水,主要累及蜗管及球囊。

【临床表现】

典型症状是发作性眩晕、波动性耳聋、耳鸣。

1. 眩晕(vertigo)　特点是突然发作,剧烈眩晕,呈旋转性,即感到自身或周围物体旋转,头稍动即觉眩晕加重。同时伴有恶心、呕吐、面色苍白等自主神经功能紊乱症状。数小时或数天后眩晕减轻而渐消失。间歇期可数周、数月或数年,一般在间歇期内症状完全消失。

2. 耳鸣(tinnitus)　绝大多数病例在眩晕前已有耳鸣,但往往未被注意。耳鸣多为低频音,轻重不一。一般在眩晕发作时耳鸣加剧。

3. 耳聋(deafness)　早期常不自觉,一般在发作期可感听力减退,多为一侧性。患者虽有耳聋但对高频音又觉刺耳,甚至听到巨大声音即感十分刺耳,此现象称重振。在间歇期内听力常恢复,但当再次发作听力又下降,即出现一种特有的听力波动现象。晚期,听力可呈感音神经性聋。

4. 其他　眩晕发作时或有患侧耳胀满感或头部沉重、压迫感。

☞考点:梅尼埃病典型症状

【护理诊断及医护合作性问题】

1. 舒适改变　与膜迷路积水导致的眩晕、恶心、呕吐有关。

2. 有外伤的可能　与眩晕有关。

3. 焦虑　与疾病反复发作影响生活工作有关。

4. 知识缺乏　缺乏对疾病的认知及相关预防保健知识。

【治疗及护理措施】

1. 保守治疗　一般采用以调整自主神经功能、改善内耳微循环,解除膜迷路积水为主要目的的综合治疗。发作期应卧床休息,低盐饮食,少喝水。常用镇静剂、血管扩张药物、维生素类药物和利尿剂。

2. 手术疗法　对发作频繁、保守治疗无效,眩晕影响工作和生活者,可考虑手术治疗。

3. 护理措施

(1) 心理护理:向患者及家属讲解疾病相关的知识,消除其紧张恐惧心理,精神放松,积极配合治疗和护理。

(2) 了解并观察患者眩晕发作的次数、持续时间、患者的自我感觉以及神志、面色等情况。

(3) 急性发作期,嘱患者卧床休息. 进食高蛋白、高维生素、低脂肪、低盐饮食,适当限制入水量。将患者安置于光线稍暗、舒适安静的环境中。必要时静脉补液。

(4) 遵医嘱使用镇静剂、改善微循环的药物及减轻迷路积水的药物,注意观察药物疗效及有无副作用。如需长期应用利尿剂减轻症状者,要注意监测血钾,适当补钾。

(5) 对症状较重或服用镇静剂者,要注意安全防护,加置床栏、专人陪护等,防止意外跌倒损伤。

(6) 对于发作频繁、症状严重、保守治疗无效需行手术治疗者,做好手术前后护理。

(7) 健康指导:指导患者养成良好的作息习惯,保证睡眠,有规律地生活和工作,保持良好的心态。戒除烟酒,禁用耳毒性药物。对眩晕发作频繁者,嘱其注意安全,勿单独外出,不要开车、登高等,以免意外发生。

(李玉环)

第 2 节　鼻科患者的护理

学习目标

1. 知道鼻疖的并发症，了解鼻疖的护理措施
2. 描述慢性鼻炎、过敏性鼻炎的临床表现
3. 说出慢性鼻炎的护理措施
4. 知道鼻息肉的病因及治疗原则
5. 描述鼻出血的护理措施
6. 说出急性鼻窦炎的临床表现
7. 知道慢性鼻窦炎的护理措施

◆教学重点：慢性鼻炎、过敏性鼻炎的护理诊断及护理措施。鼻出血、鼻窦炎的护理诊断及护理措施

◆教学难点：鼻疖、鼻出血、鼻窦炎的病因

一、鼻　疖

案例 7－7

王某，女，45 岁，左侧鼻部疼痛 1 天，并发热，外鼻肿胀，左侧面部及上唇肿胀。

问题：护理措施有哪些？

鼻疖（furuncle of nose）是鼻前庭或鼻尖部的毛囊、皮脂腺或汗腺的局限性急性化脓性炎症，主要致病菌为金黄色葡萄球菌。

【病因】

1. 挖鼻、拔鼻毛使鼻前庭皮肤损伤。

2. 急慢性鼻炎、鼻窦炎等感染性分泌物的刺激。

3. 糖尿病、机体抵抗力低下。

【临床表现】

局部有红肿热痛，有时伴低热和全身不适。疖肿成熟后出现黄色脓点，破溃排出脓液而愈合。严重者常伴有畏寒、高热、头痛，出现上唇和面颊部蜂窝织炎表现。合并海绵窦感染时可出现寒战、高热、头剧痛、眼球突出、固定，以及眼底静脉扩张和视盘水肿等海绵窦血栓性静脉炎症状。

【护理诊断及医护合作性问题】

1. 疼痛　与鼻部炎症反应有关。

2. 知识缺乏　缺乏鼻疖自我保健的相关知识与信息来源不足有关。

3. 潜在并发症　上唇和面颊部蜂窝织炎、海绵窦血栓性静脉炎等。

【治疗及护理措施】

1. 治疗

(1) 疖未成熟者，局部热敷，10%鱼石脂软膏或抗生素软膏涂抹，并配合做理疗等。全身应用抗生素。

(2) 疖已成熟者，待其穿破或局部皮肤消毒后，用消毒针头或刀尖挑破脓头，镊出脓栓。

2. 护理措施

(1) 加强心理护理，耐心听取患者的主诉，解释疼痛的原因，疾病转归，给予支持与安慰，指导放松技巧。

(2) 观察病情的变化，鼻疖未成熟忌切开引流，严禁挤压，以免炎症扩散。

(3) 按医嘱正确使用抗生素，并观察药物疗效及副作用。

(4) 注意休息，多饮水，保持排便通畅。

(5) 健康指导

1) 指导患者祛除挖鼻和拔鼻毛的不良习惯。

2) 锻炼身体，增强体质，提高机体抵抗力，积极治疗糖尿病。

3) 积极治疗鼻腔疾病，减少分泌物刺激。

☞考点：鼻疖的主要护理措施

二、急性鼻炎

急性鼻炎（acute rhinitis）是由病毒感染引起的鼻腔黏膜急性炎症性疾病，俗称“伤风”或“感冒”。很常见，有传染性，常反复发生。

【病因】

致病微生物主要为病毒，各种呼吸道病毒均可引起本病。

【临床表现】

1. 初期（前驱期）　约 1～2 天，多表现为全身酸困，鼻及鼻咽部发干灼热，鼻黏膜充血、干燥。

2. 急性期（湿期）　约 2～7 天，渐有鼻塞，鼻分泌物增多，喷嚏和鼻腔发痒，说话呈闭塞性鼻音，嗅觉减退。鼻黏膜明显充血肿胀，鼻腔内充满黏液性或黏脓性分泌物，可转为脓样。全身有不同程度的发热、头胀、头痛等。

3. 末期（恢复期）　鼻塞逐渐减轻，脓涕也减少，若不发生并发症，则数日后可自愈。

【护理诊断及医护合作性问题】

1. 舒适改变　鼻塞、流涕、张口呼吸与鼻黏膜肿胀阻碍通气有关。

2. 潜在并发症　鼻窦炎、中耳炎、肺炎等。

3. 有传播感染的危险　与患者及家属缺乏呼吸道预防传播的知识有关。

【治疗及护理措施】

1. 以支持和对症治疗为主，并注意防止并发症。

2. 1%麻黄碱液或呋喃西林麻黄碱液、氯霉素麻黄碱液滴鼻，以利通气引流。

3. 针刺迎香、鼻通穴，或做穴位按摩。

4. 卧床休息,宜多喝水,有便秘者可给予缓泻剂。

5. 患者应予以隔离以免传染他人。

6. 合并细菌感染或有并发症时,使用抗生素类药物。

三、慢 性 鼻 炎

案例 7－8

患者,女,40 岁,鼻塞 10 年,呈间断性,并嗅觉减退,曾经口服鼻炎片效果欠佳。

问题:1. 患者应该进一步检查什么?

2. 初步考虑何种疾病?

3. 有哪些护理诊断?

慢性鼻炎(chronic rhinitis)是鼻腔黏膜和黏膜下层的慢性炎症。往往是急性鼻炎反复发作导致。病程较长。可分为慢性单纯性鼻炎和慢性肥厚性鼻炎。

【病因】

1. 局部病因

(1) 急性鼻炎反复发作或治疗不彻底而演变成慢性鼻炎。

(2) 由于邻近的慢性炎症长期刺激或畸形,致鼻发生通气不畅或引流阻塞,如慢性鼻窦炎、鼻中隔偏曲、慢性扁桃体炎或腺样体肥大等。

(3) 鼻腔用药不当或过量过久形成药物性鼻炎(rhinitis medicamentosa),常见于久用萘甲唑啉之后。

2. 全身病因

(1) 长期慢性疾病,如内分泌失调、长期便秘、肾脏病和心血管疾病等,而致鼻黏膜长期或屡发性充血或淤血。

(2) 维生素缺乏,如维生素 A 或 C。

(3) 烟酒过度可影响鼻黏膜血管舒缩而发生障碍。

(4) 长期服用利血平等降压药物,可引起鼻腔血管扩张而产生似鼻炎的症状。

3. 环境因素　在有水泥、烟草、煤尘、面粉或化学物质等环境中的工作者,鼻黏膜受到物理和化学因子的刺激与损害,可造成慢性鼻炎。温湿度急剧变化的环境,如炼钢、冷冻、烘熔等车间工人,也较易发生此病。

【临床表现】

1. 慢性单纯性鼻炎

(1) 鼻塞:间歇性或交替性。①间歇性鼻塞:一般表现为白天、劳动或运动时减轻,夜间、静坐或寒冷时加重。②交替性鼻塞:侧卧时位于下侧的鼻腔常阻塞加重。嗅觉可有不同程度的减退,说话呈闭塞性鼻音。

(2) 多涕:常为黏液性或黏脓性,偶尔呈脓性。

(3) 检查:鼻黏膜肿胀,表面光滑、湿润,一般呈暗红色。鼻甲黏膜柔软而富有弹性,探针轻压可现凹陷,但移开探针则凹陷很快复原,特别在下鼻甲为明显。若用1%～2%麻黄碱液作鼻黏膜收缩,则鼻甲迅速缩小。总鼻道或下鼻道有黏液性或脓性分泌物。

2. 慢性肥厚性鼻炎(chronic hypertrophic rhinitis)　为鼻黏膜、黏膜下层及鼻甲骨的增生肥厚性改变,一般由慢性单纯性鼻炎发展而来。

(1) 鼻塞较重,多为持续性、常张口呼吸,嗅觉多减退。

(2) 鼻涕稠厚,多呈黏液性或黏脓性。

(3) 当肥大的中鼻甲压迫鼻中隔时,可出现不定期发作性额部疼痛。

(4) 检查:①下鼻甲明显肥大,或下鼻甲与中鼻甲均肥大,常致鼻腔堵塞。鼻腔底部或下鼻道有黏液性或黏脓性分泌物。②黏膜肿胀,呈粉红色或紫红色,表面不平,或呈结节状或桑葚状,尤以下鼻甲前端及其游离缘为明显。探针轻压凹陷不明显,触之有硬实感。③局部用血管收缩剂后黏膜收缩不明显。

☞考点:慢性鼻炎分型及各型的临床表现

【护理诊断及医护合作性问题】

1. 舒适改变　头痛、头昏、鼻塞与鼻黏膜肿胀、肥厚及分泌物增多有关。

2. 焦虑　与慢性炎症久治不愈和担心手术疗效有关。

3. 知识缺乏　缺乏慢性鼻炎的防治常识。

4. 潜在并发症　鼻窦炎、中耳炎等。

【治疗及护理措施】

治疗原则为恢复鼻腔通气功能,排除分泌物,根除病因。

1. 指导患者合理用药　1%麻黄碱滴鼻,连用1周后注意停用或减量。鼻用喷鼻激素喷鼻。口服中成药制剂。鼻腔生理盐水冲洗可以减少分泌物。

2. 超短波或红外线理疗　可改善局部血循环以减轻症状。

3. 经上述疗法无效时,可选用硬化剂作下鼻甲注射治疗。

4. 找出与疾病有关的病因并及时治疗,锻炼身体增强机体抵抗力。

5. 手术疗法　一般治疗无效,或黏膜显著肥厚,或肥厚部分位于下鼻甲后端或下缘,可行下鼻甲部分切除术或中鼻甲部分切除术。

6. 对全身慢性疾病或邻近病灶如鼻中隔偏曲或鼻窦炎等,亦给予适当治疗。

案例 7-8 分析

1. 患者应该进一步做前鼻镜检查。

2. 初步考虑患慢性鼻炎。

3. 护理诊断见正文。

四、变应性鼻炎

案例 7－9

患者，女，30 岁，鼻痒打喷嚏，流水样鼻涕 10 天，检查：鼻腔黏膜苍白肿胀。

问题：1. 护理诊断有哪些？

2. 护理措施？

变应性鼻炎又称过敏性鼻炎，是发生于鼻黏膜的变态反应性疾病。临床上分为常年性和季节性两种。

【病因】

1. 吸入性变应源　如室内、外尘埃、尘螨、真菌、动物皮毛、羽毛、棉花絮等，多引起常年性发作；植物花粉引起者多为季节性发作。

2. 食物性变应源　如鱼虾、鸡蛋、牛奶、面粉、花生、大豆等。特别是某些药品，如磺胺类药物、奎宁、抗生素等均可致病。

链　接

变应性鼻炎的预防小知识

1. 春暖花开季节，过敏体质的人群应尽量少去花园，或多戴口罩，减少接触花粉等过敏原。

2. 尘螨过敏者家中应使用百叶窗，不用地毯，尽量减少灰尘接触。

3. 避免接触宠物等。

【临床表现】

典型症状为鼻痒、阵发性喷嚏连续发作、大量水样鼻涕和鼻塞。具体表现如下：

1. 鼻痒和连续喷嚏　每天常有数次阵发性发作，随后鼻塞和流涕，尤以晨起和夜晚明显。鼻痒见于多数患者，有时鼻外、软腭、面部和外耳道等处发痒，季节性鼻炎以鼻痒较为明显。

2. 大量清水样鼻涕　但急性反应趋向减弱或消失时，可减少或变稠厚，若继发感染可变成黏脓样分泌物。

3. 鼻塞　程度轻重不一，单侧或双侧，间歇性或持续性，亦可为交替性。

4. 嗅觉障碍　由黏膜水肿、鼻塞而引起者，多为暂时性。因黏膜持久水肿导致嗅神经萎缩而引起者，多为持久性。

☞考点：过敏性鼻炎典型症状

【护理诊断及医护合作性问题】

1. 舒适改变　与鼻痒、打喷嚏、流清涕有关。

2. 知识缺乏　缺乏变应性鼻炎的自我护理及预防保健知识。

3. 潜在并发症　变应性鼻窦炎、分泌性中耳炎及支气管哮喘等。

【治疗及护理措施】

尽可能避免诱因和消除过敏因素，达到脱敏、消肿、通气的目的。

1. 了解患者生活习惯及发作规律，帮助寻找过敏原，避免接触一切可能致敏的物质。

2. 加强心理护理，主动发现情绪变化，避免精神、神经因素性发作。

3. 教会患者正确使用滴鼻药和抗过敏药物。

4. 指导患者打喷嚏时用纸巾遮口、鼻，掌握正确擤鼻方法。

案例 7-9 分析

1. 患者为过敏性鼻炎护理诊断有舒适改变、知识缺乏、潜在并发症。

2. 护理措施见正文。

五、鼻　出　血

鼻出血（epistaxis，nosebleed）是鼻科常见的临床症状之一，可由鼻腔、鼻窦或邻近组织结构的疾病引起，也可由全身疾病引起。

链　接

如何估计鼻出血（epistaxis）的出血量？

1. 患者出现口渴、乏力、口唇苍白说明短期内出血达到 500ml。

2. 出血量在 500～1000ml 可出现胸闷、出冷汗、脉搏细数无力。

3. 超过 1000ml 可以出血性休克。

4. 高血压患者测血压正常则为严重失血的征象。

【病因】

1. 外伤　鼻及鼻窦外伤或手术、颅前窝及颅中窝底骨折。

2. 鼻中隔偏曲　多发生在嵴或距状突附近或偏曲的凸面，因该处黏膜较薄，易受气流影响，故黏膜干燥、糜烂、破裂出血。鼻中隔穿孔也常有鼻出血症状。

3. 炎症　①非特异性炎症：干燥性鼻炎、萎缩性鼻炎、急性鼻炎、急性上颌窦炎等，常为鼻出血的原因。②特异性感染：鼻结核、鼻白喉、鼻梅毒等，因黏膜溃烂，易致鼻出血。

4. 肿瘤　鼻咽纤维血管瘤、鼻腔、鼻窦血管瘤等，可致长期间断性鼻出血。

5. 其他　凡可引起动脉、静脉压增高、凝血功能障碍或血管张力改变的全身性疾病均可致鼻出血。

【临床表现】

常为单侧鼻腔出血。轻者仅鼻涕中带血，出血多时血可从后鼻孔流至对侧鼻孔流出或从口中大量吐出。

【护理诊断及医护合作性问题】

1. 疼痛　与鼻腔填塞有关。

2. 恐惧　与鼻出血及担心疾病预后有关。

3. 知识缺乏　缺乏鼻出血的防治常识。

4. 潜在并发症　窒息、出血性休克。

【治疗及护理措施】

1. 加强心理护理　主动关心、安慰患者，告知疾病的恢复过程，取得患者合作，减轻患者心理压力。

2. 止血护理

(1) 出血不严重，安慰患者，清洗面部血迹，解除恐惧心理，使患者安静，以减少出血，并将口中血液吐出。或采用额部冷敷法，取半卧位，促进血管收缩减少出血。或寻找出血点给予烧灼止血。

(2) 出血严重，疑有休克者，取平卧侧头位，密切监测生命体征，建立静脉通道，以便进行输血、输液等抗休克的抢救处理。同时，配合医生进行止血。常用前、后鼻孔填塞法。

3. 前后鼻孔填塞的护理

(1) 口腔护理每天2次，至后鼻孔纱球取出，防止局部感染．每次进食后用漱口液漱口。鼓励患者进食温凉的流质、半流质饮食。保持排便通畅。

(2) 按医嘱测血压，应用药物止血，观察药物疗效及副作用。

(3) 避免咳嗽、打喷嚏，以防压力增高引起填塞的纱条松动或血管破裂出血，可做深呼吸、指压人中或舌尖顶住上腭加以控制。

(4) 观察后鼻孔纱球丝线有无松动、折断。告诫家属与患者不擅自松动固定的丝线，以防纱球脱落而窒息。

(5) 预防并发症：①注意观察有无耳内不适、耳部闷胀感，以排除中耳炎。②小儿鼻出血严密观察有无频繁吞咽动作，及早发现鼻后部出血。③定期测生命体征，如出现神志淡漠、面色苍白、出冷汗、脉细速、血压下降等休克早期症状，应立即通知医生，积极做好应急抢救配合。

☞考点：鼻出血的护理措施

六、鼻　息　肉

鼻息肉(nasal polyp)是鼻腔和鼻窦黏膜的常见慢性疾病，以极度水肿的鼻黏膜在鼻道形成单发或多发息肉为临床特征。

【病因】

由鼻部黏膜长期水肿所致，是多种因素共同作用的结果，以变态反应和慢性炎症为主要原因。

【临床表现】

以进行性鼻塞为主，随息肉缓慢长大，逐渐成为持续性鼻塞。常伴有鼻窦炎，使鼻涕增多。可有嗅觉障碍及头痛等症状。可单发或多发，单侧或双侧，多数为多发性及双侧性。息肉生长过大时，外鼻可发生畸形，鼻梁变宽而膨大形成“蛙鼻”。

前鼻镜检查可见鼻腔内有一个或多个表面光滑呈灰白色或淡红色、半透明的新生物，如新鲜荔枝状或去皮葡萄状或呈储水橡皮袋状(图7-8)。触诊时柔软，可移动，不易出血，不感疼痛，根据上述典型发现，诊断较易。鼻内窥镜检查及X线鼻窦摄片，可明确病变的部位和范围。

☞考点：鼻息肉的主要症状

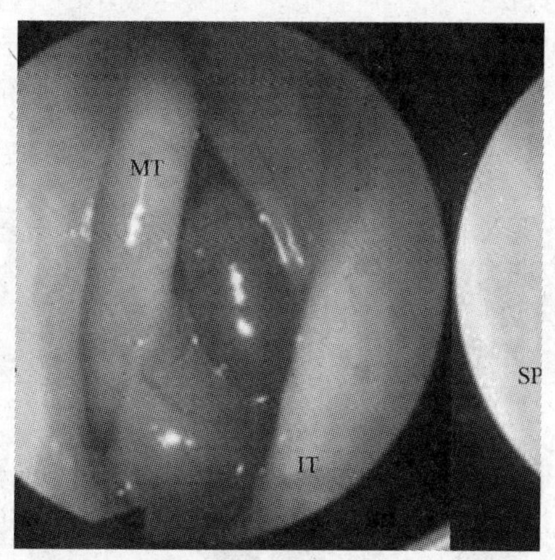

图7-8　鼻息肉

【护理诊断及医护合作性问题】

1. 急性疼痛　与术后鼻腔黏膜充血、肿胀及鼻腔填塞有关。

2. 潜在并发症　术后出血、脑脊液漏等。

3. 知识缺乏　缺乏鼻息肉术后护理的相关知识。

【治疗及护理措施】

主要为手术切除，并给予病因治疗。对反复复发者可考虑行鼻窦开放术。术后可给予抗组胺及肾上腺皮质激素类药物喷鼻以防复发。术前、术后护理同慢性化脓性鼻窦炎。

七、鼻中隔偏曲

鼻中隔偏曲(deviation of nasal septum)是指鼻中隔偏向一侧或两侧，或局部形成突起，并引起鼻腔功能障碍和临床症状者。

【病因】

1. 外伤　外伤为本病的重要原因，多发生在儿童时期，外伤史常早已遗忘。

2. 发育异常　在发育过程中，由于种种原因，骨和软骨的发育不均衡，而形成畸形或偏曲。

3. 压迫因素　鼻腔内肿瘤或异物压迫，可使鼻中隔偏向一侧。

【临床表现】

1. 鼻塞　交替性或持续性。

2. 头痛　偏曲部分压迫鼻甲，可引起同侧反射性头痛。

3. 鼻出血　偏曲的凸面或嵴与距状突处黏膜变薄，而且常受到气流或尘埃的刺激，故常发生干燥糜烂，导致鼻出血。

4. 检查　鼻中隔软骨部偏曲诊断较易，高位或后段偏曲易被忽视。本病必须与鼻中隔黏膜肥厚相鉴别，以探针触之，后者柔软，且易压成小凹。检查时可见鼻中隔偏曲的各种类型(图 7-9)，按偏曲形态分类，有“C”型、“S”型、嵴和距状突等。按偏曲部位分类，则有高位、低位、前段、后段之别。

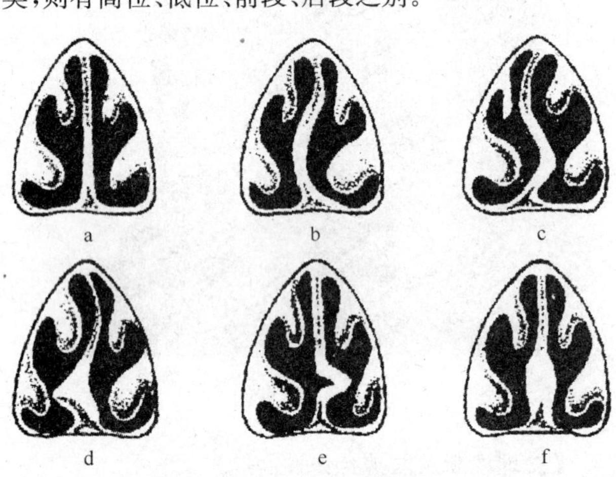

图 7-9　鼻中隔偏曲的类型

a. 正常；b. “C”型偏曲；c. “S”型偏曲；d. 距状突；e. 嵴突；f. 黏膜肥厚

【护理诊断及医护合作性问题】

1. 舒适改变　与鼻塞有关。

2. 知识缺乏　缺乏鼻中隔偏曲的相关知识。

3. 潜在并发症　鼻出血。

【治疗及护理措施】

凡有明显的上述表现之一，并考虑与鼻中隔偏曲有关者，都可作为手术的适应证。手术方法过去一直沿用鼻中隔黏膜下切除术(submucous resection of nasal septum)。术前、术后护理同慢性化脓性鼻窦炎。

八、急性化脓性鼻窦炎

急性化脓性鼻窦炎(acute purulent sinusitis)是鼻窦黏膜的急性化脓性炎症，重者可累及骨质。上颌窦因窦腔较大，窦底较低，而窦口较高，易于积脓，且居于各鼻窦之下方，易被他处炎症所感染，故上颌窦炎的发病率最高，筛窦炎次之，额窦炎又次之，蝶窦炎最少。

【病因】

1. 局部病因

(1) 感染和鼻腔疾病：常继发于呼吸道感染或急性鼻炎。

(2) 外伤：前组鼻窦，特别是上颌窦和额窦位置表浅，易受外伤而发生骨折，细菌可由皮肤或鼻黏膜侵入鼻窦。

(3) 牙源性感染：上颌第二双尖牙及第一、二磨牙的牙根，位于上颌窦底壁，当其发生牙根感染时，可能穿破窦壁，或拔牙时损伤底壁均可引起上颌窦炎，称牙源性上颌窦炎(dentogenic maxillary sinusitis)。

(4) 气压改变：航空、潜水、登山时，可因气压骤变，鼻腔内发生负压而引起损伤，称气压创伤性鼻窦炎(baro-traumatic sinusitis)。

2. 全身病因　过度疲劳、营养不良、维生素缺乏、变应性体质、内分泌失调，以及患有各种慢性病如贫血、结核、糖尿病、慢性肾炎等，身体抵抗力减弱，亦为鼻窦炎的诱因，也可继发于流感等急性传染病后。

常见致病菌有肺炎双球菌、溶血性链球菌和葡萄球菌等多种化脓性球菌。其次为流行性感冒杆菌、大肠杆菌、变形杆菌等。由牙病引起者多属厌氧菌感染，脓液常带恶臭。

【临床表现】

1. 全身症状　常出现畏寒、发热、周身不适、精神不振、食欲减退等，以急性牙源性上颌窦炎的全身症状较剧。儿童发热较高，可发生抽搐、呕吐和腹泻等症状。

2. 局部症状

(1) 鼻阻塞：因鼻黏膜充血肿胀和分泌物积存，可出现患侧持续性鼻阻塞及暂时性嗅觉障碍。

(2) 脓涕多：患侧鼻内有较多的黏脓性或脓性分泌物擤出，初起时涕中可能带少许血液，牙源性上颌窦者脓涕有臭味。

(3) 局部疼痛和头痛：急性鼻窦炎除发炎鼻部疼痛外常有较剧烈的头痛，这是由于窦腔黏膜肿胀和分泌物潴留压迫或分泌物排空后负压的牵引，刺激三叉神经末梢而引起，前组鼻窦接近头颅表面，其头痛多在额部及患侧局部，后组鼻窦在头颅深处，其头痛多在头顶部、颞部或后枕部。

(4) 局部红肿及压痛：前组急性鼻窦炎由于接近头颅表面，其病变部位的皮肤及软组织可能发生红肿、由于炎症波及骨膜，故在其窦腔相应部位有压痛。

后组急性鼻窦炎由于位置较深，表面无红肿或压痛。

(5) 鼻腔检查：鼻腔黏膜充血肿胀，尤以中鼻甲、中鼻道及嗅沟等处为明显。前组鼻窦炎可见中鼻道积脓，后组鼻窦炎可见嗅沟积脓。

☞考点：急性鼻窦炎的临床表现

【护理诊断及医护合作性问题】

1. 焦虑与头痛 持续性鼻塞影响工作与学习有关。

2. 疼痛 与急性鼻窦炎所致的头痛有关。

3. 有感染的危险 与鼻窦黏膜化脓性感染有关。

4. 知识缺乏 缺乏鼻窦炎有关的防治常识。

5. 潜在的并发症 有急性鼻炎、扁桃体炎、喉炎、中耳炎、鼻出血等。

【治疗及护理措施】

1. 治疗原则为控制感染；改善鼻腔的通气引流；根治病因，防止转为慢性。

(1) 全身治疗：采用足量抗生素控制感染，因多为球菌感染，以青霉素为首选药物。若头痛或局部疼痛剧烈，可适当用镇静剂或镇痛剂。一般疗法与急性鼻炎相同。

(2) 改善鼻窦引流：常用1%麻黄碱液或呋喃西林麻黄碱液、氯霉素麻黄碱液滴鼻。

(3) 物理疗法：局部热敷法或红外线照射、超短波理疗等。

(4)上颌窦穿刺冲洗术：急性上颌窦炎宜在全身症状消退、局部急性炎症基本控制后施行。冲洗后可注入抗菌溶液，每周1次，直至痊愈。

(5) 鼻窦置换疗法：适用于各鼻窦炎及急性炎症基本得到控制，而仍有多量脓涕及鼻阻塞者，以利鼻窦引流。

(6) 如为牙源性上颌窦炎应同时治疗牙病。

2. 护理措施

(1) 教会患者正确应用滴鼻药、鼻腔冲洗和体位引流方法。

(2) 注意卧床休息，进清淡易消化的饮食。

(3) 鼻塞者常常张口呼吸，应鼓励多饮水，加强口腔护理，保持口腔清洁。

(4) 在全身症状消退和局部炎症基本控制后，施行上颌窦穿刺的患者要做好患者的心理护理和穿刺前后护理。

(5) 密切观察患者有无各种并发症的表现。

(6) 健康指导：告知患者勿挖鼻和正确擤鼻方法，注意气候变化，及时增添衣服。鼻塞时不宜强行擤鼻。及时合理地治疗鼻部、咽部和牙的各种急慢性炎性，保持鼻窦的通气和引流。

九、慢性化脓性鼻窦炎

慢性化脓性鼻窦炎多因急性化脓性鼻窦炎发作未彻底治愈而迁延所致，可单侧发病或单窦发病，但双侧发病或多窦发病极为常见。

【病因】

多因急性化脓性鼻窦炎未得到及时合理地治疗迁延而致。其他病因与急性化脓性鼻窦炎相似，感染、变应性鼻炎和鼻窦引流障碍是其主要原因。牙源性上颌窦炎可慢性起病。

慢性化脓性鼻窦炎的致病菌大多数是混合感染，近年来以流感杆菌、变形杆菌和链球菌多见。

【临床表现】

1. 局部症状

(1) 脓涕多：鼻涕多为脓性或黏脓性，黄色或黄绿色，量多少不定，多流向咽喉部，单侧有臭味者，多见于牙源性上颌窦炎。

(2) 鼻塞：轻重不等，多因鼻黏膜充血肿胀和分泌物增多所致，鼻塞常可致暂时性嗅觉障碍。

(3) 头痛：慢性化脓性鼻窦炎一般为明显局部疼痛或头痛。如有头痛，常表现为钝痛或头部沉重感，白天重，夜间轻。前组鼻窦炎多表现前额部和鼻根部胀痛或闷痛，后组鼻窦炎的头痛在头顶部、颞部或后枕部。

(4) 其他：由于脓涕流入咽部和长期用口呼吸，常伴有慢性咽炎症状，如痰多、异物感或咽干痛等。若影响咽鼓管，也可有耳鸣、耳聋等症状。

2. 检查

(1) 鼻腔检查：病变以鼻腔上部变化为主，可见中鼻甲水肿或肥大、息肉样变。有的有多发性息肉。

(2) 上颌窦穿刺冲洗术：上颌窦穿刺部洗既是对上颌窦炎的一种诊断方法，也是一种治疗措施。冲出液宜作细菌培养。

(3) 影像学检查：鼻窦CT扫描、鼻窦X线平片和断层片对本病诊断具有重要的参考价值。

☞考点：慢性化脓性鼻窦炎的症状

【护理诊断及医护合作性问题】

1. 焦虑 与慢性炎症久治不愈和担心手术治疗效果等有关。

2. 知识缺乏 缺乏鼻部炎症的防病常识，缺乏术前、术后护理知识。

3. 感知改变 嗅觉减退或消失与鼻腔黏膜炎症、鼻腔分泌物多、手术等有关。

4. 潜在并发症 如鼻出血、中耳炎、颅内并发症等。

【治疗及护理措施】

1. 治疗原则为通畅鼻窦引流，去除病因。

(1) 滴鼻药：常用1%麻黄碱液或呋喃西林麻黄碱液、氯霉素麻黄碱液滴鼻。

(2) 上颌窦穿刺冲洗术(puncture and irrigation of maxillary sinus)。

(3) 鼻窦置换法(displacement method of nasal sinuses)。

(4) 理疗：一般用超短波透热疗法以辅助治疗。

(5) 中医中药：以芳香通窍、清热解毒、祛湿排脓为治则，常用苍耳子散加味。

2. 手术治疗　矫治妨碍鼻窦引流的疾病，治疗邻近病灶。若有高位鼻中隔偏曲者，可行鼻中隔矫正术；对肥大或息肉样变的中鼻甲，可行中鼻甲部分切除术，若有鼻息肉则行鼻息肉摘除术。

3. 术前护理

(1) 心理护理：使患者了解手术目的，术中配合及术后注意要点。

(2) 完善术前各项准备：如剪去鼻毛。局部麻醉者手术前可进少量干食。全身麻醉于术者，术前禁食、禁水6小时以上。

(3) 按手术要求，核对各类常规检查项目是否齐全、正常。

4. 术后护理

(1) 体位和饮食：局部麻醉者术后给予半卧位，以减少鼻部淤血、出血，并有利鼻腔引流。全身麻醉者清醒后6小时内去枕平卧侧头位。全身麻醉者术后6小时、局部麻醉者术后2小时进温、凉半流质食物。

(2) 注意鼻腔出血及渗血情况：术后24小时内可酌情给予冰袋冷敷鼻部或额部，嘱患者将口咽部的分泌物轻轻吐出，以利观察出血量。

(3) 术后不可用力擤鼻涕或打喷嚏：以免鼻腔压力过高，鼻腔内纱条松动或脱出而引起出血。可用手指按人中、做深呼吸、将舌尖顶住上腭以制止打喷嚏。

(4) 鼻腔填塞纱条护理：一般术后48小时开始抽取，抽取后按医嘱使用滴鼻剂和鼻腔冲洗，有利于鼻腔的引流，防止粘连。

(5) 保持口腔清洁：双侧鼻腔手术经口呼吸者，口腔易干燥，鼓励多喝水，加强口腔护理。

(6) 并发症观察：注意观察患者体温、脉搏的变化，有无剧烈头痛、恶心、呕吐等表现，注意鼻腔内有无清水样分泌物流出，有无视力下降和眼球运动障碍，防止眶内感染、脑脊液鼻漏和球后视神经炎等并发症发生。

5. 健康指导　注意保暖，预防感冒。勿用力擤鼻，改变不正确擤鼻方法。定期门诊随访。

(李玉环)

第3节　咽科患者的护理

学习目标

1. 掌握常见咽科疾病的护理诊断和护理措施
2. 熟悉常见咽科疾病的症状
3. 了解常见咽科疾病的病因和治疗

一、扁桃体炎

(一) 急性扁桃体炎

案例7-10

患者，男，18岁，咽痛1天，加重3小时，伴吞咽困难，感发热、畏寒、乏力、全身不适等。查体：体温38.5℃，咽部黏膜弥漫性充血，双侧扁桃体肿大，其表面有黄白色脓点，双侧下颌下淋巴结肿大。血常规：白细胞13×10^9/L，中性粒细胞0.8。

问题：1. 该患者诊断为什么疾病？

2. 对该患者应进行哪些护理？

3. 应对患者进行哪些健康宣教？

急性扁桃体炎(acute tonsillitis)为腭扁桃体的急性非特异性炎症，常伴有不同程度的咽部黏膜和淋巴组织炎症，多见于儿童及青少年，在季节交替、气温变化时最容易发病。中医称扁桃体为“乳娥”，称急性扁桃体炎为“烂乳娥”、“喉娥风”。

链接

咽淋巴环

咽部有丰富的淋巴组织，如淋巴滤泡、扁桃体及淋巴结。在咽部黏膜中，大量的淋巴细胞聚集成团形成淋巴滤泡，而无数的淋巴滤泡在某些部位汇聚形成团块状的淋巴组织，称扁桃体。淋巴细胞和网状组织构成淋巴结。淋巴组织在咽部形成淋巴环，即咽淋巴环。它由咽后壁上方的咽扁桃体，两侧咽鼓管咽口的咽鼓管扁桃体，舌根部的舌扁桃体，腭舌弓和腭咽弓之间的腭扁桃体共同组成，是消化道和呼吸道的防御结构。

【病因】

乙型溶血性链球菌为本病的主要致病菌，细菌和病毒混合感染者不少见，近年还发现有厌氧菌感染者，革兰阴性杆菌感染有上升趋势。

在正常人咽部及扁桃体隐窝内存在着某些病原体，当机体防御能力正常时，不会发病。当机体抵抗力降低时，病原体大量繁殖而导致扁桃体发生炎症。所以，受凉、潮湿、过度劳累、烟酒过度、有害气体刺激、上呼吸道慢性病灶存在等均可诱发本病。急性扁桃体炎的病原体可通过飞沫或直接接触传染。

☞考点：急性扁桃体炎的主要致病菌

【临床表现】

临床上常将急性扁桃体炎分为两类：急性卡他性扁桃体炎和急性化脓性扁桃体炎。

1. 急性卡他性扁桃体炎　多为病毒感染引起，病变较轻。患者有咽痛、低热及轻度全身症状。检查可见扁桃体表面黏膜充血，扁桃体无显著肿大，表面一般无脓性渗出物。

2. 急性化脓性扁桃体炎　患者咽痛剧烈，伴吞咽困难，全身症状有高热、畏寒、头痛、全身酸痛等。小儿可因高热引起抽搐、呕吐及昏睡。检查可见咽部黏膜弥漫性充血，扁桃体明显充血肿大，在其表面可见黄白色脓点或在隐窝口处有黄白色点状分泌物(图7-10)，并融合成片状假膜，但不超出扁桃体范围。颌下淋巴结肿大压痛。

☞考点：急性扁桃体炎的分类

☞考点：急性化脓性扁桃体炎的症状和体征

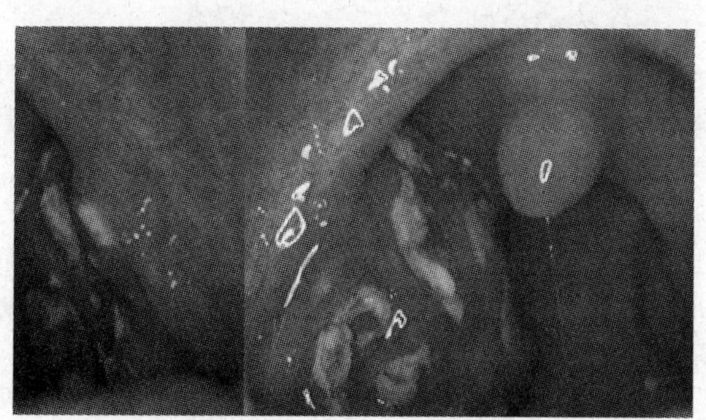

图7-10　急性扁桃体炎

【护理诊断及医护合作性问题】

1. 疼痛　与扁桃体急性炎症有关。

2. 体温升高　与扁桃体急性炎症有关。

3. 潜在并发症　扁桃体周围脓肿、急性中耳炎、急性鼻炎及鼻窦炎、败血症、风湿热、心肌炎、急性肾炎等。

4. 知识缺乏　缺乏急性扁桃体炎的治疗和护理知识。

【治疗及护理措施】

1. 一般护理　因急性扁桃体炎有一定的传染性，要适当隔离或嘱其戴口罩。患者因咽痛剧烈、吞咽困难，常拒绝进食，需鼓励患者进食高营养、易消化的流质或半流质饮食，少量多餐，进食前后漱口，多饮水，卧床休息。

2. 病情观察　注意观察病情的变化，如发热3～4日后仍持续不退并升高，伴有一侧咽痛加剧、语言含糊、张口受限、一侧软腭及腭舌弓红肿膨隆、腭垂偏向对侧，提示可能并发扁桃体周围脓肿。如出现鼻塞、流鼻涕、耳痛、听力下降或胸闷、无力、心悸等，提示有其他并发症的发生，应立即报告医生并协助处理。

3. 用药护理

(1) 抗生素的使用为主要治疗方法，首选青霉素，若治疗2～3天后病情无好转，应分析原因，考虑改用其他种类抗生素或酌情使用糖皮质激素。

(2) 病毒感染者遵医嘱给予抗病毒药物。

(3) 高热患者给予物理降温，如乙醇擦浴、冰袋冷敷等，必要时遵医嘱予退热剂。咽痛较重者遵医嘱使用止痛剂。

(4) 局部可使用含漱剂，常用口泰漱口液、复方硼砂溶液或1∶5000呋喃西林溶液漱口，以保持咽部清洁，也可含各种喉片以消炎止痛。

(5) 中医认为本病内有痰热，外感风火，应疏风清热，消肿解毒。常用银翘柑橘汤或清咽防腐汤。

(6) 如急性化脓性扁桃体炎多次发作或有并发症者，应在急性炎症消退后行扁桃体摘除术。

4. 健康指导

(1) 该病容易通过呼吸和飞沫传染，患者要适当隔离和戴口罩。对频繁发作或有并发症者，建议在急性炎症消退2～3周后行扁桃体摘除术。频繁发作一般是指1年内有5次以上的急性发作或连续3年平均每年有3次以上的急性发作。

(2) 加强身体锻炼，提高机体抵抗力，避免过度劳累，预防感冒，保持大便通畅，减少诱发急性扁桃体炎的可能性。

(3) 戒除烟酒，少食辛辣刺激性食物，注意口腔卫生。

案例7-10分析

1. 该患者诊断为急性化脓性扁桃体炎。

2. 护理主要是一般护理和用药护理。

3. 健康教育主要是让患者知道该病的传播途径是呼吸道，所以患者要适当隔离和戴口罩。还有就是增强自身抵抗力。

(二) 慢性扁桃体炎

案例7-11

患者，女，15岁，因反复发作咽痛、发热，伴关节疼痛，查体见双侧扁桃体二度肥大，诊断为“慢性扁桃体炎”，收入院行扁桃体摘除。

问题：1. 术前应对患者进行哪些护理?

2. 术后应对患者进行哪些护理?

慢性扁桃体炎(chronic tonsillitis)多由急性扁桃体炎反复发作或扁桃体隐窝引流不畅,窝内细菌、病毒滋生感染而演变为慢性炎症。

【病因】

链球菌和葡萄球菌为本病的主要致病菌。反复发作的急性扁桃体炎使隐窝内上皮坏死,细菌与炎性渗出物聚集其中,隐窝引流不畅,导致本病的发生发展。还可继发于猩红热、白喉、流感、麻疹、鼻腔及鼻窦感染。近年来有学者认为本病与自身变态反应有关。

【临床表现】

患者常有咽痛、感冒以及急性扁桃体炎发作史,平时自觉症状少,可有咽内发干、发痒、异物感、刺激性咳嗽等轻微症状。若扁桃体隐窝内潴留干酪样腐败物或有大量厌氧菌感染,可出现口臭。小儿扁桃体过度肥大,可出现呼吸不畅、睡眠时打鼾、吞咽或言语共鸣的障碍。由于隐窝脓栓被咽下,刺激胃肠,或隐窝内细菌、毒素等被吸收引起全身反应,导致消化不良、头痛、乏力、低热等不适。

检查可见扁桃体和腭舌弓呈慢性充血,黏膜呈暗红色,用压舌板挤压腭舌弓时,隐窝口有时可见黄、白色干酪样点状物溢出。扁桃体大小不定,成人扁桃体多已缩小,但可见瘢痕,凹凸不平,常与周围组织粘连。患者常有下颌下淋巴结肿大。

链 接 »»

扁 桃 体

临床上常将扁桃体按其大小分为三度。一度肥大:扁桃体不超过腭舌弓和腭咽弓;二度肥大:超出腭咽弓;三度肥大:接近中线或超越中线。除三度肥大较有诊断意义外,单凭大小诊断慢性扁桃体炎是不可靠的。因3岁以下儿童其扁桃体可呈生理性肥大;成人的慢性扁桃体炎,扁桃体多成萎缩型,体积虽小,有时危害更大。此外,尚有一种包埋型扁桃体,即扁桃体大部分深藏扁桃体窝内,只有当患者恶心时,方能看清真实大小。病灶性扁桃体炎以一度肿大和包埋型者较多。

【护理诊断及医护合作性问题】

1. 疼痛　与急性发作和手术创面有关。

2. 焦虑　与反复发作急性扁桃体炎、并发症或手术有关。

3. 潜在并发症　有发生手术创面出血感染、风湿热、急性肾炎等的可能。

4. 知识缺乏　缺乏与疾病相关的治疗和护理措施。

【治疗及护理措施】

1. 非手术疗法

(1) 急性发作期按急性扁桃体炎治疗。

(2) 非急性发作期可进行免疫疗法或抗变应性措施,包括使用有脱敏作用的细菌制品(如用链球菌变应原和疫苗进行脱敏),以及各种增强免疫力的药物(如胎盘球蛋白、转移因子和中药等)。

(3) 加强体育锻炼,增强体质和抗病能力。

2. 手术疗法

(1) 适应证:慢性扁桃体炎反复急性发作或有并发症者;扁桃体过度肥大,妨碍吞咽、呼吸及发声功能;慢性扁桃体炎已成为引起其他脏器病变的病灶或与邻近器官的病变有关;白喉带菌者,经保守治疗无效;各种扁桃体肿瘤,可连同扁桃体一并切除。

(2) 禁忌证:急性炎症时;造血系统疾病及有凝血机制障碍者;严重全身性疾病;呼吸道传染病流行季节或流行地区,以及其他急性传染病流行时,或患上呼吸道感染疾病期间;妇女月经期前和月经期、妊娠期;亲属中免疫球蛋白缺乏或自身免疫病的发病率高,白细胞计数特别低者。

(3) 手术方法:有扁桃体剥离术和扁桃体挤切法,其中扁桃体剥离术为常用方法。

(4) 术前护理

1) 心理护理:安慰患者,向患者解释手术的目的及过程,以减轻患者的紧张,增强患者的信心,争取患者积极的配合。

2) 一般护理:协助医生进行必要的术前检查。注意患者有无急性炎症、外感、造血系统疾病及凝血机制障碍,严重的全身性疾病或是否在经期和妊娠期等手术禁忌证。

3) 口腔护理:术前3天开始用漱口液含漱,每天4～6次。

4) 术晨禁食,并遵医嘱术前给药,常用苯巴比妥、阿托品。

(5) 术后护理

1) 一般护理:观察生命体征、神志及面色的变化等。若出现神志淡漠、血压下降、出冷汗及面色苍白等休克早期症状,应怀疑出血性休克,马上通知医生;若体温升高,怀疑感染,也要及时告诉医生,但术后48小时内患者可有低热,此为正常反应。

2) 注意出血:密切观察口中分泌物的色、质、量。全身麻醉未醒者注意有无频繁吞咽动作,如有频繁吞咽动作,应立即报告医生;清醒者或局部麻醉者嘱其轻轻吐出口中分泌物,不要咽下,如唾液中混有少量血丝时,不必介意,如持续口吐鲜血,应立即报告医生。手术后少说话,避免咳嗽,防止出血。

3）术后体位：全身麻醉未醒者取侧俯卧位，头偏向一侧，防止血液阻塞呼吸道；清醒者和局部麻醉者取半卧位。

4）疼痛的护理：要让患者理解术后疼痛为正常现象，教会患者通过分散注意力来减轻疼痛，如听音乐、看电视等。也可行颈部冷敷或遵医嘱给予止痛剂。

5）饮食护理：局部麻醉者术后2小时、全身麻醉者术后6小时可进冷流质饮食，次日改为半流质饮食，3日后可进软食，2周内忌吃硬食及粗糙食物，以免损伤创面引起出血。患者因创面疼痛常进食较少，应加强宣教，鼓励进食，并注意评估患者的摄入情况，必要时遵医嘱给予液体补充。

6）预防感染：术后次日开始给予含漱剂漱口，向患者解释次日创面会形成一层白膜具有保护作用，勿触动之，以免出血和感染。术后10天内白膜脱落属正常现象，若白膜变厚、变黄，伴口臭、发烧，则是创面感染。常规术后应遵医嘱应用抗生素预防或治疗感染。

(6) 健康指导：扁桃体切除术后2周内要注意饮食，避免进食硬的、粗糙食物，应进营养丰富的清淡软食；并告知患者，有白膜从口中脱出属正常现象，勿惊慌；进食前后漱口，保持口腔清洁；注意休息和适当的锻炼，劳逸结合，提高机体抵抗力，避免感冒咳嗽等；若出现体温升高、咽部疼痛、口中有血性分泌物应及时就诊。

☞考点：慢性扁桃体炎的术后护理

案例7-11分析

1. 术前护理主要是心理护理和术前准备。
2. 术后护理主要是出血观察和饮食护理。

二、慢性咽炎

慢性咽炎(acute pharyngitis)是咽部黏膜、黏膜下及淋巴组织的弥漫性炎症，常为上呼吸道慢性炎症的一部分，多见于成年人。病程长，症状顽固，较难治愈。中医称为“喉痹”。

【病因】

1. 局部因素

(1) 急性咽炎反复发作所致。

(2) 各种鼻病及呼吸道慢性炎症，长期张口呼吸或受慢性扁桃体炎等邻近组织器官炎症的影响。

(3) 烟酒过度、粉尘、有害气体的刺激。

(4) 过食辛辣食物。

2. 全身因素　如贫血、消化不良、下呼吸道慢性炎症、心血管疾病、内分泌功能紊乱、维生素缺乏及免疫功能低下等亦可引发本病。

【临床表现】

一般无明显全身症状。咽部异物感、痒感、灼热感、干燥感或微痛感。常有黏稠分泌物附着于咽后壁，使患者晨起时出现频繁的刺激性咳嗽伴恶心。也可无痰或仅有颗粒状藕粉样分泌物咳出，萎缩性咽炎患者有时可咳出带臭味的痂皮。根据病理改变的不同，慢性咽炎分为单纯性、肥厚性、萎缩性与干燥性四型。

1. 慢性单纯性咽炎　黏膜充血，血管扩张，咽后壁有散在的淋巴滤泡，常有少量黏稠分泌物附着在黏膜表面。

2. 慢性肥厚性咽炎　黏膜充血增厚，咽后壁淋巴滤泡显著增生，多个散在突起或融合成块。咽侧索充血肥厚。

3. 萎缩性与干燥性咽炎　黏膜干燥，萎缩变薄，色苍白发亮，常附着黏稠分泌物或带有臭味的黄褐色痂皮。

☞考点：慢性咽炎的分型

【护理诊断及医护合作性问题】

1. 舒适改变　与疾病所致的咽部不适有关。

2. 焦虑　与长期咽部不适、迁延不愈有关。

3. 知识缺乏　缺乏对疾病的正确认识和疾病的相关防治知识。

【治疗及护理措施】

1. 局部治疗

(1) 慢性单纯性咽炎：常用复方硼砂溶液、呋喃西林溶液等含漱液。含漱时头后仰、张口发“啊”声，使含漱液能清洁咽后壁，但注意不要吞入。也可含服碘喉片、薄荷喉片及中成药含片。

(2) 慢性肥厚性咽炎：除上述治疗外，可用激光、微波、等离子、冷冻等治疗，若淋巴滤泡增生广泛，治疗应分次进行，但治疗范围不宜过广。

(3) 萎缩性与干燥性咽炎：用2%碘甘油涂抹咽部，可改善局部血液循环，促进腺体分泌。服用维生素A、B_2、C、E可促进黏膜上皮生长。

2. 病因治疗　戒断烟酒等不良嗜好，少食辛辣生冷食物，保持室内空气流通，积极治疗鼻炎、呼吸道慢性炎症及全身性相关疾病。

3. 中医中药　慢性咽炎系脏腑阴虚，虚火上扰，治宜滋阴清热，可用养阴清肺汤加减。

4. 心理护理　耐心向患者介绍疾病的发生、发展以及转归过程，使其树立信心，坚持治疗，减轻烦躁、焦虑和多疑的心理，促进疾病康复。

5. 健康指导

(1) 积极治疗邻近组织器官的慢性炎症，积极治疗全身相关疾病，戒除烟酒，少食辛辣、生冷和油煎等食物。

(2) 注意保暖,避免受凉外感。

(3) 改善生活和工作环境,保持室内空气清新,避免接触刺激性气体。

(4) 坚持锻炼,增强体质,提高抗病能力。

☞考点:慢性咽炎心理护理和健康指导

三、咽后脓肿

案例 7-12

患儿,女,2岁,因拒食,声音含糊,呼吸困难。查体:体温39℃,咽后壁左侧隆起,黏膜充血,双侧颈淋巴结肿大,颈侧X线片检查见颈椎前软组织隆起。以"咽后脓肿"收入院。

问题:1. 该患儿的护理重点是什么?

2. 如行切开排脓术,术后的护理重点是什么?

咽后脓肿(retropharyngeal abscess)为咽后隙的化脓性炎症,按发病机制的不同分为急性型和慢性型两种。

【病因】

1. 急性型　最常见为咽后隙化脓性淋巴结炎,多见于3岁以下的婴幼儿。由于婴幼儿每侧咽后隙中有3～8个淋巴结,口、咽、鼻腔及鼻窦的感染可引起这些淋巴结发炎,进而化脓,形成脓肿。其他原因如咽部异物及外伤后感染,或邻近组织炎症扩散进入咽后隙,也可导致咽后脓肿。

2. 慢性型　多由咽后隙淋巴结结核或颈椎结核形成的寒性脓肿所致。

☞考点:咽后脓肿的概念、分型及病因

【临床表现】

1. 急性型　起病较急,有畏寒、高热、咳嗽、吞咽困难等症状,小儿拒食,吸奶时吐奶或奶汁反流入鼻腔或呛咳不止,说话及哭声含糊不清,如口内含物状,常有呼吸困难,其程度视脓肿大小而定,入睡时有鼾声及喘鸣。患者头常偏向患侧以减少咽壁张力,缓解疼痛,并扩大气道。检查可见咽后壁一侧隆起,黏膜充血,脓肿较大者可将患侧腭咽弓及软腭向前推移。由外伤或异物引起的咽后脓肿,多位于喉咽,需用直接喉镜或间接喉镜检查才能发现,局部常有脓性或黏脓性分泌物,有时尚能查见异物。

2. 慢性型　多伴有结核的全身表现,起病缓慢、隐匿、病程较长,无咽痛;随着脓肿的增大,可逐渐出现咽、喉部阻塞感或吞咽不畅。颈椎结核引起的脓肿,多位于咽后壁的中央,黏膜颜色较淡。

【辅助检查】

除颈侧位X线片外,CT检查更有诊断价值,不仅可以清晰显示大血管,还有助于脓肿和蜂窝织炎的鉴别。

【护理诊断及医护合作性问题】

1. 疼痛　术前与局部炎症有关,术后与手术切口有关。

2. 窒息的危险　与脓肿破裂,脓液流入气道引起呼吸困难有关。

3. 体温升高　与局部炎症刺激及手术创伤有关。

4. 营养不良　与疾病引起的吞咽困难,患者拒食有关。

5. 潜在并发症　有大出血的危险,与脓肿侵蚀颈部大血管有关。

【治疗及护理措施】

1. 急性型咽后脓肿　一经确诊,应及早切开排脓。取仰卧头低位,用直接喉镜或麻醉喉镜将舌根压向口底,暴露口咽后壁,看清脓肿部位后,以长粗穿刺针抽脓,然后与脓肿底部用尖刀片作一纵向切口,并用长血管钳撑开切口,吸尽脓液;若切开时脓液大量涌出来不及抽吸,立即将患者转身俯卧,使脓液从口中流出。术后使用足量抗生素控制感染。

2. 慢性型咽后脓肿　结合抗结核治疗,经口腔穿刺抽脓,脓腔内注入0.25g链霉素液,但不可在咽部切开。

3. 术前护理

(1) 患儿取仰卧侧头位,防止哭闹,避免脓肿破裂而误吸脓液造成窒息。一旦脓肿破裂,应将患儿取头低脚高位。

(2) 密切观察患儿的呼吸情况,必要时给予吸氧。

(3) 床旁备直接喉镜、吸引器和气管切开包,以备紧急抢救之需。

(4) 向患者及家属说明切开排脓的目的和方法,取得患者和家属积极的配合。

4. 术后护理

(1) 密切观察患者呼吸情况以及有无出血征象。

(2) 嘱进温凉流质,以免过热饮食使血管扩张引起出血。

(3) 保持口腔卫生,给予含漱液漱口。

☞考点:患者术前、术中和脓肿破裂时的体位

案例7-12分析

1. 该患儿的护理重点是观察呼吸情况。

2. 术后主要观察呼吸情况以及有无出血征象。

四、鼻　咽　癌

案例7-13

患者，男，52岁，晨起倒吸涕中带血1个月，查体：右侧耳后下一包块，质硬，无压痛，推之不动。鼻咽纤维镜检查见右侧鼻咽部新生物，表面不光滑，呈菜花状，镜下取活检。病检示：鼻咽部低分化鳞状上皮细胞癌。鼻咽部CT示：右侧鼻咽部新生物。以"鼻咽癌"收入院，拟进行放、化疗。

问题：1. 对该患者进行哪些的心理护理？

2. 该患者健康指导的重点是什么？

鼻咽癌(carcinoma of nasopharynx)是我国常见的恶性肿瘤之一，居耳鼻咽喉恶性肿瘤之首，好发于我国南方。男性发病率为女性的2～3倍，40～50岁为高发年龄段。

链　接

鼻咽癌的区域性

鼻咽癌在世界各大洲均有发现。欧洲、美洲、大洋洲和拉丁美洲国家较少，发病率多在1/10万以下。非洲属鼻咽癌的中发地区。东南亚一些国家如马来西亚、新加坡、印度尼西亚等国，其发病率高于非洲国家。我国是世界各国中鼻咽癌的最高发地区之一。侨居世界各地的华人鼻咽癌的发病率亦居较高水平。我国鼻咽癌的高发区域为广东、广西、福建、湖南、江西等省。

【病因】

鼻咽癌多发生于鼻咽部咽隐窝。真正病因尚不明确，目前认为可能与遗传、病毒及环境等因素有关。

1. 遗传因素　有种族易患性和家庭聚集现象。20世纪70年代有研究发现鼻咽癌与人类白细胞抗原(HLA)有关。

2. 病毒　主要为EB病毒。从鼻咽癌患者的血清中可查出EB病毒抗体，鼻咽癌患者体内不仅存在高滴度抗EB病毒抗体，而且抗体滴度随病情发展而升高。在鼻咽癌活组织培养的淋巴细胞中也分离出EB病毒。

3. 环境因素　鼻咽癌高发区的大米和水中微量元素镍的含量高于低发区，鼻咽癌患者头发中镍的含量亦高。动物实验证明镍可以促进亚硝胺诱发鼻咽癌。常食含亚硝酸盐高的食物，可能诱发鼻咽癌。

【临床表现】

由于鼻咽部解剖位置隐蔽，鼻咽癌早期症状不典型。

1. 鼻部症状　早期可出现倒吸涕中带血或擤鼻涕中带血，时有时无，多不引起患者重视；瘤体增大可阻塞后鼻孔，引起鼻塞。

2. 耳部症状　肿瘤易压迫或阻塞咽鼓管咽口，引起该侧耳鸣、耳闭塞感及听力下降，易误诊为分泌性中耳炎。

3. 颈淋巴结肿大　颈淋巴结肿大为首发症状者约占60%，转移常出现在颈深部上群淋巴结。

4. 头痛及脑神经症状　肿瘤侵犯颅内和脑神经而产生头痛、面部麻木。复视等脑神经症状。

5. 远处转移症状　晚期可转移至肺、肝、骨等处。

☞考点：鼻咽癌的症状和体征

【辅助检查】

1. 鼻咽部检查　间接鼻咽镜、纤维鼻咽镜检查可见肿瘤呈小结节状或肉芽肿样隆起，表面粗糙不平，易出血，常位于咽隐窝或鼻咽顶前壁。

2. 颈部触诊　颈上深部可触及质硬、活动度差或不活动、无痛性肿大淋巴结。

3. 影像学检查　CT和MRI鼻咽颅底扫描检查，可了解肿瘤侵犯的范围及颅底骨质破坏的程度。

4. EB病毒血清检查　可作为鼻咽癌诊断的辅助指标。

5. 活检　为确诊鼻咽癌的依据。

【护理诊断及医护合作性问题】

1. 恐惧　与被诊断为恶性肿瘤有关。

2. 疼痛　与肿瘤侵犯脑神经和脑实质有关。

3. 口腔黏膜受损　与放疗损伤黏膜及唾液腺有关。

4. 鼻塞　与放疗有关。

5. 潜在并发症　鼻部出血。

6. 知识缺乏　缺乏对鼻咽癌的正确认识。

【治疗及护理措施】

放射治疗是鼻咽癌的首选。因为鼻咽癌大部分为低分化鳞癌(98%)，放射治疗常采用^{60}Co或直线加速器高能放疗。在放疗期间可配合化疗、中医中药以及免疫治疗。鼻咽癌放疗后5年生存率为50%左右。

鼻咽癌患者的护理应注意以下几方面：

1. 心理护理　让患者及其家属了解鼻咽癌的治疗和预后，消除对放化疗以及对恶性肿瘤的恐惧，帮助患者树立起战胜病魔的信心。

2. 疼痛护理　告诉患者头痛发生的机制，并让患者知道多数经治疗后头痛能够明显减轻或消失，使其能够完成治疗的正规疗程。头痛严重者遵医嘱及时给予镇静药或止痛药，以减轻患者的痛苦。

3. 出血护理　观察患者出血情况，少量出血只需药物保守治疗；大量出血紧急通知医生，并备好鼻腔填塞的器械和物品，协助医生止血。同时观察生命体征，以防休克，并做好患者及家属的安慰解释工作。

4. 口腔护理　指导患者注意口腔清洁卫生，勤漱口。有黏膜破溃者，可遵医嘱使用杀菌、抑菌、促进组织修复的漱口液含漱。

5. 健康指导

(1) 通过各种途径普及鼻咽癌的知识，使患者能尽早到耳鼻咽喉科就诊，以免误诊误治。一经确诊，要向患者说明鼻咽癌对放射治疗敏感，疗效好，让患者能尽早接受治疗。

(2) 对有家族遗传史者，应定期进行有关鼻咽癌的筛查，如免疫学检查、鼻咽部检查等。

(3) 养成良好的饮食习惯，少食腌腊制品。

(4) 放射治疗中，注意骨髓抑制、消化道反应、皮肤反应、鼻黏膜腺体萎缩、唾液腺萎缩等并发症。经常检查血常规，防止感染，注意口腔卫生，配合中药调理。

(5) 进食高蛋白、高热量、高维生素饮食，多吃水果，以改善营养状态，增强机体免疫功能和抵抗力。

(6) 定期复查，建议随访时间分别为3个月、半年、1年。

☞考点：鼻咽癌治疗

案例 7-13 分析

1. 心理护理主要是让患者及其家属了解鼻咽癌的治疗和预后，消除恐惧，树立信心。

2. 健康指导的重点是普及鼻咽癌的知识，使患者早诊断早治疗。

五、阻塞性睡眠呼吸暂停低通气综合征

阻塞性睡眠呼吸暂停低通气综合征(obstructive sleep apnea hypopnea syndrome，OS-AHS)是指睡眠时上气道反复发生塌陷阻塞引起的呼吸暂停和通气不足，伴有打鼾、睡眠结构紊乱，频繁发生血氧饱和度下降、白天嗜睡等病症。具体指患者在夜间7小时的睡眠中，经鼻或经口的呼吸气流发生周期性中断30次以上，每次气流中断时间为成人10秒以上，儿童20秒以上，并伴有血氧饱和度下降等一系列病理生理改变。OSAHS可发生于任何年龄，但以中年肥胖男性居多。

链 接 >>>

世界睡眠日

人的一生当中至少有1/3的时间是在睡眠中度过的。睡眠质量与健康密切相关。调查数据显示，全球成年人中约有30%的人有睡眠障碍。为此，国际精神卫生组织将每年的3月21日定为“世界睡眠日”。

【病因】

OSAHS的确切病因目前尚不十分清楚，但是任何可导致上气道解剖性狭窄和局部软组织塌陷性增强的因素均可成为发病原因，目前研究表明主要与以下三方面因素有关。

(1) 上气道解剖结构异常导致气道不同程度的狭窄 鼻咽部狭窄是儿童OSAHS的主要病因，如腺样体肥大；口咽部狭窄是成年人OSAHS的主要病因，如腭扁桃体肥大、软腭过长、咽侧索肥厚等；上、下颌骨发育不良、畸形等也是OSAHS的常见病因。

(2) 上气道扩张肌肌张力降低。

(3) 呼吸中枢调节功能异常。

某些全身因素及疾病也可通过产生上述三种因素而诱发或加重本病，如肥胖、妊娠期、更年期、甲状腺功能低下、糖尿病等。另外，饮酒、服安眠药等因素可加重OSAHS患者的病情。

【临床表现】

1. 打鼾 鼾声常超过60分贝，影响他人休息。这是患者就诊的主要原因。

2. 呼吸暂停 即憋气，反复发作，严重者可有夜间憋醒症状。打鼾和呼吸暂停一般在仰卧位时加重，所以有些严重患者不能仰卧位睡眠。

3. 白天嗜睡 轻者表现为轻度困倦、乏力，对工作生活无明显影响；重者可有不可控制的嗜睡，如在驾驶甚至谈话的过程中出现入睡现象。

4. 可有注意力不集中，记忆力减退，反应迟钝。

5. 可有晨起后口干，与睡眠时张口呼吸有关。

6. 可有晨起后头痛，血压升高。

【辅助检查】

1. 多导睡眠监测(PSG) 诊断OSAHS的金标准。PSG检查每夜7小时的睡眠过程中呼吸暂停及低通气反复发作30次以上，或睡眠呼吸暂停低通气指数≥5次/小时，呼吸暂停以阻塞性为主为诊断标准。

2. 影像学检查 可作头颅X线、CT扫描或MRI等检查，对查明病因、判断阻塞部位具有一定意义。

3. 内镜检查 如鼻内镜、纤维鼻咽镜、喉镜等，有助于明确病因、部位及性质。

【护理诊断及医护合作性问题】

1. 气体交换受损 与上气道狭窄和塌陷有关。

2. 睡眠形态紊乱 与打鼾、憋气等有关。

3. 焦虑 与健康和生活质量受影响有关。

4. 知识缺乏 缺乏本病相关知识。

5. 潜在并发症 脑卒中、心肌梗死、呼吸衰竭、睡眠中猝死等。

☞考点：OSAHS的临床症状和并发症

【治疗及护理措施】

1. 非手术治疗

(1) 持续正压通气治疗：是目前非手术治疗中最

有效的方法,其原理是通过一定压力的机械通气,使患者的上气道保持开放状态,保证睡眠过程中呼吸通畅。

(2) 口腔矫治器治疗:睡眠时配戴特定的口内装置,将下颌向前牵拉,以扩大舌根后气道,主要适合于舌根后气道狭窄的患者,长期配戴有引起颞下颌关节损害的危险。

2. 手术治疗　腭咽成形术是目前最常用的手术,适合软腭水平的上气道阻塞患者,效果较好。若有扁桃体肥大和腺样体肥大,可切除扁桃体和腺样体。此类手术的术前、术后护理可参照扁桃体摘除的术前、术后护理。

3. 心理护理　让患者表达自己的感受,并给予安慰和疏导。耐心解答患者的提问,消除其对治疗或手术的紧张恐惧心理及对预后的担心。指导其家属及朋友多给予鼓励、关心和支持。

4. 健康指导

(1) 建议患者调整睡眠姿势,尽量采用侧卧位,以减少舌根后坠,减轻症状。

(2) 晚饭及睡前勿饮酒,勿服安眠药,以免降低中枢神经系统的兴奋性,加重症状。

(3) 告诉家属,尽量关注患者呼吸暂停情况,发现其憋气时间过长,应及时将其推醒。

(4) 加强运动,合理调节和控制饮食,减轻体重。

(5) 白天嗜睡、注意力不易集中的患者,不宜从事驾驶、高空作业等潜在的危险工作,以免发生意外。

(6) 要求患者监测其心脏功能、血压等,防止并发症发生。

(7) 加强卫生宣教,使人们认识到 OSAHS 是一种潜在的威胁生命的疾病。

(谭　丽)

第4节　喉科与气管及支气管异物患者的护理

学习目标

1. 掌握常见喉科疾病的护理诊断和护理措施
2. 熟悉常见喉科疾病的症状
3. 了解常见喉科疾病的病因和治疗

◆教学重点:急性会厌炎和急性喉炎的护理措施、声带小结和声带息肉的症状和健康教育、气管切开术后护理

◆教学难点:常见喉科疾病的病因和治疗

一、急性会厌炎

案例 7-14

患者,男,49岁,咽痛伴严重吞咽困难6小时。查:咽部黏膜水肿,轻度充血,间接喉镜下见会厌舌面充血水肿,呈球状。以"急性会厌炎"收入院。

问题:1. 患者入院后密切观察什么?

2. 应对患者及家属进行哪些健康宣教?

急性会厌炎(acute epiglotitis)又称急性声门上喉炎,是一种起病急、发展迅速、危及生命的严重疾病,可因会厌肿胀堵塞气道而引起窒息死亡。成人、儿童均可患病,但成人多见。

链接

会厌的作用

鼻子吸入的空气和口腔摄入的食物都经过咽部,然后各行其道,空气进入喉,食物进入食道。是什么使空气和食物各行其道呢? 那就是会厌。当我们吞咽时,喉上升,会厌像盖子一样将喉口封闭,食物进入食道。不吞咽的时候,喉下移,喉口敞开,空气通过喉进入气管。发音的时候,会厌没有覆盖喉口,所以进食的时候说话,容易导致食物误入喉而进入气管及支气管。

【病因】

1. 感染　为本病最常见原因,致病菌有乙型流感杆菌、葡萄球菌、链球菌、肺炎双球菌等,也可为病毒和细菌的混合感染。

2. 变态反应　变态反应也可使会厌高度水肿。

3. 其他　异物、创伤、吸入有害气体、误咽化学物质及放射线损伤均可引起会厌的急性炎症。

【临床表现】

1. 全身症状　起病急,多数患者有畏寒发热、乏力等全身症状,甚至出现吸气性呼吸困难或窒息。

2. 局部症状　多数患者有剧烈的咽喉痛,吞咽时加重,严重时连唾液也难咽下,而出现流涎。讲话时语音含糊不清,但声带多未受累,故很少有声音嘶哑。

3. 检查　口咽部检查多无明显改变,间接喉镜检查,可见会厌明显充血、肿胀,严重时呈球形,如会厌脓肿形成,则会厌红肿黏膜表面可见黄白色脓点(图 7-11)。

☞考点:急性会厌炎的症状

【护理诊断及医护合作性问题】

1. 疼痛　与会厌炎症引起的充血肿胀有关。

2. 体温过高　与会厌感染引起的炎症反应有关。

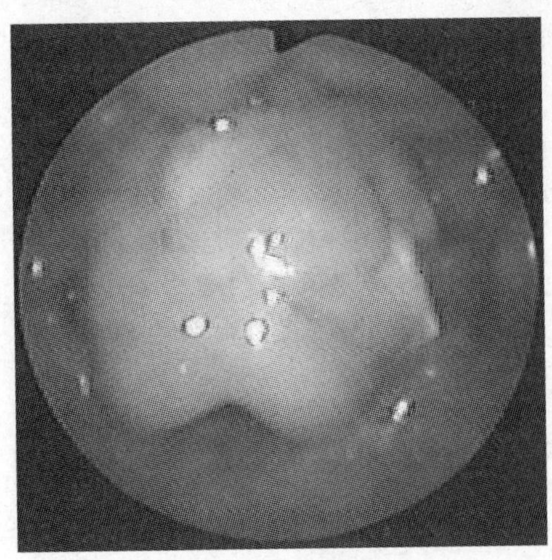

图 7-11　急性会厌炎

3. 窒息的危险　与会厌高度肿胀阻塞呼吸道有关。

4. 相关知识的缺乏　缺乏对此病危险性的认识。

【治疗及护理措施】

1. 治疗　全身应用足量的抗生素和糖皮质激素，如青霉素、头孢菌素、地塞米松等；经上述治疗无好转，出现严重的呼吸困难，应及时行气管切开术；会厌脓肿形成，可在喉镜下行脓肿切开术；进食困难者应给予静脉补液等支持疗法。

2. 一般护理　嘱其卧床休息，给予清淡、易消化的半流质饮食，忌辛辣，食物温度以温凉为宜，减少对会厌的刺激。保持口腔清洁，进食后用漱口液漱口。少讲话，轻咳嗽。

3. 对症护理　体温过高者采用物理降温或药物降温，出现呼吸困难者应给予低流量吸氧。

4. 病情观察　密切观察患者的呼吸状态，有无呼吸困难、吸气性软组织凹陷、喉喘鸣等喉阻塞症状，并及时报告医生。

5. 心理护理　耐心向患者解释病情，消除焦虑、恐惧心理，鼓励其配合治疗和护理，树立战胜疾病的信心。

6. 健康指导

(1) 向患者说明此病的特点及危害，使患者理解并积极配合治疗，不离开病区，不单独离开病房。

(2) 加强锻炼，增强体质，积极预防呼吸道急性感染。

(3) 如发生吞咽剧烈疼痛应立即到医院就诊。

案例 7-14 分析

1. 密切观察呼吸情况。

2. 健康教育是让患者认识此病的特点及危害，并及早就诊。

二、急性喉炎

案例 7-15

患儿，女，4 岁，因感冒在家服用感冒药后，症状无好转，且出现"空"、"空"样咳嗽，伴呼吸不畅，有喉鸣音。遂来医院就诊，门诊以"急性喉炎"收入院。

问题：1. 入院后应对患儿进行哪些护理措施？

2. 对患儿的家长进行哪些健康指导？

急性喉炎(acute laryngitis)是喉黏膜的急性卡他性炎症，好发于冬、春季节，是一种常见的急性呼吸道感染性疾病。小儿的病情远较成人重，如不及时治疗，可并发喉阻塞而危及生命。

【病因】

1. 感染　常发生于感冒之后，先为病毒感染，后继发细菌感染。小儿也可继发于流感、麻疹或百日咳等急性传染病。

2. 用嗓过度　用嗓过度也可引起急性喉炎，如说话过多，大声喊叫，剧烈久咳等。

3. 其他　吸入有害气体(如氯气、氨气等)、粉尘或烟酒过度等。

【临床表现】

1. 声音嘶哑　声音嘶哑是急性喉炎的主要症状。初起声嘶多不严重，但很快声嘶加重，甚至失音。

2. 发热　早期即可出现。小儿畏寒、发热等症状较成年人重。

3. 咳嗽　因喉黏膜发生的是卡他性炎症，所以咳嗽、咳痰不严重。伴有气管、支气管炎症时，咳嗽咳痰会加重。小儿炎症累及声门下区时，呈"空"、"空"样咳嗽，且夜间加重，是小儿急性喉炎的重要特征之一。

4. 喉痛　急性喉炎可有喉痛，但不严重，也不影响吞咽。

5. 吸气性呼吸困难　小儿急性喉炎多见。初起哭闹时喘息，较重者可有吸气性喉鸣，哮吼样咳嗽，并可出现胸骨上窝、锁骨上窝、肋间及上腹部软组织吸气时凹陷等喉阻塞的症状。严重者面色苍白、呼吸无力、甚至窒息死亡。

喉镜检查可见后黏膜弥漫性充血，声带由白色变为粉红色或红色(图 7-12)。有时可见声带黏膜下出血，但声带活动正常。

☞考点：急性喉炎的主要症状

【护理诊断及医护合作性问题】

1. 语言沟通障碍　与声带充血水肿导致的声音嘶哑或失声有关。

2. 体温过高　与喉部感染有关。

3. 舒适度改变　与喉部炎症引起的喉痛、咳嗽

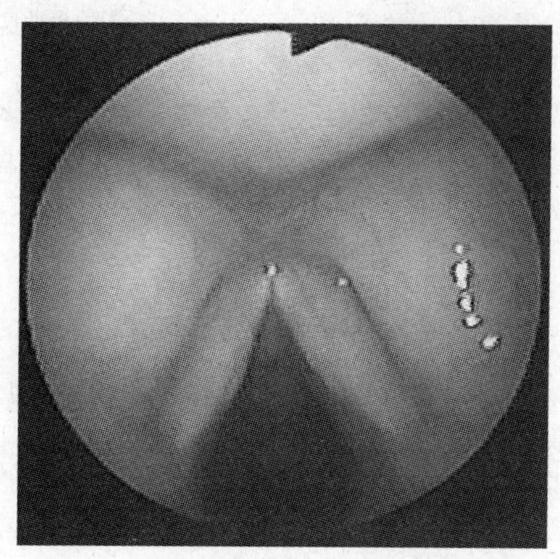

图7-12　声带充血水肿

有关。

4. 有窒息的危险　与小儿急性喉阻塞有关。

【治疗及护理措施】

1. 禁声，避免咳嗽，小儿避免哭闹，使声带充分休息。

2. 超声雾化吸入，常用雾化药液为庆大霉素和地塞米松，每天1～2次。

3. 根据病情，适当给予抗生素和糖皮质激素。

4. 可配合咽喉含片和中药。

5. 密切观察患者呼吸情况，必要时吸氧或气管切开。

6. 让患者明白失声的原因，消除一些不必要的顾虑，增强战胜疾病的信心，并积极配合治疗。

7. 健康指导

(1) 避免用嗓过度，注意休息，有利于疾病的恢复。

(2) 小儿因感冒等原因出现高热、喉痛、声嘶、咳嗽等症状时，应及时到医院就诊，以防发生窒息。

(3) 普及预防急性喉炎的常识，积极锻炼身体，增强体质。气温骤变时，小心着凉，及时增添衣物。避免高声喊叫。

案例7-15分析

1. 主要是用药护理和密切观察呼吸。
2. 让家长明白此病的预后及危险，积极配合治疗。

三、声带小结和声带息肉

案例7-16

患者，女，33岁，教师，因声嘶半年且加重一个月来医院就诊，纤维喉镜下见：双侧声带前、中1/3处结节状突起。诊断为“声带小结”，遂收入院手术。

问题： 1. 该患者的术前、术后护理重点有哪些？

2. 应对患者进行哪些方面的健康指导？

声带小结(vocal nodules)又称歌者小结，为双侧声带前、中1/3交界处对称性结节状隆起。声带息肉(polyps of vocal cords)为好发于一侧声带的前、中1/3交界处边缘，呈半透明、白色或粉红色表面光滑的肿物，也可为双侧。两者均为引起声音嘶哑的常见疾病。

【病因】

目前认为长期用声不当和用声过度是本病的重要病因，所以此病常见于教师、歌唱演员、喜欢喊叫的职业人和儿童。也可继发于上呼吸道感染。

【临床表现】

1. 主要表现为声嘶　声带小结早期声嘶程度较轻，为声音稍粗或基本正常，仅用声多时声嘶加重，感疲劳，休息后缓减，呈间隙性，以后逐渐加重发展为持续性；声带息肉表现为较长时间声嘶，其程度和息肉大小及部位有关，息肉越大声嘶越重，息肉越小声嘶越轻，息肉长在声带边缘处的声嘶明显，长在声带表面的对发音的影响小。

2. 喉镜检查　声带小结可见双侧声带前、中1/3交界处对称性结节状隆起，发音时两侧小结碰在一起使声门不能完全闭合(图7-13)；声带息肉可见一侧声带的前、中1/3交界处有半透明、白色或粉红色表面光滑的肿物(图7-14)。

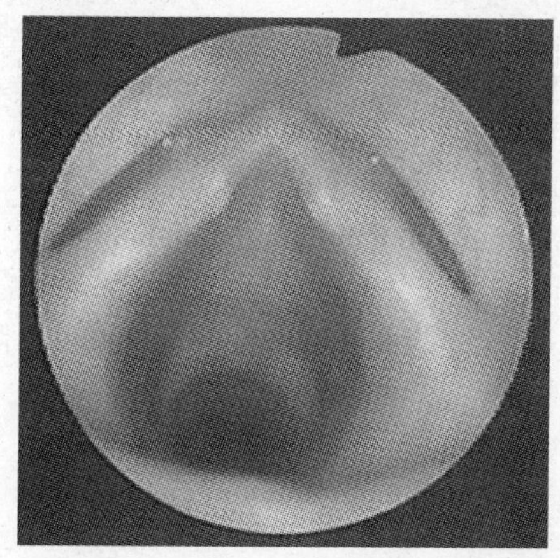

图7-13　声带小结

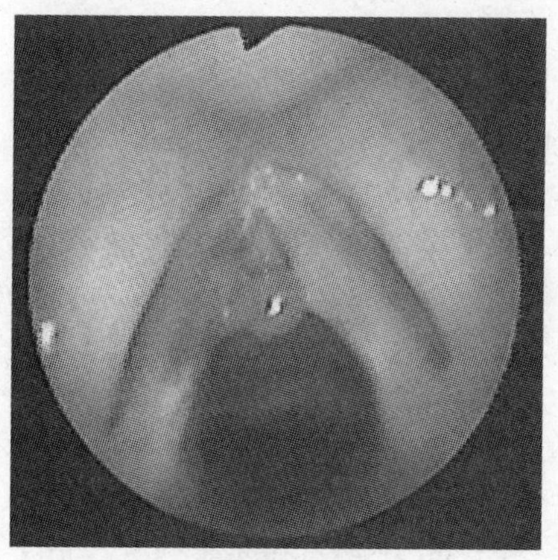

图7-14　声带息肉

【护理诊断及医护合作性问题】

1. 语言沟通障碍　与声音嘶哑有关。

2. 知识缺乏　缺乏正确用嗓的知识和有关手术配合的知识。

3. 呼吸困难　与巨大声带息肉有关。

【治疗及护理措施】

早期声带小结通过禁声，让声带充分休息后可自行消失，不能好转的则行手术治疗。声带息肉均采用手术治疗。目前常用电子喉镜或纤维喉镜下切除、全麻支撑喉镜下切除两种方法。

1. 术前护理

(1) 向表面麻醉患者简单说明手术的基本过程、术中可能出现的不适以及如何和医生配合。

(2) 术前6小时禁食，防止术中呕吐。

(3) 术前皮下注射阿托品，减少唾液分泌。

(4) 全麻患者按全麻术前护理常规。

2. 术后护理

(1) 观察患者呼吸情况，如有呼吸不畅及时汇报给医生。嘱患者轻轻将喉部分泌物吐出，观察其形状。

(2) 表面麻醉患者术后2小时可进温、凉流质或软食。全麻患者按全麻术后护理常规。

(3) 术后禁声2周，使声带充分愈合。

3. 健康指导

(1) 让患者学会保护声带，知道正确的发音，避免长时间用嗓或高声喊叫。

(2) 戒除烟酒，忌辛辣刺激性食物。

(3) 预防上呼吸道感染，有上呼吸道感染期间尽量少说话，使声带休息，同时积极治疗。

☞考点：声带小结和声带息肉的病因、症状和术后护理要点

案例7-16分析

1. 术前护理主要是心理护理和术前准备，术后护理主要是全麻术后护理和禁声。

2. 健康指导的重点是让患者学会保护声带，知道正确的发音。

四、喉　阻　塞

案例7-17

患者，男，41岁，因咽痛伴吞咽困难来就诊，查体：体温38℃，血压160/100mmHg，脉搏95次/分，呼吸急促，神情，烦躁、痛苦，会厌舌面充血水肿，呈球状，安静时见明显吸气期呼吸困难，明显喉喘鸣和胸廓周围软组织凹陷。以“急性会厌炎”、“喉阻塞”急收入院。

问题：1. 喉阻塞引起的呼吸困难分为几度？此患者应为几度喉阻塞？

2. 患者入院后病情继续加重，行气管切开术，术后护理重点是什么？

喉阻塞(laryngeal obstruction)又称喉梗阻，是因喉部或邻近组织的病变使喉腔变窄或发生阻塞，而引起呼吸困难，使机体缺氧、二氧化氮潴留，严重者可窒息死亡，是耳鼻咽喉科常见的急症之一。喉阻塞不是单独的疾病，而是多种原因引起的临床症状。

【病因】

1. 喉部及相邻组织炎症　如小儿急性喉炎、急性会厌炎、咽后脓肿、咽白喉等。

2. 喉部外伤　如喉部挫伤、烧灼伤、切割伤、气管插管或气管镜检查引起的损伤等。

3. 喉异物　进食时误咽食物，食物进入喉腔。

4. 喉水肿　如药物过敏反应。喉血管神经性水肿及心、肾疾病引起的喉水肿。

5. 喉及邻近组织器官的肿瘤　如喉癌、喉乳头状瘤、甲状腺肿瘤等可导致喉腔狭窄引起喉阻塞。

6. 声带瘫痪　手术或肿瘤等使喉返神经麻痹，引起声带瘫痪。

7. 发育畸形　如先天性喉蹼、喉软骨畸形。

链接

“一口吸”小果冻

小杯果冻的安全隐患已引起世界上许多国家的重视，美国、加拿大、欧盟、日本、韩国等已经暂停销售“一口吸”小果冻，新加坡规定5岁以下的小孩不能吃果冻。因为小孩在进食“一口吸”果冻时容易将果冻吸入气道而导致窒息死亡。这里提醒各位要谨慎给小孩吃果冻，特别不要在小孩玩耍时给他吃果冻。

【临床表现】

1. 吸气性呼吸困难　为喉阻塞的主要特征。表现为吸气运动加强，时间延长，吸气深而慢，但通气量并不增加，呼气时间缩短。其发生机制与喉的解剖特征有关(图7-15)。

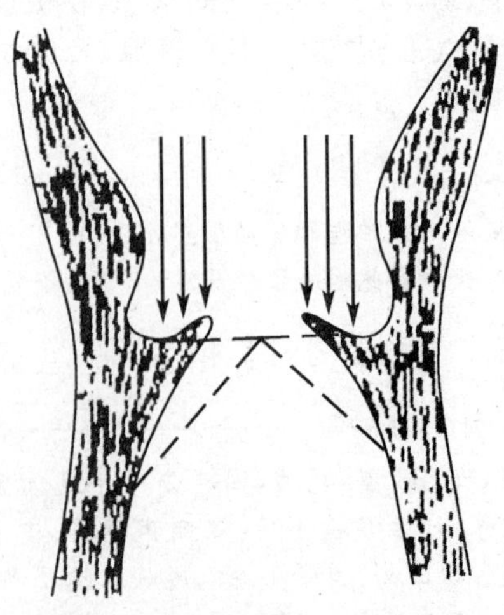

图7-15　吸气性呼吸困难示意图

2. 吸气性喉喘鸣　由于吸入气流通过狭窄的声门裂,产生空气涡流反击声带,使之颤动而产生一种尖锐的喘鸣声。喉阻塞程度越严重,喘鸣声越响。

3. 吸气性软组织凹陷　是喉阻塞的另一重要特征。由于吸气困难,胸腔内负压增加,将胸壁及其周围的软组织吸入,而出现胸骨上窝、锁骨上窝、肋间隙、剑突下和上腹部吸气性的凹陷,称为“四凹症”(图7-16)。

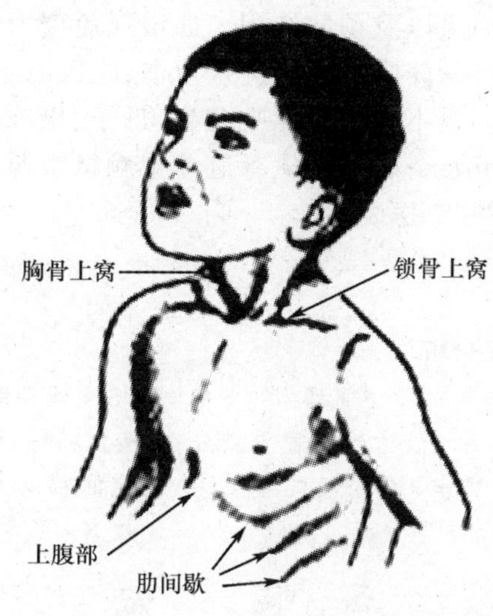

图 7-16　吸气性软组织凹陷

4. 声嘶　如病变累计声带,则出现声音嘶哑,甚至失音。

5. 发绀　因吸气性呼吸困难而导致缺氧,表现为面色、口唇、指(趾)青紫,端坐呼吸,烦躁不安,脉细数,甚至窒息、昏迷而死亡。

☞考点:喉阻塞的症状

【临床分度】

喉阻塞的分度有利于观察病情和拟定治疗方案,临床上常将喉阻塞分为4度:

1度:安静时无呼吸困难,活动或哭闹时出现轻度吸气性呼吸困难、吸气性喉喘鸣和“四凹症”。

2度:安静时也出现轻度吸气性呼吸困难、吸气性喉喘鸣和“四凹症”。活动时加重,但不影响睡眠和进食,无烦躁不安等缺氧症状,脉搏尚正常。

3度:安静时有明显的轻度吸气性呼吸困难、吸气性喉喘鸣和“四凹症”,并出现烦躁不安、脉搏加快等缺氧症状。

4度:呼吸极为困难。由于严重缺氧,患者坐卧不安、手足乱动、面色苍白或发绀、出冷汗、定向力丧失、心律不齐、脉搏细弱、血压下降、大小便失禁等。如不及时抢救,则很快发生窒息死亡。

【护理诊断及医护合作性问题】

1. 恐惧　与呼吸困难,害怕窒息死亡有关。

2. 有窒息的危险　与喉阻塞有关。

3. 低效性呼吸形态　由吸气性呼吸困难引起。

4. 潜在并发症　低氧血症,气管切开术后感染、出血、皮下气肿、气胸等。

5. 知识缺乏　缺乏喉阻塞的预防知识和气管切开术后护理常识。

【治疗及护理措施】

喉阻塞的治疗原则为迅速解除呼吸困难,防止窒息。根据病因和呼吸困难程度的不同,分别采用不同的治疗方案。

1度:积极查找病因并进行病因治疗。如由炎症引起者,使用足量的抗生素和糖皮质激素。

2度:由炎症引起者,使用足量的抗生素和糖皮质激素一般能使病情缓减,避免气管切开。若为异物,应尽快取出。

3度:由炎症引起者,并且时间较短,可积极药物治疗,同时严密观察和做好气管切开的准备。如药物治疗效果不好,应及早行气管切开。如由肿瘤引起,则立即行气管切开。

4度:立即行气管切开。若病情十分紧急,可先行环甲膜切开,再行气管切开术。

护理措施主要有以下几个方面:

1. 心理护理　向患者及家属解释呼吸困难产生的原因,此病的治疗方法和疗效,减轻患者的恐惧感。

2. 一般护理　保持患者安静,绝对卧床休息,减少耗氧量。限制探视人数,减少刺激因素。患儿尽量减少外界刺激,避免哭闹而加重呼吸困难。必要时吸氧。

3. 病情观察　密切观察患者的脉搏、血压、神志、呼吸及缺氧的变化。2度和3度喉阻塞的患者床旁备气管切开包、适宜型号的气管套管(图7-17)、床旁灯和吸引器等,以备急用。

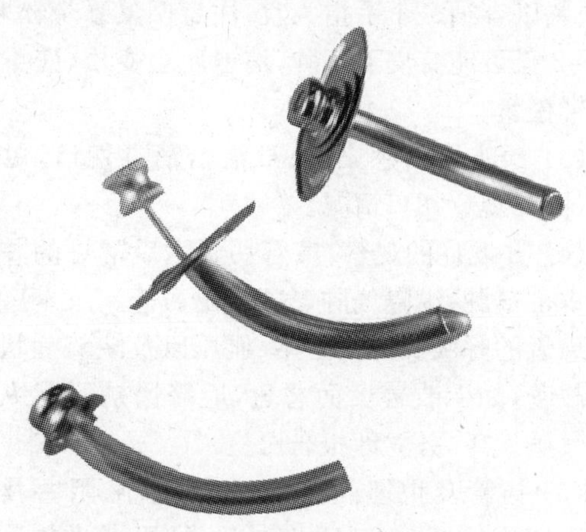

图 7-17　金属气管套管

4. 气管切开术前护理　密切观察患者喉阻塞的程度,并床旁备气管切开包、适宜型号的气管套管、床旁灯和吸引器等。向患者说明手术的目的和必要性，术中可能出现的不适感以及如何配合，术后康复过程中需要注意的事项，缓解患者和家属的紧张和恐惧心理。

5. 气管切开术后护理(图 7-18)

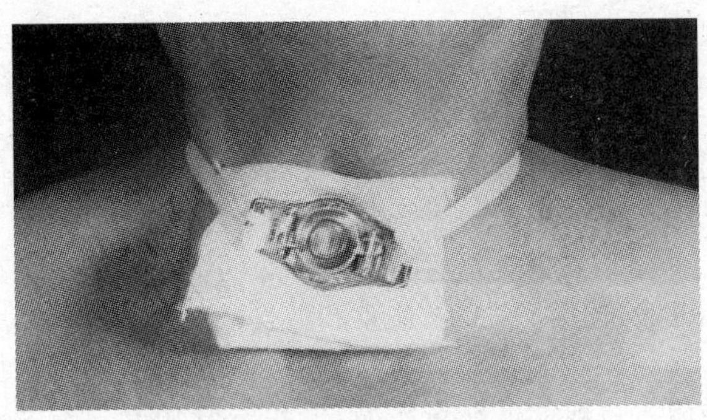

图 7-18　气管切开的患者

(1) 保持呼吸道通畅，是术后护理的关键。

1) 定时清洁内套管：一般每 4～6 小时清洗一次，清洗消毒后立即放回，以防外套管被分泌物阻塞。如分泌物较多，适当增加清洗次数，以防分泌物干结与管内阻塞呼吸。

2) 随时吸出呼吸道内分泌物：采用负压吸引，吸引管从气管套管口插入，反复多次抽吸气管内分泌物，动作应轻柔，负压不能过大，以免损伤气管内壁。

3) 保持呼吸道湿润：室内温度保持在 20～25℃，湿度在 60%～70%；气管套管口放置一块双层生理盐水纱布，并定时湿润；可用雾化吸入，一般使用生理盐水、抗生素及糜蛋白酶或沐舒坦，具有湿润、消炎和稀释痰液的作用，也可将药液直接滴入气管导管内，每次滴 2～3ml，一日多次；鼓励患者多饮水，补充体内水分。

(2) 防止导管脱出：气管套管系带应打三个外科结，松紧以容纳一个手指为宜；注意调整系带松紧，术后 1～2 天可能有皮下气肿，消退后会变松，应重新调整系带松紧。

(3) 预防切口感染：每日清洁消毒切口，更换纱布垫，同时观察切口情况。

(4) 并发症的观察：气管切开术后常见的并发症包括皮下气肿、纵隔气肿、气胸、出血等。故术后注意观察患者的呼吸、脉搏、心率、血压以及缺氧症状有无明显改善，如无改善反而恶化，应警惕是否有纵隔气肿或气胸发生，并立即报告医生。

(5) 拔管及护理：经治疗和护理，喉阻塞及下呼吸道阻塞症状解除，呼吸恢复正常，可考虑拔管。拔管前先要堵管 24～48 小时，如活动及睡眠时呼吸平稳，方可拔管，如堵管过程中患者出现呼吸困难，应立即拔除堵管塞子。拔管后 1～2 天内密切观察患者呼吸情况，叮嘱患者不要离开病房，并在床旁备好气管切开物，以便患者再次发生呼吸困难时紧急使用。

(6) 出院指导：需带管出院的患者，应教会患者及家属：消毒内套管、更换纱布垫的方法；湿化气道和增加空气湿度的方法；注意遮盖套管口，防止异物吸入。叮嘱患者定期门诊随访，如发生气管外套管脱出或再次呼吸困难，应立即到医院就诊。

6. 健康指导　通过各种途径向公众宣传喉阻塞的原因、后果以及预防知识。如增强免疫力，防止上呼吸道感染；养成良好的进食习惯，吃饭时不大声谈笑；家长尽量不要给小儿吃花生、瓜子、果冻等食物，以免异物吸入；有过敏史者避免接触过敏源；喉外伤患者应尽早到医院就诊。

☞考点：气管切开术后护理

案例 7-17 分析

1. 分为 4 度(详见课本)，此患者为 3 度喉梗阻。

2. 气管切开术后护理重点分别是：保持呼吸道通畅、防止导管脱出、预防切口感染、并发症的观察和拔管护理等。

五、喉　　癌

喉癌是头颈部常见的恶性肿瘤，占头颈部恶性肿瘤的 7.9%～35%，占全身恶性肿瘤的 5.7%～7.6%。喉癌的高发年龄为 50～70 岁，男性发病率显著高于女性。发病率城市高于农村，空气污染重的城市高于污染轻的城市。

【病因】

喉癌的病因迄今尚不完全清楚，可能与吸烟、饮酒、空气污染、病毒感染、癌前期病变等有关。其中长期吸烟为最重要的原因之一，观察发现 90%的喉癌患者有长期吸烟史。

【临床表现】

根据肿瘤发生的部位，喉癌大致可分为三型。

1. 声门上型　最常见的类型，原发部位在会厌、室带、喉室的喉癌。

(1) 早期无显著症状，仅有咽部不适或异物感。

(2) 癌肿表面溃烂时可出现咽喉疼痛，刺激性干咳，痰中带血，带有臭味。

(3) 侵及声带出现声嘶，晚期可出现呼吸困难。

(4) 该区淋巴管丰富，癌肿易向位于颈总动脉分叉处的淋巴结转移。

2. 声门型(图 7-19)　发生于声带，以前、中 1/3 处较多。

(1) 早期出现声嘶。

(2) 病情发展缓慢，可有刺激性干咳，痰中带血。

(3) 晚期出现咽喉疼痛及呼吸困难，为吸气性呼吸困难,进行性加重。

(4) 颈淋巴结很少有转移。

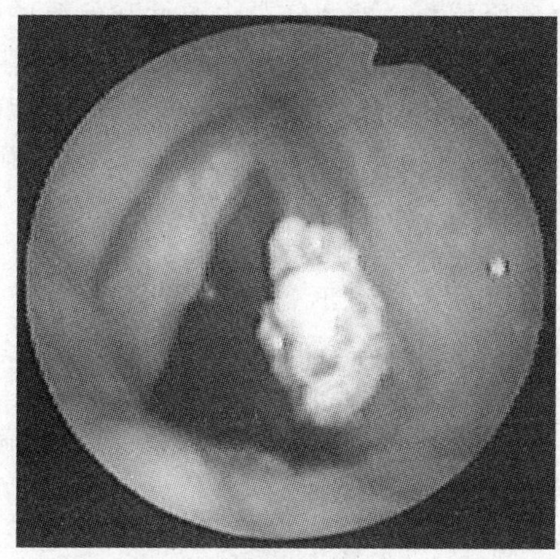

图 7-19　声门型喉癌

3. 声门下型　癌肿位于声带以下,环状软骨下缘以上。

(1) 早期无明显症状。

(2) 可有刺激性干咳,痰中带血。

(3) 晚期向上下发展时可产生声嘶及呼吸困难。

(4) 常有气管前或气管旁淋巴结转移。

☞考点:喉癌的临床分型

【辅助检查】

1. 喉镜　包括间接喉镜、直接喉镜或喉窥镜,直接观察癌肿的位置、大小及表面情况。

2. 影像学检查　颈部和喉部 CT 和 MRI 了解病变范围及颈部淋巴结转移情况,协助确定手术范围。

3. 活检　诊断的重要依据。

【护理诊断及医护合作性问题】

1. 焦虑　与患者担心疾病预后有关。

2. 有窒息的危险　与术前癌肿过大有关。

3. 睡眠形态紊乱　与患者所处环境改变,术后呼吸形态改变有关。

4. 疼痛　与手术创伤有关。

5. 有感染的危险　与皮肤完整性受损,切口经常被痰液污染,机体抵抗力下降有关。

6. 语言沟通障碍　与喉切除有关。

7. 潜在并发症　出血。

8. 知识缺乏　缺乏出院后自我护理知识和技能。

【治疗及护理措施】

喉癌的治疗方法主要包括手术、放疗、化疗和免疫治疗等。其中手术治疗为目前治疗喉癌的主要手段。手术原则是彻底切除癌肿的前提下尽可能保留或重建喉功能,提高患者的生存质量。手术方式主要有:喉部分切除术和全喉切除术。总之,喉癌的治疗原则是保存和延长生命,其次是尽量保留喉的功能。

手术治疗为目前治疗喉癌的主要手段,那么做好术前和术后护理是主要的。

1. 术前护理

(1) 心理护理:多关心患者,倾听其诉说,与家属一起向患者解释手术的必要性及较好的预后,帮助患者树立战胜疾病的信心。教会其放松技巧,如肌肉放松、缓慢地深呼吸等。创造安静舒适的环境,根据患者习惯适当调整作息,保证充足睡眠。

(2) 术前指导:做好全麻术前的常规准备工作,常规备皮。教会患者简单的手势来表达术后的需求。

(3) 预防窒息:注意观察呼吸情况,避免剧烈运动,防止上呼吸道感染,限制活动范围,必要时床旁备气管切开包。

2. 术后护理

(1) 疼痛护理:告知疼痛的原因和可能持续的时间,取得患者的配合;必要时按医嘱给予止痛药或镇痛泵。还可以通过抬高床头 35°～45°以减轻颈部切口张力,避免剧烈咳嗽,分散注意力等方法来缓解疼痛。

(2) 保持呼吸道通畅:教会患者用新的呼吸方法,即气体不从鼻进出,而从气管造口进出;鼓励患者深呼吸和咳嗽,帮助翻身拍背,排出气道分泌物,保持呼吸道通畅;气管套管的护理见气管切开术后护理。

(3) 防止切口出血:监测生命体征及神志的变化,切口加压包扎,吸痰动作要轻;仔细观察出血量包括敷料渗透的情况、痰液性状、口腔有无大量血性分泌物、负压引流量及颜色;如有大量出血,应立即让患者平卧,快速测量生命体征,用吸引器吸出血液,防止误吸,同时建立静脉通道,根据医嘱使用止血药或从新止血,必要时准备输血。

(4) 防止切口感染:注意观察体温,嘱患者一周内不做吞咽动作,有唾液及时吐出,其余同气管切开术后护理。

(5) 语言交流障碍护理:根据术前教会患者的简单手势判断患者的基本生理需求,也可通过使用写字板、笔或纸交流,对于不能读写的患者可以采用图片;对患者表示充分的理解,给予足够的时间和患者交流。告知患者切口愈合后可以学习其他发音方式,如食管发音、电子喉等。

(6) 防止营养摄入不足:鼓励进食高热量、高蛋白质、高维生素的饮食;术后 2 周内进鼻饲饮食,保证鼻饲量,鼓励少量多餐;患者鼻饲饮食发生不适,如腹胀、腹泻、呃逆等要及时处理;2 周后可开始经口进食,指导正确的方法防止呛咳,可由团块软食练起,逐渐恢复至正常饮食;监测患者体重的变化,评估营养状态。

(7) 帮助患者适应自己的形象改变：鼓励患者倾诉自己的感受；关心同情患者，表示极大的耐心，避免流露出嫌弃、厌恶或不耐烦；鼓励其面对现实，照镜子观察自己的造口；现身说法；调动家庭支持；教会患者自我护理的方法，鼓励患者自己完成；教会患者一些遮盖缺陷的技巧，如自制围巾、饰品、保持自我形象整洁等。

3. 放射治疗患者的护理

(1) 治疗前应洁牙，治疗牙疾，并禁烟酒，以减少对喉部的刺激。

(2) 注意观察呼吸，因放疗会引起喉部黏膜充血肿胀，气道变窄，如发生呼吸困难，应做好气管切开的准备。

(3) 皮肤、黏膜损害为最常见的放疗副作用，可用温水清洁，不要用肥皂、沐浴露等擦拭皮肤。

4. 健康指导

(1) 教会患者及家属喉套管的更换及清洁、消毒的方法。

(2) 造瘘口的清洁换药，可用无菌棉签蘸碘伏或酒精擦拭，保持局部清洁、干燥。

(3) 防止异物进入气管造瘘口：禁止游泳、淋浴；外出时用纱布遮挡；避免用棉签等伸入造瘘口擦拭。

(4) 保持呼吸道通畅：同术后护理。

(5) 伤口及喉套管的护理做到无菌、勤更换，预防伤口感染；指导患者少去公共场所及人群密集处，居室内定时通风换气，保持正常的温湿度，预防肺部感染。同时，指导患者如何识别早期感染征象，如痰液的色、质、量、气味及体温的变化，以便及早发现及时治疗。

(6) 加强营养，多进高热量、高蛋白、富含维生素及纤维素的饮食。术后为防止咽瘘，早期可食用半流质饮食，逐渐改为软食或普食，忌烟酒和辛辣刺激性食物。吃饭时专心，以防呛咳。

(7) 养成良好的生活习惯，生活有规律，早睡早起，劳逸结合，适当体育锻炼，增强机体免疫力。

(8) 定期随访，降低复发率。

(9) 如发现不明原因的持续性头痛、吞咽困难、咳痰带血、造瘘口有新生物或颈部扪及肿块，及时到医院就诊。

(10) 喉全切除后，患者失去发音功能，可向患者介绍食管发音、电子喉发音及气管食管音等重建发音的方法，以及各种方法的区别和优缺点。

六、气管及支气管异物

气管、支气管异物(foreign body in the trachea and bronchi)是耳鼻咽喉科常见的危重疾病之一。本病多发于5岁以下儿童，3岁以下最多，偶见于成人。因异物的性质和所致气道阻塞的程度不同，可引起不同的后果。轻者可致气管、支气管和肺部损伤，重者可因窒息而死亡。异物分为内源性和外源性两类。内源性指呼吸道内的干痂、假膜或坏死物质等阻塞气道，外源性指经口、鼻误吸入外界的物质而致病。外源性异物的性质较为广泛，有植物性、动物性、矿物性和金属性四类。

【病因】

1. 小儿牙齿发育不完善，不能将花生、瓜子、豆类等硬物嚼碎。加之小儿喉的防御反射功能不够健全，易将异物吸入气道，是最常见的原因。

2. 进食或口含物玩耍时，可因嬉笑和哭闹等原因将口中物吸入气道。

3. 全身麻醉或昏迷患者，由于咽反射消失，易导致误吸。

【临床表现】

1. 气管异物　异物吸入气管后，立即发生剧烈呛咳，并有憋气、呼吸不畅等症状。此后，若异物贴附于气管壁，症状可暂时缓解或稳定；若吸入异物较轻而光滑，则常随呼吸气流在气管内上下活动，并引起阵发性剧烈咳嗽；当异物随气流向上撞击声门下时，则产生拍击声，在咳嗽或呼吸末期常可闻及，用听诊器在颈部气管前可清楚听到撞击音，用手在颈前可触到撞击感。

2. 支气管异物　其早期症状与气管异物相似。当异物进入支气管后，因其活动减少，咳嗽症状略减轻。如为植物性异物，支气管炎的症状较明显，常有发热、咳嗽、多痰等症状。呼吸困难的程度与异物存留部位及大小有关。如两侧支气管内均有异物堵塞，则呼吸困难多较严重。肺部听诊时患侧呼吸音减低或消失。

考点：气管、支气管异物的症状

【辅助检查】

1. X线检查　对于金属等不透光的异物，X线胸透或拍片可以确定异物的位置、大小及形状。可透光异物在X线中不能显示，但可通过间接征象如：纵隔摆动、肺气肿、肺部感染等来推断异物的有无及位置有重要参考意义。

2. CT检查　有助于确定有无异物及其部位。

3. 支气管镜检查　是气管、支气管异物确诊的最可靠方法，同时可取出异物。

【护理诊断及医护合作性问题】

1. 恐惧　与呼吸不畅和担心预后有关。

2. 有窒息的危险　与异物阻塞有关。

3. 有感染的可能　由于异物刺激气管、支气管黏膜或阻塞其远端肺叶的引流而发生激发感染。

4. 知识缺乏　缺乏气管、支气管异物防治知识。

【治疗及护理措施】

治疗方法有以下几种：

1. 直接喉镜下取出　选用大小适合的直接喉镜充分暴露声门，随即持异物钳进入声门下，当呛咳或呼吸致异物撞击钳口时夹住异物取出。

2. 支气管镜异物取出术　根据异物的性质、大小和部位以及患者的年龄选用不同型号的支气管镜。

3. 纤维支气管镜异物取出术　适用于肺上叶分支支气管腔内的异物。

4. 剖胸异物取出术　对支气管镜或纤维支气管镜下不能取出的异物可考虑此方法。

护理措施主要有：

1. 密切观察患者的呼吸情况，使其安静，避免哭闹不安而引起异物移位，并且增加耗氧量。准备好氧气、负压吸引、气管切开包等急救物品，完善术前准备，与手术室联系，支气管镜检查的准备。

2. 如呼吸困难骤然加重，应立即给予吸氧，并告知医师，及时采取必要的治疗措施。禁用吗啡等抑制呼吸的药物。

3. 注意观察有无呼吸道感染的早期征象，如体温升高、咳嗽多痰等，均提示有感染存在，应告知医师，以便及时处理。

4. 对于已确定将施行气管镜检查的患者，护理人员应积极配合医师做好各项术前准备工作(包括禁饮食及术前用药等)。同时详细地向患者及家属介绍手术的必要性、过程、术中和术后可能发生的各种并发症，并签署手术同意书。

5. 对于婴幼儿患者术后可能会发生喉水肿，引起呼吸困难，应密切观察呼吸情况，并按医嘱给予吸氧、抗生素和激素治疗。如有严重的呼吸困难发生，经药物等治疗仍无缓解，并进行性加重，应及时告知医师，必要时做好气管切开的准备。

6. 健康指导　帮助患者及家属正确认识呼吸道异物的危险性及预后。向患者及家属讲解防止气管、支气管异物的知识，如婴幼儿避免进食花生、瓜子、豆类等带硬壳的食物，进食时不可嬉笑、哭闹、追逐，纠正小儿口中含物的不良习惯，以免异物误吸入呼吸道。

选择题

A_1型题

1. 关于慢性肥厚性鼻炎，下列哪一项不正确(　　)
   A. 鼻甲光滑，有弹性　B. 对血管收缩剂不敏感
   C. 鼻塞较重　D. 可用微波烧灼鼻甲
   E. 可手术治疗

2. 关于分泌性中耳炎下列描述错误的是(　　)
   A. 自听增强
   B. 鼓膜膨隆，光锥缩短、变形或消失
   C. 鼓膜失去正常光泽，呈淡黄或琥珀色
   D. 纯音测听示传导性聋
   E. 可见液平

3. 最大的鼻窦为(　　)
   A. 蝶窦　B. 筛窦
   C. 额窦　D. 上颌窦
   E. 鼓窦

4. 变应性鼻炎鼻分泌物涂片可见(　　)
   A. 嗜酸性粒细胞　B. 嗜中性粒细胞
   C. 嗜碱性粒细胞　D. 淋巴细胞
   E. 真菌

5. 哪项不是鼻的生理功能(　　)
   A. 嗅觉　B. 调节湿度
   C. 共鸣　D. 屏气
   E. 清洁

6. 婴幼儿较成人易患中耳炎的原因是咽鼓管较(　　)
   A. 短、宽、水平　B. 短、窄、水平
   C. 短、窄、较高　D. 长、宽、较高
   E. 以上均不是

7. 不可能出现颅内并发症的疾病有(　　)
   A. 鼻疖　B. 分泌性中耳炎
   C. 胆脂瘤型中耳炎　D. 骨疡型中耳炎
   E. 以上均不是

8. 慢性鼻窦炎的常见护理诊断不包括(　　)
   A. 感知改变　B. 嗅觉减退
   C. 知识缺乏　D. 自理缺陷
   E. 以上均不是

9. 鼻咽癌的发病与以下哪种病毒有关(　　)
   A. EB病毒　B. 轮状病毒
   C. 冠状病毒　D. HIV病毒
   E. 以上均不是

10. 变应性鼻炎的常见临床表现不包括(　　)
   A. 鼻痒　B. 鼻塞
   C. 清涕　D. 脓涕
   E. 喷嚏

11. 急性扁桃体炎最常见的并发症是(　　)
   A. 咽后脓肿　B. 咽旁间隙感染
   C. 扁桃体周围脓肿　D. 急性中耳炎
   E. 急性鼻炎

12. 咽后脓肿穿刺切开的体位是(　　)
   A. 平卧位　B. 头低脚高位
   C. 侧卧位　D. 半卧位
   E. 以上都不是

A_2型题

13. 患者，男，52岁，近3个月经常倒吸涕中带血，且伴耳闷塞不适，右乳突前下一包块，质硬，无压痛，活动度差。最可能患(　　)

A. 慢性鼻炎　　B. 慢性咽炎
C. 鼻咽纤维血管瘤　　D. 慢性鼻窦炎
E. 鼻咽癌

14. 患者,男,32 岁,发热 2 天,体温达 38.5℃,咳嗽,咽喉疼痛,伴声嘶,咳痰。喉部检查喉黏膜充血,声带充血水肿。最可能患(　　)
A. 急性喉炎　　B. 急性扁桃体炎
C. 急性会厌炎　　D. 急性咽炎
E. 以上都是

A_3型题

(15～17 题共用题干)

患者,女,30 岁,鼻痒打喷嚏,流水样鼻涕 10 天,检查:鼻腔黏膜苍白肿胀。

15. 以上患者诊断为(　　)
A. 急性鼻炎　　B. 慢性鼻炎
C. 变应性鼻炎　　D. 鼻疖
E. 慢性化脓性鼻窦炎

16. 该患者还可以做什么检查(　　)
A. 血常规　　B. 鼻窦 CT
C. 鼻分泌物细菌培养　　D. 鼻分泌物涂片或鼻刮片
E. 鼻窦 X 线

17. 以下哪项是该患者的治疗(　　)
A. 抗生素　　B. 糖皮质激素局部使用
C. 鼻腔冲洗　　D. 上颌窦穿刺
E. 以上均不是

A_4型题

(18～21 题共用题干)

患者,女,12 岁,咽痛 2 天,加重 3 小时,伴吞咽困难,感发热、畏寒、乏力、全身不适等。查体:体温 39℃,咽部黏膜弥漫性充血,双侧扁桃体肿大,其表面有黄白色脓点,双侧下颌下淋巴结肿大。血常规:白细胞 13×10^9/L,中性粒细胞 0.8。

18. 根据以上所述,该患者最可能的诊断为(　　)
A. 急性化脓性中耳炎　　B. 急性咽炎
C. 急性喉炎　　D. 急性化脓性扁桃体炎
E. 急性鼻炎

19. 以上疾病的常见致病菌为(　　)
A. 沙眼衣原体　　B. 乙型溶血性链球菌
C. 真菌　　D. 单孢病毒
E. 绿脓杆菌

20. 以上疾病的并发症不包括(　　)
A. 急性肾炎　　B. 急性中耳炎
C. 扁桃体周围脓肿　　D. 急性心肌炎
E. 咽后脓肿

21. 以下哪项不是该病的正确的治疗方法(　　)
A. 抗生素　　B. 多饮水
C. 雾化治疗　　D. 局部漱口
E. 立即手术

(谭　丽)

第 8 章　口腔颌面部解剖生理

学习目标

1. 描述口腔、颌面部、牙列、牙周组织的正常解剖生理及其临床应用，并能在正常人体口腔中辨认出解剖标志并说出其临床意义

2. 会正确书写牙位的记录

第 1 节　口腔的应用解剖生理

口腔为消化道的起始部分，是由牙齿、颌骨、唇、颊、腭、舌、口底、涎腺等组织器官所组成，具有重要的生理机能，它参与消化过程，协助发音和言语动作，具有感觉等功能，并能辅助呼吸。当上下颌牙齿咬合时，以牙列为界将口腔分为口腔前庭和固有口腔两部分(图 8-1)。

☞考点：口腔的两个部分

链 接 »»

口腔颌面部

口腔颌面部是指上起额部发际，下至舌骨水平，左右达颞骨乳突垂直线之间，以及包括口腔在内的区域。现代口腔科学，尤其是口腔颌面外科学的发展已经扩展到上至颅底，下至颈部的区域，但不涉及区内的眼、耳、鼻、喉等器官。

一、口腔前庭

口腔前庭是位于唇、颊与牙列、牙龈及牙槽黏膜之间的潜在腔隙。唇颊黏膜移行于牙槽黏膜的沟槽，称为前庭沟或称唇沟、颊沟，是口腔局部麻醉常用的穿刺及口内手术切口的部位。当患者牙关紧闭或颌间固定时，口腔前庭可借第三磨牙后方与固有口腔相通，可经此通道输入营养物质。

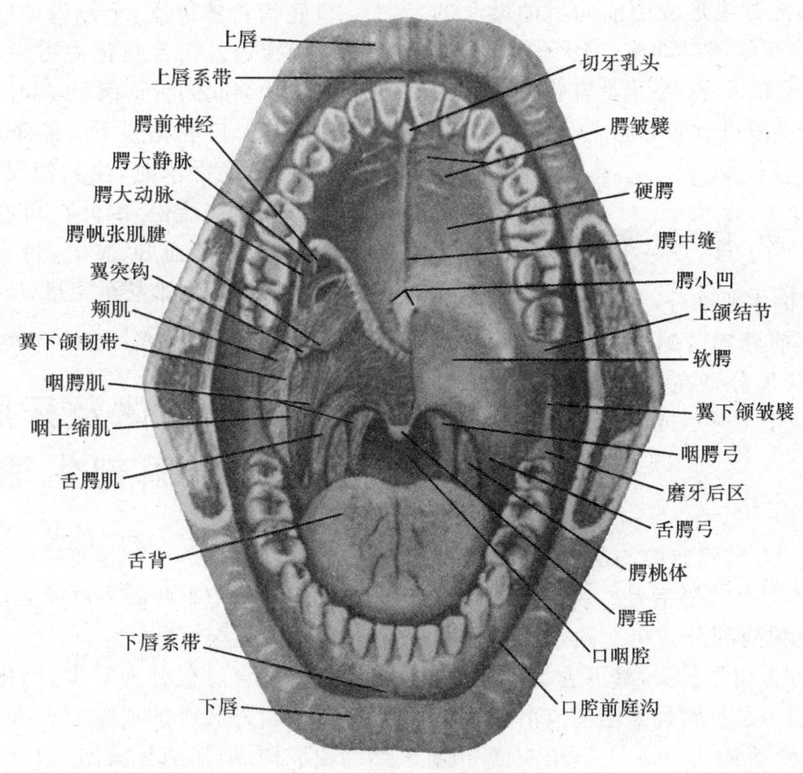

图 8-1　口腔

（一）唇

唇上界为鼻底，下界为颏唇沟，两侧以唇面沟为界，其中部有横行的口裂将唇分为上唇和下唇两部分。上下唇联合处构成口角。上唇中央有一纵行的浅沟称为人中沟，人中沟的上、中1/3交点为人中穴，为抢救昏迷患者按压的穴位。唇部由皮肤、浅筋膜、肌层、黏膜下组织和黏膜5层构成。皮肤与黏膜的移行部称为唇红部，唇红与皮肤交界处称为唇红缘，呈弓背形又称唇弓，唇弓最高点为唇峰。外伤缝合或唇裂修复手术时，应注意恢复其外形，以免造成畸形。唇部皮肤与黏膜之间为口轮匝肌等组织，肌层与皮肤之间为浅筋膜层，较疏松，当炎症或外伤时常呈现明显水肿。唇部皮肤有丰富的汗腺、皮脂腺和毛囊，为疖、痈好发部位；唇内面的黏膜下有许多小黏液腺，当其导管受到外伤而引起阻塞时，容易形成黏液腺囊肿；在内侧黏膜下有唇动脉，进行唇部手术时，在内侧口角区压迫此血管可以止血。

（二）颊

颊位于面部两侧，形成口腔的外侧壁，主要有皮肤、皮下组织、浅筋膜、颊肌、黏膜下层和黏膜构成，组织疏松并富有弹性。在平对上颌第二磨牙牙冠的黏膜上有一突起肉阜，腮腺导管开口于此。临床行腮腺造影或腮腺导管内注射治疗时，需经此口注入照影剂或药液。颊脂垫使颊部黏膜形成由前向后的微凸的三角形，其尖端正对翼下颌皱襞前缘，当大张口时，此颊脂垫尖略高于下颌孔的水平，临床上常将颊脂垫尖作为下牙槽神经阻滞麻醉进针的标志之一。

☞考点：口腔前庭的解剖标志及其临床意义

二、固有口腔

固有口腔是口腔的主要部分，其上界为硬腭和软腭，下界为舌和口底，前界和两侧界为上、下牙弓，后界为咽门。上、下颌牙齿分别在上、下颌牙槽骨上排列成连续的弓形，构成上下牙弓或牙列。

☞考点：牙弓的概念

（一）腭

腭构成口腔的上界，且将口腔与鼻腔、鼻咽部分隔开，参与发音、言语及吞咽等活动。腭分为前2/3的硬腭和后1/3的软腭两部分。在上颌两中切牙之腭侧有一黏膜突起，称为切牙乳头，其下方为切牙孔，鼻腭神经血管通过此孔，是鼻腭神经阻滞麻醉的进针标志之一。在硬腭后缘前约0.5cm，上颌第三磨牙腭侧，约相当于腭中缝至龈缘之外、中1/3处，左右各有一孔，称为腭大孔，腭前神经血管通过此孔，向前分布于尖牙后的黏骨膜及腭侧牙龈，是腭前神经阻滞麻醉的进针标志之一。软腭前与硬腭相连续，后为游离缘，其中央有一舌样物体，称为悬雍垂。软腭较厚，主要由黏膜、黏膜下层、腭腱膜和腭肌等组成。正常情况下通过软腭和咽部肌肉彼此协调运动，来完成腭咽闭合，行使其语言、吞咽等功能。

（二）舌

舌具有味觉功能，能协助完成语言、咀嚼、吞咽等重要生理功能。舌前2/3为舌体，活动度大，其前端为舌尖，上面为舌背，下面为舌腹，两侧为舌缘，舌后1/3为舌根部，活动度小。舌是由横纹肌组成的肌性器官。肌纤维呈纵横、上下等方向排列，因此，舌能灵活地进行前伸、后缩、卷曲等多方向运动。舌的感觉神经：舌前2/3为舌神经分布；舌后1/3为舌咽神经分布。舌的运动由舌下神经所支配。舌的味觉为面神经的鼓索支配。舌尖部对甜、辣、咸味敏感，舌缘对酸味敏感，舌根部对苦味敏感。舌背黏膜有许多乳头状突起，舌乳头可分为以下四种：丝状乳头、菌状乳头、轮廓乳头和叶状乳头。当B族维生素缺乏或严重贫血时可见乳头萎缩，舌面光滑。舌根部黏膜有许多圆形淋巴滤泡突起，其间有浅沟分隔，整个淋巴滤泡称为舌扁桃体。舌腹黏膜平滑而薄，正中有一黏膜皱襞与口底相连称为舌系带。临床上可见舌系带过短，限制舌的运动和影响舌尖部肌肉发育而致发音不清。

（三）口底

口底指舌体以下，下颌骨体以内的口腔底部，表面为黏膜覆盖。在舌腹正中可见舌系带。舌系带两旁有乳头状突起的舌下肉阜，其中有一小孔为颌下腺导管的开口。口底黏膜下有颌下腺导管和舌神经走行其间，做口底手术时，注意勿损伤导管和神经。由于口底组织比较疏松，因此在口底外伤或感染时，可形成较大的水肿、血肿、脓肿，将舌挤推向上后，造成呼吸困难或吞咽困难甚至窒息，应特别警惕。

☞考点：固有口腔的解剖标志及临床意义

第2节　牙体及牙周组织应用解剖生理

一、牙

人的一生中有两副天然牙齿，根据萌出时间和形态可分为乳牙与恒牙。

牙的发育过程分为发生、钙化和萌出三个阶段。牙胚是来自外胚叶的成釉器和来自中胚叶的乳突状结缔组织构成，形成牙滤泡，包埋于上下颌骨内。随着颌骨的生长发育，牙胚也钙化发育，逐渐穿破牙囊，突破牙龈而显露于口腔。牙胚破龈而出的现象称出龈，从牙冠出龈至达到咬合接触的全过程叫萌出。

（一）乳牙

正常乳牙有 20 个，上、下颌的左、右侧各 5 个。其名称从中线起向两旁，分别为乳中切牙、乳侧切牙、乳尖牙、第一乳磨牙和第二乳磨牙。乳牙一般于出生后 6～8 个月开始萌出，依次萌出的顺序为乳中切牙、乳侧切牙、第一乳磨牙、乳尖牙和第二乳磨牙。2 岁左右乳牙全部萌出。从 6～7 岁至 12～13 岁，乳牙逐渐脱落而为恒牙所代替，在此期间口腔内既有乳牙又有恒牙，称为替牙牙合期，又称混合牙列期。有时乳牙未脱落，而恒牙萌出缺乏位置时，该恒牙即错位萌出，错位萌出的恒牙大多位于乳牙舌侧，形成乳牙与恒牙重叠现象。此时，应及时拔除乳牙，便于恒牙在正常位置萌出。

（二）恒牙

恒牙共 28～32 个，上、下颌的左、右侧各 7～8 个，其名称自中线起向两旁，分别为中切牙、侧切牙、尖牙、第一前磨牙（前磨牙又称双尖牙）、第二前磨牙、第一磨牙、第二磨牙和第三磨牙。切牙和尖牙位于牙弓前部，统称前牙，前磨牙和磨牙位于牙弓后部，统称后牙。恒牙一般于 6 岁左右开始萌出，在第二乳磨牙后方萌出第一磨牙（俗称六龄齿），同时中切牙萌出，乳中切牙开始脱落，随后侧切牙、尖牙、第一前磨牙、第二前磨牙、第二磨牙及第三磨牙依次萌出，有时第一前磨牙较尖牙更早萌出。一般左右同名牙多同时期萌出，上下颌同名牙则下颌牙较早萌出。第三磨牙萌出时间不一致，一般在 18～25 岁，也有不萌出或先天缺失者。由于人类进化，食物的精细化，颌骨发育逐渐退化变小，所以第三磨牙常因间隙不足，而萌出困难或位置不正，称为智齿阻生（图 8-2）。

（三）牙位记录

1. 牙位记录法　以“十”符号将上下牙弓分为四区、符号的水平线用以区分上下，垂直线用以区分左右。恒牙用阿拉伯数字 1～8 分别依次代表中切牙至第三磨牙，乳牙用罗马数字 Ⅰ～Ⅴ 分别依次代表乳中切牙至第二乳磨牙。

乳牙的临床牙位：

Ⅴ Ⅳ Ⅲ Ⅱ Ⅰ	Ⅰ Ⅱ Ⅲ Ⅳ Ⅴ
Ⅴ Ⅳ Ⅲ Ⅱ Ⅰ	Ⅰ Ⅱ Ⅲ Ⅳ Ⅴ

恒牙的临床牙位：

8 7 6 5 4 3 2 1	1 2 3 4 5 6 7 8
8 7 6 5 4 3 2 1	1 2 3 4 5 6 7 8

如 $\underline{|2}$ 代表左侧上颌侧切牙

2. 国际牙科联合会系统法　牙位的记录目前推荐使用国际牙科联合会系统（简称 FDI），用 1 代表右上区，2 代表左上区，3 代表左下区，4 代表右下区，5 代表乳牙右上区，6 代表乳牙左上区，7 代表乳牙左下区，8 代表乳牙右下区。

恒牙编号：

18 17 16 15 14 13 12 11	21 22 23 24 25 26 27 28
48 47 46 45 44 43 42 41	31 32 33 34 35 36 37 38

每个牙的编号均为两位数，其个位数代表牙序，十位数代表部位，如 15 即右侧上颌第二前磨牙。

乳牙编号：

55 54 53 52 51	61 62 63 64 65
85 84 83 82 81	71 72 73 74 75

如 72 代表左侧下颌乳侧切牙。

☞考点：牙位的记录

（四）牙的组成

牙体由牙冠、牙根和牙颈三部分组成。有牙釉质覆盖，显露于口腔的部分称为牙冠；有牙骨质覆盖，埋于牙槽窝内的部分，称为牙根；牙冠和牙根交界部分为牙颈部（图 8-3）。

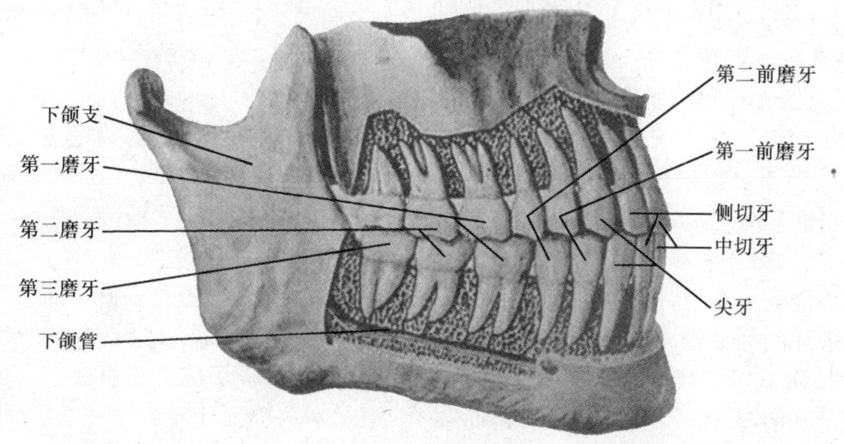

图 8-2　恒牙

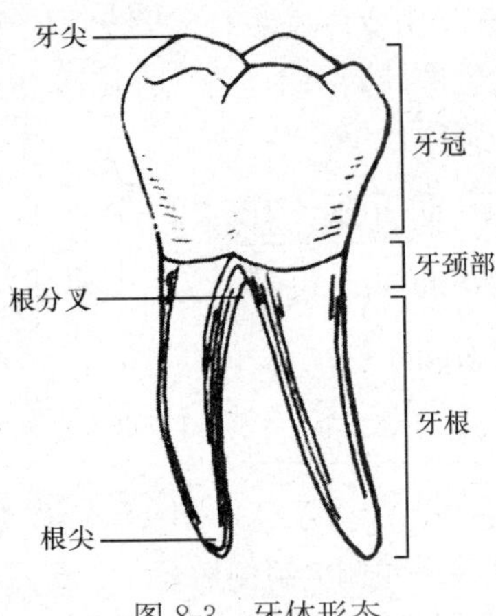

图 8-3 牙体形态

1. 牙冠 有牙釉质覆盖，显露于口腔的部分称为牙冠，也是发挥咀嚼功能的主要部分，每个牙行使的功能不同，其牙冠的形态也各异。前牙的咬合面由唇、舌面相交形成切缘，主要用以切割食物；尖牙有尖锐的牙尖，用以撕裂食物。后牙咬合面又称𬌗面，有尖、窝等结构，主要用以研磨食物。但每个牙齿的牙冠有 5 个面(前牙为 4 个面，1 个缘)。

(1) 唇面或颊面：前牙牙冠靠近口唇的一面称为唇面，后牙牙冠靠近面颊的一面称为颊面。

(2) 舌面或腭面：前牙牙冠靠近舌的一面称为舌面，上颌后牙牙冠靠近腭的一面称为腭面。

(3) 近中面：牙冠的两邻面中，靠近中线的一侧为近中面。

(4) 远中面：牙冠的两邻面中，远离中线的一侧为远中面。

(5) 𬌗面或切缘：上、下颌后牙咬合时发生接触的一面，称为𬌗面。前牙有咬切功能的部分称切缘。咬合面有隆起的尖称为牙尖或嵴，不规则的凹陷的部分为窝，凹陷的部分呈点状的称点隙，线状的称沟，是龋病的好发部位。

2. 牙根 在牙体外层由牙骨质覆盖的部分称牙根，也是牙体的支撑部分。根的尖端称为根尖，每个根尖都有小孔通过牙髓血管神经，称根尖孔。牙根的数目和形态因咀嚼力的大小和功能的不同，牙根数目和形态也不相同。上、下前牙和第一、二前磨牙为单根牙，但上颌第一前磨牙多为双根，其余磨牙均为多根牙。上颌第一、二磨牙为三根，即近中颊根、远中颊根和腭根；下颌第一、二磨牙为双根，即近中根和远中根，有时下颌第一磨牙为三个根，即远中根再分为颊、舌根。上、下第三磨牙的牙根变异较多，多为融合根，有的牙根呈圆锥形，如上颌切牙和尖牙；有的牙根呈扁平形，如下颌切牙和前磨牙；有的多根分叉大，如第一磨牙和乳磨牙；有的分叉小，如第二磨牙。了解牙根的数目和形态，对牙髓病的治疗和拔牙手术有很重要的临床意义。

链 接

乳牙的根管、髓腔形态

乳前牙多为单根管，偶见下颌乳切牙根管分为唇、舌向两个根管。乳磨牙通常都有三个根管：上颌乳磨牙有两个颊侧根管，一个舌侧根管；下颌乳磨牙有两个近中根管，一个远中根管。下颌第二乳磨牙有时可出现四根管，其分布为两个近中根管和两个远中根管。乳牙的髓腔形态与乳牙的外形相似。按牙体比例而言，乳牙髓腔较恒牙者为大，表现为髓腔大、髓壁薄、髓角高、根管粗、根管方向斜度较大，根尖孔也大。

二、牙体和牙周组织

(一) 牙体组织

牙体组织由牙釉质、牙本质、牙骨质三种钙化的硬组织和牙髓腔内的软组织牙髓组成(图 8-4)。

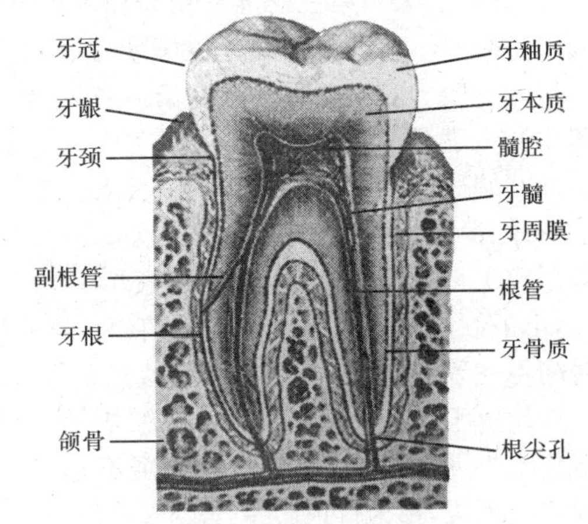

图 8-4 牙体组织与牙周组织

1. 牙釉质 位于牙冠表面，呈乳白色，有光泽，是一种半透明的钙化组织，其中含无机盐约 96%，主要为磷酸钙和碳酸钙，水分及有机物约占 4%，为人体中最硬的一种组织，牙釉质对牙本质和牙髓具有保护作用。

2. 牙本质 构成牙齿的主体，色淡黄而有光泽，含无机盐约 70%，有机物的含量比牙釉质多，约占 30%，硬度比牙釉质低。在牙本质中有牙本质小管，管内有神经末梢，受到冷、热、酸、甜等刺激时有酸痛感。

3. 牙骨质 是覆盖在牙根表面的色泽淡黄的硬组织，含无机盐约 55%，构成和硬度与骨组织相似。牙骨质借牙周膜将牙体固定在牙槽窝内。当牙根表面受到损伤时，牙骨质可新生且有修复功能。

4. 牙髓 是位于牙髓腔内的疏松结缔组织，其四周为钙化的牙本质形成的管腔所包围。牙髓中有血管、淋巴、神经、成纤维细胞和成牙本质细胞，其主要功能为营养牙体组织，并形成修复性牙本质。牙髓神经为无髓鞘纤维，对外界刺激异常敏感，稍受刺激即可引起剧烈疼痛，而无定位能力。牙髓的血管由狭窄的根尖孔进出，一旦发生炎症，髓腔内的压力增高，容易造成血液循环障碍，牙髓逐渐坏死，牙本质得不到营养，因而牙齿变色失去光泽，牙体变脆，易折裂。

☞考点：牙体的组成

（二）牙周组织

牙周组织包括牙龈、牙周膜和牙槽骨，是牙齿的支持组织（图 8-4）。

1. 牙龈　是口腔黏膜覆盖于牙颈部及牙槽骨的部分，正常牙龈呈粉红色、坚韧而具有弹性；表面有呈橘皮样的凹陷小点，称为点彩。当牙龈发炎水肿时，点彩消失。牙龈与牙颈部紧密相连，其边缘未附着的部分称为游离龈。游离龈与牙齿间的空隙称为龈沟，正常的龈沟深度不超过 2mm，龈沟过深则为病理性牙周袋。两牙之间突起的牙龈称为龈乳头，在炎症和食物嵌塞时，龈乳头肿胀或破坏消失。

2. 牙周膜　是介于牙根和牙槽骨之间的纤维结缔组织。其纤维一段埋于牙骨质内，另一端埋于牙槽骨和牙颈部的牙龈内，将牙齿固定于牙槽窝，并有一定的生理动度，可以调节牙齿所承受的咀嚼压力。牙周膜内有纤维结缔组织、神经、血管和淋巴，有营养牙体组织的作用。

3. 牙槽骨　是颌骨包围牙根的突起部分，又称牙槽突。此处骨质较疏松，且富有弹性，是支持牙齿的重要组织。牙槽骨容纳牙根的凹窝称为牙槽窝，牙根位于牙槽窝内。牙槽骨的游离缘称为牙槽嵴。发生牙周炎时，牙槽骨将逐渐被吸收而致高度降低，导致牙齿松动。当牙齿脱落后，牙槽骨逐渐萎缩。

☞考点：牙周的组成

第 3 节　颌面部应用解剖生理

口腔颌面部位于头颅下前方，是机体的主要显露部分，由颌骨、颞下颌关节、涎腺以及肌肉、神经、血管等组织构成，有咀嚼、消化、吞咽、呼吸、言语、表情等功能。

一、颌　　骨

颌骨通常指上颌骨和下颌骨。颌面部骨性器官除上、下颌骨外，还有颧骨、鼻骨等。

（一）上颌骨

上颌骨为颜面部中 1/3 最大的骨骼，左右两侧对称于腭中缝处连接。参与眼眶底、口腔顶、鼻腔底及侧壁、颞下窝和翼腭窝前壁、翼上颌裂和眶下裂的构成。上颌骨形态不规则，由一体四突构成，一体即上颌骨体，四突是额突、颧突、牙槽突和腭突。与鼻骨、额骨、筛骨、泪骨、犁骨、下鼻甲、颧骨、颚骨、蝶骨等临近骨器官相连，构成眶底、鼻底和口腔顶部（图 8-5）。

1. 上颌骨体　分为四壁一腔，即前、后、上、内四壁和上颌窦腔。

（1）前壁（脸面）：上方以眶下缘与上壁相连，在眶下缘中点下方 0.5～1cm 处有眶下孔，眶下神经血管从此通过。在眶下孔下方，有尖牙根向外形成之骨突，称尖牙嵴。嵴的外侧，眶下孔下方，有一深的凹称尖牙窝，此处骨质菲薄，常是上颌窦开窗术及眶下间隙切开引流手术的切口标志。

（2）后壁（颞下面）：常以颧牙槽嵴作为前壁和后壁的分界线，其后方骨质微凸呈结节状，称上颌结节。上颌结节上方有 2～3 个小骨孔，为上牙槽后神经血管通过。颧牙槽嵴和上颌结节是上牙槽后神经阻滞麻醉的重要解剖标志。

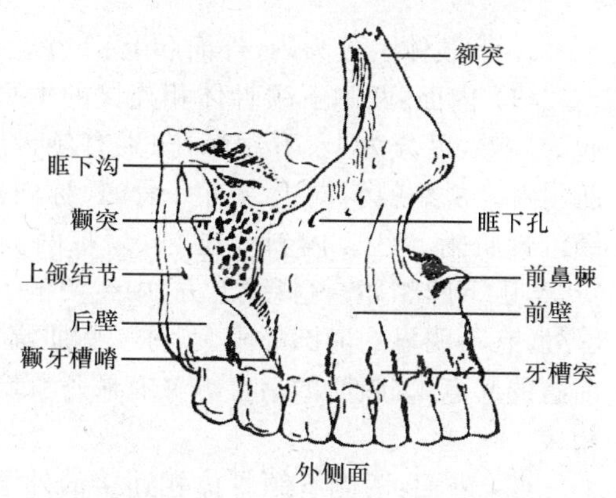

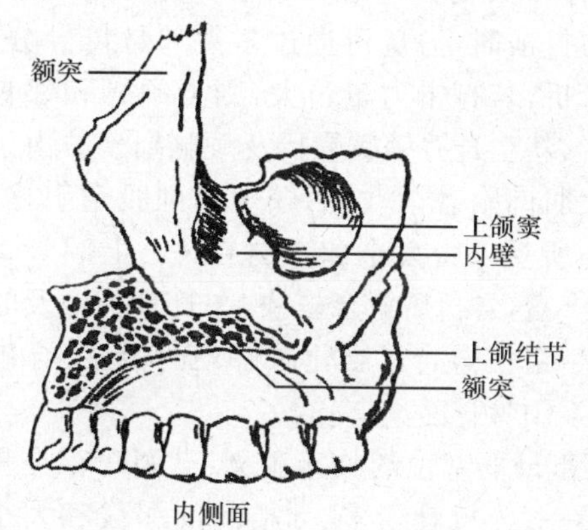

图 8-5　上颌骨

(3) 上壁(眶面):呈三角形,构成眼眶下壁,眶下沟向前延伸成眶下管,开口于眶下孔。眶下神经从眶下管内通过,沿途发出上牙槽前、中神经,经上颌窦前壁和外侧壁分布到前牙和前磨牙。

(4) 内壁(鼻面):构成鼻腔外侧壁,在中鼻道有上颌窦开口通向鼻腔。施行上颌窦根治术和上颌骨囊肿摘除术时,可在鼻道开窗引流。

(5) 上颌窦腔:呈锥形空腔,底向内,尖向外伸入颧突,底部有上颌窦开口。上颌窦壁即骨体的四壁,各壁骨质皆薄,内面衬以上颌窦黏膜。上颌窦底与上颌后牙牙根尖紧密相连,有时仅隔以上颌窦黏膜,故当上颌前磨牙及磨牙根尖感染时,易于穿破上颌窦黏膜,导致牙源性上颌窦炎;在取出上颌前磨牙和磨牙断根时,应注意勿将断根推入上颌窦内。

2. 上颌骨突　包括额突、颧突、牙槽突和腭突。

(1) 额突:为坚韧细长的骨板,上缘与额骨连接。其内外缘分别与泪骨及鼻骨连接。

(2) 颧突:为锥形体,位于上颌骨的外上方与颧骨相连,向下至第一磨牙区的牙槽嵴组成颧牙槽嵴。

(3) 牙槽突:又称牙槽骨。位于上颌骨体下方,与上颌窦前、后壁紧密相连,左右两侧在正中线相连形成弓形。每侧牙槽突上有7～8个牙槽窝容纳牙根。前牙及前磨牙区牙槽突的唇颊侧骨板薄而多孔,此结构有利于麻醉药液渗入骨松质内,达到局部浸润麻醉目的。由于唇颊侧骨质疏松,拔牙时向唇颊侧用力运动则阻力较小。

(4) 腭突:是牙槽突内侧伸出的水平骨板,前部较厚,后部较薄,与对侧腭突在正中线相接,形成腭正中缝,后缘与腭骨水平板连接成硬腭,是固有口腔的顶部和鼻腔的底部,将鼻腔与口腔隔开。

3. 上颌骨的解剖特点及其临床意义

(1) 支柱式结构的临床意义:上颌骨与多数邻骨相连,且骨体中央为一空腔,因此形成支柱式结构。当遭受外力打击时,力量可通过多数邻骨传导分散,不致发生骨折,若打击力量过大,则上颌骨和邻骨均可发生骨折,甚至合并颅底骨折及颅脑损伤。由于上颌骨无强大肌肉附着,骨折后较少受到肌牵引移位,故其移位与所受外力大小和方向有关。上颌骨骨质疏松、血运丰富,骨折后愈合较快,一旦骨折应及时复位,以免发生错位愈合。当化脓感染时,易于穿破引流,较少发生颌骨骨髓炎。

(2) 解剖薄弱部位的临床意义:上颌骨存在骨质疏密厚薄不一、连接骨缝多、牙槽窝的深浅和大小不一致等因素,构成解剖结构的一些薄弱环节,这些薄弱环节则是骨折常发生的部位。主要有下述三条薄弱线:

1) 第一薄弱线:从梨状孔下部平行牙槽突经上颌结节至蝶骨翼状突,即上颌骨 Le Fort Ⅰ型骨折线。

2) 第二薄弱线:通过鼻骨、泪骨、颧骨下方至蝶骨翼状突,即上颌骨 Le Fort Ⅱ型骨折线。

3) 第三薄弱线:通过鼻骨、泪骨、眶底、颧骨上方至蝶骨翼状突,即上颌骨 Le Fort Ⅲ型骨折线。

(二) 下颌骨

下颌骨是颌面部唯一可以活动且最坚实的骨骼,两侧对称在正中线融合呈弓形,分为下颌体与下颌支两部分(图 8-6、图 8-7)。

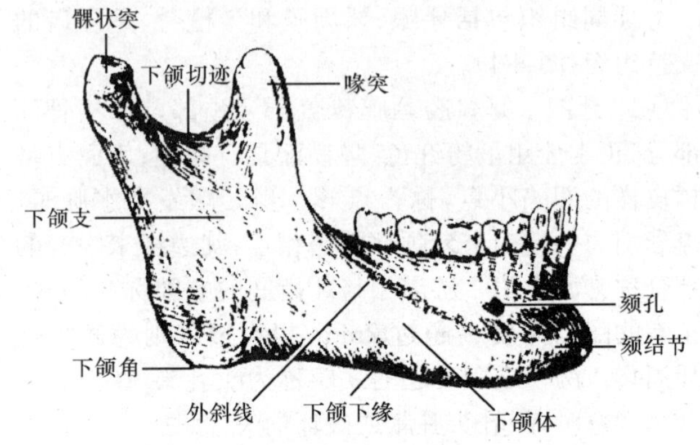

图 8-6　下颌骨外侧面

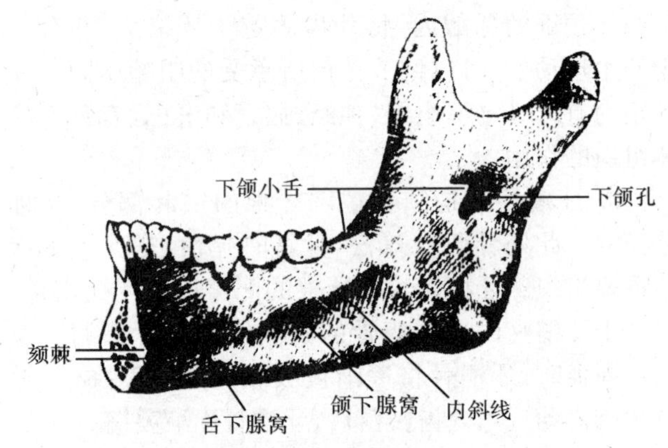

图 8-7　下颌骨内侧面

1. 下颌体　分为内、外面和上、下缘。

(1) 内面:两侧下颌骨体相连接的中央有一骨隆起为颏棘,可分为上、下颏棘,分别有颏舌肌、颏舌骨肌附着。从颏棘斜向上方有一骨嵴,称内斜线,是下颌舌骨肌附着线。内斜线上方,颏棘两侧有舌下腺窝,与舌下腺相邻;内斜线下方,中线两侧近下颌骨下缘处,有不明显的卵圆形限窝,称二腹肌窝,是二腹肌前腹的起点,二腹肌的后上方又有颌下腺窝与颌下腺相接。

(2) 外面:两侧下颌骨体相连接的外下方有一骨隆起为颏结节。位于前磨牙下方,下颌骨体上、下缘之间有一孔,称颏孔。颏神经及血管通过此孔。外斜线起自颏结节,经颏孔下方,自前向后上斜行,止于升支前缘外下方的一线性骨棘，其上有下唇方肌和三角肌附着。

(3) 上缘：上缘骨质疏松，称牙槽突，中有排列整齐、容纳牙根的牙槽窝，是颌骨牙源性感染的好发部位。

(4) 下缘：骨质致密且圆厚，抗压力强，为颌面部表面解剖主要标志之一。

2. 下颌支　又称下颌升支，是下颌骨的垂直部分，略呈长方形，分内外两面，上下前后四缘和两突，即髁状突与喙突。

(1) 内面：在下颌升支内面中央有一漏斗状骨孔即为下颌孔，是下牙槽神经、血管进入下颌管的入口，其开口处与下颌磨牙颌面等高。

(2) 外面：呈扁平状，表面粗糙，大部分为咀嚼肌所附着。

(3) 下颌支下缘较薄，前有喙突，有颞肌附着；后有髁状突，分头、颈两部，颈部有翼外肌附着。髁状突与颞骨之关节窝构成颞下颌关节。喙突与髁状突之间有深的切迹，称下颌切迹或乙状切迹，为经颞下途径麻醉圆孔和卵圆孔的重要标志。下颌支后缘与下缘相交而成的部分为下颌角，有茎突下颌韧带附着。角前凹陷处称角前切迹，有颌外动脉绕过。

3. 下颌骨解剖特点的临床意义　下颌骨的正中联合、颏孔区、下颌角、髁状突颈部等为骨质薄弱区，当遭到外伤时，骨折常发生于这些部位。

下颌骨的血运较上颌骨差，骨折的愈合也较上颌骨慢，并且周围有强大致密的肌肉和筋膜包绕，当炎症化脓时不易得到引流，所以骨髓炎的发生较上颌骨多见且严重。

二、肌　　肉

颌面部肌肉分为浅(表情肌)和深(咀嚼肌)两部分，具有咀嚼、语言、表情和吞咽等功能。

(一) 表情肌

主要有眼轮匝肌、口轮匝肌、上唇方肌、下唇方肌、额肌、笑肌和颊肌等。面部表情肌多薄而短小、收缩力弱，起自骨壁或筋膜浅面，止于皮肤。肌纤维多围绕面部孔裂，如眼、鼻和口腔，排列成环形或放射状当肌纤维收缩时，牵引额部、眼睑、口唇和颊部皮肤的活动，显露各种表情。由于表情肌与皮肤紧密相连，故当外伤和手术切开皮肤和表情肌后，创口常裂开较大，应考虑肌纤维行走的方向给予逐层缝合，以免形成内陷瘢痕。面部表情肌均受面神经支配其运动，若面神经受到损伤，则引起表情肌瘫痪，造成面部畸形。

(二) 咀嚼肌

咀嚼肌主要附着在下颌骨上，司开口、闭口和下颌骨的前伸和侧方运动，可分为闭口和开口两组肌群和翼外肌。咀嚼肌的运动主要受三叉神经之下颌神经的前股纤维支配。

1. 闭口肌群(升颌肌)　主要附着在下颌支上，有咬肌、颞肌、翼内肌。这组肌肉发达，收缩力强，使下颌骨上升、口闭合、上下牙齿船面接触。

2. 开口肌群(降颌肌)　主要附着在下颌体上，是构成口底的主要肌。有二腹肌、下颌骨舌肌和颏舌骨肌。当其收缩时，使下颌骨体下降、口张开、上下牙齿牙合面分离。

3. 翼外肌　起端有上、下两头，上头起于蝶骨大翼之颞下嵴及其下方之骨面；下头起自翼外板之外面，二头分别止于下颌关节盘前缘和髁状突颈部。其功能特殊，下头收缩时有开口作用，以及下颌骨前伸及侧方运动，上头收缩时闭口。双侧收缩时下颌前伸，单侧收缩下颌向对侧运动。

三、血　　管

(一) 动脉

颌面部血液供应特别丰富，主要来自颈外动脉的分支，有舌动脉、颌外动脉、颌内动脉和颞浅动脉等。各分支间和两侧动脉间，均通过末梢血管网而彼此吻合，故外伤及手术时可引起大量的出血。压迫止血时，必须压迫供应动脉的近心端才能暂时止血。由于血运充足，既能促进伤口愈合又能提高局部组织的抗感染力。

(二) 静脉

颌面部静脉分支多而细小，常分为深、浅两个静脉网。浅静脉网由面前静脉和面后静脉组成，深静脉网主要为翼静脉丛。面部静脉的特点是静脉瓣较少或无静脉瓣，当肌肉收缩或挤压时易使血液反流。故颌面部的感染，特别是鼻根部与口角连线的三角区内(危险三角区)的感染，若处理不当，易逆行扩散至颅内，引起海绵窦血栓性静脉炎等严重并发症。

四、淋　　巴

口腔颌面部的淋巴组织分布极其丰富，淋巴管组成网状结构，间有大小不一、数量不等的淋巴结群。淋巴结收纳来自口腔颌面部不同区域的淋巴液，构成了颌面部的重要防御系统。正常情况下，淋巴结小而柔软，不易扪及，当淋巴结收纳的范围内有炎症或肿瘤转移时，相应淋巴结就会肿大，硬而可被触及。急性炎症时伴有明显压痛。故而淋巴结对于炎症、肿瘤的诊断，肿瘤的治疗、转移及预后具有极其重要的临床意义。

颌面部常见而较重要的淋巴结有腮腺淋巴结、颌上淋巴结、颌下淋巴结、颏下淋巴结和位于颈部的颈浅和颈深淋巴结。

五、神　　经

口腔颌面部有感觉神经和运动神经。

（一）感觉神经

主要为三叉神经，其是第五对脑神经，为脑神经中最大者，起于脑桥嵴，主管颌面部的感觉和咀嚼肌的运动。其感觉神经根较大，自颅内三叉神经半月节分三支出颅，即眼神经、上颌神经和下颌神经，其中上、下颌神经与口腔颌面部关系最密切；运动神经根较小，在感觉根的下方越过神经节与下颌神经结合，故下颌神经属混合神经。

1. 上颌神经　自半月节神经节发出，由圆孔出颅，向前越过翼腭窝达眶下裂，再经眶下沟入眶下管，出眶下孔后称眶下神经，分为睑、鼻、唇三个末支，分布于下睑、鼻侧和上唇的皮肤和黏膜。一般将上颌神经分为四段：颅内段、翼腭窝段、眶内段和面段。其分支为颧神经、蝶腭神经、上牙槽后神经、上牙槽中神经和上牙槽前神经。

2. 下颌神经　为颅内三叉神经半月节发出的最大分支，属混合神经，含有感觉和运动神经纤维。下颌神经经卵圆孔出颅后，在颞下窝分为前、后两股。前股较小，除颊神经为感觉神经外，其余均为支配咀嚼肌运动的神经；后股较大，主要为感觉神经，有耳颞神经，下牙槽神经和舌神经。

链接 »»

三叉神经痛

三叉神经痛指在三叉神经分布区域内出现阵发性电击样剧烈疼痛，历时数秒至数分钟，间歇期无症状。疼痛可由于口腔或颜面任何刺激引起，以中老年多见，多为单侧性。临床上常分为原发性和继发性两种。原发性三叉神经痛系指无神经系统体征，而且应用各种检查并未发现明显和发病有关的器质性病变者，其病因和机制目前尚不明确。继发性者指由于机体的其他病变压迫或侵犯三叉神经所致，此型除表现疼痛症状外，一般尚有神经系统体征。

（二）运动神经

主要有面神经、舌下神经和三叉神经第三支的前股纤维，管理颌面部表情肌的运动、舌前 2/3 的味觉和涎腺的分泌。

1. 面神经　为第七对脑神经，主要是运动神经，伴有味觉和分泌神经纤维。

(1) 运动纤维：起自脑桥的面神经核。面神经的颅外段穿过腮腺分布于颜面。其分五支，即颞支、颧支、颊支、下颌缘支和颈支。各支在腺体内吻合成网，出腺体后呈扇形分布，支配面部表情肌的运动。由于面神经与腮腺关系密切，腮腺病变可影响面神经，使之发生暂时性或永久性面瘫。在面部手术时，应了解面神经各支的分布，以免损伤后造成面部畸形的严重后果。

(2) 味觉神经：面神经的鼓索支，含味觉纤维，分布于舌前 2/3 的味蕾，司味觉。

(3) 分泌纤维：来自副交感的唾液分泌纤维，起自脑桥的上涎核，到蝶腭神经节及颌下神经节，交换神经元后分别至泪腺、舌下腺、颌下腺、腭及鼻腔黏膜的腺体。

2. 舌下神经　是第十二对脑神经，分布至所有的舌肌，支配舌的运动。

六、涎　　腺

涎腺又称唾液腺，分浆液腺、黏液腺和混合腺。口腔颌面部的涎腺组织由左右对称的三对大涎腺，即腮腺、颌下腺和舌下腺，以及遍布于唇、颊、腭、舌等处黏膜下的小黏液腺构成。各有导管开口于口腔。涎腺分泌的涎液为无色而黏稠的液体，进入口腔内则称为唾液；它有润湿口腔，软化食物的作用。唾液内含有淀粉酶和溶菌酶，具有消化食物和抑制致病菌的作用(图 8-8)。

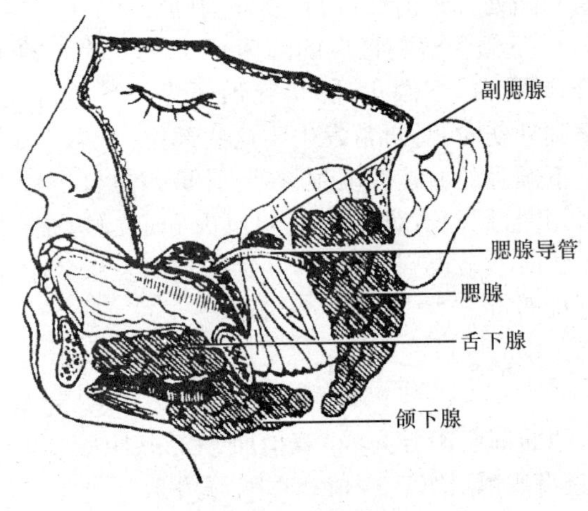

图 8-8　涎腺

1. 腮腺　是最大的一对涎腺，位于两侧耳垂前下方和颌后窝内，其分泌液主要为浆液。腺体呈不规则的楔形，有多数突起如面突、咽突等。腮腺导管在颧弓下一横指处，长约 5～7cm，在腺体前缘近上端发出，行至嚼肌前缘时呈现直角向内穿过颊肌，开口于正对上颌第二磨牙的颊侧黏膜上。

2. 颌下腺　位于颌下三角呈扁椭圆形，分泌液以浆液为主，含有少量黏液。颌下腺体深层延长部，经下颌舌骨肌后缘进入口底，导管长约 5cm，行走方向从后下向前上，开口于舌系带两旁的舌下肉阜。此导管常因涎石堵塞而导致颌下腺炎症。

3. 舌下腺　位于口底舌下，为最小的一对大涎腺。分泌液以黏液为主，含有少量的浆液。其小导管甚多，有的直接开口于口底，有的与颌下腺导管相通。由于管口较小，不易发生逆行感染，但可成为潴留性囊肿的好发部位。

链　接

涎　石　病

涎石病是在腺体或导管内发生钙化性团块而引起的一系列病变。多发生于下颌下腺，其次是腮腺，偶见于上唇及唇颊部的小唾液腺，舌下腺很少见。涎石常使唾液排除受阻，并继发感染。造成腺体急性或反复发作的炎症。

七、颞下颌关节

颞下颌关节是颌面部唯一具有转动和滑动、左右协同统一的联动关节。其具有咀嚼、吞咽、语言和表情等功能。

颞下颌关节由颞骨的下颌关节窝、下颌骨的髁突以及位于其间的关节盘、包绕关节周围的关节囊和关节韧带组成。

链　接

颞下颌关节紊乱综合征

好发于青壮年，以20～30岁患病率最高。创伤因素、咀嚼硬食、夜间磨牙以及单侧咀嚼习惯、咬合关系紊乱、全身及其他因素神经精神因素、风湿病史，表现局部酸胀或疼痛、弹响和运动障碍。尤以咀嚼及张口时明显。弹响在张口活动时出现，还可伴有颞部疼痛、头晕、耳鸣等症状。

目标检测

选择题

A_1型题

1. 下牙槽神经阻滞麻醉的主要标志为(　　)
   A. 口腔前庭沟　B. 下后牙咬合平面
   C. 颊脂垫尖　D. 翼下颌韧带
   E. 腮腺导管开口
2. 腮腺导管口于哪个牙冠相对的颊粘黏膜(　　)
   A. 上颌第一磨牙　B. 下颌第一磨牙
   C. 上颌第二磨牙　D. 下颌第二磨牙
   E. 上颌第三磨牙
3. 下述关于固有口腔境界的描述哪一项是错误的(　　)
   A. 前界为牙列　B. 两侧为颊
   C. 下界为舌下区　D. 上界为腭
   E. 后界为咽门
4. 下列哪项不是固有口腔的组成部分(　　)
   A. 唇　B. 舌
   C. 腭　D. 口底
   E. 悬雍垂
5. 出腭大孔的血管神经是(　　)
   A. 腭前神经及腭大血管　B. 鼻腭神经及血管
   C. 腭降动脉及腭神经　D. 腭中、后神经及腭小血管
   E. 以上都不是
6. 对酸味最敏感的部位(　　)
   A. 舌尖　B. 舌根
   C. 舌侧面　D. 舌的各部
   E. 以上都不是
7. 对苦味最敏感的部位(　　)
   A. 舌尖　B. 舌根
   C. 舌侧面　D. 舌中1/3处
   E. 以上都不是
8. 舌的味觉由哪种神经支配(　　)
   A. 面神经　B. 三叉神经
   C. 舌咽神经　D. 舌下神经
   E. 以上都不是
9. 舌下肉阜上有(　　)
   A. 舌下腺大管的开口　B. 颌下腺导管的开口
   C. 腮腺导管的开口　D. 舌下腺小管的开口
   E. 以上都不是
10. 舌的血供来自(　　)
    A. 咽升动脉　B. 舌动脉
    C. 甲状腺上动脉　D. 面动脉
    E. 以上都不是
11. 口腔内最早萌出的恒牙是(　　)
    A. 第一磨牙　B. 中切牙
    C. 尖牙　D. 第一前磨牙
    E. 第三磨牙
12. 依照国际牙科联合会的记录法(FDI法)，右下第一恒磨牙应记录为(　　)
    A. 6　B. 46
    C. 36　D. 30
    E. 41
13. 对“解剖牙冠”的解释哪一种是正确的(　　)
    A. 显露于口腔的部分　B. 未被牙龈覆盖的部分
    C. 发挥磨碎功能的部分　D. 牙釉质所包裹的部分
    E. 龈缘以上的部分
14. 对“解剖牙根”的解释哪一种是正确的(　　)
    A. 固定在牙槽窝内的部分
    B. 牙的支持部分
    C. 被牙骨质包裹的牙体部分
    D. 被牙本质包裹的牙体部分
    E. 牙体在口腔内不能见到的部分
15. 下列哪项不是牙齿的正常组成部分(　　)
    A. 牙冠　B. 牙根
    C. 牙颈　D. 颈缘
    E. 牙周膜
16. 下列哪项不是牙齿的正常组成成分(　　)
    A. 牙本质　B. 牙釉质

C. 牙骨质　　D. 牙槽骨
E. 牙髓

17. 关于牙釉质正确的说法是(　　)
A. 为牙体组织中高度钙化的最坚硬的组织
B. 白色半透明状
C. 覆盖牙冠表面
D. 覆盖牙根表面
E. 以上说法都是错误的

18. 牙体组织中附着在牙根表面的硬组织是(　　)
A. 牙骨质　　B. 牙本质
C. 牙釉质　　D. 牙髓
E. 以上都不是

19. 牙体组织最硬的部分是(　　)
A. 牙髓　　B. 牙釉质
C. 牙本质　　D. 牙骨质
E. 牙根

20. 牙齿的𬌗面可以描述为(　　)
A. 牙冠有咀嚼功能的一面
B. 牙冠发生接触的一面
C. 上下颌牙齿在咬合时发生接触的部位
D. 上下颌的后牙在咬合时发生接触的部位
E. 牙冠上有牙尖突起的部位

21. 下列哪项不是上颌骨的组成部分(　　)
A. 额突　　B. 颞突
C. 腭突　　D. 颧突
E. 牙槽突

22. 颌面部骨骼中可以活动的是(　　)
A. 上颌骨　　B. 下颌骨
C. 颧骨　　D. 腭骨
E. 鼻骨

23. 上颌结节位于上颌骨的(　　)
A. 前壁　　B. 后壁
C. 内面壁　　D. 外壁
E. 以上都不是

24. 上牙槽后神经阻滞麻醉的重要标志是(　　)
A. 上颌结节　　B. 牙槽孔
C. 颧牙槽嵴　　D. 尖牙窝
E. 颏棘

25. 下颌骨骨质最致密处是(　　)
A. 髁突　　B. 牙槽突
C. 颏孔　　D. 下颌支
E. 下颌下缘

26. 下颌骨易发生骨折的薄弱部位不包括(　　)
A. 正中联合　　B. 颏孔区
C. 下颌角　　D. 乙状切迹
E. 髁状突颈部

27. 翼外肌的主要作用是(　　)
A. 张口作用　　B. 使下颌前伸
C. 使下颌做侧方运动　　D. 升下颌
E. 以上都是

28. 下列肌肉收缩时无闭口功能的是(　　)
A. 咀嚼肌　　B. 颞肌
C. 翼内肌　　D. 翼外肌
E. 二腹肌

29. 面部软组织血供主要来自(　　)
A. 颌内动脉　　B. 颌外动脉
C. 甲状腺上动脉　　D. 面横动脉
E. 舌动脉

30. 面部的危险三角区是指(　　)
A. 口角至两侧外眦的三角区
B. 鼻根至两侧鼻翼的三角区
C. 鼻尖至两侧口角的三角区
D. 鼻根至两侧口角的三角区
E. 鼻翼至两侧口角的三角区

31. 支配面部表情肌的主要神经是(　　)
A. 三叉神经第一支　　B. 三叉神经第二支
C. 三叉神经第三支　　D. 面神经
E. 交感神经

32. 在下颌隆突处,从前向后依次排列的神经为(　　)
A. 舌神经、颊神经、下牙槽神经
B. 颊神经、下牙槽神经、舌神经
C. 颊神经、舌神经、下牙槽神经
D. 下牙槽神经、颊神经、舌神经
E. 舌神经、下牙槽神经、颊神经

33. 传出卵圆孔的是(　　)
A. 上颌神经　　B. 颈内动脉
C. 脑膜中动脉　　D. 下颌神经
E. 非上述结构

34. 支配舌的运动神经是(　　)
A. 舌下神经　　B. 舌神经
C. 舌咽神经　　D. 舌前神经
E. 舌深神经

35. 面部的运动神经(　　)
A. 面神经　　B. 耳大神经
C. 舌神经　　D. 舌下神经
E. 三叉神经

36. 颞下颌关节的组成(　　)
A. 下颌骨髁突　　B. 颞骨关节面
C. 关节盘　　D. 关节囊和关节韧带
E. 关节间隙

(王　艳)

第9章　口腔科患者的护理概述

学习目标

1. 描述口腔科患者的常见症状
2. 说出口腔科常用的检查方法，并会使用口腔科检查器械
3. 学会口腔科常规护理工作程序
4. 叙述口腔科感染的特点和防护措施

第1节　口腔科护理的角色

随着人民生活水平的提高和对健康投资意识的增强，人们对口腔科保健服务平台的要求也越来越高。优秀熟练的口腔科护理措施在提升口腔科优质服务中所扮演的重要角色，也越来越被职业口腔科医师所认识。一个规范的口腔科服务机构，应由辅助行政事务、导医预约、医疗配合的护士分担口腔科医师的工作，使医师专心诊治患者，发挥更好的医疗技术，提高专科服务水平。口腔科护士在口腔科服务中的作用和角色可以归纳为以下三个方面。

一、护士是医师的好帮手

一个好的护士至少可以替医师分担20%～30%的工作，而且有许多工作比医师更适合开展，比如安抚患者、健康教育、告知治疗费等。

二、护士是患者的好朋友

许多患者见到医师多少会有些距离感，有许多想问的事情而不敢问，但与护士则能畅所欲言，所以护士很容易见到患者的真实面，进而容易与患者沟通。

三、护士是扩展业务的好帮手

医师在医院或者诊所要维持一定的专业形象，自己不宜谈过多的业务专长。口腔科护士则可与患者轻松的相处，便于在很自然的环境下强调诊所的优势及医师的专业特长，帮助患者选择更多更好的口腔科治疗和保健服务，吸引更多患者就诊。

四、口腔科的四手操作技术

四手操作技术主要是因为口腔科医疗器械的迅速发展，社会经济的突飞猛进，人们生活质量的不断提高，从而对牙科治疗提出了更高的标准；以及口腔科医护人员为了提高医疗效率和治疗逐渐发展起来的。

四手操作法是口腔疾病治疗过程中，医护人员各有分工，密切配合，经过他们的双手共同完成口腔疾病的治疗工作。

☞考点：四手操作法概念

实施四手操作法必须具备精良的设备，医护人员的密切配合，护士主要负责安排患者、准备治疗用品、调制材料、传递和回收器械，及时用吸引器排除口水和废屑的工作。要求护士应具有较高的素质，自觉地做好治疗前、后的一切准备工作；熟悉现代口腔医疗设备、器械和材料的性能、操作步骤、注意事项、医疗器械维护和保养等；对患者要有高度的责任心和同情心；熟悉本专业常见病、多发病的病因、诊断、治疗和预防知识；学习各种疾病治疗的规范化操作程序，才能保证诊疗护理的顺利进行。同时要做好有关疾病的健康教育工作；并掌握口腔材料的调制、局部常用药物的作用等知识。

四手操作法的优点是减轻了医护人员的劳动强度，调动了医护人员的积极性，节省了患者的时间，极大地提高了医疗效率和质量，采用四手操作技术，避免了医生手套接触其他物品，防止了院内的交叉感染。

链接

四手操作

四手操作是在口腔诊疗过程中，以医师为主护士（助手）配合，两个人四只手来共同完成对患者的诊疗服务。一般来讲，医生都采取坐位操作，医生在患者的右侧负责主导沟通与诊疗，护士在患者的左侧为医生传递各种器械，调拌各种材料，协助医生与患者的沟通，做好患者诊疗前后的心理安慰工作及诊疗中的各种服务。四手操作是一种高效率的口腔诊疗操作技术和现代化的口腔医疗服务形式。在医疗实践中，四手操作技术具有很大的优越性——它极大地提高了口腔医生诊疗的工作效率和医疗质量，使患者感受到更加宽松的诊疗环境，享受到更好的诊疗服务。

第 2 节　口腔科患者的护理评估及常用护理诊断

一、护 理 评 估

口腔科患者的护理评估是确定护理诊断，制定护理计划的依据。在评估时，不但要了解患者的身体状况，还有关心其心理、社会、文化和经济等情况，才能做出全面的评估。口腔科护士除应按照护理模式掌握收集资料的方法和技巧外，还应掌握身体各系统体格检查的方法，收集到第一手资料，从而发现患者生理、心理、社会等方面现存的或潜在的健康问题，为护理诊断、护理计划及护理措施提供系统的、完整的、可靠的资料。

（一）口腔科患者常见症状

1. 牙痛　是口腔科最常见的症状之一，引起牙痛的原因较多，疼痛的特点有自发性痛、激发痛、咬合痛等。疼痛的程度有剧痛、隐痛、钝痛。常见病因如下：

（1）牙体牙髓病及根尖周疾病：如龋病及牙齿的非龋性疾病、牙髓炎、根尖周炎等。

（2）牙周组织疾病：如牙周炎、牙周脓肿、龈乳头炎、急性坏死性龈炎等。

（3）邻近组织疾病的影响：如急性化脓性上颌窦炎、颌骨骨髓炎、颌骨内囊肿或肿瘤波及牙根尖或侵犯、压迫神经，急性化脓性中耳炎等均可引起牙痛。

（4）某些全身性疾病的影响：如急性白血病，牙髓腔内聚集大量粒细胞而致剧烈牙痛；某些心脏病可引起心源性牙痛。

（5）神经系统疾病：如三叉神经痛。

2. 牙龈出血　引起牙龈出血的病因分为全身因素和局部因素，以局部因素多见。

（1）全身因素：常见于维生素 C 缺乏症、血液病、肝硬化、脾功亢进、高血压等。

（2）局部因素：主要是为牙龈炎和牙周炎、坏死性龈炎、不良修复体刺激等。

3. 牙齿松动　常见于牙周炎、根尖周炎、颌骨骨髓炎、外伤导致牙齿松动，也见于颌骨内囊肿及肿瘤所波及的牙位。

4. 口臭　局部及全身因素均可导致口腔异味。

（1）局部因素：常见于口腔卫生差，大量牙石、菌斑；龋齿、残根；牙龈炎、牙周炎、牙周脓肿；智齿冠周炎、干槽症；口腔内或鼻腔内恶性肿瘤及颌骨囊肿破溃等。

（2）全身因素：消化系统疾病、肝炎、糖尿病、尿毒症、铅中毒、汞或有机磷中毒等。

（3）味觉异常：患者自觉有口腔异味，但他觉无异味。

5. 张口受限　主要原因是感染、组织损伤和颌面部肿瘤所致。

（1）感染：凡能累及颞下颌关节或闭口肌群的炎症，如下颌智齿冠周炎、颌面部蜂窝织炎及牙源性颌骨骨髓炎、破伤风等都可以引起张口困难。

（2）组织损伤：颌骨骨折、颞下颌关节损伤或强直等都可致张口受限。

（3）肿瘤：凡能累及颞下颌关节或闭口肌群的肿瘤均可致张口受限。

6. 牙齿的着色和变色　正常牙齿呈黄白色或灰白色，有光泽。

（1）牙齿着色：是指牙齿表面有外来的色素沉积，也称外发性染色。着色是外来的，经洁治、磨光后大都能除去。

（2）牙齿变色：有个别牙变色和全口牙变色两种。前者常见于局部原因，如外伤或用亚砷酸失活牙髓过程中，牙髓有出血，并逐渐坏死分解，其中血红蛋白分解产物可渗入牙本质小管，将牙齿染成青灰色、褐色或粉红色。全口牙齿变色常见于在牙齿发育期间受环境和全身情况的影响所形成，如氟斑牙等。

☞考点：口腔科患者常见症状

（二）口腔科检查

口腔检查主要考虑局部情况。如牙体组织、牙周组织、口腔黏膜及颌面部状况等，还要考虑与口腔疾病有关的全身情况，有些口腔疾病实际上是全身疾病的表征，因此，做口腔检查时应对患者进行综合分析、判断，不要忽视相关全身情况。

1. 环境　光线明亮的诊室，优美的环境布置，有利于患者心情放松，若有条件可配置背景音乐，使患者在温馨的环境下接受治疗。为医师调整好椅位、光源，准备好检查器械，严格消毒，防止交叉感染。

2. 器械　口腔检查最基本的器械是口镜、探针和镊子，应消毒后置于消毒后的弯盘中。目前，国内多数口腔医疗机构均已配置一次性口腔检查盘，护士应注意当患者面拆开，同时为患者戴好治疗巾、准备好口杯等。与手术有关的器械、设备及材料等要摆放合理（图 9-1）。

（1）口镜：利用镜子的反光和映像作用检查视线达不到的部位，如牙齿的远中面、舌腭面；此外还可以牵拉口角、唇、颊及推压舌体；口镜柄还可用于叩诊牙齿。

（2）探针：头尖细，一端呈弧形，另端呈尖角形。用以检查牙面的点隙、裂沟、邻面、龋洞深度及敏感部位，还可探测龈下牙石及充填物与修复体的密合程

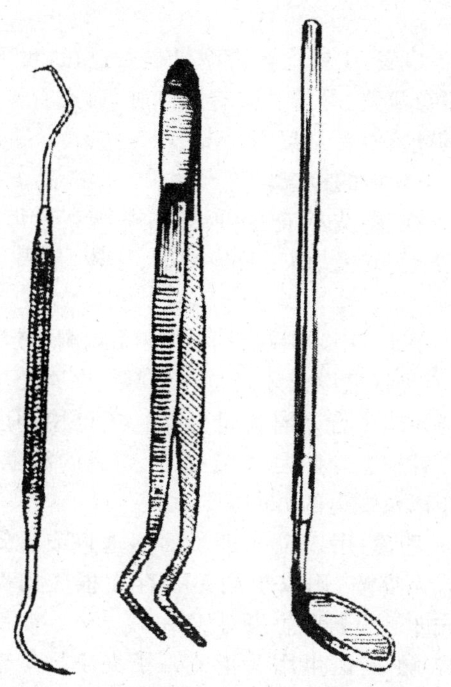

图 9-1 常用口腔检查器械

度。另外，还有专用于探测牙周袋深度的牙周探针，头钝，呈弯角形，上有毫米刻度。

(3) 镊子：用于夹持药物及敷料；夹持腐败组织及小块异物。可用镊子检查牙齿松动度，镊子的柄可检查叩诊牙齿用。

☞考点：口腔科常用的检查器械

3. 椅位 为了便于进行口腔检查，首先要调节好椅位。目前，综合治疗台多为电动开关，易于调整。一般要将患者头、颈、背调节呈直线。检查上颌牙时，要将椅背后仰，灯光直射至牙面，并应充分发挥口镜的作用，通过口镜观察上颌后牙的情况，否则医师将弯腰仰视，效果及形象均不佳。检查下颌牙时。要使下颌平面与地面大致平行，椅背与座位平面垂直，但略向后仰，检查后牙时应充分发挥口镜的反光作用。

4. 常用检查方法

(1) 基本检查法：先对患者做一般性观察，如患者的意识和精神状态是否正常，体质、发育、营养状况、身体及颌面部有无畸形、皮肤色泽等。一般性观察后，则可进行问诊和客观检查。

1) 问诊：全面了解疾病的发生、发展、病因、既往诊治经过及效果，与本次发病有关的病史等，主要针对患者的主诉、现病史、既往史、家族史和药敏史进行问诊。

2) 视诊：通过眼睛观察获取与疾病有关信息的方法。观察患者的表情、神态、发育、营养、颜色、性质、形状、质地、功能性活动及患者的生理和心理素质方面的变化。首先要观察主诉部位的情况再依次检查其他部位。

3) 探诊：利用探针检查和确定牙齿的病变部位、范围、疼痛反应等，探针可确定龋洞的部位、深度、牙髓暴露及反应情况，充填物边缘的密合度、有无继发龋，还可用刻度探针和钝头探针检查牙周袋深度和瘘管方向。

4) 叩诊：利用镊子柄或口镜柄在牙齿𬌗面或切缘轻轻垂直叩击。主要检查牙周膜的炎症反应。先从两侧正常牙位开始叩诊，逐渐至可疑患牙，叩诊时力量应均衡，力求取得客观结果，避免主观诱导。叩痛的程度用(+)、(++)、(+++)表示。

5) 触诊：是用手指或器械按压或触摸检查部位，了解病变的部位、范围、大小、形状、硬度、活动度，有无触痛、波动感等。检查颞下颌关节时，检查者站在患者的前方，以双手示指及中指的腹面帖于耳屏前，嘱患者做开闭口运动和侧方前伸运动，以了解髁突运动情况，观察两侧运动是否协调，有无偏斜情况。

6) 嗅诊：某些口腔疾病有特殊臭味，如坏疽性牙髓炎及坏死性龈炎具有特殊的臭味，可凭嗅觉协助诊断。

7)咬诊：主要检查牙隐裂，若有牙隐裂则产生疼痛。急性根尖周炎时咬诊也可出现疼痛。

(2) 辅助检查。

1) 牙髓活力检查：正常牙髓能耐受一定量的电流刺激而无不适感。临床上常用牙髓对温度和电流的不同反应来协助诊断牙髓是否患病、病变发展阶段以及牙髓的活力是否存在。

正常情况下，牙髓对 20～50℃的温度刺激不产生反应。一旦发生炎症，则对温度刺激反应敏感，如发生变性或坏死，则反应迟钝或消失。

冷热诊法：牙髓有炎症时，其疼痛阈值会发生变化，急性炎症时在正常范围内的温度即可引起疼痛感受，但炎症发生到一定阶段时，低冷刺激反应使其缓解，牙髓接近坏死状态时，感觉可能变迟钝。

冷诊法：可直接用冷水或无水乙醇、冰棒等，临床上最简便易行者为用冷水，即用水枪喷试。

热诊法：用烤热 50～60℃牙胶置于受检牙上测试，测试时应以对侧同名牙或邻牙作为对照。

此外，还有牙髓电活力检测法可检测牙髓活力状况。

2) X线检查：X线检查是一项重要的辅助检查手段，分为口内片、口外片及造影等，可广泛用于龋病、牙髓病、根尖周病、牙周病、口腔颌面外科疾病的诊断及治疗过程中的监测。

☞考点：常用的检查方法及辅助检查

链 接 >>>

口腔X线检查

口腔X线检查最常见的为根尖片与曲面断层全景片检查，前者对单个牙根尖进行成像，后者对全牙列和上下颌骨进行成像。口腔X线检查可用于：龋病诊断、牙髓病和根尖周病诊断、了解牙周病病变情况、口腔颌面外科的辅助诊断以及治疗过程中的监测。此外，还有局部麻醉检查、细胞学检查、活体组织检查、牙合力测定、实验室检查等方法。

5. 口腔科检查部位

(1) 口腔检查：主要包括唇、颊、牙龈、系带、舌、腭、口底、腮腺。

1) 口唇：注意色泽、形状、运动，有无肿胀、疱疹、皲裂，口角有无红肿糜烂，有无增生物、色素沉着、色斑等。健康人的口唇是粉红色，口唇苍白时见于营养障碍、贫血、虚脱等。青紫多为缺氧、慢性心脏病、汞中毒等。检查口唇外形，是否有唇裂、口唇异常增厚等。口唇增厚见于血管瘤、淋巴管瘤、慢性唇炎等。口唇明显肿胀多见于急性唇炎、过敏性唇炎等。

2) 颊：注意颊部色泽、对称性、有无肿胀、压痛、瘘管，有无感觉障碍、感觉过敏等。观察颊部黏膜的色、形、质。正常人两颊是对称的，除先天畸形可致不对称外，还见于外伤、骨折、瘢痕、颞下颌关节脱位、面瘫等。了解颊部肿胀的性质，触诊其硬度、活动度，有无压痛，有无波动感等以辨别为炎症性还是非炎症性。

3) 牙龈黏膜：正常牙龈为粉红色，边缘非薄紧贴牙面，有点彩。应注意观察牙龈有无红肿、出血、增生、萎缩，牙周袋内有无溢脓，有无瘘管等。并用刻度探针检查牙周袋及其深度。

4) 唇颊沟：应注意有无肿胀、压痛、糜烂及有无角化异常等。

5) 系带：注意观察其数目、形状、位置及其附着情况，对口腔运动及修复体有无影响。

6) 腮腺及其导管口：正常腮腺局部柔软无压痛。有病变时可有肿胀、硬结，触诊有压痛，但腮腺肿瘤的肿胀多无压痛。腮腺导管开口在相当于上颌第二磨牙颊部的黏膜上，注意导管口有无红肿溢脓、触痛。

7) 腭：硬腭黏膜正常为粉红色，黏膜下有骨质，软腭黏膜略呈暗红色，黏膜下无骨质。观察黏膜有无充血、溃疡、假膜、白色斑块等异常变化。

8) 舌：正常舌质淡红，舌体柔软有光泽，舌背表面有舌乳头并覆盖有薄层白苔，无裂隙。舌腹部黏膜平滑而薄。应注意舌质的色泽，舌苔的变化，舌背是否有裂纹，舌乳头是否充血、肿大、有无肿物，舌的运动与感觉功能是否有障碍，以协助诊断机体全身性疾病。

9) 口底：主要检查舌系带是否过短，舌下肉阜有无异常分泌物，导管乳头有无红肿，口底有无肿胀、包块及其硬度和活动度等情况。

(2) 牙齿的检查。

1) 视诊：先检查主诉部位，并观察牙齿的数目、形态、颜色、位置、萌出替换情况、牙体、牙周及咬合关系等。

2) 探诊：用牙科探针探测有无龋洞确定其部位、深浅、有无探痛以及牙髓是否暴露。探查充填物边缘是否与牙体密合及有无继发龋。还可用刻度探针或钝头探针检查牙龈是否出血、牙周袋的深度、龈下牙石分布以及窦道的方向等。

3) 叩诊：用口镜或镊子的柄垂直或从侧方叩击牙齿有无疼痛，用以检测是否存在根尖周炎或牙周病。先叩健齿再叩患齿对比反应。

4) 触诊：医生用手指或镊子夹小棉球轻压牙周组织进行触诊，观察龈缘处是否有脓液溢出，触诊根尖部的牙龈注意有无压痛和波动感。

5) 牙齿松动度检查：正常牙具有一定的生理活动度1mm，检查牙齿的松动度可用口腔科镊子操作。前牙以镊子加持牙冠的唇、舌面；后牙将镊子合拢置于牙的殆面，摇动镊子，做颊(唇)舌(腭)面的、近远中的、上下的双向推动或摇动，即可查出牙齿松动情况。记录分为三级：1级(Ⅰ度)微大于生理动度，相当于1mm以内；2级(Ⅱ度)从正常位置向任何方向摇动，动度相当于1～2mm；3级(Ⅲ度)从正常位置向任何方向摇动，动度大于2mm，或出现垂直向松动。

☞考点：牙齿松动度的分级标准

(3) 颌面部检查。

1) 视诊：观察颜面部表情与意识形态，不仅可以了解颌面部的病变，还可了解全身疾病的反应。如颌面部损伤若合并颅脑损伤时，可出现意识和神志的变化；观察颜面部外形和色泽；检查面部上、中、下三部的正侧面比例是否协调，颜面部外形与轮廓的对称性及丰满度。观察皮肤的色泽、皱纹、弹性，有助于某些疾病的诊断，如血管瘤、恶性黑色素瘤、神经纤维瘤等均有皮肤的色泽的改变。对颜面部的畸形、缺损、肿块、瘘管除视诊外，还结合触诊进一步检查其部位、范围、质地以及与周围组织的关系。

2) 触诊：了解病变范围、大小、形态、深度、硬度、温度、动度、有无触痛、波动感等以及与皮肤及深层组织的关系。

3) 探诊：用圆钝质软的探针顺势推进，探测瘘管，涎腺导管部位及深度。应注意避免穿破瘘管及导管壁。

(4) 颞下颌关节的检查

1) 视诊:认真观察,对比面部两侧发育状况、协调性、对称性,颏部中点是否正中位。有关节强直的患者颜部中点向患侧偏斜。髁突患有肿瘤时,颏中点向健侧偏斜,患有髁突良性肥大者颏中点向健侧偏斜。

2) 触诊:用双手示指分别放于两侧耳屏前髁突的外侧面,请患者做开闭口运动,检查髁突的活动度,有无弹响及摩擦音,有无压痛等。

(5) 𬌗关系检查:有无早接触,正中𬌗位时咬合关系是否协调,正中接触是否平衡。检查前伸及侧向运动有无障碍,充填物、冠桥和基托是否合适,牙齿的磨耗程度等。

(6) 开口度检查:用卡尺测量上下切牙切缘间的距离。正常成人自然开口度平均约 3.7cm,上下切牙切缘间距离可置入三横指,若有开口度异常可参考以下标准:

1) 轻度张口受限:上下切牙切缘间距离可置入两横指,为 2~3cm。

2) 中度张口受限:上下切牙切缘间距离可置入一横指,为 1~2cm。

3) 重度张口受限:上下切牙切缘间距离不足一横指,不足 1cm。

4) 张口过度:开口度超过 4.5cm。

☞考点:张口度异常的标准

(7) 涎腺检查:腮腺、舌下腺、颌下腺的检查

1) 视诊:两侧对比,了解形态变化,同时观察导管口有无红肿,分泌物的性质。

2) 触诊:腮腺的触诊以食指、中指、无名指三指平触为宜,颌下腺及舌下腺的触诊常用双合法检查。触诊导管时,了解导管的质地,有无导管结石。用手轻轻按摩和推压腺体,观察导管排出物的性质和量,必要时双侧对比。

3) 探诊:用钝头探针探测涎腺导管或注入造影剂及药物。探诊时动作要轻柔、准确、态度要认真、耐心,以免损导管乳头或将药液注入软组织中。在未触及结石时方可进行探诊,以免将结石推入腺体。

二、常用护理诊断

(1) 营养失调:低于机体需要量与颌面部损伤、张口受限、咀嚼吞咽困难、缺乏营养知识有关。

(2) 有感染的危险:与颌骨骨折、颌面部组织损伤、口腔卫生、机体抵抗力降低、营养不足有关。

(3) 口腔黏膜改变:与手术、外伤、溃疡有关。

(4) 体温过高:与炎症及肿瘤有关。

(5) 语言沟通障碍:与唇腭裂畸形、疼痛、口腔敷料填塞、颌间结扎固定有关;与口腔颌面部感染引起的局部肿胀、张口困难有关。

(6) 自我形象紊乱:与错𬌗畸形、面部畸形、颌面部外伤或手术后颜面外形及功能改变等有关。

(7) 知识缺乏:与缺乏疾病的相关知识有关。

(8) 疼痛:由炎症、肿胀、外伤、骨折、溃疡、神经病变所致。

(9) 焦虑:与缺乏有关医学知识、担心预后不佳、环境改变等有关。

(10) 潜在的并发症:出血与手术、术后感染有关。

(11) 组织完整性受损:与化学的、温度的、机械的刺激有关。

(12) 婴儿喂养困难:与唇腭裂畸形有关。

(13) 睡眠形态紊乱:与患病后患者的心理、生理因素改变,住院后环境改变有关。

☞考点:常用的护理诊断

第3节　口腔科诊疗的感染控制与常规工作程序

一、口腔科诊疗的感染控制

口腔科治疗是一个特殊的过程,许多病原体都可能在口腔医疗中传播,患者和医务人员是感染疾病的高危人群。加强口腔科感染管理是防止患者和医务人员在口腔诊疗过程感染的重要措施。而护理工作在口腔科感染控制中扮演着重要角色。

(一) 口腔科常见感染

常见感染为血液或体液传播性感染,特别是乙型肝炎病毒(HBV)感染基数大,全球共有约 2.8 亿人感染,我国有 10%~12% 的人为乙型肝炎表面抗原(HBsAg)携带者。此外,人免疫缺陷病毒(HIV)在国内的感染率也逐渐上升。其次是结核分枝杆菌、真菌、呼吸道合胞病毒、流感病毒等病原体所致的呼吸道感染。

☞考点:口腔科常见感染的疾病

(二) 口腔医疗中的感染传播

1. 感染源

(1) 患者与病原携带者及医务人员:病原携带者、传染病潜伏期患者和急性传染性疾病恢复期患者,大多数没有明显症状或仅有感染前驱症状不易被发现。而医务人员的手污染是主要的感染源。

(2) 口腔门诊污染的环境:高速涡轮手机、超声波洁牙机产生的水雾混有患者的血液、唾液及龈沟液,有限的空间容易造成交叉感染。义齿打磨的粉尘

等都是造成空气污染的原因。牙科椅、X线机、电梯按钮、门把手也常被污染，成为感染源。

(3) 污染的口腔医疗器械：高速涡轮手机使用中有负压回吸动作，管道内易有污染物存留。车针、扩大针、石膏模型、光固化灯、气水枪等也容易被污染。

2. 传播途径

(1) 接触传播：是医院感染主要的传播途径。

1) 直接接触：如医务人员手部已存在的损伤成为微生物感染的入口；治疗过程中污染器械(如牙钻、扩大针等)导致的创伤使病原体侵入。口腔科医师被刺伤的机会多，口腔科护士及清洁工在清洗器械时也极易被刺伤。口腔治疗过程中很大一部分属有创治疗，如拔牙、根管治疗、牙周治疗、口腔颌面外科手术等，污染的器械可以直接造成患者感染。

2) 间接接触：如经医务人员的手或手套将病原体传播至易感宿主，这是最常见的传播方式之一。口腔科技术人员直接接触被污染而未消毒的印模、模型，也可造成其感染。

(2) 经空气传播：主要是以飞沫的形式传播。牙科治疗中高速涡轮手机、气水枪、超声波洁牙机都会产生飞沫，并且同时携带着病原微生物形成气雾进入空气造成污染。飞沫以一种微粒气溶胶的形态存在于空气中，其可在空气中飘浮，飘浮时间的长短取决于空气的流动状况。若易感者处于当中，接触到含有致病菌的飞沫，即有可能引起感染。

(3) 污染的碎屑飞溅：使用高速涡轮手机切削时产生的碎片可飞溅开来，直接污染到人或环境。

(4) 水传播：包括高速涡轮手机供水系统污染、吸唾器未彻底清洗、诊室公用水龙头未清洁。

(5) 易感人群：包括未注射预防感染疫苗的口腔科医务人员和患者。

☞考点：口腔科感染的传播途径

3. 控制感染的方法　控制感染的原则是控制感染源，在口腔科环境和口腔科手术中将病原微生物的数量减少到最低水平；切断传播途径，消除感染的传播媒介；保护易感者。

(1) 对患者的评估：对所有患者均应询问病史和社会史，以决定是否进一步检查。患者首次就诊时，需填写详细的病史记录表，且每年更新1次。

(2) 个人防护：医务人员应当掌握个人防护等医院感染预防与控制方面的知识，遵循标准预防原则，严格遵守有关规章制度。禁止在工作区域进食。当接触血液、血污染唾液或黏膜，检查口腔病损处时必须戴手套；在治疗中戴手套的目的不是消毒，而是为了达到合理的卫生要求，每治疗一位患者应当更换一副手套并洗手或者手消毒。医务人员要注意个人卫生，学习正确洗手方法，必要时在高效消毒液浸泡后再洗手，达到最佳“手卫生”要求。

进行口腔诊疗操作时，应当戴口罩、帽子。戴口罩可防止或减少吸入飞沫，使医务人员口鼻及其周围部分少受污染，治疗每位患者都应该使用新的口罩；戴防护眼镜可使医务人员眼睛及其周围部分少受飞沫污染，并且能预防机械性损伤；患者也可使用防护眼镜，避免受器械、药物等的意外伤害。避免手部损伤，一旦发生手部创伤，应让血自由流出且立即用肥皂及清水冲洗，遵循“锐器伤害处理程序”。

(3) 无菌技术：有计划地准备和合理放置器械，将诊疗的必需物品放置在固定的区域内，方便取用。许多器械或设备的表面难以消毒，如灯柄、椅位开关、头托、气水枪、高速涡轮手机等必须使用覆盖物，减少污染。治疗完成后戴手套将覆盖物去除。覆盖物必须具有不渗透水的特性，如无渗透性的纸、铝箔或塑料布等。

减少飞沫污染，患者治疗前用0.2%氯己定溶液漱口；使用高速吸引装置；使用橡皮障；保持诊室环境的通风和空气过滤。每位患者之间，水系统应冲20～30秒。建议使用一次性用品，保持环境清洁。

(4) 器械物品消毒：尽量采取物理灭菌法处理，最好门诊配用快速压力灭菌器。凡被患者的血液、唾液等污染的器械，均应执行双消毒法，即先用高效消毒液浸泡，如0.2%过氧乙酸溶液或含氯消毒剂消毒，再刷洗，后再分类进行第二次消毒灭菌。高速涡轮手机的机头、钻头每次用后必须灭菌。要做到诊疗器械、漱口杯一人一份，一用一消毒。建议使用一次性口腔科检查器械。污染后的敷料，应装入密封袋中集中焚烧处理。

☞考点：医院内控制感染的方法

链接 >>>

一人一用一消毒

凡接触患者伤口、血液、破损黏膜或者进入人体无菌组织的各类口腔诊疗器械使用前必须达到灭菌，如高速涡轮手机、车针、根管治疗器械、拔牙器械、手术治疗器械、牙周治疗器械、敷料等。接触患者完整黏膜、皮肤的口腔诊疗器械使用前必须达到消毒，如口镜、探针、口腔科镊子等口腔检查器械及各类用于辅助治疗的物理测量仪器、印模托盘、漱口杯等。上述器材必须达到“一人一用一消毒或者灭菌”的要求。一次性器械和口腔诊疗过程中产生的医疗废物应当按照《医疗废物管理条例》及有关法规、规章进行处理。

二、口腔科门诊护理的常规工作程序

口腔疾病大部分在门诊进行治疗，因此，做好门诊护理十分重要。口腔门诊的主要护理任务是做好开诊前准备,椅旁护理,安排患者就诊,协助医师进行检查治疗,搞好健康教育与护理指导等。

1. 开诊前准备

(1) 清洁诊室环境:诊室应保持清洁、整齐、通风、明亮;备好消毒洗手液、肥皂、毛巾等。

(2) 消毒治疗台及管路:管路出水2分钟,痰盂水槽流水3分钟,抽吸管以新鲜配制的0.002%～0.005%漂白水(次氯酸钠)或2%戊二醛溶液或稀释的10%碘伏溶液冲洗管路10分钟。

(3) 覆盖无法清洗且易污染的设备,如治疗台的灯座把手、头套、X线观片灯按钮等。

(4) 检查所有器械的消毒状况或将前一天已浸泡消毒的器械处理归位,或将已灭菌的各器械分类摆置归位。

(5) 根据当天预诊数或治疗项目,准备充足器械及感染控制材料及办公用品。

2. 分诊　对患者初步问诊后分诊,优先安排急、重症及年老体弱、残疾人就诊,维持候诊秩序,做好候诊宣教。

3. 诊疗前

(1) 将已通知约诊患者治疗所需器械摆放到位。

(2) 治疗台上不要堆放药罐或其他不必马上用到的物品,尽量保持清洁与简洁有条理。

(3) 病例及X线片放置在医师可见的清洁区内,不要放在治疗盘内。

(4) 患者进入诊室后,护士应辅助患者处于舒适体位,诊疗上颌牙时,应使患者张口后的上颌牙平面与地平面成45°,其高度稍高于医师的肘关节;诊治下颌牙时,应使患者张口后的下颌牙平面与地平面平行,其高度与医师肘部平齐。

调节合适光源,指导患者口腔含漱,为患者围好治疗巾,戴好护眼镜,以减少诊室内空气污染及防止患者衣物污染。

4. 治疗中

(1) 保持治疗区域的整洁,应及时用吸引器吸去患者口腔内的唾液、冲洗液、碎屑、粉末等。使用吸引器时应将其放置在治疗牙的邻近部位。吸引时动作应轻柔,切勿将吸引头接触患者咽部,以免引起患者不适。

(2) 协助医生牵拉患者口腔软组织,以保持治疗区域清晰、视野清楚。

(3) 了解医生制定的工作程序,保证治疗顺利实施。在治疗过程中,医生护士始终以轻松自然的体位进行操作。

5. 治疗后

(1) 迅速清理治疗盘里的器械及废物,清洁治疗椅、痰盂,更换高速涡轮手机、三用枪头等,用喷式消毒剂消毒工作台、痰盂、治疗台面等。

(2) 重新提供新患者所需的器械物品。

(3) 小心尖锐物品,无法清除的污染器械,可暂存浸泡液内,防止污染的血液或唾液干燥,以利清洗。

6. 开诊结束后

(1) 中午或下午下班后,可根据诊室使用器械量进行清洗、打包,灭菌消毒。

(2) 下班前需将环境做初步整理与消毒,垃圾分类处理,器械清洁后高压灭菌消毒,若无法进行时可将器械浸泡在消毒液内,不能将污染物暴露过夜。

(3) 做好诊室常用治疗器械、设备的维护与保养。

(4) 下班前应将牙椅回位,关闭水、电、门窗等。

☞考点:调整椅位

选择题

A_1型题

1. 行口腔检查时,探针主要用于(　　)
   A. 问诊　B. 探诊　C. 叩诊　D. 望诊　E. 扪诊
2. 牙齿叩诊主要是检查以下哪个方面的问题(　　)
   A. 牙根部炎症　B. 牙齿松动度　C. 龋洞情况　D. 牙龈炎症情况　E. 下颌骨情况
3. 正常情况下,牙齿的生理动度为(　　)
   A. 1mm　B. 0.5mm　C. 0.2mm　D. 0.1mm　E. 0.02mm
4. 牙齿出现了垂直向的松动其动度属于第几度松动(　　)
   A. Ⅰ度　B. Ⅱ度　C. Ⅲ度　D. Ⅳ度　E. Ⅴ度
5. 检查牙齿的松动度常用(　　)
   A. 口镜　B. 镊子　C. 探诊　D. 压舌板　E. 持针器
6. 正常开口度应不小于(　　)
   A. 2cm　B. 3cm　C. 3.5cm　D. 4cm　E. 1.75cm
7. 测量开口度以下列哪项为标志(　　)
   A. 上下颌尖牙牙尖的距离
   B. 上下唇间的距离

C. 上下颌中切牙切缘间的距离
D. 颏底到鼻底的距离
E. 鼻底到下唇的距离

8. 以下哪项开口度属于中度张口受限(　　)
A. 0.5cm　　B. 3.2cm
C. 2.5cm　　D. 4cm
E. 1.7cm

9. 某患者张口度约 2.5cm,张口受限属于(　　)
A. 正常　　B. 张口过度
C. 轻度　　D. 中度
E. 重度

10. 下列哪项不是张口受限的病因(　　)
A. 口腔颌面部肿瘤　　B. 颌骨骨折
C. 牙龈炎　　D. 颌面部间隙感染
E. 口腔溃疡

11. 以下哪项疾病或治疗无需用 X 线进行检查、诊断或治疗监测(　　)
A. 根尖周病　　B. 根管治疗
C. 下颌骨骨折　　D. 口腔溃疡
E. 牙周炎

12. 检查上颌牙时,使上颌牙与地平面所成的角度应为(　　)
A. 30°　　B. 40°
C. 45°　　D. 60°
E. 90°

13. 以下哪项是医院感染的主要传播途径(　　)
A. 经空气传播　　B. 易感人群
C. 水传播　　D. 接触传播
E. 污染的碎屑飞溅

（王　艳）

第10章 口腔科患者的护理

学习目标

1. 能说出龋病、牙髓炎、根尖周炎的常见症状和治疗方法，并能进行相应的护理配合

2. 能说出牙周疾病的常见症状和治疗方法，并能对患者进行有针对性的口腔卫生保健教育

3. 描述儿童牙科的治疗特点 并能进行儿童牙科的行为管理

4. 能说出口腔颌面部损伤的特点及急救要点 并能对口腔颌面部损伤患者实施正确的护理措施

5. 能进行固定义齿、可摘义齿修复的护理配合

第1节 口腔局部麻醉的护理

局部麻醉剂种类很多，其本身的麻醉作用、维持时间、毒副作用、麻醉效果、安全使用范围各不相同。临床上常用的有普鲁卡因、利多卡因、丁卡因、丁哌卡因等。

《中华人民共和国药典》要求使用普鲁卡因前必须进行皮试，对于普鲁卡因皮试阳性者，使用利多卡因也需先进行皮试，皮试阴性者方可使用。

一、常用局麻药物

临床上常用的有普鲁卡因、利多卡因、丁卡因、丁哌卡因等。

1. 普鲁卡因　毒性低，性能较稳定，麻醉效果好，价格低廉。因其穿透性及扩散性较差，不易被黏膜吸收，不适用于表面麻醉，浸润麻醉和神经阻滞麻醉。可用1%～2%的溶液，可加入血管收缩剂（常用肾上腺素）使局部小血管收缩，延缓吸收，降低毒性反应，减少术区出血，延长作用时间，增强镇痛效果。

2. 利多卡因　应用最多的局部麻醉药物。麻醉作用强，维持时间长，临床上常用于阻滞麻醉，也可用于表面麻醉。

3. 丁卡因　又名地卡因，作用迅速，穿透力强，主要用于黏膜表面麻醉，常用浓度1%～2%。由于毒性大，不用于浸润或阻滞麻醉。使用时应格外注意患者是否发生中毒反应及过敏反应。

4. 丁哌卡因　局麻作用比利多卡因强约4倍，常用浓度0.5%，与1∶200 000肾上腺素共用，麻醉时间可维持5～6小时，性质稳定，且毒副作用小，是较安全的长效麻醉剂，临床应用越来越广泛。

☞考点：口腔局部麻醉的常用药物及特点

二、口腔局部麻醉方法

口腔颌面外科常用的局部麻醉方法有表面麻醉、浸润麻醉和阻滞麻醉。

（一）表面麻醉

表面麻醉是将药物涂布或喷雾于黏膜表面，麻醉药物被吸收而使末梢神经麻醉，从而使痛觉消失，适用于表浅的黏膜下脓肿切开与极松动的牙齿拔除等。软腭、舌根等部位检查前，如遇患者恶心，可用丁卡因喷雾两次。

（二）浸润麻醉

一般采用5号注射针头和5ml注射器。

口腔颌面部软组织手术，常用利多卡因局部浸润麻醉。牙及牙槽外科手术中，一般上颌牙槽突或下颌前牙区的牙槽突用浸润麻醉。

（三）阻滞麻醉

阻滞麻醉是将麻醉药物注射到神经干或主要分支周围以阻断神经末梢传入的刺激，使该神经分布区产生麻醉效果。此法麻醉剂量少，麻醉区域广，维持时间长，是拔牙及口腔颌面部手术最常用的麻醉方法。适用于拔除下颌牙、上颌磨牙、特别是一次拔除多个牙齿；当局部有炎症及肿胀不宜做浸润麻醉时，阻滞麻醉尤为适用。由于可以远离病变部位进行注射，对于整形手术和感染病例为首选。

阻滞麻醉的注射部位多为神经干通过的骨孔处，主要是三叉神经第二、三支。

常用的阻滞麻醉部位有：上牙槽后神经麻醉（上颌结节注射）、腭前神经麻醉（腭大孔注射）、鼻腭神经麻醉（切牙孔注射）、眶下神经麻醉（眶下管注射）、下牙槽神经与舌神经麻醉（下颌孔注射）、颊神经麻醉、咬肌神经阻滞麻醉等。

三、常见并发症及护理措施

（一）晕厥

晕厥是由于反射性迷走神经兴奋、心搏出量降低产生的一时性中枢缺血所致的突发性、暂时性意识丧

失。常由于精神紧张、疼痛、恐惧、疲劳、饥饿、闷热诱发。

【临床表现】

发作时患者感觉头晕、恶心、胸闷。检查可见面色苍白、呼吸短促、全身冷汗，早期脉搏缓慢，继而变为快而弱，进一步发展可出现血压下降呼吸困难，严重者出现短时间的意识丧失。

【治疗及护理措施】

1. 重在预防。做好术前检查，耐心解释，说明手术或操作安全与无痛，消除患者紧张情绪，如遇患者处于虚弱疲劳状态，或局部疼痛明显，可以暂缓手术。天气闷热时注意通风。

2. 注射中随时注意观察患者情况，一旦发生异常情况，立即停止注射，放平座椅，让患者头低位，松解衣领，保证呼吸通畅，一般几分钟后即可恢复。

3. 情况严重者可针刺或指压人中，吸氧，静脉注射高渗葡萄糖。

（二）过敏反应

【临床表现】 过敏反应有即刻反应和迟发反应两种类型，延迟反应多为血管神经性水肿，偶见荨麻疹、药疹、哮喘；即刻反应是当用极少量药物后，立即出现的严重过敏反应，症状类似中毒，可发生突然的惊厥、昏迷、呼吸心搏骤停。

【治疗及护理措施】

1. 术前详细询问药物过敏史，对怀疑有药物过敏史者，可以先行过敏试验。麻醉时，推药应缓慢，注意观察，如有过敏症状立即停止注射。

2. 轻度过敏可按照晕厥处理，也给予脱敏药物如钙剂、异丙嗪、可的松类激素肌肉注射或静脉推注。

3. 严重过敏反应应立即抢救。出现惊厥抽搐时，迅速静脉滴注地西泮或硫喷妥钠，发生呼吸抑制时，立即面罩加压吸氧、气管插管、人工呼吸。若出现呼吸心跳骤停，立即按心肺复苏方法迅速抢救。

（三）中毒反应

【临床表现】

与过敏反应相似，通常较过敏反应稍快。

【治疗及护理措施】

1. 了解药物毒性及单次最大用药量，注射麻醉药物回抽无回血时再行注射，以防将麻醉剂注射到血管而迅速吸收引起中毒，注射速度要慢。对身体状况欠佳的患者酌量减少麻醉剂的应用。

2. 一旦出现中毒症状，立即停止注射，轻者可平卧，松开领扣，保持呼吸通畅，吸氧。

3. 重者可采取吸氧、补液、镇静、激素类药物、升压等抢救。

（四）感染

由于注射针被污染，注射部位消毒不严及注射针穿过感染灶等，将病原菌带入深部组织，引起颌面间隙感染，严重者可造成全身感染。

【临床表现】

上颌结节或下颌孔注射引起的感染由于部位较深，通常在注射后 4～5 天才出现症状。主要表现有注射区疼痛、肿胀、张口困难等及全身症状。

【治疗及护理措施】

注射前检查麻醉剂和注射器械，注射器和注射区消毒要严格，注射时防止注射针污染，严格遵守无菌操作原则，针头如触及牙面应立即更换，避免通过感染区，已发生感染者应按抗感染原则治疗。

（五）血肿

多见于上牙槽后神经阻滞麻醉。

【临床表现】

局部迅速肿胀，皮肤或黏膜出现紫红色淤斑，数日后变为黄绿色最后吸收。

【治疗及护理措施】

正确掌握进针点、进针方向、角度、深度，避免反复穿刺。注射前仔细检查，注射针应无弯曲，针尖锐利无倒钩。如发现注射区突然肿胀，立即停止注射，压迫止血，必要时可给予止血药物。24 小时内局部冷敷，之后热敷。

（六）注射针折断

【病因】

注射针质量差、锈蚀、缺乏弹性；操作不当，如将针头刺入韧带或骨缝，用力过分；注射中患者突然移位等。

【治疗及护理措施】

1. 注射前检查注射针的质量。

2. 术前向患者解释清楚，争取配合，注射中应动作轻，规范操作。

3. 注射时不应将针头全部刺入组织内，至少留 1cm 于组织之外。

4. 如注射针已折断，应立即夹住针头外露部分将其拔出；表面看不见的断针取出较难，可经 X 线定位后手术取出，取出前嘱患者勿做开口闭口运动，以防针头移位。

（七）暂时性面瘫

偶见于下颌孔注射后，注射部位过深致面神经总干麻醉所致。注射后数分钟，患者感觉面部活动异常，眼睑不能闭合，口角下垂。

【治疗及护理措施】

不需特殊处理，等麻药作用消失后，神经功能即可恢复。

耐心解释，做好患者的心理疏导，避免患者及陪同人员惊慌。

☞考点：口腔局部麻醉常见的并发症及处理

四、口腔局部麻醉的心理护理

很多牙科治疗需要局部麻醉，由于口腔黏膜血运及神经末梢丰富，对疼痛的敏感性强，口腔黏膜注射时疼痛更明显。因此注射前应做好患者的心理护理。

(1) 请患者做深呼吸，全身放松，告诉患者局部麻醉的必要性和麻醉效果对后续治疗的意义，鼓励患者。对患者注射产生的疼痛反应，如医生和护理人员置之不理，缺乏同情心，会导致患者反感，易导致医患纠纷。在患者接受麻醉注射的前中后，都应对患者承受的疼痛表示同情，要及时安慰、鼓励患者，让患者稳定情绪，以良好的心境接受治疗。

(2) 分散患者的注意力，平稳患者的紧张情绪。如先与患者说一些轻松的、无关治疗的事情，与已经治疗的患者交谈等。

(3) 向患者展示口腔黏膜注射采用的针头及器械，告诉患者产生的疼痛没有想象的那样剧痛。

(4) 告诉患者注射麻药后可能产生的生理反应及其原因，让患者在出现严重不适反应时及时告知医生。

链 接

牙科恐惧与产生的原因

许多人都有牙椅恐惧，特别那些对就诊牙科缺乏了解的人，会产生许多忧虑。

产生牙科恐惧的因素主要有：①对牙科器具和治疗的恐惧；②因为对治疗过程不了解而恐惧；③环境陌生；④口腔诊室的气氛、气味、噪声；⑤担心治疗意外，疗效不好。

第 2 节　牙体牙髓及根尖周疾病患者的护理

一、龋　　病

案例 10-1

男童孙某，5 岁，自小喜食甜食，近来出现牙痛，吃冷饮后牙齿疼痛，去除后疼痛立即消失，其父母发现多个牙齿变黑，出现空洞，遂带其到医院就诊。检查：双侧下颌第二乳磨牙、右侧下颌第一乳磨牙出现龋洞，洞内有发黑的牙本质。

问题：1. 处理原则是什么？

2. 龋病的预防及早期治疗。

龋病是口腔科的常见病、多发病，是在以细菌为主的多种因素影响下，牙齿硬组织逐渐发生的慢性进行性破坏的一种疾病。由于龋病在一般情况下不易受到人们的重视，且龋病发生后没有修复和自愈能力，可以继续发展引起牙髓病、根尖周病等一系列并发症。牙齿缺失后，咀嚼器官完整性被破坏，不仅影响消化功能、影响儿童时期牙颌系统生长发育，也会带来许多修复问题。

【病因】

目前公认的龋病致病因素有：细菌、食物、宿主及时间。

1. 细菌因素　主要致龋菌有变形链球菌、乳酸杆菌、放线菌属。

细菌因素是龋病发生的必要因素。细菌在牙菌斑中生长、发育和衰亡，并在其中进行复杂的物质代谢活动。致龋菌可产酸，使局部环境呈酸性，导致牙齿脱钙。牙菌斑最易在𬌗面上沟窝、邻面以及牙颈部等不易清洁的区域形成，且附着很紧，一般的清洁措施不易除去，人工清除后又会很快重新形成。

2. 食物因素　食物是龋病发生的必要因素。碳水化合物，尤其是糖，是主要致龋食物。越精制、越是黏性的食物，越容易附着于牙体表面。当人们食用蔗糖或其他碳水化合物后，这些糖可以进入菌斑，而致龋菌就会使糖发酵、产酸，从而使局部牙面脱矿致龋。

3. 宿主因素　主要指牙齿的形态、成分、位置等，牙齿对龋病的抵抗力或敏感性、唾液及机体全身状况等方面。

4. 时间因素　龋病的发生发展是一个相当缓慢的过程，一个临床龋洞的形成至少需要一年到一年半的时间。因此从时间因素上对预防有重要意义。

☞考点：龋病的病因

【临床表现】

临床上根据龋损程度将龋病分为浅龋、中龋及深龋(图 10-1)。

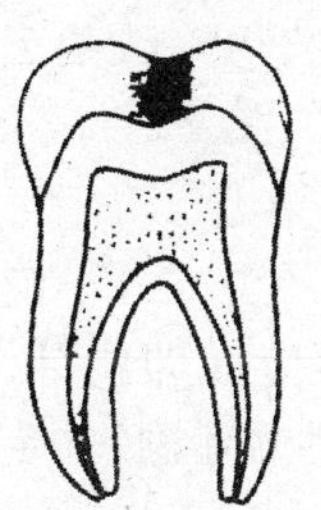
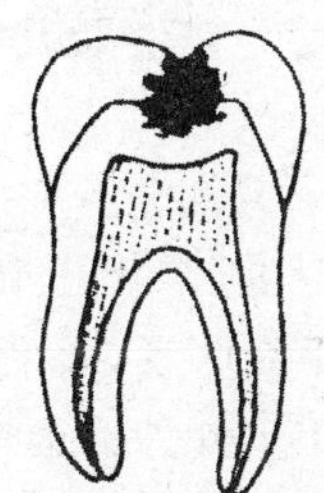
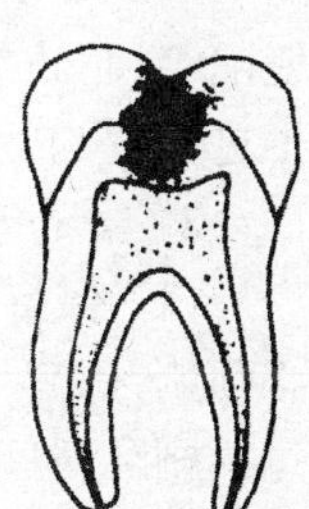

图 10-1　龋的发展过程

1. 浅龋　龋蚀破坏局限在釉质内或牙骨质，初期表现为釉质出现白垩色、黑褐色斑点或斑块，表面粗糙，继而形成表面破坏。浅龋没有自觉症状。

2. 中龋　龋蚀已达到牙本质，形成明显的牙本质浅层龋洞。对冷热酸甜刺激可出现激发性酸痛，但刺激去掉以后，症状立即消失。中龋及时得到治疗效果良好。

3. 深龋　龋蚀已达到牙本质深层，接近牙髓，或已影响牙髓。对冷、热、酸、甜都有痛感，特别对热敏感，刺激去掉以后，疼痛仍持续一定时间才逐渐消失。但无自发痛。这时多数需要作牙髓治疗以保存牙齿。

【护理诊断及医护合作性问题】

1. 组织完整性受损　由龋病造成的牙体硬组织缺损所致。

2. 潜在的并发症　牙髓炎、根尖周炎等，与对龋齿治疗不及时、患者抵抗能力低有关。

3. 知识缺乏　患者缺乏龋病的预防及早期治疗的知识。

【治疗及护理措施】

龋病处理的原则是终止病变发展，恢复牙齿的功能和外形。早期龋可保守治疗，组织缺损时，采用充填术恢复缺损。

1. 充填术护理配合（银汞合金充填）　适用于有实质缺损的龋齿，操作时先将龋坏组织去净，制洞，消毒处理后再充填窝洞，以恢复牙齿的形态和功能。

术前准备：器械、药品、修复、垫底材料等。

术中护理配合：安排患者就位，介绍操作过程及可能出现的情况；制备洞型时，协助牵拉口角，使用吸唾器及水雾，保持术区视野清晰，并协助保护口腔软硬组织。制洞完毕后嘱患者漱口，并按窝洞大小准备材料；协助医师做好隔湿，遵医嘱调制所需垫底材料，再选用充填材料充填。

术后指导：银汞合金充填的牙齿 24 小时内不能咀嚼硬物，术后第 2 天复诊；深龋充填后如有疼痛及时复诊。

2. 窝沟封闭　窝沟封闭是龋病的有效预防方法，还可使早期龋损停止发展。特别适用于儿童。封闭剂经光照后固化，形成一层屏障，使窝沟与口腔环境隔绝，阻止细菌、食物残渣及其酸性产物等致龋因子进入窝沟。

3. 健康指导

(1) 保持口腔卫生，掌握正确的刷牙方法，早晚必须刷牙、漱口。有条件者，每餐之后应立即刷牙。每次刷牙时间不少于 3 分钟。选择合适的牙刷，并定期更换。

(2) 保护牙齿从小做起。婴幼儿从乳牙萌出后就应在监护人的协助下用纱布蘸凉开水，缠在右手食指上帮宝宝擦牙。然后学习用牙刷刷牙，从小养成清洁口腔的好习惯。

(3) 采取特殊的防护措施，例如在氟缺乏地区使用含氟牙膏等。

(4) 定期口腔检查，一般人可以每年检查一次，未成年人最好半年检查一次。

(5) 减少蔗糖的摄入，尤其是儿童和少年要少吃零食，防止和降低龋病的发生。

☞考点：龋病的护理

链接 »»

龋病的流行病学

我国《第三次全国口腔健康流行病学的调查报告》显示：5 岁儿童乳牙患龋率为 66%，治疗率为 2.8%；12 岁儿童患龋率为 28.9%，治疗率为 10.7%；成人患龋率达 88.1%，治疗率仅为 8.4%；老年人缺牙率为 86.1%，修复率仅为 42%，但不合格修复率高达 24.2%；12 岁儿童牙外伤发生率达 20%，但能及时合理治疗的不足一半。

二、牙　髓　病

牙髓病是指发生在牙髓组织的疾病，其中以牙髓炎最为常见。

【病因】

多由细菌感染引起。深龋是引起牙髓感染的主要途径；其次是牙周组织疾病的逆行感染。

由于牙髓组织处于四壁坚硬的牙本质壁内，一旦发生炎症，血管扩张、充血，渗出物积聚，髓腔压力增大，压迫牙髓神经引起剧烈疼痛，且根尖孔不利引流，容易导致牙髓坏死。

【临床表现】

急性牙髓炎：发病急，疼痛剧烈。为自发性、阵发性剧痛。疼痛不能定位，有放射性，患者多不能自己确定患牙。夜间疼痛较白天剧烈，温度刺激可引起或加剧疼痛。牙髓化脓时对热刺激敏感，遇冷缓解疼痛。检查时可见深的龋洞或其他牙体硬组织疾患，探痛明显。

☞考点：急性牙髓炎疼痛的特点

慢性牙髓炎：疼痛常为隐痛、钝痛或胀痛。间歇发作，长期温度刺激或食物嵌入龋洞可产生较剧烈的疼痛，去除刺激后常持续较长时间方可止痛。

【护理诊断及医护合作性问题】

1. 疼痛　牙痛与牙髓炎症有关。

2. 焦虑　与疼痛反复发作有关。

3. 知识缺乏　患者对牙病及其早期治疗的重要性认识不足。

【治疗及护理措施】

牙髓炎急性发作是应首先减轻疼痛，尽量保留牙髓；尽量保留牙体组织及患牙，只有在排除最后的修复方法后才考虑拔除牙齿。

1. 应急处理的护理　急性牙髓炎的主要症状是

难以忍受的疼痛，故应首先止痛。

(1) 开髓减压：是最有效的止痛方法。开髓前，应对患者进行心理疏导，说明操作的目的，消除恐惧心理，取得患者的配合。开髓后见脓血流出，应抽吸温热盐水协助冲洗髓腔，备丁香油小棉球于龋洞内，开放引流。

(2) 药物止痛：丁香油或樟脑酚棉球暂时止痛，遵医嘱口服止痛药。

☞考点：急性牙髓炎的应急处理

2. 保存牙髓治疗的护理配合　盖髓术或活髓切断术适用于年轻恒牙或炎症只波及冠髓或部分冠髓的牙，保存活的牙髓。

以冠髓切断术为例说明操作方法及护理配合。

术前准备：准备各种无菌器械、局麻药物、消毒剂等，注意无菌操作；同时安慰患者，使之配合。

麻醉：抽取局麻药(2%盐酸利多卡因)供医生麻醉用。

术中四手配合：准备挖匙或大圆钻除去窝洞内腐质，准备3%过氧化氢，清洗窝洞。协助医师用橡皮障或棉条隔湿，备75%酒精棉球消毒牙面及窝沟。揭髓室顶、切除冠髓，护士协助用生理盐水冲洗髓腔，再次消毒窝洞，备1‰肾上腺素棉球止血。调制盖髓剂覆盖牙髓断面，调拌用具必须严格消毒，调制氧化锌丁香油粘固粉暂封窝洞。术中避免温度刺激及加压。

预约患者1～2周后复诊。无症状者可作永久充填。

3. 保存牙体治疗的护理 见根尖周病部分。

4. 健康指导　向患者宣传牙髓炎的发病原因、治疗方法和目的。让患者了解牙髓炎早期如能得到及时正确的治疗，活髓可得到保存。如牙髓死亡，牙体失去代谢而变性，使其变脆易折。预防龋病牙髓病，对保存健康牙齿有十分重要的价值。

三、根尖周病

根尖周疾病指牙齿根尖部及其周围组织(牙骨质、牙周膜和牙槽骨)发生病变的总称。

根尖周炎分为急性根尖周炎和慢性根尖周炎。

【临床表现】

1. 急性根尖周炎　患牙剧痛，可有浮动感。多由慢性根尖周炎急性发作所致，可分为浆液期与化脓期。

2. 慢性根尖周炎　多无明显症状或症状较轻，有患牙反复肿胀疼痛史。

【护理诊断及医护合作性问题】

1. 疼痛　牙痛、颌面部疼痛，与炎症有关。

2. 焦虑　与疼痛反复发作有关。

3. 知识缺乏　与患者对发病原因及危害性认识不足有关。

4. 组织完整性受损、睡眠形态紊乱等。

【治疗及护理措施】

急性期减压引流，缓解疼痛；严格控制细菌感染，根据不同种类根尖周病，采用不同的治疗计划。

1. 急性期处理　开髓减压是控制急性根尖周炎的首要措施。

对急性根尖周炎骨膜下及黏膜下脓肿，除引流外，还需脓肿切开控制炎症。

全身治疗：遵医嘱给予抗菌镇痛等药物，嘱患者加强休息，流质或半流质饮食，注意口腔卫生。

2. 根管治疗　是治疗晚期牙髓炎及各种根尖周炎的一种方法。

(1) 器械准备：充填术器械、根管挫、光滑髓针、拔髓针、根管充填器、填充材料等。

(2) 操作步骤及护理配合

根管治疗分为根管预备、跟管消毒、跟管充填三个步骤。

对活髓牙，应在麻醉或失活下拔除跟髓，经预备、冲洗、消毒根管后立即进行充填。

对感染根管，除去牙髓后用根管挫反复扩挫管壁，去除感染物质，用3%过氧化氢溶液、生理盐水冲洗，拭干后，将蘸有消毒药液的棉捻置于根管内，用氧化锌丁香油糊剂暂封窝洞。嘱患者自觉症状消失时，复诊检查，如根管内棉捻无分泌物、不臭、无叩痛，可进行根管充填。

严格无菌操作下进行根管填充，将填充材料调成糊状送入根管内，用消毒后的牙胶尖插入根管，直达根尖孔，以填满根管为度，之后用加热后的充填器去除多余牙胶，做永久充填。

护士在以上治疗过程中，在术前应向患者说明治疗过程，且治疗需时较长。术中协助医师抽取麻药、隔湿、吸唾清理碎屑、准备暂封材料、根管糊剂、牙胶尖等，遵医嘱准备合适的填充材料；术后向患者交代注意事项、预约复诊时间。

3. 塑化治疗　塑化治疗常用于多根牙，具体做法是将未聚合的液态塑化液注入根管内，使其与残存的牙髓组织及感染物质共同聚合，成为无害物质留于根管中，并严密封闭根管。

治疗配合：治疗前准备所需器械及塑化剂，协助医师消毒、隔湿，保持术野清晰。遵医嘱配制塑化剂，尤其注意防止塑化剂溢出髓腔以保护口腔黏膜，如发现塑化剂流到髓腔外，立即用干棉球擦拭或冲洗，并用碘甘油涂布。调制氧化锌丁香油粘固粉、磷酸锌粘固粉垫底，再用银汞合金或复合树脂永久充填。

4. 卫生宣教　让患者了解疾病的病因及保持口

腔卫生、预防龋病的重要性。督促患者按时复诊。

链 接 >>>

爱 牙 日

1989 年由卫生部、国家教委等 9 个部委联合签发文件，确定每年的 9 月 20 日为全国爱牙日。其宗旨是通过爱牙日活动，广泛动员社会力量，在群众中进行牙病防治知识的普及及教育，增强口腔健康观念和口腔自我卫生保健意识，建立良好的口腔卫生保健行为，从而达到提高全民族的口腔健康水平。

第 3 节 牙周疾病患者的护理

牙周病是牙齿周围组织，包括牙龈、牙周膜、牙槽骨及牙骨质等牙齿支持组织发生的慢性非特异性、感染性疾病。其中，以牙龈炎和牙周炎最常见，是发病率最高的口腔疾病之一。

案例 10－2

患者，女，28 岁，孕 12 周，进食时出现牙龈出血，伴牙齿松动，孕前偶有牙龈出血。诊断为牙龈炎。

问题：该患者的主要护理措施有哪些？

一、牙 龈 炎

牙龈炎是炎症损害只限于龈乳头和龈缘，严重时可累及附着龈。牙龈炎病变可逆，一旦病因去除，牙龈便可恢复正常。

【病因与发病机制】

主要是口腔卫生不良，如牙菌斑、牙垢和牙石引起，少数由于食物嵌塞，不良修复体及牙颈部龋局部刺激引起。妊娠期可使原有的慢性龈炎加重。

【临床表现】

轻者无明显症状，多因机械性刺激如刷牙、咀嚼、吮吸等出现牙龈出血。

口腔检查可见患者口腔卫生不良，常有口臭，牙垢堆积。牙龈充血、红肿、质地松软，严重的波及附着龈，局部点彩消失。炎症刺激可形成假性牙周袋。但无牙齿松动、无牙槽骨破坏，无真性牙周袋形成。

【护理诊断及医护合作性问题】

1. 口腔黏膜改变 与炎症有关。
2. 焦虑 与牙龈出血、口臭有关。
3. 知识缺乏 缺乏口腔卫生保健知识。

【治疗及护理措施】

牙龈炎的治疗原则是去除病因，控制菌斑，预防牙龈炎进一步发展。

1. 去除致病因素，协助医师取下不良修复体，消除食物嵌塞等诱因。

2. 协助医师用 3% 过氧化氢与生理盐水交替冲洗龈沟，涂布碘甘油，病情严重者，指导患者服用抗生素和维生素。

3. 龈上洁治术和龈下刮治术是去除牙结石和菌斑的基本治疗手段。

4. 向患者介绍正确的刷牙的方法和其他保持口腔卫生的措施。并告之患者牙龈炎是可预防可治疗的，要避免出现牙周炎等破坏性疾病。

链 接 >>>

BASS 刷牙法

BASS 刷牙法（也称水平颤动法或龈沟法）是一种有效的清除龈缘附近及龈沟内菌斑的方法。

1. 牙刷位置：手持刷柄，牙刷的刷毛斜向龈尖及牙面呈 45°，略加压使牙刷毛一部分进入龈沟，一部分进入牙间隙。

2. 水平颤动牙刷：在一到两颗牙齿的范围轻轻左右震颤 8～10 次，震动的范围不超过一颗牙的宽度，注意不要使毛端离开龈沟。

3. 要面面俱到：刷前牙的舌面、腭侧面位置时，将牙刷竖放在前牙舌、腭侧牙面，使刷毛垂直，并指向和进入龈沟。

4. 刷拂每组邻牙：刷完一组，将牙刷移至下一组邻牙。

二、牙 周 炎

牙周炎是牙周组织受累的慢性破坏性的疾病，表现为牙龈、牙周膜、牙骨质及牙槽骨发生慢性、感染性病变。牙周炎经治疗后疾病将不再发展，但被破坏的牙周组织不能完全恢复，常遗留严重危害。

【病因】

病因基本与牙龈炎相同。牙龈炎常因治疗不及时或机体抵抗力降低等因素而发展为牙周炎。

【临床表现】

1. 牙龈红肿、出血。

2. 牙周袋形成 由于牙周膜破坏，牙槽骨逐渐吸收，牙龈与牙根面分离，龈沟加深并超过 2mm。

3. 牙周袋溢脓 牙周袋感染后出现慢性化脓性炎症。轻压牙周袋外壁，有脓液溢出并伴口臭。

4. 牙周脓肿 当牙周袋内炎性渗出液流出不畅或抵抗力下降时可出现急性炎症。表现为近龈缘处卵圆形突起，红肿疼痛，可伴全身症状。

5. 牙齿松动 由于牙周膜破坏，牙槽骨吸收，牙齿支持功能丧失而出现牙齿松动。

☞考点：牙周炎的临床表现

【护理诊断及医护合作性问题】

1. 口腔黏膜改变 牙龈充血、水肿等。
2. 自我形象紊乱 牙齿缺失、口臭影响社交。

3. 发热　与牙周脓肿时全身症状有关。

4. 知识缺乏　患者缺乏口腔卫生保健知识，对疾病不重视。

【治疗及护理措施】

牙周炎治疗的原则是保持口腔卫生，消除牙龈炎症，使病损不再发展，处理牙周袋，固定松动的牙齿，拔除不能恢复功能的松动牙齿。

1. 一般护理　控制全身疾病，增强体质，增加维生素A、C的摄入。

2. 用药指导　急性炎症期常用甲硝唑、红霉素、螺旋霉素等药物消炎。

3. 局部治疗

(1) 协助抽取3%过氧化氢冲洗龈沟、牙周袋，涂布碘甘油。

(2) 洁治术护理配合

术前准备：询问病史，向患者说明手术的目的和操作方法；准备用物；患者术前用0.1%氯已定溶液含漱约1分钟，做好器械消毒工作。

术中配合：1%碘酊消毒术区；护士协助牵拉口角，及时吸净冲洗液；去净牙石后打磨牙面；备好3%过氧化氢溶液及生理盐水，交替冲洗，备小棉球拭干手术区，用镊子夹持碘甘油放在龈沟内。注意：全口洁治应分区进行，以免遗漏。

(3) 消除牙周袋常用的有牙龈切除术和龈翻片术。

4. 处理松动牙　牙松动明显、牙槽骨吸收达2/3以上的牙齿方可予以拔除。

5. 健康指导　牙周病预防更为重要。向患者说明牙周病发生关键在于个人的口腔卫生。牙周病的治疗效果与患者口腔卫生习惯密切相关。治疗后更应注意口腔卫生。

第4节　儿童口腔疾病患者的护理

儿童牙医学是以处在生长发育中的儿童和青少年为研究对象，研究其口腔内牙、牙列、牙合、颌及软组织，诊断治疗和预防其口腔疾病及畸形，使其咀嚼器官功能健全。

儿童不同的发育时期，牙病的诊断和治疗方法可能有所不同，而成人基本相同。

案例10-3

患儿，男，5岁。左上颌第一乳磨牙唇面、邻面龋，余牙未见异常。

问题：1. 患儿治疗前如何进行口腔卫生宣教？

2. 治疗中如患儿恐惧牙椅，如何进行心理护理？

一、牙列的临床分期

根据牙齿萌出状态将牙列进行分期可分为以下五个阶段。

1. 无牙列期(出生至6～8月)，乳牙尚未萌出。

2. 乳牙列形成期(6～8月至3岁)，乳牙开始萌出至20颗乳牙全部萌出。

3. 乳牙列期(3～6岁)。

4. 混合牙列期(6～12岁)。

5. 恒牙列期(12岁以后)。

乳牙列期、混合牙列期和恒牙列期中年轻恒牙列阶段都处于儿童时期。这个年龄段牙齿变化大，又有不同的特点。乳牙列阶段乳牙龋、奶瓶龋患病逐年增多，重点应放在早发现，早治疗，维护乳牙的健康完好。为孩子培养良好的卫生习惯。混合牙列初期是龋病的高发期，牙龈炎、牙结石的发病也随年龄递增，牙颌畸形也因先天或后天因素逐渐显示出来，应该重点防治，无论乳牙还是恒牙，坏了都应及时就医。年轻恒牙时期，孩子生长发育快，是牙颌畸形形预防和治疗的最佳时期，此期一二磨牙窝沟龋发生率高，应保护与及时治疗年轻恒牙，使之形成健全的恒牙列。

二、儿童牙科治疗的特点

1. 医护人员应态度和蔼，了解不同年龄段儿童的心理特点。尽量减少儿童对治疗产生恐惧的心理，避免因不能很好配合，不愿或不能坚持治疗。医护都应熟练、准确进行操作，争取在最短时间内完成治疗。

2. 儿童耐受力差，每次治疗时间不宜过长。首先从简单、疼痛少的患牙开始，再处理较重、复杂的患牙。治疗时特别注意防护因患儿的头、舌突然转动而损伤口腔组织。

3. 乳牙钙化程度低，年轻恒牙耐酸性差，牙体硬组织矿化程度比成熟恒牙釉质差，龋病发病率比成年人高，龋坏进展快，易形成牙髓感染和根尖组织炎症。应定期检查，以便早发现、早治疗。根据病损的部位、范围采用药物治疗或充填治疗。

4. 第一恒磨牙萌出早，龋病发生早，患龋率高，在混合牙列阶段易被误认为乳牙，延误治疗；儿童牙外伤较多见，年轻恒牙外伤应考虑牙根发育情况。

5. 混合牙列时期应正确识别乳牙和恒牙，以防误诊。

6. 乳牙体积小，牙釉质、牙本质薄，髓腔大、髓角尖高，备洞时应减速切削，避免意外穿髓，应格外小心。

链接 >>>

六 龄 牙

儿童萌出的第一颗恒牙——第1恒磨牙在6岁左右萌出，故俗称为："六龄齿"。此时儿童尚不能有效地刷牙和不懂得维护口腔清洁卫生的重要性，而且许多家长常误作是乳牙，以为还会替换而不加注意。所以六龄牙龋坏率最高，拔除的比例和罹患其他牙病的发生率均比其他牙高。从功能上说该牙又是最重要的磨牙，因此，要特别重视六龄齿的保护。

三、儿童牙科的行为管理

1. 创造一个良好的就诊环境和就诊秩序，候诊室布置一些生动形象的宣传画和图片，使患儿接受一些口腔卫生宣传教育；让患儿熟悉诊室的环境有助于减轻患儿的焦虑和恐惧。

2. 充分了解不同年龄段儿童的心理特点，通过心理诱导，消除患儿的恐惧感，用与年龄和教育程度相适应的语言解释临床操作过程，尽量对整个治疗过程作出解释消除幼年儿童因对牙科治疗没有概念，而产生的焦虑。

3. 医护人员与患儿建立良好的信任关系，同时争取患儿家长的配合。要求操作无痛、准确、快速、熟练、细致。初步接触患儿，要面带微笑，最好用他(她)的名字同他(她)打招呼，尤其是在患儿复诊的时候。初步交谈了解患儿家长是否有任何担心或特殊要求，安排患儿进入治疗环境，评估患儿的情绪。就诊结束时，预约好下次就诊时间，让保证患儿和家长愉快地离开。

4. 对患儿和家长做好卫生宣教工作。

四、常见儿童牙病

常见的儿童牙病以龋病最为常见，龋病常引发牙髓病和根尖周病。儿童尤其是学龄期儿童，因活动多，常发生碰撞、跌倒或其他意外事故，容易造成牙外伤。

五、儿童口腔保健措施

1. 向孩子和家长发放健康处方及有针对性预防宣传资料。

2. 让家长了解儿童时期的3个牙列阶段，重视和保护乳牙、年轻恒牙。了解六龄牙萌出时间和保护六龄牙的意义。

3. 纠正儿童的不良习惯，预防错𬌗畸形。例如牙萌出时，有的儿童喜欢舔牙齿牙床或咬舌头。时间久了，使正在萌出的牙齿受到阻挡，上下门牙不能互相接触，形成畸形。有的儿童喜欢咬铅笔，结果使上门牙前突，下门牙后移，牙齿变短而出现畸形。

4. 让儿童掌握正确的刷牙方法、时间和次数，并形成习惯。特别强调睡前刷牙，饭后漱口。

5. 培养良好的卫生习惯和生活习惯，调整孩子的饮食结构，如多吃健康的、粗纤维食物，少吃甜食。

6. 窝沟封闭是国际公认有效防窝沟龋的重要手段。

7. 定期口腔检查。一般0～5岁的儿童每隔2～3个月检查一次，6～12岁的儿童每隔半年检查一次，12岁以上的儿童，可以每年检查一次。

第5节 口腔颌面外科门诊常规的护理

口腔颌面外科学是一门以研究口腔诸器官、面部软组织、颌面诸骨、颞下颌关节、唾液腺及颈部某些疾病防治为主要内容的学科。随着口腔颌面外科学及治疗学的不断发展，对相关的护理工作要求也越来越多。

一、口腔门诊一般护理

口腔门诊护理的主要任务是做好开诊前准备，安排患者就诊，进行椅旁护理，协助医师检查治疗，搞好健康教育与护理指导等。

1. 诊室应定期消毒，保持清洁、整齐、通风、明亮、无异味。

2. 备好诊室应有的物品、药品、消毒检查器械。同时备好病历纸、住院证、处方笺各种检查单等用品。

3. 维持就诊秩序，并充分利用患者待诊时间利用电视宣传片、宣传册等方式做好健康教育工作，普及医疗小知识。

4. 做好椅旁护理。根据需要调整牙椅光源、椅位、靠背位置等。

5. 做好对检查、诊断、治疗、门诊手术、复诊患者的预约登记。术后向患者交代注意事项、预约复诊时间、拆线日期、及时收拾诊疗器械，按规定清洁、消毒备用。

6. 做好诊室常用器械、设备的维护和保养。

☞考点：口腔颌面外科门诊的一般护理

二、门诊治疗的护理操作

口腔颌面外科门诊治疗主要包括拔牙、牙槽骨手术、系带矫正术、小唾液腺手术等。要求护理人员能够熟悉所需要的手术器械及局部麻醉药物的相关知识，熟练配合医生进行"四手操作"。

术前准备：详细询问病史，根据手术协助医师做好常规检查、术前清洁及术区常规备皮等。对患者做好所需治疗或小手术的解释工作，消除紧张情绪，取得合作以便手术顺利完成。

术中配合：根据不同手术选择合适体位，请患者取下眼镜或义齿，漱口，系好胸巾；调整灯光，手术台备齐所需器械、敷料、注射器及麻醉药物等物品；遵守无菌操作原则，协助做好术区及口周皮肤的消毒；术中协助医师进行必要的操作，如用口镜牵拉口角及唇颊、吸血、吸唾、止血、及时递送器械、剪线等；准备好冲洗器和冲洗液，协助医师做好术区的加压包扎。

术后护理：术后交代注意事项、可能出现的不适、用药注意事项、复诊、换药及拆线时间。做好患者的卫生宣教工作。

第6节　口腔颌面部损伤的护理

案例10-4

患者林某，男，32岁，因车祸致颌面部损伤急诊入院。查体见患者生命体征稳定，左侧面颊部挫裂伤，下颌骨肿胀、出血、局部压痛、咬合紊乱，$\underline{|2}$冠折。

问题：1. 患者的护理诊断有哪些？

2. 如何对患者进行护理？

3. 患者可能出现什么严重并发症？

口腔颌面部是人体的重要部分并处于暴露状态，平时可因工伤、交通事故和意外等导致损伤，战时以火器伤为主。由于损伤原因和程度不同，症状体征亦有不同，轻者不留后患，重者可危及生命。

一、口腔颌面部损伤的特点

人体遭受损伤后，受伤部位出现肿胀、疼痛、出血、功能障碍和相应的全身反应，这是损伤的共同特点。口腔颌面部损伤由于解剖生理特点及功能的要求，除具有共性外，还有其特殊性。

1. 易并发颅脑损伤等其他损伤　颅脑损伤包括脑震荡、脑挫伤、颅内血肿和颅底骨折，主要临床特征是伤后有昏迷史。颅底骨折时可伴有脑脊液从鼻孔或外耳道流出。同时，在颌面部损伤的同时，可伴有内脏及四肢的损伤。

2. 易发生窒息　口腔颌面部在呼吸道的上端，损伤时可因组织移位、肿胀、舌后坠、血凝块和分泌物的堵塞而影响呼吸或引起窒息。

3. 血循环丰富有利有弊　血运丰富，所以损伤后容易引起大量出血，且颌面部皮下组织疏松，筋膜间隙多，损伤后易形成组织内血肿。口底、舌根等部位同时也是由于血运丰富，组织的抗感染和再生修复能力强，易于伤口愈合，伤后24～48小时，只要没有明显的化脓感染，清创缝合后都可取得良好的预后。

4. 腔窦多易感染　口腔颌面部腔窦多，这些腔窦内存在大量细菌，如与伤口相通，易发生感染。

5. 易致功能障碍和颜面部畸形　颌骨骨折或颞下颌关节损伤均可影响咀嚼功能，而且口腔颌面部也是呼吸道和消化道的入口，损伤可能也会造成对呼吸、言语、咀嚼、吞咽功能的影响。鼻、唇、眶、颊部的开放性损伤处理不当易引起的组织移位、缺损或面神经、三叉神经损伤，都可造成颜面畸形和功能障碍，给患者生活和精神上带来极大痛苦。

☞考点：口腔颌面部损伤的特点

二、口腔颌面部损伤的急救

口腔颌面部损伤可出现危及生命的并发症，如窒息、出血、休克及颅脑损伤等，应全面了解伤情，分清主次和轻重缓急及时抢救，同时请相关科室协助抢救。处理时，应先从威胁生命最主要的问题开始。因此，首先处理窒息。

1. 窒息的抢救　防治窒息的关键在于及早发现及处理，如出现呼吸困难，应分秒必争抢救。

窒息的前驱症状有烦躁不安、出汗、面色苍白、口唇发绀、鼻翼扇动，严重时出现“三凹征”，晚期出现脉搏细速、血压下降及瞳孔散大等危象，如不及时抢救，可致昏迷，呼吸心跳停止，最后死亡。

根据窒息原因，分为阻塞性窒息和吸入性窒息两种，临床上常有多种原因共同存在而导致。阻塞性窒息，可因异物、血凝块、移位的组织瓣以及下颌骨颏部双侧骨折及粉碎性骨折，造成舌后坠或上颌骨骨折、软腭下后坠，阻塞咽腔而发生窒息；也可因鼻腔及口咽组织肿胀导致呼吸道阻塞而引起窒息。吸入性窒息多因患者昏迷，分泌物、血液、呕吐物等被吸入气管而引起窒息。

急救措施如下：

(1) 解除阻塞：迅速用手指或器械取出异物或用吸引器吸出阻塞物，保持呼吸道通畅。如有舌后坠，可在舌尖后2cm处用大圆针和7号线或大别针穿过舌的全层，将舌拉出口外，固定。上颌骨水平骨折，软腭向下后坠落压于舌背时，清理异物后，用筷子或压舌板。铅笔横放于双侧前磨牙部位，将上颌骨骨折块向上悬吊，并将两侧固定于头部绷带上。

(2) 改变患者体位：解开颈部衣扣，使患者的头部偏向一侧或采用俯卧位，便于唾液或呕吐物的引流。

(3) 放入通气管：口咽部肿胀时，可以放置各种通气道。情况紧急时，可用粗针头行环甲膜穿刺，或行紧急环甲膜切开，随后行常规气管切开术。对吸入性窒息的患者，应立即行气管切开，迅速吸出血性分泌物及其他异物，恢复呼吸道通畅，并严格注意防止吸入性肺炎。

☞考点：口腔颌面部损伤窒息的抢救

2. 出血的急救　出血急救应首先判断出血部位、性质、估计失血量依据现场条件采取相应的损伤。

(1) 压迫止血：临时的止血方法。

指压止血(图 10-2)：常用的指压止血部位有耳屏前的颞浅动脉(颞部、前额、头顶出血)、颌外动脉(颜面部出血)。如遇头颈部大出血，紧急时可将颈动脉压向第 6 颈椎横突，但因可能导致心率失常、心搏骤停。

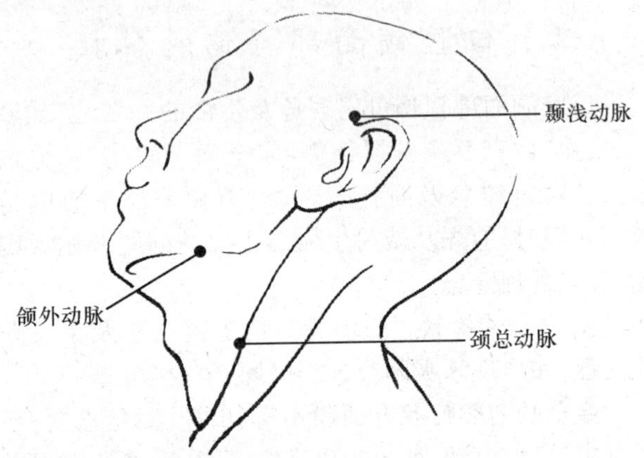

图 10-2　指压止血部位示意图

包扎止血：毛细血管、小静脉、小动脉的出血，将损伤部位软组织复位后稍用力加压包扎即可止血。

填塞止血：用于开放性或洞穿性伤口。可用纱布填塞后再用绷带加压包扎。

(2) 结扎止血：对较大的出血点，可用血管钳夹住做结扎止血或连同血管钳包扎后转送。局部止血欠佳时，可结扎颈外动脉。

(3) 药物止血：常用云南白药等中药止血粉、止血纱布、止血海绵等，也可辅以全身止血药物，加速血液的凝固。

☞考点：口腔颌面部损伤出血的抢救

3. 休克的急救　处理原则为安静、镇痛、止血和输液。失血性休克，补充血容量为根本措施。

4. 合并颅脑损伤的急救　颅脑损伤患者应卧床休息，减少搬动，严密观察生命体征的变化，暂停不必要的检查或手术。如有脑脊液耳漏或脑脊液鼻漏时，严禁做耳鼻内填塞或冲洗。如有颅内压增高现象，应控制入水量，快速滴注甘露醇或高渗剂，减轻脑水肿。烦躁不安的患者，可适当镇静，但禁用吗啡，以免抑制呼吸，影响瞳孔变化及引起呕吐，增加颅内压。如病情恶化，及时请有关科室会诊。

5. 创口包扎和运送　包扎有压迫止血、暂时固定、减少污染、止痛等作用。颌面部常用的包扎方法有四尾带包扎法和“十字”绷带包扎法。

(1) 四尾带包扎法(图 10-3)：将绷带撕成四尾形，颏部衬以棉垫，将左右后两尾结在头顶前，左右前两尾结在枕骨结下，然后再将二尾末端结扎于头顶部，起包扎和制动左右。

(2) “十”字绷带包扎法：用绷带先围绕额枕部缠绕 2～3 圈后，自一侧反折，由耳前区向下绕过颏部至对侧，再由耳前区向上越过顶部呈环形包绕，如此反复数次，末端用胶布固定，或在围绕额枕部 2～3 圈后将绷带穿越绕头碰带而不用反折方法亦可达到同样效果。

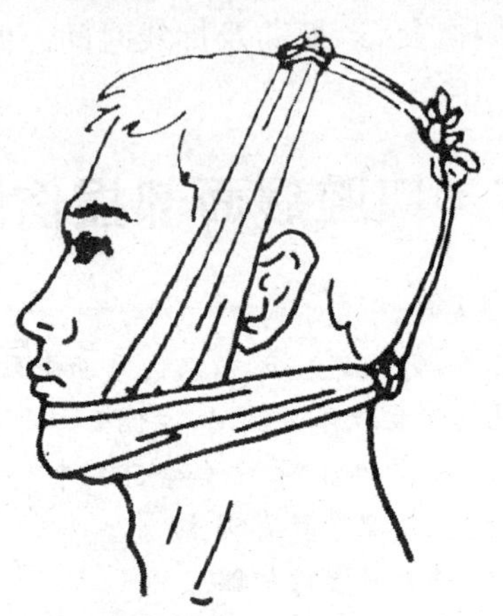

图 10-3　四尾带包扎法

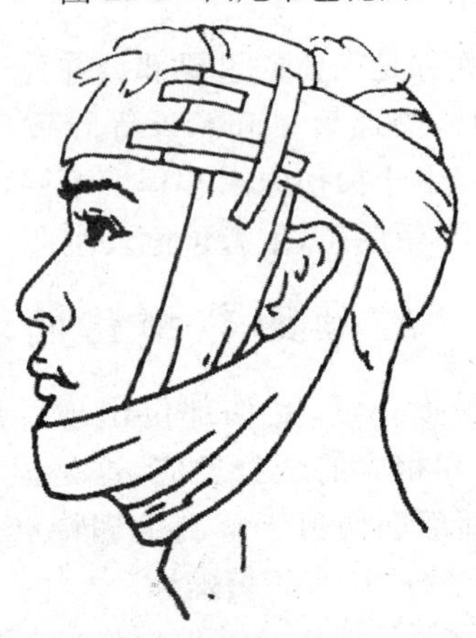

图 10-4　“十”字绷带包扎法

运送伤员时应保持呼吸道通畅。昏迷患者可采用俯卧位，额部垫高，使口鼻悬空，有利于唾液外流和防止舌后坠。一般伤员可采用侧卧位或头侧向位，避免血凝块及分泌物堆积在口咽部。运送过程中，应随时观察伤情变化，防止窒息或休克发生。搬运疑有颈椎损伤的病员，应 2～4 人同时搬运，一人稳定头部并加以牵引，其他人则以协调的力量将伤员平直滚抬到担架上，颈下应放置小枕，头部两侧用小枕固定，防止头的摆动，以免造成更大损伤。

6. 预防与控制感染　对开放性创口，应尽早进行清创缝合，如没有条件，应早期包扎创口，以避免继续污染。对污染泥土、铁屑的创口伤后应及时注射防破伤风抗毒素，及早使用广谱抗生素。有时为防止局部过度肿胀，可以在给予抗生素的同时给予地塞米松。

三、损伤的分类与护理

口腔颌面损伤的类型很多，临床上以软组织损伤、牙及牙槽骨损伤和颌骨骨折为常见。

【临床表现】

1. 口腔软组织损伤　口腔颌面部软组织损伤以致伤原因可分为擦伤、挫伤、挫裂伤、切割伤、咬伤、烧伤等；按照伤后皮肤是否完整分为闭合性损伤与开放性损伤。前者常见有挫伤和血肿，表现为局部疼痛、肿胀与皮下淤血等；后者常见有擦伤、割伤、刺伤、撕裂伤或撕脱伤、咬伤、火器伤等。损伤部位有不同程度的肿胀、伤口裂开出血、疼痛，甚至出现咀嚼功能障碍、皮肤缺损等。

2. 牙及牙槽骨损伤　牙及牙槽骨损伤多发生在前牙区，常因碰撞、打击、跌倒或咀嚼硬物而引起。轻则牙体挫伤，重则发生牙脱位、牙折断，甚至牙槽骨骨折。主要表现为1个或多个牙齿松动、疼痛、伸长或牙体脱位、牙折。有牙槽骨骨折时，可见附近的软组织及牙龈撕裂、出血与局部肿胀。

3. 颌骨骨折　颌骨骨折包括上颌骨骨折、下颌骨骨折及上下颌骨联合骨折等。由于下颌骨位于面部最突出的部分，因而下颌骨骨折远较上颌骨为常见。

上颌骨骨折可表现为骨折片移位，咬合错乱，眶周水肿皮下出血，呈现"眼镜征"，严重者伴发筛骨损伤或颅前凹颅中凹骨折会出现脑脊液耳漏或鼻漏。

下颌骨骨折，骨折线易发生在解剖结构较薄弱的部位，如正中联合、颏孔区、下颌角、髁突颈部等处。其主要表现为牙龈及黏膜撕裂，局部疼痛，肿胀、出血和局部压痛，骨折片移位时有咬合紊乱。常引起咀嚼、呼吸、吞咽言语等功能障碍。下颌骨骨折伴有下牙槽神经损伤时，会出现下唇麻木。严重的颏部粉碎性骨折可引起呼吸道梗阻，必须引起足够的重视。

【护理诊断及医护合作性问题】

1. 疼痛　与外伤导致皮肤黏膜破损、骨折有关。

2. 潜在并发症　出血、窒息、感染。

3. 营养失调　低于机体需要量，与咀嚼或吞咽困难、下颌制动有关。

4. 组织完整性受损　外伤所致。

5. 吞咽障碍　与疼痛、咬合错乱，咀嚼功能障碍、下颌制动有关。

6. 恐惧　与突发的伤害及手术有关。

【治疗及护理措施】

颌骨骨折治疗时应尽早进行复位和固定，恢复正常的咬合关系，同时镇痛、防感染，促进骨折尽早愈合。同时密切注意全身部位损伤，待全身情况稳定后进行处理。

1. 患者一般取平卧位，头偏向一侧保持呼吸道通畅，及时清理口鼻分泌物、呕吐物及血凝块，以防窒息。

2. 观察生命体征、神志、瞳孔的变化。

3. 遵医嘱用药，及时输血、输液，应用抗生素、止血药，及时注射破伤风抗毒素。

4. 评估患者疼痛程度，解释疼痛原因，分散注意力以减轻疼痛或遵医嘱给予止痛剂。

5. 根据医嘱给予流质、半流质、软食或普食。特殊患者应由医师特殊制定饮食计划，如腮腺或颌下腺损伤治疗期间不进食酸性食物，而腮腺导管损伤后经导管吻合或导管再造术治疗期间，应多进食酸性饮食，促进腺体分泌。

进食方法选择：

匙喂法：汤匙喂食或自食流质、半流质。

管喂法：滴管或注射器喂流质食物。

吸管法：塑料管吸食流质或半流质。

壶喂法：喂食流质或半流质。

吊桶流入法：将吊桶挂在输液架上，上端接粗橡皮管，食物借重力作用流入口内，患者可自行控制流量。

鼻饲法及静脉补充营养病情较重不能经口进食者。

6. 能含漱的患者可用1%～2%碳酸氢钠或氯己定溶液漱口。颌间固定患者进食后都应用冲洗器、棉签或小牙刷进行口腔清洁，漱口剂含漱。

7. 颌骨骨折用夹板或颌间栓丝固定的患者，定期检查结扎物有无松动、移位。

8. 健康指导　加强心理护理，充分调动患者的积极性，坚定痊愈的信心。对全身状况良好的患者，应鼓励其尽早下床活动，改善局部和全身血液循环，促进早期愈合。对颌骨骨折患者，指导其掌握张口训练的时机及方法。

☞考点：口腔颌面部损伤的护理

第7节　先天性唇裂与腭裂患者的护理

案例10－5

患儿，6个月，自小上唇裂开，喂养困难，检查见患儿上唇Ⅱ度唇裂，腭部未见裂隙。家长要求手术来就诊。

问题：1. 患儿术前应作何准备？

2. 术后如何护理？

唇裂和腭裂是最常见的口腔颌面部发育畸形，它不仅是口腔、颌面骨骼及软组织形态、结构的异常，而且对咀嚼、吞咽、言语等功能造成很大的影响。主要采用手术整复的方法，以恢复功能并使形态接近正常。

一、唇　裂

唇裂是指上唇和鼻底部分或完全裂开，常与腭裂伴发。

【病因与发病机制】

胎儿发育过程中，受到某些因素的影响，胚胎发育异常可导致唇裂，可能的因素有遗传因素或母体在怀孕期间因营养缺乏、病毒感染、药物、放射、内分泌失调等。

链 接 >>>

唇裂分类法

1. 单侧唇裂

Ⅰ度唇度：仅限于红唇部分的裂开。

Ⅱ度唇裂：上唇部分裂开，但鼻底尚完整。

Ⅲ度唇裂：整个上唇至鼻底完全裂开。

2. 双侧唇裂　按单侧唇裂分类的方法对两侧分别进行分类，如双侧Ⅲ度唇裂，双侧Ⅱ度唇裂，左侧Ⅲ度右侧Ⅱ度混合唇裂等。

【临床表现】

患儿吮吸及进食困难，加之唇部裂开，冷空气直接进入口咽部，很容易患呼吸道感染，常影响患儿的生长发育，从而出现营养和发育不良的体征。

患儿吃奶时很容易误吸入呼吸道，引起气管炎、肺炎等。因为不能正常哺乳，天长日久病儿会发生营养不良及各种营养障碍，严重者甚至危及生命。

重度唇裂患儿说话时吐字不清，影响发音。

【护理诊断及医护合作性问题】

1. 焦虑　与患者、家属担心手术效果有关。

2. 有窒息的危险　与全麻手术及喂养方式不当有关。

3. 有伤口裂开的危险　与患儿搔抓切口、哭闹有关。

4. 知识缺乏　与患儿家长对疾病认识不足及缺乏正确的喂养知识有关。

【治疗及护理措施】

治疗原则为手术矫正。一般认为，最适宜的手术时机单侧唇裂是3～6个月，双侧唇裂6～12个月最适宜。太早患儿抵御麻醉及手术风险能力差，学语后再手术则患儿已形成腭语音，需再重新学习正常发音。

1. 术前准备

(1) 对患儿作出健康评估。全面体检，包括体重、营养状况、心肺情况，实验室检查血红蛋白、白细胞、出血时间及凝血时间都应在正常范围。

(2) 向患者父母及成年患者介绍手术基本情况，减轻对手术的焦虑。

(3) 指导患儿父母改变喂养方式，术前3天停止母乳或奶瓶喂养，改用汤匙或滴管喂食便术后患儿适应这种进食方式。

(4) 术前1天用肥皂水清洗上下唇及鼻部，用生理盐水棉球擦洗口腔。按全麻患者要求禁饮食。

2. 术后护理

(1) 全麻术后护理常规。取屈膝侧卧位，头偏向一侧，以利口内分泌物流出。注意观察患儿呼吸道是否通畅，切口是否出血。如有面色苍白、脉搏微弱、出汗等，应采取给氧、输血等措施。

(2) 患儿清醒后，应用护臂夹板固定双臂，限制肘关节活动，以免用手抓唇部创口。术后1日，术区可加压包扎，防止出血。

(3) 遵医嘱给予抗生素治疗，预防感染。

(4) 清醒后4h，用滴管或小汤匙喂饲少量糖水，如无呕吐，可开始用滴管或小勺喂少量流质，注意避免碰触伤口。呕吐严重可遵医嘱给予止吐药。

(5) 唇部创口暴露在外，应每日用75%酒精清洗创口。如有血痂存积，则可用3%双氧水清洗。保持创口清洁，切忌用力擦拭。

(6) 如创口愈合良好，可在术后5～7天拆线，注意防止唇部外伤，以免创口裂开。

(7) 创口的张力较大时，应使用唇弓固定。一般术后10天拆除。唇弓应松紧适度，观察胶布的过敏反应和皮肤压伤。

3. 出院指导　教会患儿父母进行唇部和牙槽骨的清洁方法。定期复诊。

☞考点：唇裂患者的护理

二、腭　裂

腭裂是指软硬腭部分或完全裂开。常与唇裂伴发，也可单独发生。

【病因】

大多是遗传与环境两种因素共同作用的结果。

【临床表现】

因腭裂造成鼻口相通，使吮吸、进食、发音等功能障碍。又因鼻腔失去对空气过滤和加温作用，易发生上呼吸道感染，患者可有上颌骨发育不全，面中1/3塌陷，呈刀削脸状。

【护理诊断及医护合作性问题】

1. 婴儿喂养困难　与腭裂造成鼻腔与口腔相通有关。

2. 焦虑　与担心手术效果有关。

3. 有窒息的危险　与全麻手术后体位及喂养方式不当有关。

4. 潜在并发症　出血、感染、创口裂开、发热。

5. 言语沟通障碍　与腭裂及手术有关。

【治疗及护理措施】

1. 术前准备　腭裂手术与唇裂手术术前准备相同，另外还需做好输血准备。

如腭裂较严重，术前 1 周制作腭板并试戴，用于术后保护创面。

2. 术后护理

(1) 全麻术后常规护理。严密观察生命体征，清醒后可取头高卧位，以减轻局部水肿。

(2) 保持呼吸道通畅，随时吸出口腔、鼻腔血性渗出物和呕吐物。

(3) 术后 24 小时内严密观察伤口出血情况。如患者出现频繁吞咽动作，应检查是否有活动性出血。注意防止腭护板松脱。

(4) 术后 3 天内体温偏高与手术吸收热有关。可给予物理降温或遵医嘱给予退热药物。

(5) 遵医嘱应用抗生素，预防感染，纱条抽除或体温恢复正常可停用。0.25%氯麻合剂或呋麻合剂滴鼻，tid。

(6) 保持安静，防止哭闹、感冒、咳嗽，以免增加腭部伤口张力，引起出血。

(7) 患儿应每日清洗口腔，成人给予漱口剂漱口。

(8) 饮食护理 指导正确的喂养方法。不能过早吃过硬、过热食物。麻醉清醒后 4 小时，如无呕吐，给予冷流质饮食。术后 10～14 天内进食全流质，以后逐渐改半流质，1 个月后可进普食。

(9) 一般术后 2 周拆线，1～2 月后做语音训练。

3. 语音训练　手术为正确发音奠定了解剖基础，尤其是年龄较大的患者，仍须进行一段时间的发音训练，以纠正其已经形成的腭裂语音习惯。

语音训练分两个阶段进行。第一阶段：练习软腭及咽部的肌肉活动，目的是使其有效地完成“腭咽闭合”动作。常用的方法有：

吹气法：最简单有效的方法。可以训练正确的呼吸方向，可以逐渐增加口腔中的气压。可用玻璃管吹气泡或肥皂泡，练习吹气球、吹笛子、口琴等。

练习唇舌部肌肉活动：唇舌的肌肉活动对正确发音有密切关系。腭裂患者在发音时常常运用唇舌的运动强行代偿，因此，必须重新训练，使唇舌肌肉变得灵活和协调。

第二阶段：“腭咽闭合”基本正常后练习发音。①练习单音；②练习单字的拼音；③练习语句及谈话。从简单到复杂，逐渐加快速度。可以由先练习唱歌、朗诵、读报等开始，然后再练习谈话。

☞考点：腭裂患者的护理

第 8 节　口腔修复与护理配合

案例 10-6

患者，女，55 岁。检查见 |754 缺失、543| 缺失，留牙无松动。曾做过活动义齿修复，因咀嚼疼痛再次就诊。

问题：1. 简述口腔修复的基本诊疗过程。

2. 若患者采用活动义齿修复，如何进行护理配合？

3. 义齿如何保养？

案例 10-7

患者，男，45 岁。因外伤致左上颌中切牙缺失，其余牙未见明显异常。

问题：若患者采用固定义齿修复，修复过程如何进行护理配合？

牙体缺损、牙列缺损及牙列缺失是人类的常见病、多发病。口腔修复学的主要治疗方法是利用一种人工修复体恢复或重建牙列缺损部位的原有形态，从而恢复正常生理功能，维持口腔的健康。常见的有活动义齿修复和固定义齿修复。

活动义齿修复：适用于大多数各种牙列缺损，从修复个别牙缺损到修复仅余留单个牙的大范围缺损均可采用。活动义齿还包括修复牙列缺失的全口义齿。活动义齿有便于清洗，能较好地保持口腔卫生，费用低，破损后易于修复等优点，但是活动义齿使用后余留牙的自洁功能降低，患者初戴时异物感重，对发音也有影响，咀嚼的效率较差，也是大部分患者不愿选择这种修复方式的原因。

固定义齿修复：是利用缺牙区两侧或一侧的天然牙作为基牙，在其上制作固位体，并与人工牙练为一个整体。借固黏剂将固位体粘于基牙上，患者不能自行取戴的修复体。也是修复牙列缺损中少数牙缺失或数个牙间隔缺失的最常用的修复方法。固定义齿体积小，患者异物感小，对发音无妨碍，但固定义齿修复的适用范围较窄，只能修复 24 颗天然牙缺失，而且固定义齿不易清洁，食物嵌塞后易导致基牙龋和牙周病。

一、口腔修复常用的器材准备

口腔修复常用器材如下：

（一）口腔修复常用器械

1. 印模托盘　制作各种义齿前，制取印模的工具。托盘有全口托盘、无牙颌托盘及局部托盘。

2. 工具钳　用于弯制和调整卡环的工具，种类繁多，常用的有尖嘴钳、三叉钳、长臂钳等。

3. 颌架

4. 磨平与磨光器械　主要包括金刚石钻针、各类磨头及抛光轮。

5. 其他器械　比色板、蜡刀、雕刻刀、去冠器、石膏调刀和橡皮碗、调拌刀、千分卡尺等。

（二）修复常用材料

1. 模型材料

2. 蜡　主要成分包括蜂蜡、棕榈蜡、石蜡。临床上通常将几种蜡混合以改善理化性质。

3. 造牙粉和牙托粉　以高分子合成树脂为主要成分，具有可塑性而易加工成型。

4. 黏结材料　临床常用黏结材料有磷酸锌黏固粉、聚羧酸黏固粉、玻璃离子黏固粉、丙烯酸类黏固粉等。

5. 印模材料　要求有良好的弹性和精确度。

6. 人工牙　人工牙是修复体的最主要部分。人工牙材料有高分子合成树脂、瓷粉、贵金属合金和黄金。

7. 不锈钢丝　主要用于可摘局部义齿的卡环和连接体的制作。

二、护理诊断及医护合作性问题

1. 言语沟通障碍　与牙体缺损、牙列缺损及牙列缺失后影响发音有关。

2. 自我形象紊乱　与前牙缺失对美观的影响有关。

3. 焦虑　与影响美观和咀嚼有关。

4. 社交障碍　与影响发音、美观有关。

三、护理措施

活动义齿修复过程包括修复前检查和准备、牙体预备、印模和模型、确定颌关系、模型设计、义齿初戴等。

（一）活动义齿修复的临床护理配合

1. 初诊检查时护理配合

(1) 准备用物：检查盘、漱口杯、酒精灯、手套、牙线、咬合纸、消毒纱布、棉球、纱团、各类磨石、龈上刮治器、各类修复标本、大小蜡刀、液状石蜡、常用药物等。

(2) 安排患者就座并调节椅位、光源，使患者舒适且利于医师操作。

(3) 可以修补的义齿，协助医师将折断义齿对位暂时固定后，送技工室修补。当日可取模的患者，准备取模材料及用物，协助取印模。

2. 牙体预备时的护理配合　牙体预备是在初步设计后，对预计放置牙合支托、卡环、间隙卡环的部位及影响义齿链接和咬合关系的基牙进行适当调磨的过程。

(1) 准备用品：需要初诊用物及直弯机头、吸唾器、各类金刚砂针、车针、磨石、蜡片、脱敏药物、三通枪等。

(2) 对患者进行心理疏导，减轻患者恐慌心理，为避免损伤口腔软组织，告知患者切不可乱动，如有疼痛不适，务必举手示意。

(3) 操作中，配合的目的是为医师提供一个清晰的视野。

(4) 制备完成后做下一步治疗工作的准备。

3. 取印模时的护理配合

(1) 选择托盘：选择托盘应根据患者牙齿的大小、形态、高低、失牙的数量和部位进行选择。选择的托盘要尽量与牙弓协调一致。如无合适的成品托盘可选，则需为患者专门制作个别托盘。

(2) 调节患者的体位和头位。取上颌印模时患者取坐位，上身坐直，上颌与医师的肘部相平或稍高，张口时上颌牙弓𬌗平面与地面相平，避免印模材料流向后部而刺激口咽部。取下颌印模时，使张口时下颌牙弓𬌗平面与水平面平行，方便医生操作，使患者舒适。

(3) 根据医嘱调拌所需印模材料，制作印模。

(4) 印模取出后，用冷水冲去表面唾液，消毒后，送技工室用石膏或人造石等模型材料灌注。模型修正完成后，消毒箱内常温 24 小时后开始制作义齿。

(5) 预约患者修复时间，清理用物，消毒后归还原处。

4. 确定咬合关系的护理配合　确定咬合关系的操作因缺牙的数目部位不同而有不同。常见有在模型上利用余留牙存在的咬合关系、利用蜡𬌗记录、利用𬌗堤记录确定颌关系。

(1) 常规安置患者，备齐用品。

(2) 备好已做好的蜡基托与模型，核对病历上患者姓名、失牙部位与模型是否一致。

(3) 点酒精灯，备蜡片。嘱患者漱口，医生在患者口内确定咬合关系时，用水枪冲洗咬好的蜡𬌗降温，使之变硬，取出后冲洗干净及时放回模型架上对好咬合，比色确定人工牙的颜色，连同设计卡送技工室。若上殆架，协助医师上好殆架或送技工室。

(4) 预约复诊时间，清理用物。

5. 试戴义齿时的护理配合　义齿初戴时大多需要必要的修改才能顺利就位。如不能就位，常见原因是在制作义齿过程中，模型被磨损或基托边缘进入倒凹区，义齿受到基牙轴面硬组织对抗。需找到对抗点加以调磨。

(1) 准备用物：检查盘、蜡刀、蜡刀架、蜡片。

(2) 常规安排患者，核对备好设计卡、人造牙的殆架置于治疗台上。

(3) 若有个别牙需要调整，点燃酒精灯，以便蜡刀加热。

(4) 试戴完毕，连同设计卡片一起送技工室。

(5) 预约复诊时间，清理用物。

6. 义齿调改时的护理配合　义齿就位后，检查义齿的咬合关系，卡环位置，基托伸展范围，对不合适的地方适当修改。

(1) 准备用物，常规安排患者，将已完成的义齿放检查盘内。

(2) 将试戴后的义齿抛光，冲洗干净，消毒液中消毒5分钟后，交患者戴入口内。

(3) 如局部不密合，一般可使用自凝塑料垫衬，需备自凝塑料一套，热水放于桌上。

(4) 如咬合稍低，可用自凝塑料在口内加高。若严重者应加蜡，在口内明确颌位及咬合关系，塑形后交技工室充填，预约复诊时间。

7. 活动义齿的保养　初戴时，口内易有异物感、恶心、言语不清等，但使用一段时间后症状会逐渐消失；取戴义齿切忌暴力以免义齿折断或损坏；禁忌咬硬物；义齿应保持清洁，饭后和睡前应取下义齿，用牙膏或肥皂水刷洗干净，置于冷水中，切忌放在开水或酒精等消毒溶液中浸泡；义齿使用一段时间后如有疼痛应立即就诊；若有损坏，应将义齿断片收集起来，及时就诊修复。

☞考点：活动义齿修复的护理配合

(二) 固定义齿修复的临床护理配合

固定义齿是牙列缺损的一种修复方法，是利用缺牙间隙两端或一端的天然牙为桥基，在其上制作嵌体或冠作为义齿的固位体，以连接桥体来恢复失牙的解剖形态和生理功能的一种修复体。修复体完成后，患者不能自行取戴，故称为固定义齿。由于其结构与桥梁相似，故又称固定桥。

固定义齿依据所用材料不同分为：金属桥、塑料桥、瓷桥及塑料或瓷与金属联合制成的固定桥。

临床上根据固定桥的结构不同分为：双端固定桥、半固定桥、单端固定桥。以上为固定桥的基本类型，又称简单固定桥。采用以上两种或三种基本类型联合制成的固定桥称为复合固定桥。

1. 桩修复时的护理配合

(1) 根面及根管制备中的护理配合：备齐用物，常规安排患者，为医师放置X线片。并在备牙过程中用吸唾器吸走水雾和口腔中的积液，保持术区视野清晰。

(2) 备根完成后的护理配合：选用成品桩者，按照医师要求选择一合适成品桩放入检查盘内。间接制作桩核者，调制硅橡胶取模。直接制作者，选用相似大小的大头钉或钢丝及铸造蜡供医师在口内桩核成形。

(3) 桩冠试戴及黏固的护理：待医师试戴完毕后，将桩核消毒、吹干，调拌黏固剂，黏结。

2. 金属烤瓷修复体修复中的护理配合

(1) 牙体预备及取模同活动义齿修复。

(2) 协助医师选择或制作暂时冠，保护已经预备的牙体。

(3) 让患者处于自然光线中，为烤瓷冠选色。将比色板用清水浸湿，先选与患者临牙相近的几种色让医师和患者（通过镜子）同时选择。选好后记录色号。

(4) 用丁香油氧化锌黏固剂黏固暂时冠。

(5) 清理用品，预约复诊时间。

3. 试戴烤瓷修复体及黏固的护理配合　协助医师共同观察烤瓷冠的外形、颜色、大小是否与患者天然牙协调、自然。试戴完毕送技工室上釉，然后黏固。护理配合同冠黏固的护理配合。

☞考点：固定义齿修复的护理配合

第9节　口腔正畸与护理配合

案例10-8

患者，女，18岁，Angel分类Ⅱ类Ⅰ分类错殆，凸面型，上牙弓前突伴狭窄，Ⅲ°深覆牙合，因影响面容要求矫治。

问题：1. 在固定矫治器过程中如何进行护理配合？

2. 针对此患者如何进行口腔卫生宣教？

口腔正畸学是口腔科学中的一个重要分支，是研究矫正牙列不齐、殆关系异常，以及牙、颌与颅面关系的不协调，研究错殆畸形的病因、诊断、预防、矫治的科学。

错殆畸形给患者容貌带来较大影响，其形成因素有多种，最常见的病因是局部因素如口腔不良习惯、乳牙期及混合牙列期局部障碍以及口腔及其周围功能的异常。如发现孩子有咬铅笔、吮指、咬唇、吐舌等不良习惯，要及时纠正。早期采取一些简单治疗，可用很短时间阻断畸形的发生和发展，取得事半功倍的效果。

错殆畸形主要通过矫治器矫治。矫治器分为附于牙齿和口腔黏膜表面患者可自行摘戴的活动矫治器和用黏合剂黏固在牙齿上的固定矫治器。

一、口腔正畸常用器材的准备

护理工作或四手操作需要牙科助手认识、了解矫治装置和器材的类型、使用方法和特性，有助于协助医师减少临床操作时间，提高矫治效果。

（一）临床常用正畸器械

1. 细丝钳　用于弯制不同规格的细丝和弹簧曲。

2. 尖嘴钳　用于弯制各种弹簧曲。

3. 转矩钳　用于在方丝上形成转矩角而产生转矩力，常成对使用。

4. 带安全夹远中末端切断钳　用于切断磨牙圆管远中多余的钢丝。

5. 结扎丝切断钳　用于切断直径在 0.44mm 或以下的栓丁或结扎丝。

6. 停止曲弯制钳　用于弯制钢丝停止曲。

7. 三壁钳　用于弯制较粗钢丝。

8. 梯形钳　弯制各种弹簧曲。

9. 粗丝切断钳　用于切断较粗的钢丝。

10. 托槽定位器　在黏结托槽过程中，辅助确定托槽黏结在正确的位置。

11. 持针器　可以代替结扎丝钳使用。

12. 栓丁结扎丝钳　用于栓结结扎丝。

13. 弓丝成型器　用于弯制标准弓丝。

14. 结扎圈就位器。

15. 模拟殆架和错殆蜡堤　用于口外训练和练习。

（二）正畸常用材料

1. 方丝弓托槽、直丝弓托槽、Begg-细丝托槽、Tip-edge 托槽。

2. 颊面管　位于支抗磨牙的颊侧，用于稳定或固定弓丝的装置。

3. 口外弓、头帽与颏兜。

4. 弓丝　种类较多。

5. 分牙簧　分离牙齿之间的邻间隙，为黏结带环提供间隙。

6. 磨牙带环　支抗磨牙上的固位装置。

7. 结扎丝　将弓丝及其附件固定于托槽槽沟内。

8. 橡皮圈。

9. 牵引橡皮圈　用于颌间或颌内牵引。

10. 螺旋弹簧　移动牙齿以开拓间隙或关闭间隙。

11. 弹性牵引圈　用于颌内牙齿间牵引和纠正牙齿旋转。

二、护理诊断及医护合作性问题

1. 自我形象紊乱　与错殆对美观的影响有关。

2. 社交障碍　与影响美观有关。

3. 焦虑　与患者担心矫治效果有关。

三、正畸治疗的临床护理配合

当孩子青春期时，乳恒牙已替换完，一般常见的错殆畸形在这个阶段都可以得到很好的治疗。矫正儿童牙齿矫正一般需要一年到两年时间。成年人正畸治疗较儿童困难，治疗结束后戴保持器的时间也比较长。

正畸治疗主要步骤有：拍牙齿 X 光片，面部照相，制取印模，按需进行拔牙分牙，配戴矫治器，保持器定型。一般每月复诊一次。

1. 初诊的配合

（1）准备用物，做好初诊登记，常规安排患者就座。

（2）拍摄口腔全景片和头颅正、侧位片，生长期的孩子还要拍摄手腕骨片，制定矫正计划。

（3）面部照相的配合：照口内正侧位及左右磨牙关系像时，协助拉开口唇；照上下殆面像时，按医嘱放入反光镜至合适位置。

（4）印取模型时的配合：准备用物，选择合适的托盘，并协助医师调节好椅位和灯光。向患者解释取印模的要求、注意事项。取适量印模材料，按商品要求成分比例调拌均匀，放置托盘上。在医师取模后，送技工室灌注。

2. 活动矫治器矫治过程的护理配合

（1）准备用物：治疗盘一套，漱口水杯、咬合纸、持针器、各种磨石、活动矫治器、技工钳等。

（2）术中护理：根据预约时间安排患者就位，调节椅位和灯光，配合医生给需要配戴口外牵引装置的患者制作头帽、颈带。

复诊患者应查找好患者的病历。嘱患者取下矫治器并洗净，然后由医生进行调整。

（3）术后护理

1）协助医师教会患者取戴矫治器，并告知注意事项：

活动矫治器须 24 小时戴用；每次饭后都应取下清洗；切勿将矫治器浸泡于热水中，以防变形；矫治过程可能有轻微酸痛。

2）跟患者预约复诊时间。

3）清理用物清洗消毒。

3. 固定矫治器矫治过程的护理配合

（1）准备用物：治疗盘一套，漱口水杯、龈上刮治器、持针器、银汞充填器、开口器、调拌刀、玻璃板、吸唾器等器械。

根据医师要求准备牙间分离材料：分牙簧或分牙橡皮圈、0.6mm 铜丝托槽、带环、颊面管、不锈钢结扎丝或结扎橡皮圈、正畸黏结剂等。

（2）带环试戴及黏接配合：协助医师挑选试戴合适的成品带环后，用 75％酒精棉球擦拭，吹干。迅速、均匀调拌玻璃离子黏固剂至拉丝状，用调拌刀将黏固剂涂于带环龈端内侧四周进行黏接。

带环黏结应一个一个分别进行，先黏下颌后黏上颌。带环有上下、左右之分。调黏合材料的玻璃板和调拌刀须干净、干燥。调材料前须看清牙位。黏接完成及时清洗消毒玻璃板和调拌刀。

（3）托槽黏接的护理配合

1）清洁牙面：备好各种清洁用品，及时用吸唾器吸去清洗液。

2）酸蚀牙面：将酸蚀膏（液）涂于清洁干燥好的牙面。一般酸蚀时间为 60～90 秒，用水彻底冲洗牙面，用吸唾器及时吸去冲洗的水液，方式唾液的污染。

3）黏合剂的调拌或光照：按黏合剂的使用说明，调好黏合剂，用调拌刀 将黏合剂涂于托槽背面供医生黏合托槽就位。光固化型黏合剂可在托槽定位后局部光照使其固化。

注意：黏合托槽时，牙面干燥很重要，护理配合要注意随时吸去唾液和冲洗液。吸唾器的使用不能干扰医生的视线和操作。将托槽按医生要求放在方便取放处，以防传递时掉落。严格按照黏合一个托槽调一次黏合剂的程序操作。黏合结束应及时清理黏合剂。

（4）结扎弓丝：将弯制好的弓丝经消毒后用持针器钳住中部，递给医师。医生将弓丝就位后，递结扎钢丝，逐个固定。剪断结扎丝并将其末端弯向弓丝内侧，以免刺伤口颊。

（5）术后护理：进行口腔卫生宣教，仔细刷洗牙齿和矫治器，动作轻柔。告诉患者不能自行调整和扳动矫治器；不能进食过硬过黏的食物，以防托槽松脱。跟患者预约复诊时间并登记，告诉患者如遇牙松动、疼痛、带环和托槽脱落、弓丝断裂等应及时复诊。

☞考点：口腔矫治器的护理配合

链 接

Angel 错𬌗畸形分类法

爱德华 · 安格尔（Edward H Angel）被称为牙齿矫正之父，他以上颌第一恒磨牙为基准，将错颌分为三类。

第一类——中性错𬌗

第二类——远中错𬌗

第一分类：磨牙为远中错𬌗关系，上颌前牙唇向倾斜

第二分类：磨牙为远中错𬌗关系，上颌前𬌗向倾斜

第二分类亚类：一侧磨牙为远中错𬌗关系，另一侧为中性𬌗关系，上颌前𬌗向倾斜。

第三类——近中错𬌗

亚类：一侧磨牙为近中错𬌗关系，另一侧为中性𬌗关系。

目标检测

选择题

A_1 型题

1. 下列哪种局部麻醉药物，既可作浸润麻醉，又可用于表面麻醉（　　）
   A. 普鲁卡因　　B. 利多卡因
   C. 丁哌卡因　　D. 丁卡因
   E. B+D
2. 以下不是儿童常见牙病的是（　　）
   A. 根尖周病　　B. 牙龈炎
   C. 龋病　　D. 牙髓病
   E. 牙外伤
3. 根管治疗的三步骤为（　　）
   A. 根管预备 根管冲洗 根管充填
   B. 根管预备 根管消毒 根管充填
   C. 根管预备 根管充填 牙体修复
   D. 根管扩大，根管冲洗 根管充填
   E. 根管扩大 根管冲洗 根管修复
4. 牙龈炎与牙周炎的主要区别是（　　）
   A. 牙龈炎症程度　　B. 有无牙槽骨吸收
   C. 牙石的量　　D. 口腔卫生不良
   E. 发病率
5. 口腔神经阻滞麻醉常用的上颌结节注射法，主要麻醉（　　）
   A. 眶下神经　　B. 腭前神经
   C. 上牙槽后神经　　D. 下牙槽神经
   E. 鼻腭神经
6. 口腔局部麻醉下列哪项并发症最不常见（　　）
   A. 晕厥　　B. 血肿
   C. 感染　　D. 面瘫
   E. 过敏

7. 龋病的病因与下列那些因素无关(　　)
A. 细菌因素　B. 食物因素
C. 全身疾病　D. 时间因素
E. 宿主

8. 引起牙髓炎的主要原因为(　　)
A. 化学因素　B. 物理因素
C. 感染　D. 牙外伤
E. 自身免疫

9. 关于急性牙髓炎的疼痛特点，以下哪项不妥(　　)
A. 自发性、阵发性疼痛
B. 夜间疼痛加重
C. 温度刺激加剧疼痛
D. 牙髓化脓时热刺激能缓解疼痛
E. 剧痛

10. 急性牙髓炎最有效的止痛方法(　　)
A. 安抚治疗　B. 药物止痛
C. 开髓引流　D. 按摩止痛
E. 针灸止痛

11. 关于牙周炎的临床表现下列哪项不常见(　　)
A. 牙周袋形成　B. 牙槽骨吸收
C. 牙龈红肿　D. 牙齿脱落
E. 牙垢堆积

12. 上颌骨骨折引起窒息的患者应及时(　　)
A. 吸出异物　B. 吸氧
C. 悬吊固定上颌骨　D. 加压包扎
E. 止痛

13. 腭裂整复术后的语音训练一般于手术后何时开始进行(　　)
A. 1～2月　B. 3～4月
C. 半年　D. 1年
E. 1年半

14. 关于活动义齿的以下错误的是(　　)
A. 饭后和睡前应取下义齿
B. 若有损坏，应收集义齿断片，及时修复
C. 取戴义齿切忌暴力
D. 初戴时，常有异物感
E. 保持清洁，用75%浸泡消毒

A_2型题

15. 患者王某，男，35岁，酒后不慎跌伤致下颌骨骨折，该患者不会出现的症状是(　　)
A. 张口受限　B. 咬合错乱
C. 复视　D. 呼吸道梗阻
E. 进食困难

16. 患者，女，32岁，因牙龈出血、口臭、牙齿松动就诊，检查见患者口腔卫生不良，牙周探针探龈沟深度4mm，牙齿活动度Ⅱ度。患者可能的诊断是(　　)
A. 牙龈炎　B. 牙髓炎
C. 牙周炎　D. 牙齿敏感症
E. 以上都不正确

A_3型题

(17、18题共用题干)

患儿，男，4岁，自小右侧上唇裂开，喂养困难，检查见悬雍垂、软腭至切牙孔裂开。入院行腭裂修复术。

17. 关于腭裂，不常见的临床表现有(　　)
A. 吮吸、进食障碍　B. 营养不良
C. 面部畸形　D. 鼻窦炎
E. 发音障碍

18. 关于患儿护理措施以下叙述不正确的是(　　)
A. 术前1天用肥皂水清洗上下唇及鼻部
B. 术前1周制作腭板并试戴
C. 术后24小时内严密观察伤口出血情况
D. 术后1周改半流质
E. 每日清洗口腔

A_4型题

(19～22题共用题干)

患者，男，13岁，因发现牙齿变黑，出现空洞，牙痛，近期加重，父母遂带其到医院就诊。

19. 根据以上所述，该患者最可能的诊断为(　　)
A. 龋病　B. 智齿冠周炎
C. 牙龈炎　D. 根尖周炎
E. 急性牙髓炎

20. 如果患者诉对口腔冷、热等刺激都有痛感，且疼痛仍持续较长才逐渐消失，检查：右侧下颌第一恒磨牙出现较深的黑洞。以下叙述错误的是(　　)
A. 该患者为深龋
B. 患者应进行充填术恢复缺损
C. 患者牙齿龋坏程度较深，应尽快拔牙
D. 患者有发生牙髓炎、根尖周炎并发症的危险
E. 患者应保持口腔卫生清洁

21. 该病的病因不包括(　　)
A. 时间　B. 宿主
C. 细菌　D. 炎症
E. 过敏

22. 如果患者不治疗，最有可能诱发以下哪种疾病(　　)
A. 牙周病　B. 口腔黏膜病
C. 颌面部感染　D. 牙髓炎
E. 牙龈炎

(李　慧)

续表

教学内容	教学要求			教学活动参考
	了解	理解	掌握	
1. 耳的应用解剖及生理				实物演示
2. 鼻的应用解剖及生理				标本、模型观察
3. 咽的应用解剖及生理				案例分析讨论
4. 喉的应用解剖及生理				多媒体演示
5. 气管及支气管的应用解剖生理				
（六）耳鼻咽喉科患者的护理概述				理论讲授 案例分析讨论
1. 耳鼻咽喉科患者的护理评估及常用护理诊断		√		实践教学 多媒体演示
2. 耳鼻咽喉科护理管理与常用护理技术操作	√			
（七）耳鼻咽喉科患者的护理				
1. 耳科患者的护理				
(1) 先天性耳前瘘管	√			
(2) 耵聍栓塞	√			
(3) 外耳道炎	√			
(4) 鼓膜外伤	√			
(5) 分泌性中耳炎		√		
(6) 急性化脓性中耳炎		√		理论讲授
(7) 慢性化脓性中耳炎			√	标本、模型观察
(8) 耳源性并发症	√			案例分析讨论
(9) 特发性突聋	√			实践教学
(10) 梅尼埃病	√			多媒体演示
2. 鼻科患者的护理				
(1) 鼻疖	√			
(2) 急性鼻炎	√			
(3) 慢性鼻炎	√			
(4) 变应性鼻炎		√		
(5) 鼻出血			√	
(6) 鼻息肉	√			
(7) 鼻中隔偏曲		√		
(8) 急性化脓性鼻窦炎	√			
(9) 慢性化脓性鼻窦炎		√		
3. 咽科患者的护理				理论讲授
(1) 扁桃体炎		√		标本、模型观察
(2) 慢性咽炎		√		案例分析讨论

教学内容	教学要求			教学活动参考
	了解	理解	掌握	
(3) 咽后脓肿		√		实践教学
(4) 鼻咽癌	√			多媒体演示
(5) 阻塞性睡眠呼吸暂停综合征	√			
4. 喉科与气管及支气管异物患者的护理				
(1) 急性会厌炎	√			
(2) 急性喉炎	√			
(3) 声带小结和声带息肉		√		
(4) 喉阻塞			√	
(5) 喉癌	√			
(6) 气管及支气管异物		√		
（八）口腔颌面部解剖生理				理论讲授
1. 口腔的应用解剖生理	√			实物演示
2. 牙体及牙周组织应用解剖生理	√			标本、模型观察 案例分析讨论
3. 颌面部应用解剖生理	√			多媒体演示
（九）口腔科患者的护理概述				理论讲授
1. 口腔科护理的角色	√			实物演示
2. 口腔科患者的护理评估及常用护理诊断			√	标本、模型观察 案例分析讨论
3. 口腔科诊疗的感染控制与常规工作程序		√		多媒体演示
（十）口腔科患者的护理				理论讲授
1. 口腔局部麻醉的护理			√	标本、模型观察
2. 牙体牙髓及根尖周疾病患者的护理			√	案例分析讨论 实践教学
3. 牙周疾病患者的护理			√	多媒体演示
4. 儿童口腔疾病患者的护理		√		
5. 口腔颌面外科门诊常规的护理			√	
6. 口腔颌面部损伤的护理			√	
7. 先天性唇裂与腭裂患者的护理			√	
8. 口腔修复与护理配合		√		
9. 口腔正畸与护理配合	√			

四、教学大纲说明

（一）适用对象与参考学时

本教学大纲可供高专、护理、助产、医学影像技术、眼视光技术等专业使用，总学时为 54 个，其中理论教学 38 学时，实践教学 16 学时。

（二）教学要求

1. 本课程对理论教学部分要求有掌握、理解、了解三个层次。掌握是指对解剖学中所学的基本知识、基本理论具有深刻的认识，并能灵活地应用所学知识分析、解释生活现象和临床问题。理解是指能够解释、领会概念的基本含义并会应用所学技能。了解是指能够简单理解、记忆所学知识。

2. 本课程突出以培养能力为本位的教学理念，在实践技能方面分为熟练掌握和学会两个层次。熟练掌握是指能够独立娴熟地进行正确的实践技能操作。学会是指能够在教师指导下进行实践技能操作。

（三）教学建议

1. 在教学过程中要积极采用现代化教学手段、标本、模型、活体等，加强直观教学，充分发挥教师的主导作用和学生的主体作用。注重理论联系实际，并组织学生开展必要的临床案例分析讨论，以培养学生的分析问题和解决问题的能力，使学生加深对教学内容的理解和掌握。

2. 实践教学要充分利用教学资源，结合挂图、标本、模型、活体、多媒体等，采用理论讲授、标本模型演示、活体观察、案例分析讨论、技能操作、见习、实习等教学形式，充分调动学生学习的积极性和主观能动性，强化学生的动手能力和专业实践技能操作。

3. 教学评价应通过课堂提问、布置作业、单元目标测试、案例分析讨论、实验报告、实践考核、期末考试等多种形式，对学生进行学习能力、实践能力和应用新知识能力的综合考核，以期达到教学目标提出的各项任务。

学时分配建议(54 学时)

序号	教学内容	教学要求		
		理论	实践	合计
1	眼的应用解剖生理	2	0	2
2	眼科患者的护理概要		2	2
3	眼科护理管理及常用护理操作		4	4
4	眼科患者的护理	14		14
5	耳鼻咽喉的应用解剖及生理	2	0	2
6	耳鼻咽喉科患者的护理概述		6	6
7	耳鼻咽喉科患者的护理	14		14
8	口腔颌面部解剖生理	2	0	2
9	口腔科患者的护理概述		2	2
10	口腔科患者的护理	6		6
合计		38	16	54

目标检测选择题参考答案

第1章

1. E 2. B 3. D 4. D 5. C 6. D 7. D 8. C 9. D 10. C

第2章

1. B 2. E 3. A 4. D 5. C 6. D 7. B 8. B 9. A 10. B

第3章

1. A 2. A 3. D 4. C 5. B 6. A 7. E 8. D

第4章

1. A 2. C 3. B 4. D 5. C 6. D 7. A 8. B 9. B 10. A 11. E 12. E 13. D 14. A 15. D 16. B 17. A 18. B 19. A 20. A 21. A 22. A 23. D 24. B 25. C 26. D 27. D 28. E 29. B 30. A 31. B 32. C 33. B 34. E 35. E 36. A 37. E 38. B 39. A 40. C

第5章

1. D 2. A 3. E 4. A 5. B 6. C 7. A 8. B 9. E 10. A

第6章

1. B 2. A 3. C 4. B 5. E 6. C 7. A 8. B

第7章

1. A 2. B 3. D 4. A 5. D 6. A 7. B 8. D 9. A 10. D 11. C 12. B 13. E 14. A 15. C 16. D 17. B 18. D 19. B 20. E 21. E

第8章

1. C 2. C 3. B 4. A 5. A 6. C 7. B 8. A 9. B 10. B 11. A 12. B 13. D 14. C 15. E 16. D 17. C 18. A 19. B 20. C 21. B 22. B 23. B 24. A 25. E 26. D 27. E 28. E 29. B 30. D 31. D 32. B 33. D 34. B 35. A 36. B

第9章

1. B 2. A 3. E 4. C 5. B 6. D 7. C 8. E 9. C 10. C 11. D 12. C 13. D

第10章

1. B 2. B 3. B 4. B 5. C 6. C 7. C 8. C 9. D 10. C 11. D 12. C 13. A 14. E 15. C 16. C 17. D 18. D 19. A 20. C 21. D 22. D